江西省民营经济研究会文库

江西民营经济年鉴

2013

主　编：蒋金法　龚培兴　副主编：曹元坤　胡大立

经济管理出版社

ECONOMY & MANAGEMENT PUBLISHING HOUSE

图书在版编目（CIP）数据

江西民营经济年鉴 2013/蒋金法，龚培兴主编 . —北京：经济管理出版社，2017. 12
ISBN 978 - 7 - 5096 - 5493 - 4

Ⅰ. ①江…　Ⅱ. ①蒋…　②龚…　Ⅲ. ①民营经济—江西—2013—年鉴　Ⅳ. ①F121. 23 - 54

中国版本图书馆 CIP 数据核字 (2017) 第 278924 号

组稿编辑：杜　菲
责任编辑：杜　菲
责任印制：司东翔
责任校对：赵天宇

出版发行：经济管理出版社
　　　　　（北京市海淀区北蜂窝 8 号中雅大厦 A 座 11 层　100038）
网　　址：www. E - mp. com. cn
电　　话：（010）51915602
印　　刷：玉田县昊达印刷有限公司
经　　销：新华书店
开　　本：787 × 1092/16
印　　张：19. 5
字　　数：517 千字
版　　次：2017 年 12 月第 1 版　2017 年 12 月第 1 次印刷
书　　号：ISBN 978 - 7 - 5096 - 5493 - 4
定　　价：98. 00 元

前　言

改革开放以来，在省委省政府的正确领导下，江西民营经济发展环境在不断完善，江西民营企业家队伍在不断壮大，江西民营经济总量和份额在不断提升，正如江西省工商联主席雷元江在接受人民政协报记者采访时明确指出的，非公经济作为中国改革开放的最大成果之一，30 多年来有了突飞猛进的发展，已经成为社会进步、民族复兴、生活和谐的重要力量。

回顾江西民营经济的发展历程，不难发现，2013 年对江西民营经济的发展有着非常重要的历史意义。这一年，省委省政府联合颁布了《中共江西省委、江西省人民政府关于大力促进非公有制经济更好更快发展的意见》（赣发〔2013〕14 号），首次以省委省政府联合的名义发文，旗帜鲜明又坚决果断地支持非公有制经济的发展。时任江西省委副书记、省长鹿心社特别为文件的出台作重要指示：民营经济发展至关重要，改革开放最重要的成果就是民营经济的大发展，没有民营经济的发展就没有江西经济的发展。可以说，2013 年在很大程度上成为了江西省非公有制经济迎来更好更快发展新阶段的一个起点。这一年，江西也掀开了研究宣传民营经济发展的新篇章：为了研究和宣传江西民营经济发展历程，营造良好的民营经济发展环境，引导各界人士关心和支持的发展，新一届省工商联班子提出并成立了江西省民营经济研究会，跨出了对江西非公有制经济发展的过程能够及时分析研究和宣传的一大步。之后，研究会组织编辑出版了《江西民营经济年鉴 2014》和《江西民营经济年鉴 2015》。在后来的实践中，一方面考虑到 2013 年在很大程度上是江西省非公有制经济迎来更好更快发展新阶段的一个起点，另一方面考虑到 2013 年江西民营经济发展出现了许多新的亮点和成绩，如江西省民营企业家协会成立，使江西的民营企业家在观念上实现两个转变，即从"山头文化"到"抱团文化"的转变，从"单打独斗"到"合作共赢"的转变。并把培养和树立"修身、兴企、报国、富天下"的当代企业家精神，帮助民营企业成长，富强我的祖国，作为江西省民营企业家协会的唯一不变的宗旨。再一方面是在编撰出版了《江西民营经济年鉴2014》和《江西民营经济年鉴2015》之后，应全省工商联系统提出的本届工作和非公经济工作应有一个完整记载的要求，为此，我们在编撰发行了《江西民营经济年鉴2014》和《江西民营经济年鉴2015》之后，追溯编撰了《江西民营经济年鉴2013》。

2013年度江西民营经济年鉴的主要内容包括江西民营经济发展概况、民营经济政策法规、民营经济统计资料、民营经济科技创新、工商联与商会组织、县市民营经济、重点产业民营企业、民营企业社会责任、民营经济研究组织与成果、民营企业排行榜以及大事记等。本年鉴尽可能做到结构科学、内容丰富、资料翔实、数据客观，力求为广大读者了解、研究江西民营经济发展发挥富有意义和价值的参考作用。

作为一项工作量较大涉及面较广的文化工程，《江西民营经济年鉴2013》的编写和出版能够顺利地进行，首先应该归功于江西省工商联的坚强领导和工商联主席雷元江的关心支持，以及江西省民营经济研究会和江西财经大学的精诚协作；再就是得力于年鉴编撰部同仁的专注努力和学术贡献。同时，还要真诚感谢经济管理出版社编辑的敬业精神和专业支持！

目　录

第一章　江西民营经济发展概况 ……………………………………………… 1

　　一、区域分布 ……………………………………………………………… 1

　　二、行业分布 ……………………………………………………………… 2

　　三、企业规模 ……………………………………………………………… 9

　　四、经营效益 …………………………………………………………… 10

　　五、税收就业贡献 ……………………………………………………… 11

　　六、投资行为 …………………………………………………………… 13

　　七、管理水平 …………………………………………………………… 16

　　八、品牌建设 …………………………………………………………… 19

　　九、科技创新能力 ……………………………………………………… 20

　　十、"走出去"战略 …………………………………………………… 23

第二章　民营经济政策法规 …………………………………………………… 25

　　一、概述 ………………………………………………………………… 25

　　二、政策法规文件列表 ………………………………………………… 26

　　三、部分政策法规文本收录 …………………………………………… 42

第三章　民营经济统计资料 …………………………………………………… 64

　　一、概述 ………………………………………………………………… 64

　　二、就业人员和职工工资 ……………………………………………… 65

　　三、固定资产投资 ……………………………………………………… 68

　　四、工业 ………………………………………………………………… 77

　　五、建筑业 ……………………………………………………………… 86

　　六、国内贸易和旅游 …………………………………………………… 91

　　七、房地产开发 ………………………………………………………… 99

　　八、资本市场利用 …………………………………………………… 103

第四章　民营经济科技创新 ………………………………………………… 106

　　一、概述 ……………………………………………………………… 106

　　二、科技创新机构与高新技术企业名录 …………………………… 107

　　三、科学技术奖获奖名录 …………………………………………… 121

四、国家级科技创新平台及其成就 ……………………………………………… 125

第五章 工商联与商会组织 ………………………………………………… 133

一、工商联概况 …………………………………………………………………… 133

二、工商联工作 …………………………………………………………………… 134

三、商会组织建设 ………………………………………………………………… 145

第六章 县市民营经济发展 ……………………………………………… 150

一、概述 …………………………………………………………………………… 150

二、南昌县 ………………………………………………………………………… 151

三、新建县 ………………………………………………………………………… 154

四、贵溪市 ………………………………………………………………………… 156

五、广丰县 ………………………………………………………………………… 159

六、上高县 ………………………………………………………………………… 162

七、万年县 ………………………………………………………………………… 165

八、瑞昌市 ………………………………………………………………………… 168

九、金溪县 ………………………………………………………………………… 172

第七章 重点产业民营企业 ……………………………………………… 176

一、钢铁冶炼和压延加工业 ……………………………………………………… 176

二、农副食品加工业 ……………………………………………………………… 180

三、房地产业 ……………………………………………………………………… 185

四、医药制造业 …………………………………………………………………… 188

五、太阳能产业 …………………………………………………………………… 190

六、金属制品业 …………………………………………………………………… 192

七、有色金属冶炼和压延加工业 ………………………………………………… 193

八、食品制造业 …………………………………………………………………… 196

九、计算机、通信和软件服务业 ………………………………………………… 199

十、土木工程建筑业 ……………………………………………………………… 203

十一、房屋建筑业 ………………………………………………………………… 205

十二、批发、零售业 ……………………………………………………………… 207

十三、建材业 ……………………………………………………………………… 209

十四、纺织业 ……………………………………………………………………… 211

十五、有色金属矿采选业 ………………………………………………………… 212

十六、电器、仪器仪表制造业 …………………………………………………… 213

十七、煤炭开采、洗选、加工业 ………………………………………………… 215

十八、化学原料和化学制品制造业 ……………………………………………… 216

第八章 民营企业社会责任 ……………………………………………… 218

一、概述 …………………………………………………………………………… 218

二、民营上市公司履行社会责任情况 ···················· 219

三、江西十大公益领袖企业的民营企业 ·················· 225

四、江西十大公益领袖人物 ·························· 236

第九章　民营经济研究组织与成果 ···················· 249

一、概述 ·································· 249

二、民营经济研究组织 ···························· 249

三、立项课题与研究成果列表 ······················ 252

四、部分研究成果收录 ···························· 260

第十章　民营企业排行榜 ························ 276

一、2013 年中国民营企业 500 强 ···················· 276

二、2013 年江西民营企业 100 强 ···················· 290

三、2013 年江西民营企业制造业 100 强 ················ 293

四、2013 年江西民营企业服务业 20 强 ················ 296

第十一章　大事记 ···························· 298

第一章　江西民营经济发展概况

一、区域分布

2013 年江西上规模民营企业主要分布在宜春、九江、南昌、赣州四个设区市，营业收入总额和资产总额前三位的为南昌、九江、宜春，净利润总额前三位的为南昌、宜春、赣州（见表 1 – 1）。

表 1 – 1　2013 年上规模民营企业营业收入、资产和净利润分布情况

设区市	企业数量（家）	企业数量比重（%）	营收总额（万元）	营收总额比重（%）	资产总额（万元）	资产总额比重（%）	净利润总额（万元）	净利润总额比重（%）
南昌市	44	11. 55	18384728	45. 16	10696496	34. 95	541113	32. 29
九江市	68	17. 85	4534611	11. 14	3815368	12. 47	202387	12. 08
景德镇市	12	3. 15	740644	1. 82	701850	2. 29	101056	6. 03
萍乡市	11	2. 89	382372	0. 94	251817	0. 82	20292	1. 21
新余市	9	2. 36	1480459	3. 64	2775215	9. 07	− 92358	− 5. 51
鹰潭市	15	3. 94	1073740	2. 64	733202	2. 40	61363	3. 66
赣州市	43	11. 29	3162155	7. 77	3295041	10. 77	243792	14. 55
宜春市	102	26. 77	4534683	11. 14	3643626	11. 90	322674	19. 25
上饶市	27	7. 09	3919469	9. 63	3326719	10. 87	136762	8. 16
吉安市	29	7. 61	1010428	2. 48	705442	2. 30	74832	4. 47
抚州市	21	5. 51	1488218	3. 66	661853	2. 16	64029	3. 82

2013 年江西省民营企业 100 强全省 11 个设区市都有企业入围，其中南昌 27 家，宜春、九江、赣州、上饶均超过 10 家（见表 1 – 2）。

表 1 – 2　江西省民营企业 100 强分布情况　　　　　　　　　　单位：家

设区市	入围江西省民营企业 100 强企业数
南昌市	27
九江市	12
景德镇市	5

设区市	入围江西省民营企业 100 强企业数
萍乡市	1
新余市	6
鹰潭市	6
赣州市	10
宜春市	16
上饶市	10
吉安市	3
抚州市	4

二、行业分布

2013 年上规模民营企业主要集中于第二产业，以制造业为主导。

（一）上规模民营企业集中于第二产业

从企业数量和营业收入等数据来看，2013 年上规模民营企业集中在第二产业，与全国分布情况大致相同。第三产业有 47 家企业，企业数量和规模所占比重较低。上规模民营企业产业分布情况如图 1 - 1 所示。

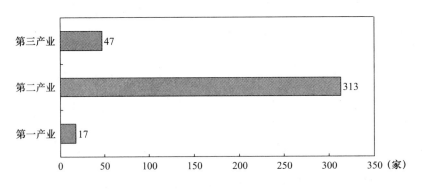

图 1 - 1　2013 年上规模民营企业产业分布情况

2013 年上规模民营企业属于第二产业的有 313 家，占比 83.02%；实现营业收入 3221.7 亿元，拥有资产总额 2418.6 亿元，营收总额占上规模民营企业的 79.46%，资产总额占 79.45%，属于第一产业的有 17 家，占企业总数的 4.51%，属于第三产业的有 47 家，占比 12.47%，比例有小幅增长（见表 1 - 3）。

表 1-3　上规模民营企业营收和资产产业分布情况

产业	企业数量		营业收入总额		资产总额	
	数量（家）	占比（%）	总额（万元）	占比（%）	总额（万元）	占比（%）
第一产业	17	4.51	4599213	11.34	1424187	4.68
第二产业	313	83.02	32216674	79.46	24186400	79.45
第三产业	47	12.47	3728730	9.20	4830248	15.87

（二）上规模民营企业以制造业为主导

2013 年上规模民营企业中，共有 282 家从事制造业，占企业总数的 74.80%，营业收入占 71.10%，资产总额占 71.81%，缴税总额占 75.24%，为上规模民营企业的主导，但制造业利润率稍低，税后净利润仅占上规模民营企业的 68.19%（见表 1-4）。

表 1-4　2013 年制造业企业占上规模民营企业比重

	企业数量（家）	营业收入（亿元）	税后净利润（亿元）	资产总额（亿元）	缴税总额（亿元）	研发费用（亿元）	员工人数（万人）
制造业企业	282	2882.3	113.8	2186	124.4	36.1	25.5
占上规模民营企业比重（%）	74.80	71.10	68.19	71.81	75.24	92.87	66.25

（三）重工业化特征显著，建筑业和医药制造业表现突出

2013 年，上规模民营企业前十大行业共 225 家企业中，有 99 家企业集中于冶金、化工、太阳能等资金和技术密集行业，建筑业和医药制造业也分别集中了 23 家和 27 家企业（见表 1-5）。上规模民营企业制造业前 50 家如表 1-6 所示，建筑业前 10 家如表 1-7 所示，医药制造业前 10 家如表 1-8 所示，服务业前 10 家如表 1-9 所示。

表 1-5　2013 年上规模民营企业前十大行业　　　　单位：家

所属行业名称	企业数量
有色金属冶炼和压延加工业	41
医药制造业	27
非金属矿物制品业	27
其他制造业	27
建筑业	23
房地产业	19
农副食品加工业	17
化学原料和化学制品制造业	16
金属制品业	15
食品制造业	13

注：建筑业包含房屋建筑业、土木工程建筑业、建筑装饰和其他建筑业。

表1-6　2013年上规模民营企业制造业前50家

单位：万元

序号	企业名称	所属市	行业	营业收入
1	双胞胎（集团）股份有限公司	南昌市	农副食品加工业	3733080
2	江西萍钢实业股份有限公司	南昌市	黑色金属冶炼和压延加工业	3321783
3	晶科能源有限公司	上饶市	非金属矿物制品业	1340091
4	方大特钢科技股份有限公司	南昌市	黑色金属冶炼和压延加工业	1321466
5	江西济民可信集团有限公司	南昌市	医药制造业	1266486
6	江西博能实业集团有限公司	上饶市	金属制品业	651020
7	泰豪集团有限公司	南昌市	专用设备制造业	611327
8	鸭鸭股份公司	九江市	皮革、毛皮、羽毛及其制品和制鞋业	498026
9	江西永盛矿冶股份有限公司	新余市	有色金属冶炼和压延加工业	452240
10	汇仁集团有限公司	南昌市	医药制造业	385569
11	江西耀升钨业股份有限公司	赣州市	有色金属冶炼和压延加工业	380284
12	仁和（集团）发展有限公司	宜春市	医药制造业	377253
13	江西新金叶实业有限公司	上饶市	有色金属冶炼和压延加工业	357003
14	上饶和丰铜业有限公司	上饶市	有色金属冶炼和压延加工业	344331
15	江西青峰药业有限公司	赣州市	医药制造业	334465
16	江西金弘实业有限公司	抚州市	有色金属冶炼和压延加工业	320657
17	江西赛维LDK太阳能高科技有限公司	新余市	非金属矿物制品业	311000
18	四特酒有限责任公司	宜春市	酒、饮料和精制茶制造业	309565
19	江西自立环保科技有限公司	抚州市	有色金属冶炼和压延加工业	302989
20	红旗集团江西铜业有限公司	鹰潭市	电气机械和器材制造业	284423
21	江西瑞晶太阳能科技有限公司	新余市	非金属矿物制品业	251413
22	横峰县中旺铜业有限公司	上饶市	有色金属冶炼和压延加工业	248600
23	全南晶环科技有限责任公司	赣州市	有色金属冶炼和压延加工业	217597
24	华林特钢集团有限公司	九江市	其他制造业	205000
25	赣州晨光稀土新材料股份有限公司	赣州市	有色金属冶炼和压延加工业	203358
26	崇义章源钨业股份有限公司	赣州市	有色金属冶炼和压延加工业	195247
27	江西汇能电器科技有限公司	宜春市	其他制造业	194001
28	九江市嘉盛粮油工业有限公司	九江市	食品制造业	187813
29	南昌矿山机械有限公司	南昌市	专用设备制造业	173713
30	江西太阳陶瓷有限公司	宜春市	非金属矿物制品业	173592
31	江西洪达医疗器械集团有限公司	南昌市	医药制造业	150367
32	江西联达冶金有限公司	萍乡市	其他制造业	149484
33	江西百神药业股份有限公司	宜春市	医药制造业	145189
34	江西金土地粮油股份有限公司	新余市	农副食品加工业	135190
35	江西保太有色金属集团有限公司	鹰潭市	有色金属冶炼和压延加工业	134580
36	江西省万事发粮油有限公司	南昌市	农副食品加工业	129278
37	九江诺贝尔陶瓷有限公司	九江市	其他制造业	123512

续表

序号	企业名称	所属市	行业	营业收入
38	江西美庐乳业集团有限公司	九江市	农副食品加工业	120016
39	江西锦溪水泥有限公司	景德镇市	非金属矿物制品业	119110
40	江西旭阳雷迪高科技股份有限公司	九江市	电气机械和器材制造业	118358
41	江西合力泰科技股份有限公司	吉安市	计算机、通信和其他电子设备制造业	116824
42	江西凯安铜业有限公司	鹰潭市	有色金属冶炼和压延加工业	115671
43	丰城市华丰金属制品有限责任公司	宜春市	有色金属冶炼和压延加工业	114171
44	江西益康医疗器械集团有限公司	南昌市	医药制造业	112993
45	江西省金三角陶瓷有限公司	宜春市	非金属矿物制品业	109769
46	高安红狮水泥有限公司	宜春市	非金属矿物制品业	108000
47	江西世龙实业股份有限公司	景德镇市	化学原料和化学制品制造业	107979
48	上饶光电高科技有限公司	上饶市	非金属矿物制品业	107735
49	江西省人之初科技集团有限公司	南昌市	食品制造业	105259
50	江西三川集团有限公司	鹰潭市	仪器仪表制造业	104276

表 1 - 7　2013 年上规模民营企业建筑业前 10 家　　　　单位：万元

序号	企业名称	所属市	营业收入
1	江西利达装饰工程有限公司	南昌市	361147
2	江西省美华建筑装饰工程有限责任公司	南昌市	350910
3	中阳建设集团有限公司	抚州市	320690
4	发达控股集团有限公司	南昌市	316894
5	江西省丰和营造集团有限公司	南昌市	293492
6	江西城开建设集团有限公司	南昌市	263395
7	江西交建工程集团有限公司	南昌市	195800
8	江西省第五建设集团有限公司	南昌市	184221
9	江西际洲建设工程集团有限公司	上饶市	142315
10	江西新厦建设集团有限公司	上饶市	123567

表 1 - 8　2013 年上规模民营企业医药制造业前 10 家　　　　单位：万元

序号	企业名称	所属市	营业收入
1	江西济民可信集团有限公司	南昌市	1266486
2	汇仁集团有限公司	南昌市	385569
3	仁和（集团）发展有限公司	宜春市	377253
4	江西青峰药业有限公司	赣州市	334465
5	江西洪达医疗器械集团有限公司	南昌市	150367
6	江西百神药业股份有限公司	宜春市	145189

序号	企业名称	所属市	营业收入
7	江西益康医疗器械集团有限公司	南昌市	112993
8	江西天新药业有限公司	景德镇市	87345
9	江西青春康源集团有限公司	新余市	80300
10	江西吉源生物医药科技有限公司	南昌市	75643

表 1 - 9 2013 年上规模民营企业服务业前 10 家 单位：万元

序号	企业名称	所属市	所属行业名称	营业收入
1	江西民生集团有限公司	九江市	房地产业	910056
2	毅德置业（赣州）有限公司	赣州市	房地产业	475646
3	九江信华集团有限公司	九江市	房地产业	431062
4	九江联盛实业有限公司	九江市	零售业	226536
5	江西广裕投资集团	吉安市	房地产业	153231
6	江西高能投资集团有限公司	南昌市	房地产业	132927
7	江西九州通药业有限公司	南昌市	批发业	125533
8	江西九州医药有限公司	宜春市	批发业	114601
9	江西省绿滋肴实业有限公司	南昌市	零售业	107958
10	思创数码科技股份有限公司	南昌市	软件和信息技术服务业	102224

钢铁行业（黑色金属冶炼和压延加工业）企业数量虽然少（仅 7 家），但实现了 477.1 亿元的营业收入，占上规模民营企业营业收入的 11.73%，比重较 2012 年有所降低。

（四）上规模民营企业行业间经营效益差异明显

2013 年上规模民营企业行业间运营效率差异明显，采矿业，酒、饮料和精制茶制造业，林业，租赁和商务服务业等行业表现突出，废弃资源综合利用业、橡胶和塑料制品业、批发业、非金属矿物制品业等行业整体经营效益不佳，其中非金属矿物制品业是唯一亏损行业，而钢铁行业（黑色金属冶炼和压延加工业）则实现了扭亏为盈。

从销售净利率来看，2013 年上规模民营企业平均销售净利率为 4.12%，有 33 个行业销售净利率高于平均值，其中 10 个行业销售净利率高于 10%，有色金属矿采选业以 35.78% 的销售净利率居榜首（见表 1 - 10）。

表 1 - 10 2013 年上规模民营企业中销售净利率超过 10% 的行业

行业名称	企业数（家）	净利润额（万元）	营业收入总额（万元）	销售净利率（%）
有色金属矿采选业	1	3783	10573	35.78
林业	1	5375	19012	28.27
非金属矿采选业	2	8179	37160	22.01
酒、饮料和精制茶制造业	4	67472	403334	16.73

行业名称	企业数（家）	净利润额（万元）	营业收入总额（万元）	销售净利率（%）
住宿业	1	2518	15545	16.20
租赁业	1	2796	19925	14.03
新闻和出版业	1	8108	69471	11.67
计算机、通信和其他电子设备制造业	8	46880	408863	11.47
通用设备制造业	5	14386	137495	10.46
农、林、牧、渔服务业	3	6493	63802	10.18

有 9 个行业销售净利率低于 2%，分别为非金属矿物制品业，废弃资源综合利用业，橡胶和塑料制品业，印刷和记录媒介复制业，批发业，黑色金属冶炼和压延加工业，石油加工、炼焦和核燃料加工业，农业和汽车制造业（见表 1 - 11）。

表 1 - 11 2013 年上规模民营企业中销售净利率不足 2% 的行业

行业名称	净利润额（万元）	营业收入（万元）	销售净利率（%）
非金属矿物制品业	− 14118	1813148	− 0.78
废弃资源综合利用业	86	77288	0.11
橡胶和塑料制品业	162	66641	0.24
印刷和记录媒介复制业	167	40000	0.42
批发业	5843	669834	0.87
黑色金属冶炼和压延加工业	66357	4771425	1.39
石油加工、炼焦和核燃料加工业	1329	91560	1.45
农业	59458	4083213	1.46
汽车制造业	1885	95353	1.98

从资产运营效率来看，2013 年上规模民营企业平均资产净利率为 5.48%，有 32 个行业平均资产净利率高于平均值，其中 16 个行业资产净利率高于 10%，建筑装饰和其他建筑业以 22.7% 的资产净利率居首位（见表 1 - 12）。

表 1 - 12 2013 年上规模民营企业中资产净利率超过 10% 的行业

行业名称	净利润额（万元）	资产总额（万元）	资产净利率（%）
建筑装饰和其他建筑业	29767	131141	22.70
皮革、毛皮、羽毛及其制品和制鞋业	52742	286323	18.42
家具制造业	7990	43618	18.32
酒、饮料和精制茶制造业	67472	374072	18.04
木材加工和木、竹、藤、棕、草制品业	43104	242969	17.74
有色金属矿采选业	3783	26149	14.47
建筑安装业	2378	16880	14.09
医药制造业	261492	1964853	13.31

行业名称	净利润额（万元）	资产总额（万元）	资产净利率（％）
林业	5375	41081	13.08
农副食品加工业	137354	1058641	12.97
计算机、通信和其他电子设备制造业	46880	378249	12.39
农、林、牧、渔服务业	6493	52725	12.31
房屋建筑业	61304	507300	12.08
化学原料和化学制品制造业	51454	444448	11.58
通用设备制造业	14386	124368	11.57
软件和信息技术服务业	6203	57092	10.86

7 个行业资产净利率低于 2%，分别为非金属矿物制品业、废弃资源综合利用业、橡胶和塑料制品业、汽车制造业、租赁业、批发业、黑色金属冶炼和压延加工业（见表 1 - 13）。

表 1 - 13　2013 年上规模民营企业中资产净利率低于 2% 的行业

行业名称	净利润额（万元）	资产总额（万元）	资产净利率（％）
非金属矿物制品业	- 14118	1813148	- 0.32
废弃资源综合利用业	86	77288	0.12
橡胶和塑料制品业	162	66641	0.20
汽车制造业	1885	95353	1.54
租赁业	2796	19925	0.59
批发业	5843	669834	1.09
黑色金属冶炼和压延加工业	66357	4771425	1.66

从人均净利率来看，2013 年上规模民营企业人均净利润为 4.35 万元，有 9 个行业人均净利润高于 10 万元，其中林业以 28.6 万元的人均净利润居首位，人均净利润前 10 位的行业如表 1 - 14 所示。

表 1 - 14　2013 年上规模民营企业人均净利润前十位的行业

行业名称	净利润额（万元）	员工数（人）	人均净利润（万元）
林业	5375	188	28.6
石油加工、炼焦和核燃料加工业	1329	73	18.2
房地产业	219310	13701	16.0
土木工程建筑业	28383	1881	15.1
非金属矿采选业	8179	633	12.9
建筑装饰和其他建筑业	29767	2539	11.7
酒、饮料和精制茶制造业	67472	5967	11.3
其他采矿业	10288	957	10.8
有色金属矿采选业	3783	360	10.5
金属制品、机械和设备修理业	2965	310	9.6

三、企业规模

2013 年上规模民营企业营业收入较 2012 年继续增长，江西民营企业 100 强的入围门槛大幅增长，达到 7.36 亿元，比 2012 年的 5.3 亿元提高 2.06 亿元，提高了 38.9%。2013 年 377 家上规模民营企业营业收入总额为 4054.5 亿元，比 2012 年提高 596.4 亿元，增长幅度为 17.2%，增长幅度较上年提高 9.24 个百分点；户均营业收入超过 10 亿元，达到 10.75 亿元，营收总额过百亿元的企业有 6 家，50 亿~100 亿元的企业有 3 家，10 亿~50 亿元的有 66 家，10 亿元以下的有 302 家，表明江西上规模民营企业中超大型企业数量偏少（见表 1-15）。377 家上规模民营企业大部分营业收入有所增长，其中营业收入增长 50% 以上的有 59 家，增长 20%~50% 的有 82 家，增长 20% 以内的有 177 家，营业收入下降的有 59 家。

表 1-15　2013 年上规模民营企业营业收入结构表　　　　　　单位：家

营业收入总额标准	2013 年企业数量	2012 年企业数量
100 亿元以上	6	4
50 亿~100 亿元	3	3
10 亿~50 亿元	66	59
10 亿元以下	302	311

从江西上规模民营企业的资产规模来看，2013 年 377 家上规模民营企业资产总额达到 3044.1 亿元，户均 8.1 亿元，比 2012 年增长 16.5%，其中资产规模超过 100 亿元的有 4 家，50 亿~100 亿元的有 8 家，20 亿~50 亿元的有 11 家，其中江西萍钢实业股份有限公司、江西赛维 LDK 太阳能高科技有限公司两家总资产超过 200 亿元，分列前二（见表 1-16 和表 1-17）。

表 1-16　2013 年上规模民营企业资产总额结构表　　　　　　单位：家

资产总额标准	2013 年企业数量	2012 年企业数量
100 亿元以上	4	3
50 亿~100 亿元	8	4
20 亿~50 亿元	11	14
10 亿~20 亿元	31	26
10 亿元以下	323	330

表 1-17　2013 年上规模民营企业资产总额前 10 家　　　　　　单位：万元

序号	企业名称	2013 年资产总额
1	江西萍钢实业股份有限公司	2960085
2	江西赛维 LDK 太阳能高科技有限公司	2126900

续表

序号	企业名称	2013 年资产总额
3	晶科能源有限公司	1112460
4	毅德置业（赣州）有限公司	1100370
5	方大特钢科技股份有限公司	997516
6	泰豪集团有限公司	956251
7	江西交建工程集团有限公司	822741
8	正邦集团有限公司	777682
9	上饶光电高科技有限公司	766900
10	双胞胎（集团）股份有限公司	625006

四、经营效益

在全球经济温和复苏和我国经济稳中向好的大环境下，江西上规模民营企业经营效益增长迅速。从江西 100 强民营企业经营情况来看，2012 年 100 强民营企业实现净利润 53.1 亿元，户均 0.531 亿元，2013 年 100 强民营企业实现净利润 119.1 亿元，户均 1.19 亿元，增长幅度达 124.5%，这表明部分行业利润率大幅度提高。从全部 377 家上规模民营企业 2012 年和 2013 年经营效益相比较来看，利润的增长也非常明显，2012 年这 377 家企业实现利润 77.6 亿元，2013 年则为 166.9 亿元。

377 家上规模民营企业中，大部分上规模民营企业 2013 年净利润有所上升，其中 283 家企业净利润比上年度有所增长，2 家持平，92 家下降。净利润超 10 亿元的有毅德置业（赣州）有限公司、江西济民可信集团有限公司两家，净利润在 5 亿～10 亿元的有 3 家，亏损企业有 27 家，其中江西赛维 LDK 太阳能高科技有限公司亏损 13.39 亿元，但相比 2012 年（-43.41 亿元）亏损额已经大幅度收窄。上规模民营企业净利润分布情况如表 1-18 所示，净利润 3 亿元以上的上规模民营企业有 9 家，如表 1-19 所示。

表 1-18　2013 年上规模民营企业净利润分布情况　　　　　　单位：家

净利润标准	2013 年企业数量	2012 年企业数量
10 亿元以上	2	—
5 亿～10 亿元	3	4
1 亿～5 亿元	42	30
1 亿元以下	303	317
亏损	27	26

表 1-19　2013 年净利润 3 亿元以上的上规模民营企业　　　　单位：万元

序号	企业名称	税后净利润
1	毅德置业（赣州）有限公司	117596

续表

序号	企业名称	税后净利润
2	江西济民可信集团有限公司	102287
3	双胞胎（集团）股份有限公司	94743
4	方大特钢科技股份有限公司	58453
5	四特酒有限责任公司	56324
6	正邦集团有限公司	36400
7	江西民生集团有限公司	36087
8	晶科能源有限公司	33395
9	鸭鸭股份公司	30215

从人均净利润来看，2013年上规模民营企业实现人均净利润4.35万元，2012年为2.13万元，增加2.22万元。从盈利能力来看，2013年上规模民营企业销售收入净利率为4.12%，2012年为2.24%，提高了1.88个百分点；2013年上规模民营企业资产净利率为5.48%，2012年为2.97%，提高了2.51个百分点，销售收入净利率和资产净利率呈双上升趋势。

五、税收就业贡献

（一）缴税总额继续增加，但占全省比重略有下降

2013年377家上规模民营企业共缴纳税收165.3亿元，比2012年增加16.7亿元，增长率为11.4%，低于全省财政收入增长率；2013年上规模民营企业缴税总额占全省财政收入比重为7.01%，略低于2012年7.26%的比重（全省财政收入数据来源于省统计局网站）。

从纳税规模来看，上规模民营企业缴税总额超10亿元的有江西济民可信集团有限公司（11.19亿元）、方大特钢科技股份有限公司（10.64亿元）两家，缴税总额在5亿~10亿元的有四特酒有限责任公司（8.55亿元）、江西萍钢实业股份有限公司（8.40亿元）两家，缴税总额在1亿~5亿元的有29家，缴税总额在5000万至1亿元的有25家，缴税总额在5000万元以下的有319家（见图1-2和表1-20）。

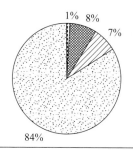

图1-2　2013年上规模民营企业纳税情况

表 1-20　2013 年上规模民营企业纳税前 10 位　　　　　　　　单位：万元

序号	企业名称	所属行业名称	缴税总额
1	江西济民可信集团有限公司	医药制造业	111915
2	方大特钢科技股份有限公司	黑色金属冶炼和压延加工业	106446
3	四特酒有限责任公司	酒、饮料和精制茶制造业	85531
4	江西萍钢实业股份有限公司	黑色金属冶炼和压延加工业	84037
5	毅德置业（赣州）有限公司	房地产业	48677
6	江西青峰药业有限公司	医药制造业	47652
7	江西金弘实业有限公司	有色金属冶炼和压延加工业	43976
8	江西新金叶实业有限公司	有色金属冶炼和压延加工业	39011
9	江西民生集团有限公司	房地产业	38546
10	江西自立环保科技有限公司	有色金属冶炼和压延加工业	37000

　　从行业类别来看，缴税总额居前五位的行业为有色金属冶炼和压延加工业，医药制造业，黑色金属冶炼和压延加工业，房地产业，酒、饮料和精制茶制造业。其中有色金属冶炼和压延加工业、医药制造业是江西省传统支柱产业，企业数量众多，规模较大，对税收贡献也较大；黑色金属冶炼和压延加工业虽然企业数量不多，但企业规模较大，也贡献了较大比重的税收（见表 1-21）。

表 1-21　2013 年上规模民营企业纳税前 5 大行业

序号	行业名称	缴税总额（万元）	企业数量（家）
1	有色金属冶炼和压延加工业	276250	41
2	医药制造业	259061	27
3	黑色金属冶炼和压延加工业	192321	7
4	房地产业	149129	19
5	酒、饮料和精制茶制造业	91765	4

（二）就业人数进一步增加

　　2013 年上规模民营企业吸纳了 38.41 万人就业，占全省就业人数的 1.48%，比 2012 年增加 1.91 万人。其中房屋建筑业、医药制造业、非金属矿物制品业吸纳就业人数居前三位；上规模民营企业员工人数超万人的有正邦集团有限公司、江西省第五建设集团有限公司、江西萍钢实业股份有限公司、江西济民可信集团有限公司、晶科能源有限公司 5 家（见表 1-22 和表 1-23）。

表 1-22　2013 年上规模民营企业就业人数前 5 大行业

序号	行业名称	就业人数（人）	企业数量（家）
1	房屋建筑业	44481	15
2	医药制造业	38644	27

序号	行业名称	就业人数（人）	企业数量（家）
3	非金属矿物制品业	34548	27
4	农业	33290	9
5	黑色金属冶炼和压延加工业	28681	7

表1－23 2013年上规模民营企业员工人数排名前10家　　　　单位：人

序号	企业名称	员工人数
1	正邦集团有限公司	30186
2	江西省第五建设集团有限公司	30000
3	江西萍钢实业股份有限公司	19273
4	江西济民可信集团有限公司	12038
5	晶科能源有限公司	10000
6	江西赛维LDK太阳能高科技有限公司	9513
7	方大特钢科技股份有限公司	8814
8	双胞胎（集团）股份有限公司	7274
9	泰豪集团有限公司	5744
10	仁和（集团）发展有限公司	5547

六、投资行为

2013年，在全面深化改革的大背景下，宏观经济稳中向好，上规模民营企业热情度高，但更为谨慎，66.8%的企业（252家）有新增投资，总额达262.16亿元，户均新增投资1.04亿元，投资额、企业数量比重较2012年（403.7亿元，71.4%）有所降低，显示出上规模民营企业在投资行为上的谨慎态度。

（一）上规模民营企业积极向国家鼓励和开放的领域投资

从投资领域来看，资源、能源等基础产业，金融服务领域，现代商业和物流领域成为上规模民营企业已经进入最多的三大投资领域，分别有102家、43家和42家企业进入。城乡统筹和新农村建设，政策性住房建设领域，文化、旅游和体育事业等其他领域也吸引了175家企业进入（见表1－24）。从资金来源看，2013年上规模民营企业新增投资以自有资金（252家）和银行借贷（165家）为主，采取股权融资和资本市场融资、民间借贷方式的企业很少。

表 1 - 24　2013 年上规模民营企业进入民间投资 36 条鼓励的投资领域

投资领域	企业数量（家）	占上规模民营企业比重（%）
资源、能源等基础产业	102	27.1
交通运输、水利工程、电信等基础设施领域	25	6.6
政策性住房建设领域	29	7.7
医疗、教育培训、社会福利事业	27	7.2
文化、旅游和体育事业	29	7.7
现代商业和物流领域	42	11.1
市政公用事业	26	6.9
国防科技工业投资建设领域	7	1.9
城乡统筹和新农村建设	32	8.5
金融服务领域	43	11.4

（二）部分企业试水混合所有制经济

中共十八届三中全会作出了全面深化改革的重大决策部署，把发展混合所有制经济作为完善基本经济制度、深化经济体制改革，尤其是深化国企改革的一项重要任务。发展混合所有制经济对民营企业而言是一个重要机遇，使民营企业投资领域进一步扩大，对于民营企业调整产业结构、转型升级具有重要意义。调研数据显示，部分上规模民营企业开始尝试参与国企改革，通过控股、参股、收购国有资产等方式试水混合所有制经济。部分上规模民营企业虽然没有参与国企改革，但有参与意愿。民营企业参与国企改革的情况如表 1 - 25 所示。

表 1 - 25　2013 年上规模民营企业参与国有企业改制重组情况　　　　单位：家

参与国有企业改制重组情况	企业数量（家）	占上规模民营企业比重（%）
已控股国有企业	12	3.2
已参股国有企业	6	1.6
收购了国有企业资产	14	3.7
与国有企业共同发起设立新企业	2	0.5
尚未参与，但有参与意向	41	10.9
尚未参与，也无参与意向	66	17.5

（三）当年重大事件以重大项目投产和重大技术突破为主

重大事件集中反映了企业发展战略的实施情况，2013 年上规模民营企业主要通过投资重大项目、重大技术突破和并购等方式实现企业发展壮大和转型升级。调研数据显示，2013 年上规模民营企业进行重大项目投产的有 106 家，占上规模民营企业总数的 28.1%，实现重大技术突破的有 54 家，占 14.3%，进行重大资产重组的有 26 家，占 6.9%，还有 38 家企业当年的重大事件为国内并购、国际并购、企业上市等（见图 1 - 3）。

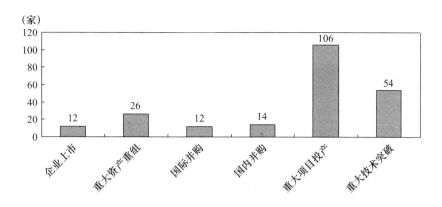

图1-3 2013年上规模民营企业发生的重大事件

（四）上规模民营企业投资突出主业

随着企业的发展壮大，很多企业会选择多元化发展战略，扩大企业投资领域，开拓新的业务和市场，以避免单一经营的风险。调研显示，上规模民营企业并没有随着企业的发展而盲目进行多元化投资，多数选择了立足主业实施专业化战略，专业化经营战略有利于形成并提升企业的核心竞争力，巩固企业盈利模式，建立较为稳固的竞争优势，企业成长会更加健康、稳定、持久。调研数据表明，55.7%的上规模民营企业表示未来三年的发展模式是"立足主业，延伸产业链发展"，36.9%的企业表示"坚持主业"，只有8.5%的企业选择"多元化发展"（见表1-26）。

表1-26 上规模民营企业未来3年内的发展模式

未来3年内发展模式	企业数量（家）	占上规模民营企业比重（%）
坚持主业	139	36.9
立足主业，延伸产业链发展	210	55.7
立足主业，适度多元化投资	97	25.7
多元化发展	32	8.5
由多元化回归主业	2	0.5

从企业投资方式来看，上规模民营企业的投资方式多样化，有扩建、技术改造、新建企业、兼并、参股、基金投资等多种方式，但多数企业还是选择扩建和技术改造这两种较为稳健的投资方式。调研数据显示，50.9%的企业选择了本企业基础上扩建的投资方式，45.1%的企业选择了本企业技术改造（见表1-27）。

表1-27 2013年上规模民营企业投资方式

投资方式	企业数量（家）	占上规模民营企业比重（%）
本企业基础上扩建	192	50.9
本企业技术改造	170	45.1

投资方式	企业数量（家）	占上规模民营企业比重（%）
新建企业	57	15.1
兼并企业	13	3.4
参股企业	24	6.4
参与基金投资	6	1.6

（五）上规模民营企业积极进入战略性新兴产业

战略性新兴产业是以重大技术突破和重大发展需求为基础，对经济社会全局和长远发展具有重大引领带动作用，知识技术密集、物质资源消耗少、成长潜力大、综合效益好的产业，但同时作为新行业又有一定的风险。调研数据显示，2013 年上规模民营企业共有 82 家企业投资战略性新兴产业，占上规模民营企业总数的 21.75%，累计完成投资额 126.87 亿元，实现营业收入 242.32 亿元，投资行业主要集中在节能环保、生物医药、新材料等产业（见表 1 - 28）。

表 1 - 28　上规模民营企业投资战略性新兴产业情况　　　　　单位：万元

战略性新兴产业名称	战略性新兴产业累计投资额	2013 年战略性新兴产业贡献的营业收入
节能环保产业	299215	284349
新一代信息技术产业	96470	276050
生物医药产业	287280	418881
高端装备制造产业	29375	48914
新能源产业	166176	762652
新材料产业	290726	523483
新能源汽车产业	82227	100511
物联网产业	17200	8400
合计	1268669	2423240

七、管理水平

（一）公司治理日趋规范

民营企业在创业之初一般规模较小，创业者是控股股东，但随着企业的发展，管理日益规范，控股股东逐渐由自然人向法人转变。调研数据显示，2013 年上规模民营企业控股股东为法人的有 168 家，占 44.6%。上规模民营企业重大事项决策权主要集中在股东大会和董事会，分别为 169 家和 181 家，占上规模民营企业的 44.8% 和 48.3%，重大事项决策权在董事长和总裁的仅占 34.2%（见图 1 - 4），表明上规模民营企业在涉及企业生产经营重大事项上采取更加科学和民主的决策机制，避免决策失误。

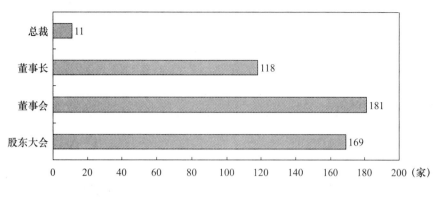

图 1 - 4　2013 年上规模民营企业决策机制

（二）六成以上为非家族控股企业

家族成员在民营企业创立初期发挥着重要的作用，使民营企业能快速完成资本原始积累，发展壮大。但是随着企业规模的扩张，家族企业的弊端也逐渐显现，促使家族企业纷纷进行股份制改造，向非家族企业转变。调研数据显示，上规模民营企业控股权在非家族的超过六成，达到 237 家（见图 1 - 5）。

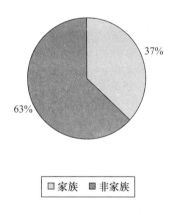

□ 家族　■ 非家族

图 1 - 5　2013 年上规模民营企业控股权情况

（三）上规模民营企业信息化水平提升

企业管理信息化能充分利用现代信息技术建立信息网络系统，使企业的信息流、资金流、物流、工作流集成和整合，不断提高企业管理的效率和水平，实现资源的优化配置，进而提高企业经济效益和竞争能力。随着企业的发展，江西民营企业信息化水平在逐渐提高。调研数据显示，42.4% 的上规模民营企业实施了人力资源管理系统（HRM）和企业资源管理系统（ERP），35.5% 的企业实施了客户关系管理（CRM），还有很多企业实施了供应链管理（SCM）和企业管理解决方案（SAP）等（见表 1 - 29）。

表1–29 2013年上规模民营企业信息化建设情况 单位：家

信息系统名称	实施企业数量（家）	占上规模民营企业比重（%）
企业资源规划（ERP）	160	42.4
客户关系管理（CRM）	134	35.5
供应链管理（SCM）	109	28.9
人力资源管理（HRM）	160	42.4
企业管理解决方案（SAP）	52	13.8

随着互联网技术的发展和大众消费习惯的改变，电子商务已经成为一种新的销售模式。调研数据显示，上规模民营企业开始尝试用电子商务的模式销售其产品和服务，以降低销售成本、扩大销售市场。调研数据显示，有96家企业采取了电子商务模式进行销售，其中25家企业通过电子商务取得的营业收入占总营收30%以上（见图1–6）。

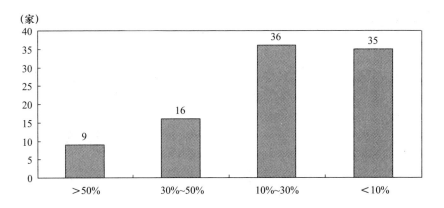

图1–6 2013年上规模民营企业电子商务销售模式收入比率

（四）上规模民营企业积极通过各项认证

认证是指由国家认可的认证机构证明一个组织的产品、服务、管理体系符合相关标准、技术规范或其强制性要求的合格评定活动。调研数据显示，有59.2%的上规模民营企业通过了ISO9000系列国际质量认证，有31.6%的上规模民营企业通过了ISO14000环境管理体系认证，还有不少企业通过了OHSAS18000职业健康安全管理体系认证、3C质量认证、SA8000社会责任标准认证（见表1–30）。

表1–30 2013年上规模民营企业通过认证情况

认证项目	企业数量（家）	占上规模民营企业比重（%）
通过ISO9000系列国际质量认证	223	59.2
通过OHSAS18000职业健康安全管理体系认证	74	19.6
通过ISO14000环境管理体系认证	119	31.6
通过3C质量认证	42	11.1
通过SA8000社会责任标准认证	11	2.9

（五）上规模民营企业劳动用工不断规范

人力资源是企业最重要的资源，特别是在当前人口红利逐渐消失，企业招工难日益突出的背景下，规范劳动用工、构建和谐劳动关系有利于吸引和留住高素质人才、稳定员工队伍、促进企业健康发展。调研数据显示，上规模民营企业劳动用工方面不断规范，241 家企业和员工 100%签订了书面劳动合同，占上规模民营企业总数的 63.9%，32 家企业与员工签订书面劳动合同，占上规模民营企业总数的 9.8%；员工 100%参加养老保险、医疗保险、失业保险的上规模民营企业分别占 27.1%、30.5%、19.9%（见表 1-31）。

表 1-31 2013 年上规模民营企业规范劳动用工情况 单位：家

比重（%）	与员工订立书面劳动合同	员工参加养老保险	员工参加医疗保险	员工参加失业保险
100	241	102	115	75
90~100	32	43	41	23
80~90	8	36	28	24
80 以下	96	196	193	255

民营企业中建立党组织能够更好地贯彻党的方针政策，加强企业的思想政治工作，引导和监督企业遵守国家的法律法规，对民营企业健康发展具有保障作用。同时，建立工会组织能够维护职工合法权益，调动员工积极性，增强企业凝聚力，对于民营企业意义更重要。调研数据显示，65.5%的上规模民营企业（247 家）设立了党委（支部）、66%的上规模民营企业（249 家）设立了工会（见图 1-7）。

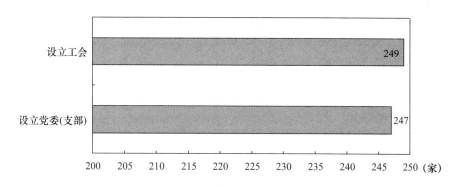

图 1-7 上规模民营企业设立党委（支部）和工会情况

八、品牌建设

品牌是指消费者对产品及产品系列的认知程度，是人们对一个企业及其产品、售后服务、文化价值的一种评价和认知，是一种信任，是给拥有者带来溢价、产生增值的宝贵无形资产：品牌通过注册成为商标，就能获得商标保护。品牌建设是指企业对其品牌进行设计、宣传、维护的行为和努力。企业通过品牌建设，可以不断提升形象、开拓市场、获取品牌附加值，支持企业持续健康发展。调研数据显示，上规模民营企业中 229 家拥有国内注册商标，占 60.7%，商标数量达到 3485 个；拥有国外商标的有 29 家，拥有马德里商标的有 7 家（见图 1 - 8）。

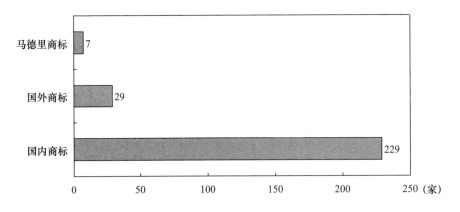

图 1 - 8　2013 年上规模民营企业拥有商标情况

从自有商标产品占产品收入比重来看，有 108 家上规模民营企业自有商标产品占产品收入的 100%，55 家企业自有商标产品占产品收入的 80%~100%，10 家企业自有商标产品占产品收入的 50%~80%，19 家企业自有商标产品占产品收入的 50% 以下（见表 1 - 32）。

表 1 - 32　2013 年上规模民营企业自有商标产品占产品总收入情况

自有商标产品占产品收入比重（%）	企业数量（家）	占上规模民营企业比重（%）
100	108	28. 65
80~100	55	14. 59
50~80	10	2. 65
50 以下	19	5. 04
合计	192	50. 93

九、科技创新能力

（一）上规模民营企业提高研发投入

加大资金和人力投入是提升企业科技创新能力的主要途径。有 196 家上规模民营企业填报了 2013 年研发费用，合计 38. 87 亿元，有 111 家上规模民营企业研发投入占营业收入的比重超过 1%，其中有 14 家超过 5%，196 家企业的平均研发强度为 1. 32%，高于全国大中型企业的 0. 93%（2012 年数据）。155 家上规模民营企业填报了研发人员情况，其中有 109 家企业研发人员占员工总数的比重超过 5%（见表 1 - 33）。

表1－33　2013年上规模民营企业研发投入、研发人员情况

研发投入（％）	2013年研发费用		2013年研发人员	
	企业数量（家）	占上规模民营企业比重（％）	企业数量（家）	占上规模民营企业比重（％）
5及以上	14	3.71	109	28.91
3～5	51	13.53	14	3.71
1～3	46	12.20	29	7.69
1以下	85	22.55	3	0.80
合计	196	51.99	155	41.11

（二）自主创新是上规模民营企业关键技术的主要来源

关键技术是企业获得核心竞争力并发展壮大的重要基础，关键技术的主要来源有自主研发、模仿、产学研合作等。调研数据表明，2013年有197家上规模民营企业的关键技术来源于自主研发与研制，占上规模民营企业总数的52.25%，其次分别为引进人才124家，引进技术118家，产学研合作94家，另有少数企业是通过模仿、并购企业、企业合资获得关键技术（见表1－34）。

表1－34　2013年上规模民营企业关键技术来源情况

关键技术来源	企业数量（家）	占上规模民营企业比重（％）
自主研发与研制	197	52.25
产学研合作	94	24.93
模仿	16	4.24
引进技术	118	31.30
引进人才	124	32.89
并购企业	7	1.86
企业合资	6	1.59

2013年上规模民营企业有1家获得国家级科技奖、23家获得省部级科技奖、1家获得全国工商联科技奖。

从企业技术中心和实验室资质认定情况看，截至2013年被国家有关部门认定为国家重点实验室的有26家，国家工程实验室的有16家，国家级企业技术中心的有5家，国家工程研究中心的有9家，行业重点实验室的有20家；设立博士后工作站的有12家。

（三）高新技术企业近三成，科技创新获政府支持

2013年，107家上规模民营企业拥有183家高新技术企业（含子公司），占上规模民营企业总数的28.4%。从行业分布来看，高新技术企业主要分布在农副食品加工业、医药制造业、有色金属冶炼和压延加工业、化学原料和化学制品制造业等行业（见表1－35）。

表 1 – 35 2013 年上规模民营企业高新技术企业主要行业分布　　　　单位：家

序号	所属行业	高新技术企业数量
1	农业	50
2	医药制造业	25
3	农副食品加工业	21
4	有色金属冶炼和压延加工业	10
5	非金属矿物制品业	9
6	化学原料和化学制品制造业	7
7	电气机械和器材制造业	7

调研数据显示，2013 年上规模民营企业中有 102 家获得了政府各类科技资金支持，占上规模民营企业总数的 27.1%，共获得科技支持资金 3.73 亿元。从获得支持的行业来看，农业获得的政府科技资金最多，达 11620 万元，其次为化学原料和化学制品制造业为 4376.5 万元、医药制造业为 4185.3 万元（见表 1 – 36）。

表 1 – 36 2013 年上规模民营企业获政府科研资金主要行业分布

序号	所属行业	资金金额（万元）	支持企业数量（家）	行业上规模民营企业数量（家）	受资助比例（%）
1	农业	11620.0	5	9	55.56
2	化学原料和化学制品制造业	4376.5	9	16	56.25
3	医药制造业	4185.3	13	27	48.15
4	有色金属冶炼和压延加工业	3266.0	8	27	29.63
5	非金属矿物制品业	3031.2	7	41	17.07
6	电气机械和器材制造业	1898.0	5	11	45.45

（四）上规模民营企业积极参与产学研合作

产学研相结合，是科研、教育、生产不同社会分工在功能与资源优势上的协同与集成化，是技术创新上、中、下游的对接与耦合。随着技术发展和创新形态演变，企业越来越多地参与到产学研合作中，利用科研院所和高校的科研资源，提升企业的技术创新能力。调研数据显示，48% 的上规模民营企业（181 家）与科研院所、高校开展各种形式的合作。上规模民营企业与科研院所、高校开展合作的主要形式有开展项目合作、共建研发机构等（见图 1 – 9）。

（五）上规模民营企业专利意识增强

专利拥有数量是反映企业科技创新能力的重要指标之一。调研数据显示，2013 年，共有 153 家上规模民营企业拥有国际国内各项专利，占上规模民营企业总数的 40.6%，拥有专利总计 2595 项，其中国内专利 2529 项，国外专利 66 项（见表 1 – 37）。

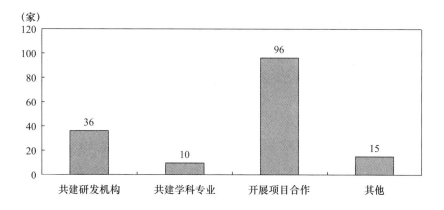

图 1 – 9 2013 年上规模民营企业产学研合作主要形式

表 1 – 37 2013 年上规模民营企业拥有专利情况   单位：项

	有效发明专利	有效实用新型	有效外观设计	总计
国内专利	630	1289	610	2529
国际专利	38	—	28	66
合计	668	1289	638	2595

汇仁集团有限公司以 149 项居上规模民营企业专利数量第一位，江西赛维 LDK 太阳能高科技有限公司、晶科能源有限公司、江西济民可信集团有限公司的企业专利数量超过 100项（见表 1 – 38）。

表 1 – 38 2013 年上规模民营企业专利数量前 5 名企业   单位：项

企业名称	发明专利数量	有效专利数量
汇仁集团有限公司	79	149
江西赛维 LDK 太阳能高科技有限公司	64	129
晶科能源有限公司	3	108
江西济民可信集团有限公司	98	105
江西三川集团有限公司	3	75

十、"走出去"战略

随着经济全球化趋势进一步深化，无论从开拓市场空间，优化产业结构，获取经济资源，争取技术来源；还是突破贸易保护壁垒，培育具有国际竞争力的大型跨国公司，"走出去"都是一种必然选择。

（一）上规模民营企业新增海外投资 2720 万美元

2013 年，共有 5 家企业新增海外投资项目 22 个，新增投资额达 2720 万美元，累计投资额达到 13734 万美元，主要投资于港澳台、东南亚、非洲等地区。

（二）上规模民营企业"走出去"的主要动因是开拓国际市场

调研数据显示，开拓国际市场、国内外资源和市场相结合是上规模民营企业"走出去"的主要动因，其他的动因分别是获取品牌、技术和人才等要素，获取资源、原材料，企业全球战略布局等（见表 1 – 39）。

表 1 – 39　2013 年上规模民营企业"走出去"的主要动因　　　　　　单位：家

动因	企业数量（家）	占上规模民营企业比例（%）
开拓国际市场	65	17.24
规避汇率风险	6	1.59
缓解国际贸易摩擦	8	2.12
国内外资源和市场相结合	37	9.81
产业转移	2	0.53
获取资源、原材料	14	3.71
企业全球战略布局	14	3.71
获取品牌、技术和人才等要素	29	7.69

上规模民营企业随着海外投资经验的积累、企业实力的增强，海外投资方式也逐渐由产品输出向资本和技术输出转变。从"走出去"的投资方式来看，合资新建和独资新建是主要方式。上规模民营企业主要海外投资方式如图 1 – 10 所示。

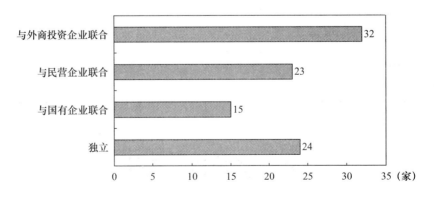

图 1 – 10　上规模民营企业主要海外投资方式

从"走出去"的形式来看，上规模民营企业主要采取与外商投资企业联合、独立、与民营企业联合的形式。

第二章 民营经济政策法规

一、概述

政策法规，是指党政机关制定的关于处理党内和政府事务工作的文件。一般包括中共中央、国务院及其部门制定的规定、办法、准则以及行业的规范和条例规章等。2013年，全国、江西省及各设区市为支持民营经济的发展出台了许多相关的政策法规，构建了民营经济发展的政策环境。

（一）国家有关民营经济发展的政策法规

2013年，中共中央、国务院及其各部委为促进民营经济发展，发布了全方面、多角度的政策法规。政府不断加快对行政制度、科技体制、投融资机制、企业税费体制、企业股份体制等进行改革优化。一方面，继续坚定不移推进行政审批制度改革，清理行政审批项目，取消与下放权力，加大简政放权力度，不断提高政府管理科学化、规范化水平；另一方面，颁布一系列政策，促进循环经济、海洋经济、健康养老服务业、节能环保产业等健康有序发展，并减免企业税费负担，鼓励科技创新与发明，激发市场活力。此外，政府还着眼于基础设施建设与流通费用的降低，为民营企业的发展提供便利。

（二）江西有关民营经济发展的政策法规

2013年，江西省委、省政府及各厅局为推动民营经济更好更快发展，颁布多条相关政策法规，在科技管理体制、投融资机制、人才管理体制、企业产权机制等方面进行了深度改革。江西省人民政府指出，促进非公有制经济更好更快发展是江西省必须长期坚持的大战略，因此，其推出的法律法规涉及民营经济发展的方方面面，包括加快政府行政体制改革、提高财税金融支持力度、鼓励企业科技创新、培育龙头企业、优化市场竞争环境等。多项政策表明，政府重点深化了行政审批制度改革，取消和下放了一大批行政审批项目与备案项目，加快政府管理创新，提高政府服务水平与效率。同时，政府还颁布政策加快流通产业及交通运输事业的发展，围绕提高流通效率、方便群众生活、保障商品质量、引导生产发展和促进居民消费，建立与工业化、信息化、城镇化、农业现代化相适应的现代流通体系。

（三）江西设区市有关民营经济发展的政策法规

2013年，江西各设区市的市委市政府及其经济主管部门为构建民营经济的发展环境，颁布了多条相关政策法规。各设区市为民营经济搭建更好的发展平台，不断破除制约民营经济发展的体制机制障碍，为民营经济的发展提供良好的政策环境。各市委市政府继续深化了行政审批制度改革，通过降低准入门槛、放宽投资领域、提高政府服务水平与效率以进一步解放思想，优化发展环境。具体政策涉及行政审批制度、科技管理体制、人才激励机制、税费体制、招商引资、企业投融资制度、企业贷款制度等方方面面，已构成相对完善的政策网络。

二、政策法规文件列表

（一）国家有关民营经济发展的政策法规列表

表 2 - 1 为 2013 年国家促进民营经济发展的相关政策法规的整理与归纳。

表 2-1　国家促进民营经济发展的相关政策法规列表

序号	文件名称	发文机关	文件内容摘要	文件文号
1	国务院关于印发《循环经济发展战略及近期行动计划》的通知	国务院	为指导和推动循环经济加快发展，实现"十二五"规划纲要提出的资源产出率提高15%的目标，国家对发展循环经济作出战略规划，对今后一个时期的工作进行具体部署。各地区、各部门要从战略和全局的高度，充分认识加快发展循环经济的重要意义，落实工作责任，完善工作机制，加强协调配合，进一步加大工作力度，采取切实有效的措施，确保完成各项目标任务，全面提高生态文明水平	国发〔2013〕5 号
2	国务院关于推进物联网有序健康发展的指导意见	国务院	我国已将物联网作为战略性新兴产业的一项重要组成内容，为推进物联网有序健康发展，应加快技术研发，突破产业瓶颈；推动应用示范，促进经济发展；改善社会管理，提升公共服务；突出区域特色，科学有序发展；加强总体设计，完善标准体系；壮大核心产业，提高支撑能力；创新商业模式，培育新兴业态；加强防护管理，保障信息安全；强化资源整合，促进协同共享。为此，还需加强统筹协调形成发展合力，营造良好发展环境，加强财税政策扶持，完善投融资政策，提升国际合作水平，加强人才队伍建设	国发〔2013〕7 号
3	国务院关于促进海洋渔业持续健康发展的若干意见	国务院	我国海洋渔业发展方式仍然粗放，设施装备条件较差，近海捕捞过度和环境污染加剧。为促进海洋渔业持续健康发展，要加强海洋渔业资源和生态环境保护，提高海洋渔业设施和装备水平，进一步改善渔民民生，提高海洋渔业组织化程度和管理水平，强化基础设施、财税政策等保障措施，加强组织领导	国发〔2013〕11 号
4	国务院关于取消和下放一批行政审批项目等事项的决定	国务院	国务院决定，取消和下放一批行政审批项目等事项，共计117项。其中，取消行政审批项目71项，下放管理层级行政审批项目20项，取消评比达标表彰项目10项，取消行政事业性收费项目3项；取消或下放管理层级的机关内部事项和涉密事项13项（按规定另行通知）	国发〔2013〕19 号

序号	文件名称	发文机关	文件内容摘要	文件文号
5	国务院批转发展改革委《关于2013年深化经济体制改革重点工作的意见》的通知	国务院	国务院同意发展改革委《关于2013年深化经济体制改革重点工作的意见》。意见指出，大力推动促进经济转型、民生改善和社会公正的改革，坚决破除妨碍科学发展的体制机制弊端，促进经济持续健康发展与社会和谐稳定。2013年改革重点工作是，深入推进行政体制改革，加快推进财税、金融、投资、价格等领域改革，积极推动民生保障、城镇化和统筹城乡相关改革	国发〔2013〕20号
6	国务院关于取消和下放50项行政审批项目等事项的决定	国务院	国务院决定，再取消和下放一批行政审批项目等事项，共计50项。并指出，各地区、各部门要继续坚定不移地推进行政审批制度改革，清理行政审批事项，加大简政放权力度	国发〔2013〕27号
7	国务院关于加快发展节能环保产业的意见	国务院	资源环境制约是当前我国经济社会发展面临的突出矛盾。解决节能环保问题，是扩内需、稳增长、调结构，打造中国经济升级版的一项重要而紧迫的任务。为加快发展节能环保产业，要围绕重点领域，促进节能环保产业发展水平全面提升；要发挥政府带头作用，引领社会资金投入节能环保工程建设；要推广节能环保产品，扩大市场消费需求；加强技术创新，提高节能环保产业市场竞争力；强化约束激励，营造有利的市场和政策环境	国发〔2013〕30号
8	国务院关于促进信息消费扩大内需的若干意见	国务院	为达到至2015年，我国信息消费规模快速增长、信息基础设施显著改善、信息消费市场健康活跃的目标，要加快信息基础设施演进升级，增强信息产品供给能力，培育信息消费需求，提升公共服务信息化水平，加强信息消费环境建设，完善支持政策	国发〔2013〕32号
9	国务院关于加快发展养老服务业的若干意见	国务院	积极应对人口老龄化，加快发展养老服务业，不断满足老年人持续增长的养老服务需求，是全面建成小康社会的一项紧迫任务，有利于保障老年人权益，共享改革发展成果，促进社会和谐，推进经济社会持续健康发展。加快发展养老服务业的主要任务有统筹规划发展城市养老服务设施、大力发展居家养老服务网络、大力加强养老机构建设、切实加强农村养老服务、积极推进医疗卫生与养老服务相结合。为此，要完善投融资、土地供应、税费优惠、补贴支持、人才培养和就业等政策，鼓励公益慈善组织支持养老服务。此外，还应加强组织领导，健全工作机制，开展综合改革试点，加强督促检查	国发〔2013〕35号
10	国务院关于加强城市基础设施建设的意见	国务院	加强城市基础设施建设，有利于推动经济结构调整和发展方式转变，拉动投资和消费增长，扩大就业，促进节能减排。因此，应坚持规划引领、民生优先、安全为重、机制创新、绿色优质的原则，围绕城市道路交通、城市管网、污水和垃圾处理、生态园林等重点领域，促进城市基础设施水平全面提升。同时，要科学编制规划，发挥调控引领作用；要抓好项目落实，加快基础设施建设进度；要确保政府投入，推进基础设施建设投融资体制和运营机制改革；要科学管理，明确责任，加强协调配合	国发〔2013〕36号

序号	文件名称	发文机关	文件内容摘要	文件文号
11	国务院关于促进健康服务业发展的若干意见	国务院	为实现人人享有基本医疗卫生服务的目标，满足人民群众不断增长的健康服务需求，到 2020 年，基本建立覆盖全生命周期、内涵丰富、结构合理的健康服务业体系，打造一批知名品牌和良性循环的健康服务产业集群，并形成一定的国际竞争力，基本满足广大人民群众的健康服务需求。因此，要大力发展医疗服务，加快形成多元办医格局，优化医疗服务资源配置，推动发展专业、规范的护理服务；加快发展健康养老服务，推进医疗机构与养老机构等加强合作，发展社区健康养老服务；积极发展健康保险，丰富商业健康保险产品，发展多样化健康保险服务；全面发展中医药医疗保健服务，提升中医健康服务能力，发展全民体育健身，发展健康文化和旅游，培育健康服务业相关支撑产业；健全人力资源保障机制，加大人才培养和职业培训力度，促进人才流动；夯实健康服务业发展基础，推进健康服务信息化，加强诚信体系建设	国发〔2013〕40 号
12	国务院关于化解产能严重过剩矛盾的指导意见	国务院	化解产能严重过剩矛盾是当前和今后一个时期推进产业结构调整的工作重点。本意见旨在积极有效地化解钢铁、水泥、电解铝、平板玻璃、船舶等行业产能严重过剩矛盾，同时指导其他产能过剩行业化解工作。主要内容有：充分认识化解产能严重过剩矛盾的重要性和紧迫性；总体要求、基本原则和主要目标；主要任务，包括坚决遏制产能扩张、清理整顿建成违规产能、淘汰和退出落后产能等；分业施策，要根据行业特点，开展有选择、有侧重、有针对性的化解工作；政策措施，加强行业管理与约束；实施保障等	国发〔2013〕41 号
13	国务院关于取消和下放一批行政审批项目的决定	国务院	为减轻一些企业的负担，再取消和下放 68 项行政审批项目（其中有 2 项属于保密项目，按规定另行通知）。并公布《国务院关于取消和下放一批行政审批项目等事项的决定》（国发〔2013〕19 号）中提出的涉及法律的 16 项行政审批项目的相关法律修改内容	国发〔2013〕44 号
14	国务院关于开展优先股试点的指导意见	国务院	为贯彻落实党的十八大精神，深化金融体制改革，支持实体经济发展，依照公司法、证券法相关规定，国务院决定开展优先股试点。意见涉及优先股股东的权利与义务、优先股发行与交易以及组织管理和配套政策等相关内容	国发〔2013〕46 号
15	国务院关于全国中小企业股份转让系统有关问题的决定	国务院	金融对经济结构调整和转型升级具有支持作用，为进一步拓展民间投资渠道，充分发挥全国中小企业股份转让系统的功能，缓解中小微企业融资难、融资贵等问题，要充分发挥全国股份转让系统服务中小微企业发展的功能；要建立不同层次市场间的有机联系；要简化行政许可程序；要建立和完善投资者适当性管理制度；要加强事中、事后监管，保障投资者的合法权益；要加强协调配合，为挂牌公司健康发展创造良好环境	国发〔2013〕49 号
16	国务院办公厅关于印发降低流通费用、提高流通效率综合工作方案的通知	国务院办公厅	为降低流通费用，提高流通效率，应降低农产品生产流通环节用水用电价格和运营费用；规范和降低农产品市场收费；强化零售商供应商交易监管；完善公路收费政策；加强重点行业价格和收费监管；加大价格监督检查和反垄断监管力度；完善财税政策，提高小型微型企业增值税和营业税起征点；保障必要的流通行业用地；便利物流配送；建立健全流通费用调查统计制度	国办发〔2013〕5 号

序号	文件名称	发文机关	文件内容摘要	文件文号
17	国务院办公厅关于强化企业技术创新主体地位全面提升企业创新能力的意见	国务院办公厅	为全面提升企业创新能力，加快科技成果转化和产业化，实施创新驱动发展战略，建设创新型国家提供有力支撑，国务院办公厅提出进一步完善引导企业加大技术创新投入的机制、支持企业建立研发机构、支持企业推进重大科技成果产业化等十二项重点任务以及两条组织实施意见	国办发〔2013〕8号
18	国务院办公厅关于调整国务院促进中小企业发展工作领导小组组成人员的通知	国务院办公厅	根据工作需要和人员变动情况，国务院对国务院促进中小企业发展工作领导小组成人员进行了调整，国务院副总理马凯任小组组长	国办发〔2013〕61号
19	国务院办公厅关于金融支持经济结构调整和转型升级的指导意见	国务院办公厅	为更好地发挥金融对经济结构调整和转型升级的支持作用，经济结构调整和转型升级离不开金融的支持。因此，要继续执行稳健的货币政策，合理保持货币信贷总量；引导、推动重点领域与行业转型和调整；整合金融资源支持小微企业发展；加大对"三农"领域的信贷支持力度；进一步发展消费金融促进消费升级；支持企业"走出去"；加快发展多层次资本市场；进一步发挥保险的保障作用；扩大民间资本进入金融业；严密防范金融风险等	国办发〔2013〕67号
20	国务院办公厅关于促进进出口稳增长、调结构的若干意见	国务院办公厅	我国进出口形势复杂严峻，进出口增速明显放缓，制约进出口发展的困难增多，为促进进出口稳增长、调结构，国务院办公厅提出调整出口法检费用和目录、加大出口退税支持力度、加快推进跨境贸易人民币结算、改善融资服务、扩大信用保险支持、完善人民币汇率形成机制、提高贸易便利化水平、完善多种贸易方式、支持民营外贸企业加快发展、更加重视开拓国际市场、积极扩大出口、调整和完善棉花储备政策等十二条意见	国发办〔2013〕83号
21	国务院办公厅关于金融支持小微企业发展的实施意见	国务院办公厅	小微企业是国民经济发展的生力军。为进一步做好小微企业金融服务工作，全力支持小微企业良性发展，国务院办公厅提出以下意见：确保实现小微企业贷款增速和增量"两个不低于"的目标；加快丰富和创新小微企业金融服务方式；着力强化对小微企业的增信服务和信息服务；积极发展小型金融机构；大力拓展小微企业直接融资渠道；切实降低小微企业融资成本；加大对小微企业金融服务的政策支持力度；全面营造良好的小微金融发展环境等	国办发〔2013〕87号
22	国务院办公厅关于政府向社会力量购买服务的指导意见	国务院办公厅	为进一步转变政府职能、改善公共服务，要在公共服务领域更多利用社会力量，加大政府购买服务力度。承接政府购买服务的主体包括依法在民政部门登记成立或经国务院批准免于登记的社会组织，以及依法在工商管理或行业主管部门登记成立的企业、机构等社会力量。教育、就业、社保、医疗卫生、住房保障、文化体育及残疾人服务等基本公共服务领域，要逐步加大政府向社会力量购买服务的力度。非基本公共服务领域，要更多更好地发挥社会力量的作用，凡适合社会力量承担的，都可以通过委托、承包、采购等方式交给社会力量承担	国办发〔2013〕96号

序号	文件名称	发文机关	文件内容摘要	文件文号
23	国务院办公厅关于进一步加强资本市场中小投资者合法权益保护工作的意见	国务院办公厅	为贯彻落实党的十八大、十八届三中全会精神和国务院有关要求，进一步加强资本市场中小投资者合法权益保护工作，国务院办公厅提出健全投资者适当性制度、优化投资回报机制、保障中小投资者知情权、健全中小投资者投票机制、建立多元化纠纷解决机制、健全中小投资者赔偿机制、加大监管和打击力度、强化中小投资者教育、完善投资者保护组织体系九项意见	国办发〔2013〕110 号
24	国务院办公厅关于印发《深化流通体制改革 加快流通产业发展重点工作部门分工方案》的通知	国务院办公厅	国务院同意《深化流通体制改革 加快流通产业发展重点工作部门分工方案》，并要求各部门进一步分解和细化工作，抓紧制定具体落实措施。要加强现代流通体系建设；积极创新流通方式；提高保障市场供应能力；全面提升流通信息化水平；培育流通企业核心竞争力；大力规范市场秩序；深化流通领域改革开放；制定完善流通网络规划；加大流通业用地支持力度；完善财政金融支持政策；减轻流通产业税收负担；降低流通环节费用；完善流通领域法律法规和标准体系；健全统计和监测制度；加强组织领导	国办函〔2013〕69 号
25	关于暂免征收部分小微企业增值税和营业税的通知	财政部 国家税务总局	为进一步扶持小微企业发展，经国务院批准，自 2013 年 8 月 1 日起，对增值税小规模纳税人中月销售额不超过 2 万元的企业或非企业性单位，暂免征收增值税；对营业税纳税人中月营业额不超过 2 万元的企业或非企业性单位，暂免征收营业税	财税〔2013〕52 号
26	财政部关于印发《地方特色产业中小企业发展资金管理办法》的通知	财政部	为促进中小企业特别是小型微型企业健康发展，进一步规范和完善地方特色产业中小企业发展资金管理，财政部对《地方特色产业中小企业发展资金管理暂行办法》进行了修改，修改后的办法包括总则、支持内容及方式、项目资金的申请、项目申报与审核及资金拨付、监督管理、附则六部分	财企〔2013〕67 号
27	工业和信息化部等九部委关于促进劳动密集型中小企业健康发展的指导意见	工业和信息化部、国家发展和改革委员会、财政部、人力资源和社会保障部、商务部、海关总署、国家税务总局、国家工商行政管理总局、中国银行业监督管理委员会	针对劳动密集型中小企业面临的突出问题，以轻工、纺织、机械、电子、批发和零售业、住宿和餐饮业、居民服务业、养老服务业以及现代服务业等行业中百万元固定资产就业人数 13 人以上（含 13 人）、人均年营业收入 45 万元以下（含 45 万元）的中小企业作为当前引导扶持的重点，以加快企业转型升级、提高产品和服务质量、加强品牌建设为目标，提出了引导民间投资发展劳动密集型企业、切实降低企业税费负担、加大财政政策扶持力度等八条政策措施	工信部联企业〔2013〕542 号
28	国家发展改革委关于加强小微企业融资服务支持小微企业发展的指导意见	国家发展改革委	为拓宽小微企业融资渠道，缓解小微企业融资困难，加大对小微企业的支持力度，国家发改委提出了十一条意见。包括发布税收优惠政策、成立创业投资引导基金、鼓励发行企业债券等，并指出各部门应该为小微企业的发展创造良好环境	发改财金〔2013〕1410 号

（二）江西有关民营经济发展的政策法规

2013 年江西发展民营经济的政策法规的整理与归纳如表 2－2 所示。

表 2－2 江西发展民营经济的政策法规列表

序号	文件名称	发文机关	文件内容摘要	文件文号
1	中共江西省委江西省人民政府关于大力促进非公有制经济更好更快发展的意见	江西省委、江西省人民政府	为坚持和完善基本经济制度，激发非公有制经济活力和创造力，促进非公有制经济又好又快发展，江西省委、省政府提出促进非公有制经济更好更快发展是我省必须长期坚持的大战略。必须解放思想、坚定目标；要切实落实非公有制经济发展政策，扩大投资领域，放宽经营条件，鼓励扶持创业，促进开放升级，高效配置土地；要加大非公有制经济发展财税金融支持力度，设立专项资金，实行税收优惠，拓宽融资渠道，增加有效信贷；要提高非公有制经济发展质量和效益，支持科技创新，推进品牌提升，培育龙头企业，鼓励"走出去"发展，提升企业家素质；要营造非公有制经济发展良好环境，优化市场竞争环境，保护企业合法权益，提高政府办事效率，加强服务体系建设，切实减轻企业负担，严格规范各类检查，营造良好舆论氛围；要加强非公有制经济发展组织领导，完善领导协调机制，健全政治引领机制，建立商会协同机制，建立考核督查机制	赣发〔2013〕14 号
2	江西省人民政府关于加快流通产业发展的实施意见	江西省人民政府	为加快我省流通产业持续、健康、快速发展，要大力扶持中小流通企业，培育提升流通企业核心竞争力；要为相关企业提供相应政策支持，如加大流通业用地支持力度、完善财政金融支持政策、减轻流通产业税收负担、降低流通环节费用和简化行政审批手续等	赣府发〔2013〕9 号
3	江西省人民政府关于进一步加快交通运输事业发展的意见	江西省人民政府	交通运输事业发展，在推进科学发展、绿色崛起，建设富裕和谐秀美江西中起基础性、先导性作用。因此，要形成推进大交通运输发展工作合力，大力发展道路及水运建设、铁路建设和民航建设	赣府发〔2013〕10 号
4	江西省人民政府关于衔接国务院取消和下放一批行政审批项目等事项的通知	江西省人民政府	为进一步深化行政审批制度改革，加快政府职能转变，根据《国务院关于取消和下放一批行政审批项目等事项的决定》（国发〔2013〕19 号），取消行政审批项目 71 项（由国务院有关部门实施的 68 项，由省级地方海事机构、税务机关和出入境检验检疫机构实施的 3 项），其中 18 项江西省有相应的行政审批项目；下放管理层级行政审批项目 20 项；取消评比达标表彰项目 10 项；取消行政事业性收费项目 3 项	赣府发〔2013〕17 号
5	江西省人民政府关于取消和下放一批行政审批项目和备案项目的决定	江西省人民政府	为推进江西省行政审批制度改革的不断深化，优化经济社会发展环境，省政府决定取消和下放一批行政审批项目和备案项目，共计 43 项。其中，取消 7 项、下放 34 项	赣府发〔2013〕21 号

序号	文件名称	发文机关	文件内容摘要	文件文号
6	江西省人民政府关于深化行政审批制度改革的意见	江西省人民政府	为进一步深化行政审批制度改革，切实转变政府职能，优化经济社会发展环境，江西省人民政府提出要做好国务院取消下放行政审批等事项的衔接工作；要全面清理现行行政审批等事项；要大力精简行政审批等事项；要规范行政审批等事项运行；要强化行政审批等事项监督管理；要加强目录管理；要加大向市县政府放权力度；要进一步推进政府管理创新	赣府发〔2013〕25 号
7	江西省人民政府关于加快电子商务产业发展的若干意见	江西省人民政府	充分认识加快电子商务发展的重要意义，以期在 2015 年全省电子商务交易额超过 1500 亿元，2020 年突破 1 万亿元。因此，需加快推广普及电子商务应用；大力培育电子商务平台；加快发展跨境电子商务；加快发展移动电子商务；加快完善配套支撑体系；营造良好政策环境；建立健全服务保障体系	赣府发〔2013〕30 号
8	江西省人民政府办公厅关于进一步降低流通费用提高流通效率的实施意见	江西省人民政府办公厅	进一步降低流通费用，提高流通效率，要降低农产品生产流通环节用水用电价格和运营费用；规范和降低农产品市场收费；强化零售商供应商交易监管；完善公路收费政策；加强重点行业价格和收费监管；加大价格监督检查和反垄断监管力度；完善财税政策，落实流通领域小型微型企业税收优惠政策；保障必要的流通行业用地；便利物流配送；建立健全流通费用调查统计制度；健全组织协调机制	赣府厅发〔2013〕6 号
9	江西省人民政府办公厅关于金融支持小微企业发展的若干措施	江西省人民政府办公厅	为贯彻落实《国务院办公厅关于金融支持小微企业发展的实施意见》（国办发〔2013〕87 号），结合江西省实际，促进全省小微企业健康发展，要加大对小微企业信贷支持力度；拓展小微企业金融服务网络；完善小微企业融资担保体系；扩大小微企业直接融资渠道；推进多层次资本市场建设；进一步发挥保险功能作用；加大小微企业政策扶持力度；搭建小微企业融资信息平台；优化小微金融发展环境	赣府厅字〔2013〕131 号
10	江西省人民政府办公厅关于印发《加快流通产业发展的实施意见重点工作部门分工方案》的通知	江西省人民政府办公厅	各地各有关部门要认真贯彻落实《江西省人民政府关于加快流通产业发展的实施意见》（赣府发〔2013〕9 号）精神，按照《分工方案》的要求，将涉及本部门的工作进一步分解和细化，抓紧制定具体落实措施。同一项工作涉及多个部门的，牵头部门要加强协调，部门间要主动密切协作。省商务厅要认真做好统筹协调、督促检查工作。工作落实中的重大问题及时向省政府报告	赣府厅字〔2013〕135 号
11	中共江西省委政法委员会关于全省政法机关优化投资环境支持企业发展的若干意见	中共江西省委政法委员会	为优化投资环境、支持企业发展，省政法机关提出了十条意见。提出对不同性质、不同规模、不同地域的企业实行平等司法保护，不得歧视民营企业、小微企业和外地企业，支持民营企业做强做大，服务推进央企入赣，促进企业公平竞争，共同发展；要进一步精简办事程序，提高办事效率；加快审理涉企案件，必要时为企业提供法律支持	赣政法〔2013〕12 号

序号	文件名称	发文机关	文件内容摘要	文件文号
12	江西省公安厅关于印发《全省公安机关服务经济社会发展的若干意见》的通知	江西省公安厅	为充分发挥公安机关的职能作用，创造安全稳定的社会环境、公平正义的法治环境和优质高效的服务环境，公安机关应立足公安职责，更加主动、有效地服务全省经济社会发展，要主动为重点工程和企业提供治安服务，进一步提高公安行政效能，大力强化平安建设行动，积极推进民生警务，提升公安规范化执法水平	赣公发〔2013〕7 号
13	江西省地方税务局关于印发《加快推进科技创新升级工作实施方案的通知》	江西省地方税务局	地税部门在加快推进江西省科技创新升级工作中，需强化工作职责，优化工作机制；规范审核程序，统一审核标准；落实优惠政策，推进创新升级，其中对符合条件的高新技术企业免征企业所得税。为此，要加强领导，提高认识；加强宣传领导，提高服务水平；加强考核督导，做好跟踪问效	赣地税发〔2013〕130 号
14	江西省地方税务局关于印发《支持高校毕业生创业就业税收优惠政策和服务措施》的通知	江西省地方税务局	地税局提出一系列优惠措施以支持高校毕业生创业就业，包括以下内容：支持小微经济，鼓励高校毕业生创办小型微型企业；支持农业生产，鼓励高校毕业生创新农业经济；给予优秀人才税收优惠，鼓励高校毕业生技术创新；大力帮扶企业发展，解决高校毕业生创业初期困难；提升纳税服务水平，营造高校毕业生创业就业良好税收环境	赣地税发〔2013〕80 号
15	江西省安监局关于进一步优化发展环境的通知	江西省安全生产监督管理局	为认真贯彻落实省领导的有关指示精神，进一步优化发展环境，要提高认识，认真贯彻执行省领导批示指示精神；要求对照问题，自查自纠，坚决彻底整改到位。包括关于中介机构服务和收费不规范问题；培训多、收费高问题，要求简化验收程序、加快项目验收进度的问题，进一步下放审批权限、简化行政审批程序问题以及以罚代管时有发生的问题等；要求对照职能，举一反三，进一步提高服务发展水平。包括坚决依法依规实施、下放、委托、取消行政审批项目，进一步规范中介机构服务行为，进一步规范安全生产培训工作等	赣安监管政法字〔2013〕225 号
16	江西省工商行政管理局关于进一步优化投资环境　服务市场主体健康发展的通知	江西省工商行政管理局	为充分发挥职能作用，进一步优化民间投资环境，大力促进江西省各类市场主体健康发展，提高全省工商机关服务经济社会发展效能，现就优化投资环境措施提出如下要求：服务创新，进一步优化民间投资环境；转型升级，进一步促进小微企业发展；积极探索，进一步促进农村经济发展；培育新优势，进一步促进开放型经济发展	赣工商办字〔2013〕13 号
17	关于印发《关于进一步推动企业国有产权有序流转和优化配置的若干意见》的通知	江西省国资委	为推动江西省国有及国有控股企业并购重组，加快国有产权有序流转和优化配置，提高国有产权配置效率，要进一步提高对推动产权流转重要性的认识，积极鼓励和引导民间投资，发展混合所有制经济；要不断创新产权流转和配置路径，大力推进企业内部重组整合；要积极推进产权进场阳光交易，尽快建立统一规范的全省性产权市场；要切实提高产权流转和配置的效率，加快企业国有产权有序流转和优化配置	赣国资产权字〔2013〕51 号

（三）江西设区市有关民营经济发展的政策措施列表

表 2-3 为江西设区市 2013 年推进民营经济发展的政策措施的整理和归纳。

表 2-3　江西设区市 2013 年推进民营经济发展的政策措施列表

序号	文件名称	发文机关	文件内容摘要	文件文号
1	南昌市人民政府关于印发《南昌市全面简政放权进一步深化行政审批制度改革工作实施方案》的通知	南昌市政府办公厅秘书处	为进一步巩固和深化南昌市第七轮行政审批制度改革成果，增强基层发展的活力，切实搞活县域经济，提高政府服务能力和行政效能，按照"以放为原则、不放为特例"，"能放全放、能下全下、能并全并、能停全停"，"审批权下放、否决权上收"的工作思路，改革创新、先行先试，在更宽领域和更深层次上全面简政放权	洪府发〔2013〕7号
2	中共南昌市委南昌市人民政府关于加快民营经济发展的政策措施	南昌市委南昌市人民政府	为进一步解放思想，优化发展环境，推动民营经济又好又快发展，南昌市市委市政府提出降低准入门槛、放宽投资领域、完善要素平台、强化服务举措四大政策措施	洪府发〔2013〕14号
3	南昌市人民政府关于印发《支持工业和中小微型企业发展的若干政策》的通知	南昌市政府办公厅秘书处	为系统地贯彻落实国家、省一系列支持工业和中小微型企业发展的政策，提出了一系列工业发展奖励政策及支持中小微型企业发展政策，以进一步加快南昌工业和中小微型企业发展	洪府发〔2013〕20号
4	南昌市人民政府关于深化第八轮行政审批制度改革全面简政放权的决定	南昌市政府办公厅秘书处	为进一步深化行政审批制度改革，继续简政放权，优化发展环境，加速打造南昌核心增长极步伐，南昌市大力推进第八轮行政审批制度改革，对市直各部门实施的行政审批事项（含行政许可事项、非行政许可事项和涉及审批行政事业性收费事项）及行政审批涉及的中介服务事项进行了全面清理。为深化第八次行政审批制度改革，南昌市政府决定要强化发展责任，深化思想认识；强化"双向"联动，提高承接能力；强化机制创新，提高审批效率；强化规范运行，提高服务水平；强化监督管理，推进阳光审批	洪府发〔2013〕22号
5	南昌市人民政府印发《关于南昌市高层次人才创新创业激励办法》的通知	南昌市政府办公厅秘书处	为吸引和集聚一大批高层次、高技能人才来南昌市创新创业，提出以下激励政策：一是创新扶持，为高层次人才提供科研平台建设支持、科技项目资助、创新成果奖励和工作补贴；二是创业支持，为高层次人才搭建创业平台，提供启动资金资助、办公补贴、风险投资、融资贷款贴息等；三是引才奖励；四是鼓励市属事业单位专业技术人员或研究人员创新创业；五是所得税奖励；六是住房优租、安家补助和购房补贴；七是其他优惠待遇	洪府发〔2013〕26号

续表

序号	文件名称	发文机关	文件内容摘要	文件文号
6	南昌市人民政府关于印发《南昌市申报和推动新兴产业创业投资基金设立工作方案》的通知	南昌市政府办公厅秘书处	该基金通过股权投资方式扶持战略性新兴产业和高技术产业领域处于初创期、早中期的创新型企业发展。积极申报和推动创投基金，对南昌市发挥财政资金杠杆效应，促进高端自主创新资源聚集，优化产业结构和布局具有重要意义。为此，应成立领导机构，落实工作经费	洪府发〔2013〕34号
7	南昌市人民政府办公厅转发《关于加快推进全省金融商务区建设优惠政策的申报指引（试行）》的通知	南昌市政府办公厅秘书处	为加快推进金融商务区建设，南昌市政府同意对符合条件的金融行业监管部门、金融及其后台机构、新型金融机构以及金融服务中介机构提供入驻奖励、财税奖励、项目建设奖励、高管人员奖励及其他政策奖励等	洪府厅发〔2013〕6号
8	南昌市人民政府办公厅关于印发《南昌市科技发展专项资金管理暂行办法》的通知	南昌市政府办公厅秘书处	为加强南昌市科技发展专项资金使用与管理的科学性、规范性，提高资金使用效益，设立专项资金，优先支持符合南昌市产业发展方向、技术含量高、创新性强、拥有自主知识产权和采用国际先进技术标准等重大共性、关键性、公益性科技研究和开发的项目。暂行办法包括专项资金支持对象及支出范围、专项资金管理职责、项目经费补助方式、项目经费的申报及其受理与审批、项目经费拨付和项目验收、项目经费监督和检查等内容	洪府厅发〔2013〕49号
9	南昌市人民政府办公厅印发《关于进一步降低流通费用提高流通效率实施办法》的通知	南昌市政府办公厅秘书处	为贯彻落实《江西省人民政府办公厅关于进一步降低流通费用提高流通效率的实施意见》（赣府厅发〔2013〕6号）精神，南昌市政府提出要降低农产品生产流通环节用水用电用气价格和运营费用，要规范和降低农产品市场收费，要强化零售商供应商交易监管，要完善公路收费政策，要加强重点行业价格和收费监管，要加大价格监督检查和反垄断监管力度，要完善财税政策，要保障必要的流通行业用地，要便利物流配送，要建立健全流通费用调查统计制度，要健全组织协调机构，并为每一项任务配备了责任部门	洪府厅发〔2013〕86号
10	南昌市人民政府办公厅关于印发《南昌市开放型经济工作机制》的通知	南昌市政府办公厅秘书处	为积极推动南昌市开放招商升级，构建自上而下、市县合力、分工明确、协调有序的招商引资工作体制，南昌市政府制订了本计划。一是要创新任务体系，包括各县（区）、开发区（新区）和市直部门与驻外机构；二是要高效决策推进，强化产业发展协调决策推进机制，坚持市领导挂点机制，强力推进"招商引资一把手"工程，建立市级招商重大项目管理推进制度，完善重大项目调度推进服务机制，完善市直部门服务开放机制；三是要科学考核与激励，加入团队招商与行政服务评价；四是要发展"飞地经济"，南昌经济技术开发区、南昌高新技术产业开发区、南昌小蓝经济技术开发区各规划建设一平方公里的"飞地经济工业园"	洪府厅发〔2013〕113号

序号	文件名称	发文机关	文件内容摘要	文件文号
11	宜春市人民政府关于衔接国务院、省政府取消和下放一批行政审批项目等事项的通知	宜春市人民政府	进一步深化行政审批制度改革，加快政府职能转变，经市政府研究，决定取消和调整行政审批项目13项，其中取消行政审批项目7项，承接下放管理层级的行政审批项目6项	宜府发〔2013〕8号
12	宜春市人民政府关于印发《宜春市扶持服务业发展若干政策意见》的通知	宜春市人民政府	为进一步优化服务业发展环境，加快服务业发展步伐，宜春市提出放宽市场准入、加强财政引导、保障项目用地、实行价格优惠、减免部分税收五大类政策意见，并对旅游业、商贸流通业、物流业、文化产业、金融业、信息服务业、其他服务业提出专项政策	宜府发〔2013〕9号
13	宜春市人民政府印发《关于进一步支持台资企业发展若干意见》的通知	宜春市人民政府	为顺应两岸经济合作框架协议实施和宜春市开启航空高铁时代的新形势，充分发挥其产业基础、资源要素和对台工作优势，进一步加快台资企业发展，促进全市产业升级。一是要强化政策引导，突出重点产业，拓宽投资领域，鼓励现汇进资；二是要落实税费优惠政策，简化审批手续，减免部分企业设备更新税收，落实台资项目进口设备海关免税政策，落实科技创新有关税收优惠政策，落实农业有关税收优惠政策，落实社会公共事业有关税收优惠政策，减轻台资企业税费负担；鼓励自主创新；三是要鼓励台资企业转型升级，鼓励台资企业以高新技术成果出资入股，提供开拓市场扶持资金，明确收费项目与标准，强化融资扶持；四是要增加信贷投入，完善担保体系，放宽融资渠道，提升服务水平；五是要强化组织领导，保障项目用地，扶持台资企业协会壮大发展，维护台商合法权益	宜府发〔2013〕11号
14	宜春市人民政府办公室关于建立全市经济监测预警部门联席会议制度的通知	宜春市人民政府	为加强对全市经济形势的监测分析，强化对经济运行指标匹配性、协调性分析，及时预警宜春市经济运行可能遇到的风险和问题，进一步增强宏观调控的预见性、针对性和有效性，建立全市经济监测预警部门联席会议制度，采集与分析经济数据，统筹协调全市经济监测预警工作	宜府办字〔2013〕81号
15	抚州市人民政府关于支持农业产业化龙头企业发展的实施意见	抚州市人民政府	为加快发展农业产业化经营，做大做强龙头企业，要加大财政资金投入，加大金融支持力度，加大整合支农资金力度，提高科技创新和应用能力，落实税收优惠政策	抚府发〔2013〕6号
16	抚州市人民政府办公室关于成立市开放型经济工作领导小组的通知	抚州市人民政府办公室	为加强对全市开放型经济工作的组织领导，进一步促进开放经济发展，经抚州市政府研究，决定成立市"开放型经济工作领导小组"	抚府办字〔2013〕24号

序号	文件名称	发文机关	文件内容摘要	文件文号
17	抚州市人民政府办公室关于成立抚州市营业税改征增值税试点工作领导小组的通知	抚州市人民政府办公室	为全面推进抚州市营业税改征增值税试点工作，加强对抚州市营业税改征增值税试点改革工作的组织领导，经抚州市政府研究决定成立"抚州市营业税改征增值税试点工作领导小组"	抚府办字〔2013〕34号
18	九江市人民政府关于大力推进林下经济发展的实施意见	九江市政府办公厅秘书处	九江市林地资源丰富，自然条件优越，为推进林业经济发展，九江市提出要重点发展林下种植、林下养殖、林下产品采集加工和森林景观利用四大类林下经济；要根据各地的自然环境和市场经济条件，因地制宜，合理选择发展模式，聚集生产要素，重点抓好"四栽、三养、二采、一游"。为此，应加强组织领导，落实部门责任；坚持因地制宜，科学编制规划；落实优惠政策，加大扶持力度；壮大龙头企业，实施品牌战略；加强科技保障，完善服务体系	九府发〔2013〕1号
19	九江市人民政府关于支持农业产业化龙头企业发展的实施意见	九江市政府办公厅秘书处	为培育壮大龙头企业，推动农业产业化经营工作健康发展，九江市政府提出要大力发展农产品加工，促进农业产业优化升级；要加强产业基地建设，切实保障农产品有效供给；要建立现代市场体系，提升农产品市场竞争力；要强化农业科技支撑，推动龙头企业发展壮大；要加大政策扶持力度，为龙头企业发展营造良好环境；加强领导和服务，健全农业产业化工作推进机制	九府发〔2013〕2号
20	九江市人民政府关于衔接国务院、省政府取消和下放一批行政审批项目等事项的通知	九江市政府办公厅秘书处	为进一步深化行政审批制度改革，加快政府职能转变，优化发展环境，九江市政府取消和下放了一批行政审批项目等事项，其中九江市衔接取消行政审批项目17项，承接下放的行政审批项目28项，衔接取消行政事业性收费项目3项	九府发〔2013〕5号
21	九江市人民政府关于衔接省政府取消和下放行政审批项目和备案项目的通知	九江市政府办公厅秘书处	为推进行政审批制度改革，优化经济社会发展环境，九江市政府取消和下放了一批行政审批项目和备案项目，九江市予以衔接取消行政审批项目2项，承接下放的行政审批项目和备案项目32项	九府发〔2013〕8号
22	九江市人民政府办公厅关于支持小型微型企业发展的若干意见	九江市人民政府办公厅	为着力解决小型微型企业融资困难和税费负担偏重等问题，促进小型微型企业快速、健康、持续发展，九江市提出要继续加大财政支持力度，切实减轻企业税费负担，着力加强金融信贷服务，积极拓宽企业融资渠道，加快建设企业服务体系	九府厅发〔2013〕32号

序号	文件名称	发文机关	文件内容摘要	文件文号
23	九江市人民政府办公厅关于印发《九江市开展行政审批前置中介服务清理规范工作实施方案》的通知	九江市政府办公厅信息中心	为进一步加强九江市涉及项目审批前置中介服务的管理，规范中介机构及执业人员的执业行为，确保中介机构规范、有序、健康发展，提升行政审批效率，积极服务全市项目建设。市政府决定，对全市审批前置中介服务机构进行一次专项清理规范，分清查摸底、督促整改、建章立制、检查验收 4 个阶段进行	九府厅字〔2013〕176 号
24	萍乡市人民政府关于加快建筑产业发展的实施意见	萍乡市人民政府	为深入贯彻落实科学发展观，全面提升萍乡市建筑产业竞争力，充分发挥建筑产业在促进全市经济社会平稳较快发展中的重要作用，萍乡市人民政府要推进产业结构调整、提高企业核心竞争力、优化建筑产业发展环境、加大政策扶持力度、加强组织领导，以此加快建筑产业发展	萍府发〔2013〕1 号
25	萍乡市人民政府办公室印发《关于在主要产业园区（基地）创建科技园区指导性意见》的通知	萍乡市人民政府办公室	以"政府引导、产学研结合、市场运作、资源共享"为原则，以科技创新需求为导向，围绕优势行业和重点企业，吸引人才、项目、资金，建立利益共享、多方共赢的运营机制，促进企业、科研院所和高校结成产学研战略联盟，围绕科技园区重点建设五大平台	萍府办发〔2013〕2 号
26	萍乡市人民政府关于衔接江西省人民政府取消和下放一批行政审批项目等事项的通知	萍乡市人民政府	为进一步深化行政审批制度改革，加快政府职能转变，根据《国务院关于取消和下放一批行政审批项目等事项的决定》（国发〔2013〕19 号）精神，省政府下发了《关于衔接国务院取消和下放一批行政审批项目等事项的通知》（赣府发〔2013〕17 号），取消行政审批项目 18 项，其中 2 项萍乡市有相应的行政审批项目；下放管理层级行政审批项目 7 项；取消行政事业性收费项目 3 项；对此次江西省政府决定取消的行政审批、行政事业性收费项目等事项，萍乡市各级各部门相对应的事项（含对应的审核、初审事项）一律取消，并取消萍乡市相应的行政审批项目 2 项，承接江西省政府下放的行政审批项目 7 项	萍府发〔2013〕8 号
27	萍乡市人民政府关于衔接江西省人民政府取消和下放行政审批项目和备案项目的通知	萍乡市人民政府	为进一步深化行政审批制度改革，加快政府职能转变，市政府决定，衔接江西省人民政府取消和下放的行政审批项目和备案项目 38 项。其中，取消行政审批项目和备案项目 4 项、承接省政府下放的行政审批项目和备案项目 34 项	萍府发〔2013〕11 号
28	吉安市人民政府关于市级审批事项简政放权和优化公共服务事项的决定	吉安市人民政府	为进一步优化全市经济社会发展环境，精简审批事项 46 项，下放委托审批事项共 119 项，优化公共服务事项 157 项	吉府发〔2013〕9 号

序号	文件名称	发文机关	文件内容摘要	文件文号
29	吉安市人民政府办公室关于印发《2013 年市本级推进行政审批制度改革工作方案》和《清理 2000～2012 年以市政府（含市政府办公室）名义发布的规范性文件工作方案》的通知	吉安市人民政府办公室	为深化行政审批制度改革，进一步规范行政审批事项和其他公共服务事项，吉安市制定了该改革工作方案，旨在通过进一步清理和精简行政审批事项和其他公共服务事项，使市本级行政审批事项和其他公共服务事项数量减少 30% 以上、办理环节明显简化、工作重心明显下移、办理时限总体压缩 30% 以上	吉府办字〔2013〕27 号
30	吉安市人民政府办公室转发省政府金融办关于做好 2013 年小额贷款公司试点工作的通知	吉安市人民政府办公室	小额贷款公司试点工作要紧紧围绕省委、省政府的工作部署，以大力发展、提高试点水平为重点，督促小额贷款公司进一步提高经营管理水平，切实提升服务"三农"、小微企业和县域经济能力	吉府办字〔2013〕37 号
31	吉安市人民政府办公室关于成立吉泰走廊创建中小企业信用示范区工作领导小组的通知	吉安市人民政府办公室	为贯彻落实《江西省人民政府办公厅转发省中小企业局等四部门在全省工业园区创建中小企业信用示范区实施意见的通知》（赣府厅发〔2012〕39 号）精神，指导协调推进吉泰走廊各工业园区创建中小企业信用示范区工作，成立"吉泰走廊创建中小企业信用示范区工作领导小组"	吉府办字〔2013〕111 号
32	吉安市人民政府办公室关于做好新一轮行政审批制度改革准备工作的通知	吉安市人民政府办公室	上一轮行政审批制度改革基本达到了预期目标，但也存在下放或委托项目实用性不强的问题，有些项目包含的子项下放不完整，部分投资类项目的并联审批亟待完善。因此，吉安市将启动以下放"三权"（审批权、执法权、办事权）、强化"一权"（否决权）为主要内容的新一轮行政审批制度改革，并就改革事项、原则、任务、工作步骤及时间安排进行了规划	吉府办字〔2013〕303 号
33	景德镇市人民政府关于衔接国务院、省政府取消和下放一批行政审批项目等事项的通知	景德镇市人民政府	景德镇市人民政府承接国务院、省政府决定下放的行政审批项目共 6 项，下放县级实施的行政审批项目 1 项，衔接国务院、省政府决定取消的行政事业性收费项目共 3 项。同时，做到取消的事项要坚决取消到位、下放的项目要认真进行承接、加强取消和下放使审批权后的监管和服务	景府发〔2013〕5 号

序号	文件名称	发文机关	文件内容摘要	文件文号
34	景德镇市人民政府办公室关于成立景德镇市休闲农业工作领导小组的通知	景德镇市人民政府办公室	为加强对景德镇市休闲农业工作的组织领导，加快推进景德镇市休闲农业持续、健康发展，全力打造和谐秀美新农村，经景德镇市政府研究，决定成立"景德镇市休闲农业工作领导小组"	景府办字〔2013〕19号
35	景德镇市人民政府关于印发《进一步加快我市茶产业发展意见》的通知	景德镇市人民政府	为进一步壮大景德镇市茶叶产业，促进茶叶增产、农业增效、农民增收，确保茶产业持续健康、稳定有序发展，要加快发展标准茶园体系，打造龙头企业带动体系，大力培育茶叶品牌体系，逐步完善市场营销体系，不断延伸茶业加工体系，促进发展茶文化支撑体系，努力强化部门协作体系	景府发〔2012〕26号
36	景德镇市人民政府办公室关于印发《全市工业促生产稳增长"十八条措施"》的通知	景德镇市人民政府办公室	为积极应对当前工业经济下行压力，扎实开展党的群众路线教育实践活动，切实加强企业协调服务，促进全市工业经济平稳较快发展，景德镇市提出加强督导帮扶、建立企业协调服务机制、强化生产要素保障、帮助企业开拓市场、优化企业发展环境、推进重大项目建设六大类措施共18条	景府办字〔2013〕123号
37	新余市人民政府办公室关于印发《新余市拟签约招商引资项目预审暂行意见》的通知	新余市人民政府办公室	为及时跟踪落实招商引资项目签约的前期工作，加大项目签约后的协调推进力度，提高招商引资签约项目质量，制定本意见。包括项目预审范围、项目预审重点内容、项目预审参加人员、项目预审组织形式、项目预审程序及工作要求六部分内容	
38	新余市人民政府关于衔接国务院、省政府取消和下放一批行政审批项目等事项的通知	新余市人民政府	为进一步深化行政审批制度改革，加快转变政府职能，优化发展环境，新余市政府决定取消行政审批项目18项，承接国务院、江西省政府下放行政审批项目22项，下放县级实施的行政审批项目4项，衔接省政府决定取消行政事业性收费项目3项	余府发〔2013〕20号
39	新余市人民政府关于印发《新余市加快推进新型工业化考评意见》的通知	新余市人民政府	新余市设置企业纳税贡献奖、企业进步奖、中小企业特别奖、企业诚信经营奖等奖项，以进一步做大经济总量，调优经济结构，提升工业发展整体质素和核心竞争力，加快推进新型工业化进程	余府发〔2013〕25号

序号	文件名称	发文机关	文件内容摘要	文件文号
40	新余市人民政府办公室关于印发《新余市促进外贸稳定增长实施意见》的通知	新余市人民政府办公室	要做好出口退税和金融服务，其中税务部门要继续优化出口退税服务，金融部门要加大金融支持力度，出口信用保险公司要积极帮助企业降低贸易风险；要提高贸易便利化水平，其中新余海关要不断创新优化通关服务，检验检疫部门要切实优化检验检疫监管服务，外汇管理部门要深入优化外汇管理服务；要优化对外贸易结构，支持企业开拓国际市场，加快建设外贸基地、贸易平台和国际营销网络，优化出口商品结构，积极扩大进口；要加大服务力度，加强组织领导	余府办发〔2013〕4号
41	新余市人民政府办公室关于促进限额以上餐饮企业发展的意见	新余市人民政府办公室	为顺应服务业发展新形势，促进限额以上餐饮企业（年营业额达200万元以上的法人企业）发展，克服企业遇到的暂时困难，要发挥行业协会作用、科学调整税收征管、加大金融信贷支持、努力减轻企业负担、严格规范涉企检查、支持企业转型发展、强化食品卫生监管、加强企业技术培训和实施品牌经营战略	余府办发〔2013〕25号
42	关于全力推进鹰潭高新技术产业开发区跨越发展的决定	鹰潭市人民政府	为全面贯彻国家关于高新技术产业开发区建设的要求，全力推进鹰潭高新技术产业开发区跨越发展，要明确目标定位，全力打造"千亿园区、工业新城"；要强化产业引导，全力支持高新企业聚集发展；要加快基础建设，全力创造一流的发展平台；要集成资源要素，全力推动科技协同创新；要创新体制机制，全力营造更加宽松的发展环境；要狠抓工作落实，全力提供坚强的组织保障	鹰府发〔2013〕1号
43	鹰潭市人民政府关于促进我市水工产业加快发展转型升级的若干意见	鹰潭市人民政府	进一步促进水工产业加快发展、转型升级，加速推进鹰潭市新型工业化进程，要明确目标定位，提升发展水平，突出发展升级；要强化政策支持，保障生产要素，包括保障项目用地、鼓励租用厂房、加大财税奖励、提供贷款贴息等措施；要加快科技创新，促进产业升级，鼓励成果转化，支持技术创新，大力引进人才；要健全工作机制，确保政策落实，加强组织领导，设立发展基金，规范申报程序等	鹰府发〔2013〕31号
44	鹰潭市人民政府关于取消和下放一批行政审批项目和备案项目的决定	鹰潭市人民政府	为推进鹰潭市行政审批制度改革的不断深化，优化经济社会发展环境，鹰潭市政府决定取消和下放一批行政审批项目和备案项目。共计51项，其中取消6项、下放10项，承接省政府下放行政审批项目和备案项目35项	鹰府发〔2013〕40号
45	赣州市人民政府关于支持农业产业化龙头企业发展的实施意见	赣州市人民政府	为了做大做强龙头企业，大力发展加工业，加强原料基地建设，以及完善利益联结机制，要加大财政支持力度，加大金融支持力度，加大用地支持力度，落实税收优惠政策，支持龙头企业技术创新，加强人才引进和培养，积极稳妥推进土地适度规模经营，加强品牌建设，加强农产品流通体系建设，大力发展开放型农业	赣市府发〔2013〕15号

序号	文件名称	发文机关	文件内容摘要	文件文号
46	关于精简和调整行政审批项目的决定	赣州市人民政府	为加快行政审批制度改革，进一步优化发展环境，加强法治政府建设，促进赣州市经济社会加快发展、转型发展、跨越发展，市政府决定保留市级行政审批项目 262 项，精简 335 项（其中取消 85 项，下放 176 项，委托 15 项，转变管理方式 20 项，暂停实施 39 项），精简率达 56.11%，行政审批项目办结期限缩至平均 9 个工作日以内，缩短 47%	赣市府发〔2013〕16 号
47	赣州市人民政府关于 2012 年度赣州市科学技术进步奖励的决定	赣州市人民政府	为深入贯彻党的十八大和全国科技创新大会精神，大力实施科教兴市、人才强市战略，进一步调动广大科技人员的积极性和创造性，切实提高自主创新能力，市政府决定，授予"赣南脐橙高效安全生产关键技术研究与推广应用"等 3 项成果为赣州市科技进步奖一等奖；"江西米粉专用稻'金优 L2'的选育与产业化"等 11 项成果为赣州市科技进步奖二等奖；"高纯氢氧化钴（Ⅱ）"等 16 项成果为赣州市科技进步奖三等奖	赣市府字〔2013〕48 号
48	赣州市人民政府办公厅关于印发《赣州市营业税改征增值税试点工作方案》的通知	赣州市人民政府办公厅	自 2013 年 8 月 1 日起，在赣州市交通运输业、部分现代服务业（包括研发和技术，信息技术，文化创意，物流辅助，有形动产租赁，鉴证咨询，广播影视作品的制作、播映、发行等服务）开展营业税改征增值税试点。在现行增值税 17% 标准税率和 13% 低税率基础上，新增 11% 和 6% 两档低税率。其中，有形动产租赁服务适用 17% 税率，交通运输业服务适用 11% 税率，其他部分现代服务业（有形动产租赁服务除外）适用 6% 税率	赣市府办字〔2013〕73 号

三、部分政策法规文本收录

（一）江西省委 江西省人民政府关于大力促进非公有制经济更好更快发展的意见

为贯彻落实党的十八大、十八届三中全会和省委十三届七次全体（扩大）会议精神，坚持和完善基本经济制度，激发非公有制经济活力和创造力，现就大力促进非公有制经济更好更快发展提出如下意见。

1. 促进非公有制经济更好更快发展是我省必须长期坚持的大战略

（1）促进非公有制经济更好更快发展势在必行。进入 21 世纪以来，江西省经济社会发展取得了巨大成就，迈出了科学发展、绿色崛起的坚实步伐。当前，江西省正处在加速发展的爬坡期、全面小康的攻坚期和生态建设的提升期。要实现经济总量、财政收入、居民收入"三个翻番"目标，建设富裕和谐秀美江西、与全国同步全面建成小康社会，必须大力促进非公有制经济更好更快发展。要全面深化改革、扩大开放、推进创新，通过体制机制的改革创新，加大对内对外开放的力度，切实降低创业创新的门槛，培育更多的非公有制经济市场主体，吸引更多的外来民间资本，更好地引导、扶持非公有制企业做大做强，充分激发非公有制企业创新创造活力，持续提升非公有制经济发展的质量和效益，充分发挥非公有制经济在支撑增长、促进创新、扩大就业、增加税收中的重要作用，充分发挥非公有制经济在江西省发展升级、小康提速、绿色崛起中的重要作用，让社会主义市场经济各种生产要素的活力竞相迸发，让一切创造社会财富的源泉充分涌流，更好更快地创造更多发展成果惠及全省人民。

（2）非公有制经济更好更快发展关键在于进一步解放思想。公有制经济和非公有制经济都是社会主义市场经济的重要组成部分，都是我国经济社会发展的重要基础。坚持和完善基本经济制度，必须毫不动摇巩固和发展公有制经济，坚持公有制主体地位；必须毫不动摇鼓励、支持、引导非公有制经济发展，激发非公有制经济活力和创造力。要摒弃思想深处对发展非公有制经济的顾虑和歧视，进一步牢固树立"内商外商一视同仁、国企民企平等竞争、大企小企同等对待"的理念，放手、放胆、放权鼓励支持非公有制经济大发展。坚持权利平等、机会平等、规则平等，废除对非公有制经济各种形式的不合理规定，保证各种所有制经济依法平等使用生产要素、公开公平公正参与市场竞争、同等受到法律保护，最大限度拓宽非公有制经济发展空间。积极探索基本经济制度有效实现形式，鼓励非公有制企业参与国有企业改革，鼓励发展非公有资本控股的混合所有制企业，鼓励有条件的私营企业建立现代企业制度。探索发展国有资本为引导、非公有资本合作为主体、市场化运作、专业化经营的混合所有制经济。支持混合所有制经济探索实行企业员工持股，形成资本所有者和劳动者利益共同体。

（3）今后5年全省非公有制经济发展的目标任务。实施非公有制经济比重提升"6788"计划，到2017年，全省非公有制经济增加值占全省地区生产总值比重超过60%，非公有制经济上缴税金占全省税收总额的比重超过70%，非国有投资占全省固定资产投资总额的比重超过80%，非公有制经济城镇就业人员占全省城镇就业总人数的比重超过80%。推进非公有制经济市场主体成长"2334"计划，到2017年，力争全省个体工商户登记数达到200万户，在境内外各层次资本市场上市的非公有制企业达到30户，年营业收入100亿元以上非公有制企业达到30户（其中，力争扶持培育出年营业收入1000亿元以上的非公有制龙头企业），非公有制企业（含分支机构）总数达到40万户。实施创新型重点非公有制企业"双百"培育计划，重点打造100家科技含量高、市场前景好的"科技小巨人"企业和100家发展升级创新型示范企业。

2. 切实落实非公有制经济发展政策

（4）扩大投资领域。消除各种隐性壁垒，进一步破除各种形式的行政垄断。鼓励引导民间资本进入法律法规未明确禁止准入的行业和领域，重点引导支持民间资本进入交通、能源、矿产资源开发、城市基础设施、医疗、教育、养老、文化娱乐、对外出版、网络出版、现代物流、旅游和金融服务等领域，制定并实行非公有制企业进入特许经营领域具体办法。实行统一的市场准入制度，在制定负面清单基础上，各类市场主体可依法进入清单之外领域。降低投资准入门槛，取消不合理的准入限制，规范设置和降低准入条件，明确进入途径、进入后的运行方式和监管办法，不得单独对民间资本设置附加条件，创造公平竞争、平等准入的市场环境。推进应用型技术研发机构市场化、企业化改革，可吸引民间资本入股。允许民间资本以控股形式参与教育、科研院所、文化艺术、卫生医疗、体育等事业单位的改制经营。国有资本投资项目允许非国有资本参股，鼓励引导民间资本参与全省重大项目和央企在赣公司对外合作项目的投资、建设和运营,对交通、能源、城建、医疗、教育、养老等涉及公共资源领域的项目实行竞争性配置,建立健全民间资本参与重大项目投资招标的长效机制。

(5)放宽经营条件。推行工商注册制度便利化,削减资质认定项目,企业注册时,除国家法律法规明确规定在登记前须经批准的项目外,可不限经营范围。积极实施工商登记制度改革,除法律、法规另有规定外,取消有限责任公司、一人有限责任公司、股份有限公司的最低注册资本金额的限制,不再限制公司设立时股东(发起人)的首次出资比例和缴足出资的期限。申请公司设立登记时,除法律、法规另有规定外,将注册资本实缴登记制改为认缴登记制,工商登记机关登记其全体股东认缴的注册资本总额,不再登记实收资本,申请人不再提交验资证明文件,公司对股东已经实缴的注册资本进行验资,并发给出资证明书。不再实行"先主管部门审批、再工商登记"的制度,由"先证后照"改为"先照后证",商事主体向工商部门申请登记,取得营业执照后即可从事一般生产经营活动;对从事需要许可的生产经营活动,持营业执照和有关材料向主管部门申请许可。商事主体应当向商事登记机关提交年度报告,无须进行年度检验。允许以高新技术成果、知识产权、土地使用权、股权等作价出资兴办公司,其比例可占注册资本的70%。允许农民以承包经营权入股发展农业产业化经营。鼓励承包经营权在公开市场上向专业大户、家庭农场、农民合作社、农业企业流转,发展多种形式规模经营。鼓励引导工商资本到农村发展适合企业化经营的现代化种养业,向农业输入现代生产要素和经营模式。中国护照在申办各类经济实体或个体工商户登记时效力等同于居民身份证。允许个人独资企业、合伙企业、商会组织作为股东或者发起人投资设立公司(不含一人有限责任公司)。允许个体工商户用原经营场所、在不与他人重名的前提下沿用原名称、沿用原前置许可有效证件转型升级、变更改制为企业,扩大生产规模。

(6)鼓励扶持创业。完善扶持创业的优惠政策,形成"政府激励创业、社会支持创业、劳动者勇于创业"新机制。鼓励支持各设区市及有条件的县(市、区),依托城区、工业园区、产业集聚区建设小微企业创业园或创业孵化基地。对吸纳符合条件的高校毕业生、退役军人、下岗失业人员、返乡农民工、留学归国人员等人员进入创业孵化基地或小微企业创业园创办实体的,优先落实促进就业和小额担保贷款扶持政策。创业园(孵化基地)对入驻企业和个人在创业孵化基地发生的物管费等相关费用,3年内按其每月不超过实际费用的50%给予补贴。国有企业和事业单位职工经单位批准,可停职领办创办企业。3年内不再领办创办企业的允许回原单位工作,3年期满后继续领办创办企业的,按辞职规定办理(辞职的经济补偿金按《劳动合同法》等规定执行)。经单位批准辞职的职工,按规定参加社会保险,缴纳社会保险费,享受社会保险待遇。允许、鼓励大专院校、科研院所科技人员利用职务科技成果入股或创办科技企业,参与收益分配。

(7)促进开放升级。继续加大力度招商引资、择商选资、招大引强。抓住实施鄱阳湖生态经济区建设、赣南等原中央苏区振兴发展两大国家区域发展战略,推进南昌打造核心增长极、九江沿江开放开发和昌九一体化等区域发展战略的契机,定期发布鼓励民间投资的项目信息,采取定向招商、项目招商、以商招商、商会招商、投资公司招商、龙头企业招商、产业链招商等系列方式增强招商引资的质量和效益,提升招商选资工作的专业化水平。鼓励省外境外非公有制企业家、战略投资者、技术和管理人才来赣投资兴业,加强对在外赣商的联系和服务,鼓励异地赣商回乡发展。对来赣投资的大型非公有制龙头企业、总部或研发中心迁至江西省的非公有制企业，按"一事一议"原则实行优惠政策。

（8）高效配置土地。鼓励节约、集约用地，清理盘活闲置土地，完善土地租赁、转让、抵押二级市场。在工业园区自建3层以上标准化生产性厂房并保证设施专用的，由工业园区给予一定补助。对租用政府投资、建设的多层标准化厂房的小型微型企业，3年内给予租金优惠。对现有工业用地，在符合规划、不改变用途的前提下，按照规定程序经批准提高土地利用率和增加容积率的，不再增收土地价款；对新增工业用地，要进一步提高工业用地控制指标，厂房建筑面积高于容积率控制指标的部分，不再增收土地价款。工业园区标准厂房建设免收市政配套费，并可进行分幢分层办理产权分割手续。鼓励非公有制专业开发企业进行工业地产开发，解决非公有制小微企业生产厂房和配套设施建设使用需求。凡是符合规划和产业政策、符合节约集约用地要求的工业、现代服务业项目用地，应尽力予以保障。符合省重大项目条件的，优先保障用地需求。

3. 加大非公有制经济发展财税金融支持力度

（9）设立专项资金。2013年起，省、市、县财政分别设立非公有制经济发展专项资金，并根据地方财力的增长和非公有制经济对地方财政贡献的增长逐年逐步增加资金额度，重点用于鼓励、扶持和引导非公有制经济发展、非公有制经济服务体系建设和非公有制经济发展研究等。加大政策引导扶持力度，提升政策引导扶持效益，努力发挥各级非公有制经济发展专项资金的引导、杠杆作用，促进我省非公有制经济产业升级、开放升级、创新升级，进一步做大总量，提升质量。

（10）实行税收优惠。用好用足税收优惠政策，加大国家结构性减税及在赣南等原中央苏区兴办鼓励类企业实行一系列税收优惠政策的宣传落实力度，确保各项优惠政策及时落实到位，做到应减尽减、应免尽免。着眼于税源增多、税收可持续增长，合理制定税收增长计划，严禁收过头税，严禁违法要求企业提前缴税，符合法定条件的资金周转困难企业经批准可以延期缴税并免收滞纳金。营业税改征增值税后，在一定时期内，各级财政部门按现行财政体制对部分税负增加较重的企业采取适当的过渡性扶持政策。对年应纳税所得额低于6万元（含6万元）的小型微利企业，其所得按50%计入应纳税所得额，按20%的税率缴纳企业所得税；对增值税小规模纳税人中月销售额不超过2万元的企业或非企业性单位，暂免征收增值税；对营业税纳税人中月营业额不超过2万元的企业或非企业性单位，暂免征收营业税。新办非公有制企业按规定缴纳房产税、土地使用税确有困难的，可按税收管理体制报批减免。

（11）拓宽融资渠道。扩大金融业对民间资本开放，在加强监管前提下，允许具备条件的民间资本依法发起设立中小型银行等金融机构。鼓励民间资本投资入股金融机构和参与金融机构重组改造，参与城市商业银行风险处置的，持股比例放宽至20%；参与农村信用社和农村商业银行风险处置的，允许单个企业及其关联方阶段性持股比例超过20%；参与村镇银行发起设立或增资扩股，村镇银行主发起行的最低持股比例降低到15%，允许发展成熟、管理规范的村镇银行在最低股比要求内，调整主发起行与其他股东持股比例。支持小额贷款公司按规定改制为村镇银行。鼓励民间资本设立创业投资企业、股权投资企业及相关投资管理机构。鼓励非公有制企业发行企业债、公司债、集合债券、中期票据、短期融资券、中小企业私募债等多种直接融资工具，支持企业引入风险投资、私募股权投资等战略合作伙伴，实现规范快速发展。支持境外资本依法合规到江西省直接投资。

（12）增加有效信贷。对坚持服务"三农"和小微企业、依法合规经营的小额贷款公司，其从银行业金融机构融资比例可放宽到资本净额的100%。支持各类政策性担保公司发展，鼓励和引导其对非公有制企业的担保支持，同时完善担保风险补偿机制。支持行业商会协会以"信用共同体形式"发起成立信用联保服务公司或联保基金，推进信用捆绑联保融资。银行业金融机构要不断创新金融产品，提供方便快捷、成本合理的融资服务，严禁在正常贷款之外附加不合理放贷条件和收费行为。对符合创业条件的个人，可向创业项目所在地政府部门所属小额担保贷款经办机构，申请最高可达10万元的小额担保贷款。对符合二次扶持条件的个人，贷款最高限额可达30万元。对合伙经营和组织起来创业并经工商管理部门注册登记的，贷款规模最高可达50万元。对符合劳动密集型小企业或再就业基地、非正规就业劳动组织、小企业孵化基地和创业孵化基地等条件的非公有制企业，由小额贷款担保中心和经办金融机构，根据企业实际吸纳安置人数、经营项目、信用情况和还贷能力合理确定贷款规模，最高限额可达400万元。上述创业贷款期限按实际需要确定，从事当地政府规定微利项目的，可按规定享受财政贴息的优惠政策。

4. 提高非公有制经济发展质量和效益

（13）支持科技创新。建立健全鼓励原始创新、集成创新、引进消化吸收再创新的体制机制，健全技术创新市场导向机制，发挥市场对技术研发方向、路线选择、要素价格、各类创新要素配置的导向作用。对非公有制企业研发机构在承担国家科技任务、人才引进等方面与公办研发机构实行一视同仁的支持政策。对研发投入达到规定比例的非公有制企业，同级政府可给予企业研发和技改资金扶持。省政府对建立博士后科研工作站和主持国家标准制定的非公有制企业给予奖励。建立产学研协同创新机制，支持非公有制企业与有实力的国内高校、国家科研机构和央企实现深度科技对接合作，省内高校、科研院所提供配合支持，构建产业技术创新联盟，推动创新升级，增强经济发展动力。改善科技型中小企业融资条件，大力支持非公有制企业技术创新，实行与国有企业一视同仁、同等对待的扶持政策。完善风险投资机制，创新商业模式，促进科技成果资本化、产业化。对迁入江西省、在江西省设立二级分支机构或在江西省投资设立生产同一高新技术产品的全资企业的省外高新技术企业，经备案后直接核发江西省高新技术企业认定证书，向所在地税务机关申请减按15%优惠税率缴纳企业所得税。鼓励非公有制企业自建研发中心、工程中心、产品中心、创新中心，相关部门适当降低非公有制企业资质认定、准入门槛。

（14）推进品牌提升。各级政府要依托各自的产业优势，制定产业发展规划和扶持政策，打造知名品牌。引导支持行业商会协会申请注册集体商标，打造区域品牌。鼓励企业商标国际注册，使用自主商标拓展国际市场。鼓励、支持和引导非公有制企业建立健全质量管理体系、施行国际国家标准认证。加强对专利权、著作权、商标权等知识产权的保护，支持驰名商标和著名商标的认定和保护，重点鼓励争创国家免检产品，支持申报地理标志、无公害食品、绿色食品、有机食品等资格认证。各级政府对以上在知识产权保护、资质认证和品牌创建方面取得成效的企业给予一定奖励和扶持。

（15）培育龙头企业。鼓励、支持和引导民间资本抱团合作、整合资源、优势互补、兼并重组，引导生产要素向行业龙头企业集聚，培育一定数量有特色、有一定规模的产业集群，形成分工合理、配套完善、有较强竞争力的区域产业板块。鼓励、支持和引导同行业龙头型、科技创新型非公有制企业出资入股、兼并重组国有企业。鼓励、支持和引导非公有制龙头企业通过多层次资本市场上市融资。省政府对取得中国证监会首次公开发行股票材料受理通知的拟上市企业，视进展情况给予一定奖励。

（16）鼓励走出去发展。扩大民间资本对外投资，确立企业及个人对外投资主体地位，鼓励发挥自身优势到境外开展投资合作，鼓励自担风险到各国各地区自由承揽工程和劳务合作项目，鼓励创新方式走出去开展绿地投资、并购投资、证券投资、联合投资等，努力在国际市场获取资源、技术、人才、知识产权、营销网络等要素，逐步实现研发、生产、销售全球化。鼓励非公有制企业与国际市场接轨，引进国外先进设备、技术和人才，改造和提升传统优势产业。对组织和参加境内外大型展销活动的非公有制企业和展会服务机构，其展位费、公共布展费等给予补助。支持非公有制企业到省外境外开展品牌专卖、电子商务、连锁网络，巩固并扩大营销网络体系。鼓励境内非公有制企业运用人民币进行跨境贸易和投资结算。支持非公有制企业参加出口信用保险，对年出口额 200 万美元（含）以下的小微企业，统一投保短期出口信用保险；对出口额 200 万美元以上的企业，按当年实际缴纳保费的50% 给予支持（按规定限额）。

（17）提升企业家素质。弘扬企业家精神，培养和造就一批有抱负、有眼光、有社会责任感、懂经营、会管理、善创新的非公有制企业家。教育引导非公有制企业经营者坚定对中国特色社会主义的信念，坚定对党和政府的信任，坚定对企业发展的信心，争当爱国、敬业、诚信、守法、贡献的合格中国特色社会主义事业建设者。把培养非公有制企业家纳入全省企业家培养的统一规划，有计划有重点地分期分批进行培训培养。加强创业培训，使退役军人、下岗失业人员、转移就业农民特别是失地农民、返乡农民工得到政府在培训项目的相应资助。高等院校要开设创业教育必修课程。建立以优秀企业家、管理专家为主体的"创业导师库"，通过管理咨询、企业诊断等手段对不同规模、不同层次的非公有制企业进行培训辅导，提高创业成功率，提升企业管理水平。支持民办职业技术学校和非公有制企业对接合作，共建高技能人才"订单式"培养示范基地。努力促进非公有制经济健康发展、非公有制经济人士健康成长。

5. 营造非公有制经济发展良好环境

（18）优化市场竞争环境。大力推进商务诚信建设，建立健全社会征信体系，褒扬诚信，惩戒失信，教育、引导非公有制企业守法合规经营、诚信经营、承担企业社会责任。加强并改进对市场主体、市场活动的监督管理，加大打假力度，提高失信成本和风险，切实做到准入放宽、监管有序。消除地区封锁，打破行业垄断，清除市场壁垒，提高资源配置效率和公平性，加快形成企业自主经营、公平竞争，消费者自由选择、自主消费，商品和要素自由流动、平等交换的现代市场体系，健全统一开放、机会均等、公平诚信、竞争有序的市场规则，使市场在资源配置中起决定性作用。

（19）保护企业合法权益。公有制经济财产权不可侵犯，非公有制经济财产权同样不可侵犯。任何单位和个人不得滥用行政权力任意干涉企业合法生产经营活动，不得侵占、破坏非公有制企业及其经营者的合法财产，未经法定程序，不得查封、扣留、冻结。依法打击侵害非公有制企业合法权益的违法犯罪行为，维护非公有制企业合法权益。坚持公开公正文明执法，规范执法行为，规范行使自由裁量权，努力实现执法办案的法律效果与社会效果相统一，为非公有制经济发展营造良好的法治环境。

（20）提高政府办事效率。推进政府机构改革和政府职能转变，进一步清理和减少行政许可、非行政许可审批事项，重点减少投资和生产经营活动审批事项。市场机制能有效调节的经济活动，一律取消审批。在省管权限内不涉及公共资源开发利用的投资项目核准改为备案管理。企业投资项目，除关系国家安全和生态安全、涉及全国重大生产力布局、战略性资源开发和重大公共利益等项目外，一律由企业依法依规自主决策，政府不再审批。完善主要由市场决定价格的机制，凡是能由市场形成价格的都交给市场，政府不进行不当干预。简化程序，同一部门承担的多个审批事项原则上合并办理，限时办结。公开审批程序，完善行政审批服务中心"一站式"项目联合审批机制，行政许可项目逐步推行网上审批，能同步办理的同步并联办理，提高行政审批效率。对重大项目、重大事项一事一议、特事特办，建立健全重大项目审批绿色通道，实行全程服务制度。

（21）加强服务体系建设。整合协调科技、中小微企业、外向型经济、农业产业化和商会等服务体系，探索建立以政府公共服务为引导、公益性服务为基础、商业性服务为支撑的企业社会化综合服务体系。引导扶持民间资本投资发展现代生产型服务业，探索采取政府引导扶持、民间商会组织协调、企业参与的方式，引导扶持现代生产型服务业、中介服务业集聚发展、配套合作、公开平等竞争。取消依附于行政许可的各种中介服务，引导扶持集中建设中介服务超市，企业在中介服务超市中自由选择中介服务商，提高服务效率、降低服务成本、提升服务质量。对非公有制企业专门人才的职称评审、专业技术资格和职业资格考试，相关职能部门可以组织专场评审或专项评审，设立快捷通道落实办理。受财政资助的科技平台、科研设施，向所有企业提供开放性服务，适当减免中小微企业使用费。

（22）切实减轻企业负担。组织清理行政事业性收费项目，能合并、取消的一律合并、取消，降低收费标准，凡收费标准有上下限的，一律按下限收取，严禁提高标准或变相提高标准乱收费。全面清理涉企中介机构收费项目，能取消的一律取消，能减少费用的尽量减少，实行涉企收费项目登记手册制度，凡手册没有登记的收费项目，企业有权拒交。列入鼓励类的服务业企业，其用电、用水、用气、用热与工业企业实现基本同价。努力降低企业环评、安评成本。

（23）严格规范各类检查。各级政府部门要严格依法履职，建立健全对企业的监督检查制度并抄告本级监察机关。各级监察机关要强化"对监督者实施再监督"的理念，依法对政府部门落实监督检查制度的情况进行监督检查。认真查访行政办事服务机关不作为、乱作为等问题，查处对非公有制企业乱摊派、乱检查、乱收费、乱处罚和强行指定中介服务机构等违法违纪行为，对故意刁难、妨碍企业生产经营的单位和个人依法依规严肃处理。对严重损害发展环境的问题，要与有关单位责任人进行约谈，督促整改、跟踪问效。建立健全投诉反馈、检查纠错机制，充分发挥各级行政投诉中心的作用，畅通非公有制企业反映诉求和举报的渠道，及时受理和分办、督办非公有制企业反映的问题。

（24）营造良好舆论氛围。在全社会大力营造崇尚创业创新、开明开放、诚信守约、宽容失败、合作共赢的舆论氛围，宣传自我革新的勇气和胸怀，切实加强和改进非公有制经济领域的思想宣传工作。培育树立一批中国特色社会主义事业建设者典型、一批优秀非公有制企业典型、一批支持非公有制经济发展的先进地区和部门典型，利用电视、报纸等各种媒体并开设专频专栏，加大对先进典型的宣传。充分发挥舆论监督作用，对侵犯非公有制企业及企业家合法权益和干扰合法经营活动的典型事例及时予以曝光。

6. 加强非公有制经济发展组织领导

（25）完善领导协调机制。调整充实省促进非公有制经济发展领导小组，下设办公室作为领导小组的办事协调机构，落实工作力量。领导小组及其办公室统筹制定全省非公有制经济发展战略规划，加强对重点非公有制龙头企业发展和重大项目建设的协调，跟踪督查企业发展情况和项目实施情况，研究和协调解决非公有制经济发展过程中的重难点问题。市、县两级都要建立健全促进非公有制经济发展的领导协调机构，落实领导责任，明确部门分工，健全工作机制。

（26）健全政治引领机制。探索完善党委统一领导、党委组织部牵头抓总、非公有制经济组织党工委统筹负责、有关部门协同配合的非公有制经济组织党建工作领导体制和工作机制。省非公有制组织党工委负责统筹协调指导全省非公有制经济组织党建工作，宣传和贯彻党的路线、方针、政策，促进中央和省委各项决策部署在非公有制经济组织的贯彻落实，指导各设区市非公有制经济组织党工委抓好非公有制经济组织的党建工作。鼓励支持非公有制经济组织党建工作的探索创新。

（27）建立商会协同机制。重点培育、优先发展中国特色社会主义行业商会协会，探索"一业多会"，引入竞争机制。成立行业商会协会，直接向民政部门依法申请登记，并限期实现行业商会协会与行政机关脱钩。鼓励、支持和引导行业商会协会自愿加入工商联组织，充分发挥工商联在行业商会协会改革发展中的促进作用和总商会职能，发挥工商联作为非公有制经济领域协商民主的重要渠道作用，更加活跃有序地组织工商界的界别协商。鼓励扶持各类行业商会协会组织建设企业总部基地，增强服务非公有制经济发展的功能。

（28）建立考核督查机制。建立健全非公有制经济的统计调查制度和监测预警评价制度，建立监测点、数据库，进行第三方评估，加强对非公有制经济数据的分析使用和非公有制经济发展环境的评估。建立非公有制经济发展考核评价体系，将考评结果纳入各地各有关部门工作绩效考核目标体系。每年对中央和省委、省政府出台的政策措施落实情况和非公有制经济发展环境进行调查研究、分析评估和工作督导，建立健全定期报告、工作激励机制，每两年召开一次全省非公有制经济发展表彰大会。

各级党委、政府和省直相关部门要坚决贯彻落实中央和省委、省政府出台的各项扶持非公有制经济发展的政策，从本地本部门的实际出发，制定切实可行的实施意见和具体实施细则。

（赣发〔2013〕14号，2013年12月20日）

（二）江西省人民政府关于深化行政审批制度改革的意见

为进一步深化行政审批制度改革，切实转变政府职能，优化经济社会发展环境，促进全省发展升级、小康提速、绿色崛起、实干兴赣，根据党的十八大和省第十三次党代会、省委十三届七次全会精神，按照《中华人民共和国行政许可法》和有关法律法规，现就江西省深化行政审批制度改革提出如下意见。

1. 总体要求

（1）指导思想。坚持以邓小平理论、"三个代表"重要思想、科学发展观为指导，深入贯彻党的十八大精神，以转变政府职能为核心，以提高行政效能为重点，大力推进行政审批制度改革，继续精简行政审批等事项，创新政府管理方式，为建设富裕和谐秀美江西营造最优的发展环境。

（2）基本原则。一是合法性原则。行政审批制度改革应依法依规进行，不仅要权限合法，而且要程序合法。精简项目涉及地方性法规和政府规章修改的，要按法定程序办理。二是合理性原则。凡是市场主体能够自主决定、自担风险、自行调节的事项，坚决取消审批；

凡是社会组织能够自律管理的事项，坚决转移给社会组织；凡是市县政府能够承担或实施更为便捷有效的事项，坚决下放给市县政府。三是重实效原则。要注重改革的实际效果，将"含金量"高、能激发社会创造力的事项，尽量取消、下放或转移。四是重监督原则。对改革过程中弄虚作假、明放暗不放以及实际审批工作中不作为、乱作为的单位和个人，实行严格问责。

（3）主要目标。通过深化行政审批制度改革，进一步减少行政审批等事项，着力解决政府经济调节越位、市场监管缺位、社会管理错位、公共服务不到位等问题，更好地发挥政府在经济社会管理中的宏观调控作用、市场在资源配置中的基础作用和社会力量在管理社会事务中的积极作用，努力将江西打造成中部地区审批事项最少、行政成本最低、发展环境最优的省份。

2. 主要任务

（1）做好国务院取消下放行政审批等事项的衔接工作。国务院决定取消的项目，任何一级不得截留，一律取消。国务院决定下放的项目，没有明确具体哪一级政府承接的，除涉及跨设区市、需要全省统筹安排或需要总量控制、可能危及生态环境、生产安全等公共安全的特殊情况外，一律下放到市县。国务院决定转移给社会组织的项目，我省存在相对应的具备承接条件的社会组织和相类似项目的，一并转移给社会组织。各地各部门要认真做好衔接工作，防止出现监管脱节。

（2）全面清理现行行政审批等事项。全省各级政府部门要对本部门及其所属机构实施的行政审批等事项，包括行政许可项目、非行政许可审批项目、收费和基金管理项目、评比达标表彰评估项目、行政机关内部审批事项，进行全面细致地清理，真正把底数摸清，并逐项提出保留、取消、下放、转移的意见、依据、理由，不得漏报、瞒报。

（3）大力精简行政审批等事项。在全面清理的基础上，大力精简行政审批等事项，特别是投资审批、生产经营活动审批、资格资质许可和认定、社会管理领域审批等事项。能够通过法律、经济手段解决的事项，取消政府管制。能够通过事中、事后监管达到管理目的的事项，取消事前行政审批。除法律、行政法规和国务院决定的规定外，取消对公民、法人或其他组织的资格、资质类行政审批，企业登记的前置性行政审批，以及证照的年检、年审等。行业协会商会类、科技类、公益慈善类、城乡社区服务类社会组织成立，直接向民政部门依法申请登记，不再需要业务主管单位审查同意。大幅减少专项转移支付项目审批，坚决取消不合法不合理的行政事业性收费，裁减压缩评比达标表彰评估项目和行政机关内部审批事项。各部门自行设定的非行政许可审批事项和以事前备案等名义实施的各类前置性变相行政审批事项，一律取消。

（4）规范行政审批等事项运行。结合政府机构改革和职能转变，科学合理配置政府部门行政审批等权限，整合归并重复、相近的行政审批等事项。对需要多部门办理的事项，要明确牵头部门，理顺权责关系。大力优化行政审批等事项办理流程，简化办理手续，压缩办理时限，提高即时办结率。推行网上审批、并联审批、重大项目"绿色通道"、"一站式"审批等方式，不断提高行政服务水平。

（5）强化行政审批等事项监督管理。推进行政审批电子监察系统建设，建立健全网络全程监控、办理时限预警、日常考核通报等长效机制，及时纠正违法违规行为。深化行政审批等事项政务公开，保障行政相对人、新闻媒体、社会公众监督权利，落实不同监督主体职责，构建全方位的监督网络。强化行政审批绩效管理。加强窗口队伍建设，完善激励机制，使窗口成为各部门密切联系群众的有效途径。

（6）加强目录管理。完善行政审批等事项目录管理制度，推进目录的科学化、法制化和动态化管理。按照全省统一的规范标准，编制各类事项目录，除行政机关内部审批事项和涉密事项外，一律向社会公布并接受监督，坚决杜绝目录外审批。严格依法依规设定行政审批等事项，实行最严"准入制"，对擅自设定行政审批等事项的单位和相关人员要严肃追究责任，防止边减边增、明减暗增。

（7）加大向市县政府放权力度。按照经济社会事务管理重心下沉、关口前移的原则，最大限度下放审批权限，对涉及公民个人的审批事项，原则上下放到市县政府；依法需要实施的生产经营活动审批，凡直接面向基层、量大面广或由市县实施更为方便有效的，一律下放到市县政府。对下级政府不用省级财政资金承担的项目，在符合国家规定的前提下，由下级政府直接审批。

（8）进一步推进政府管理创新。加快推动政府部门工作重心向制订标准规则和强化监管转移，管理方式由事前审批为主向事中、事后监管为主转变。加强基本公共服务保障职能，公平对待社会力量提供公共服务，加大政府购买服务力度。加大社会组织培育扶持力度，推进社会组织与行政机关脱钩，规范中介服务行为，公开中介服务机构的基本信息、服务承诺、收费标准和依据，探索建立"一业多会"，促进有序竞争。

3. 工作要求

（1）提高思想认识。深化行政审批制度改革，进一步简政放权，是建设服务型政府的一场自我革命，是转变政府职能的突破口和重要抓手。各地各部门要站在支持改革、推进发展的高度，以对事业高度负责的态度，把深化行政审批制度改革摆到政府重要工作位置，不断推向深入。

（2）加强组织领导。深化行政审批制度改革涉及面广、政策性强，时间紧、任务重、要求高。省行政审批制度改革工作领导小组及其办公室要加强统筹协调，健全工作机制，明确各成员单位职责分工，促进相互协作，形成改革合力。各地各部门要切实加强领导，"一把手"负总责，分管领导具体抓，抽调熟悉情况、了解法律政策的精干力量组成专门工作班子，精心谋划、精心组织、精心实施，确保改革的各项要求落到实处，以实际成果取信于民。

（3）严肃改革纪律。各地各部门要按照全省统一部署，坚定不移地落实改革任务，决不允许以合并保留类项目、拆分取消下放转移类项目等形式玩"数字游戏"，决不允许暗中以备案、审核、确认等名义变相审批，决不允许在审批过程中利用职权"吃、拿、卡、要"。对有令不行、有禁不止，推诿拖延行政审批制度改革工作，或损害经济发展环境、行政相对人利益的，要严肃追究责任；情节严重的，给予党纪政纪处分；涉嫌犯罪的，依法追究刑事责任。

（赣府发〔2013〕25号 2013年9月18日）

（三）江西省安监局关于进一步优化发展环境的通知

为认真贯彻落实省领导的有关指示精神，进一步优化发展环境，按照省人大常委会办公厅《关于转请研究处理〈优化发展环境专题调研有关问题和建议的通报〉的函》（赣常办发

〔2013〕41 号）和省效能办《关于对〈优化发展环境专题调研有关问题和建议通报〉中涉及的问题和建议进行整改的函》的要求，现将有关事项通知如下：

1. 提高认识，认真贯彻执行省领导批示指示精神

优化发展环境是"发展升级、小康提速、绿色崛起、实干兴赣"的重要保证。各级安监部门要以省人大常委会关于优化发展环境专题调研情况通报会为契机，认真学习、坚决贯彻落实省委书记强卫，省政府省长鹿心社，省委副书记尚勇的批示和省政府常务副省长莫建成，省人大常委会党组副书记、副主任洪礼和的重要讲话要求，扎实开展党的群众路线教育实践活动，深入贯彻省委七次全会精神，完善规章制度，加强监督约束，提升服务发展水平，提升安全监管效率，提高办事效能，为优化发展环境、促进同步小康作出应有的贡献。

2. 对照问题，自查自纠，坚决彻底整改到位

这次《通报》中涉及或有可能涉及安监部门的关于中介机构服务和收费不规范问题，培训多、收费高问题，要求简化验收程序、加快项目验收进度的问题，进一步下放审批权限、简化行政审批程序问题以及以罚代管时有发生问题。各级安监部门要对这些问题进行全面梳理，对属于安监部门的问题和属于安监部门职责范围的事项，要逐一剖析，对号入座，落实责任，自查自纠，能立即纠正的立行立改，坚决彻底地整改到位，对于其他不能马上整改到位或需要一定时间整改的问题，提出切实可行的整改措施。每个问题做到整改措施、整改时间、责任单位、责任人、督办单位"五到位"。

3. 对照职能，举一反三，进一步提高服务发展水平

对于《通报》中涉及的有关问题，各级安监部门必须认真对照整改；同时要举一反三，对照安监部门的职能，建章立制，进一步优化发展环境，进一步提高服务发展水平。

（1）坚决依法依规实施、下放、委托、取消行政审批项目。

1）进一步规范行政审批行为，提高办事效率。对于保留实施的省安监局 12 项行政许可项目，要按照"该管的要管好"要求，缩短审批时间，简化审批程序，提高办事效率。做到"实行六个统一，建立两个制度"，即统一窗口受理、统一纸质流程和网上点击流程对应操作、统一强化形式（资料）审查、统一网上审批和电子监察系统、统一规范许可资料、统一在办证大厅制证、建立联动协调工作机制、建立内部操作监控预警机制。

2）坚决落实取消的行政审批项目。对于危险化学品容器和包装物定点生产企业审批、安全培训机构资质认可、烟花爆竹储存许可这些取消的 3 个行政审批项目，要坚决向社会、市场放权，绝不允许在贯彻执行中打折扣、作选择、搞变通，绝不允许相互扯皮、明放暗不放。

3）依法开展行政审批委托工作。省安监局是第一个办理规范委托手续的省直单位，并一直按照制定的《江西省安全生产行政委托暂行办法》开展行政审批委托工作。针对近三年来安全生产形势不断发展变化，安全生产行政许可项目也随之调整变化，目前正在将所有委托的许可项目重新清理审查，并将与市、县（区）安监部门重新签订委托协议。

4）指导规范下放项目的实施工作。对下放的危险化学品经营许可、烟花爆竹批发企业许可 2 个行政审批项目，省安监局有关处室要主动与设区市安监局沟通，通过业务培训、专题会议等形式，加强业务指导，使下级安监部门在人员、组织、管理等各方面实现"无缝对接"。

（2）进一步规范中介机构服务行为。针对《通报》中反映的安全生产中介服务存在的问题，今后要进一步加强对安全生产中介机构的监管，进一步规范安全生产中介机构服务行

为。做到：①严把安全中介机构准入门槛，对于不符合条件的坚决拒之门外；②严厉查处违法违规行为，对违法违规行为，发现一起，打击一起，绝不姑息；③建立安全中介机构和从业人员"黑名单"制度；④建立安全中介机构负责人约谈制度；⑤加强职业道德教育和专业技术培训；⑥建立完善中介机构的评优制度；⑦严格执行省外中介机构入赣备案制度。

（3）进一步规范安全生产培训工作。各级安监部门要进一步规范安全生产培训工作，在开展安全生产培训工作中，做到：

1）加强企业安全培训需求调研，加强与企业沟通协调，注意办班间歇安排，尽可能让企业选择参训时间，以避开企业生产旺季，避开与其他部门培训时间的冲突。

2）要严格依法依规开展培训工作，杜绝行政发文、行业协会承办现象。

3）进一步健全完善安全培训管理，加强考勤、考核、考试，积极推广使用机考系统。

4）严格执行省财政厅和省发改委赣财综〔2012〕109号和赣发改收费字〔2012〕2102号确定的安全培训收费项目和收费标准，不得超项目、超标准收费。

（4）进一步简化项目验收程序，加快验收进度。各级安监部门要牢固树立"服务发展、守护平安"的理念，对所有符合条件的安全设施项目竣工验收，一律依法简化办理程序，加强服务指导，加快验收进度，对重大产业项目竣工验收开通绿色通道，特事特办，切实提高效率，优化办理程序，缩短办结时间。

（5）进一步规范行政处罚，坚决杜绝"以罚代管"现象。各级安监部门要始终依照《安全生产法》、《江西省安全生产条例》、《生产安全事故报告和调查处理条例》等法律法规，做好安全生产行政处罚工作。严格贯彻执行《江西省安监局关于进一步规范重大行政执法行为备案工作的通知》（赣安监管政法字〔2013〕215号）精神，严格规范行政处罚行为。要始终秉承"服务至上，教育为主"的宗旨，坚决杜绝以罚代管等违规现象发生。

4. 标本兼治，把问题整改作为群众路线教育实践活动重要工作来抓

省人大常委会办公厅《通报》是对党的群众路线教育实践活动查摆问题的进一步深化。各级安监部门要结合党的群众路线教育实践活动专项整改，对查实违规许可、违规收费、违规培训的问题，一律依法依纪，严肃处理，同时要突出重点，对照"四风"，落实整改，标本兼治。

请各设区市安监局将各自整改情况以及所辖县（市、区）安监局整改情况于今年11月底以前书面报省安监局政策法规处，省安监局将把对优化发展环境有关问题的整改成效，作为对各级安监部门年度考核的重要依据；省安监局各处室（单位）11月底前将各自整改情况报局效能办和党的群众路线教育实践活动办，届时作为省安监局考核各处室（单位）的重要内容。

（赣安监管政法字〔2013〕225号，2013年9月11日）

（四）江西省工商行政管理局关于进一步优化投资环境　服务市场主体健康发展的通知

为充分发挥职能作用，进一步优化民间投资环境，大力促进江西省各类市场主体健康发展，提高全省工商机关服务经济社会发展效能，现就优化投资环境措施提出如下要求，请认真贯彻执行。

1. 服务创新，进一步优化民间投资环境

民间投资是促进经济发展、调整产业结构、繁荣城乡市场、扩大社会就业的重要力量。全省工商系统要贯彻落实国家工商总局《关于充分发挥工商行政管理职能作用鼓励和引导民间投资健康发展的意见》（工商个字〔2012〕107号），结合落实鄱阳湖生态经济区建设战略、支持赣南等原中央苏区振兴发展规划，助力南昌打造核心增长极，不断优化民间投资环境。

（1）拓宽民间投资领域和范围。支持民间投资以多种形式设立市场主体，支持民间资本进入法律法规未明确禁止准入的行业和领域。按照"增加总量、扩大规模、鼓励先进、淘汰落后"的要求，配合做好淘汰落后产能工作，加大资源节约和环境保护力度，促进民间投资市场主体产业结构调整，提高民间投资质量。鼓励和引导民间投资市场主体通过参股、控股、资产收购等多种形式，参与国有企业的改制重组。

（2）提高监管服务效能。采取"事前提醒、事后回访、全程伴随"的监管服务方式，建立企业联系点，重点帮扶、分类指导。为民间资本投资和企业重组、联合、转型开辟登记注册绿色通道，继续落实"首办负责制"、"一审一核制"、"限时办结制"等办事制度，对于材料齐全、符合法定形式的企业和个体工商户登记注册申请，办结期限由法定的15个工作日、10日内缩减为3个工作日内。充分发挥行政执法"预防、警示、教育"的功能，积极实施以行政提醒、行政预警、行政劝导和行政建议为主要内容的行政指导，加大对民间投资市场主体的规范和帮扶力度。

（3）落实减免收费政策。贯彻落实《工商总局关于转发〈关于公布取消和免征部分行政事业性收费的通知〉的通知》（工商办字〔2012〕232号），自2013年1月1日至2014年12月31日暂免征收企业和个体工商户注册登记费收费项目下所有明细收费项目。

2. 转型升级，进一步促进小微企业发展

（1）加大宣传力度。各地要开展多种形式的宣传活动，大力宣传小微企业发展优惠政策，免费发放《鼓励引进民间投资促进小微企业发展政策》等资料，为小微企业发展创造良好氛围。

（2）引导转型升级。积极落实省局《印发〈关于个体工商户转型升级为企业的登记指导意见〉的通知》（赣工商个字〔2011〕3号）精神，鼓励支持有一定规模的个体工商户转型为企业，主动对接、全程服务，及时解决个体工商户转型为企业过程中的疑难问题。

（3）搭建融资服务平台。积极开展动产抵押、股权出质登记，指导小微企业利用抵押、质押担保进行融资。积极搭建平台，促进银企对接合作，帮助解决小微企业融资难题。

3. 积极探索，进一步促进农村经济发展

（1）加快农民专业合作社发展。进一步创新服务方式，提高登记效能，为农民专业合作社快速发展提速增效。一要大力推行农民专业合作社登记窗口前移，为方便偏远乡镇农户申请设立农民专业合作社，各县（市、区）工商局要结合实际，尽快实现基层工商分局就近受理，县（市、区）工商局通过网络远程核准的新模式。二要依法及时办理合作社登记事项变更，特别是对部分合作社成员发生变更后不及时办理备案问题，积极指导合作社办理成员备案手续。三要稳妥做好审查成员签名真实性工作，对于确实需要启动对成员签名真实性进行审查的，可由基层工商分局派员参加合作社成员大会进行现场确认，也可由当地村民委员会或农经站等部门协助确认成员签名真实性后在有关表格上盖章进行证明。四要充分运用登记系统新增的合作社成员信息批量导入功能，提高登记效率。五要放宽农民专业合作社冠省名条件，改革审批程序，冠省名条件由原要求成员达到 500 名以上放宽至 100 名以上，出资总额由 500 万元以上放宽至 200 万元以上，审批程序改由登记机关通过网络直报方式上报省局核准。六要积极探索农民合作社联合社登记，支持在赣州市率先开展试点登记工作。七要不断健全部门协调配合的工作机制，为促进江西省合作社快速健康发展营造宽松环境。

（2）推进"万村千乡市场工程农家店"发展。深入推进"万村千乡市场工程"，为直营、加盟等方式组建的"农家店"登记注册开辟直通车，免收登记费，提供优质高效服务，积极培育农村市场，扩大农村消费，方便农民生活。

（3）培育"家庭农场"新型农业经营主体发展。家庭农场是以农户家庭为基本单位，以家庭成员为主要劳动力，从事农业规模化、集约化、商品化生产经营，并以农业收入为家庭主要收入来源的新型农业经营主体。家庭农场经营者只要符合条件，可以自主选择登记的市场主体类型。各地要加强与农业部门沟通协作，积极引导家庭农场持续健康发展。

4. 培育新优势，进一步促进开放型经济发展

为培育开放型经济发展新优势，各级工商行政管理机关要充分发挥职能作用，大力培育规模以上加工贸易、国际服务外包、出口贸易市场主体，开通"绿色通道"，为打造出口品牌和出口基地提供优质高效的服务。

（1）落实重点项目、重点企业帮扶制度。按照《江西省工商行政管理局关于全力支持服务全省重大产业项目建设的意见》（赣工商企字〔2013〕3 号）、《江西省工商行政管理局关于对江西省重点出口、加工贸易和国际服务外包外商投资企业开展优质服务的通知》（赣工商外企字〔2013〕2 号）文件要求，对江西省重大产业项目进行跟踪服务，对重点出口企业、加工贸易和国际服务外包外商投资企业开展优质服务。

（2）实行工商联络员服务制度。对重点出口企业要落实专人服务，专人负责，建立工商机关与企业"一对一"双向联络员制度并建立联系台账。

（3）实施疑难事项会审制度。对重点出口企业，各地要坚持"一企一策，特事特办，难事商办"，对服务过程中出现的登记疑难问题，要及时进行会审，主动帮助企业排忧解难，全力支持企业做大做强。

各地要按照建设服务型工商的要求，紧密结合本地实际情况，认真落实各项措施，促进江西省经济快速健康发展。

（赣工商办字〔2013〕13 号，2013 年 6 月 26 日）

（五）南昌市委　南昌市人民政府关于加快民营经济发展的政策措施

民营经济是国民经济的重要组成部分，是南昌市打造核心增长极的重要力量。为深入贯彻落实党的十八大和省第十三次党代会精神，进一步解放思想，优化发展环境，推动民营经济又好又快发展，按照"降门槛、拆篱笆、搭平台、强服务"的要求，制定本政策措施。

1. 降低准入门槛

（1）工商行政管理部门进一步放宽民营企业注册登记条件，减少审批环节，量化办证时间。

（2）除一人有限责任公司外，试行注册资本货币资金首期不受金额限制，允许股东以不需要办理权属登记的实物、非专利技术等非货币财产作为首期出资。

（3）对因资金困难不能在法定缴付期限内缴足出资金额且无违法记录的民营企业，可申请延长出资期限，最长为半年。

（4）对以未取得产权证的房屋作为企业住所的，可凭园区管委会、乡镇政府、街道办事处出具的住所使用证明和房屋租赁合同办理注册登记。允许使用住宅从事电子商务、设计策划、软件开发、管理咨询、服务外包和文化创意等不影响居民正常生活的经营活动。

（5）对注册资本 5000 万元以上、申请一般经营项目的民营企业，按《国民经济行业分类》大类核定经营范围，可不核定具体经营范围；支持民营经济进入新兴行业，凡法律法规和政策未禁止的，可根据企业申请，灵活核定体现其行业特点的企业名称和经营范围。

（6）支持民营企业组建集团。集团核心企业注册资本由 5000 万元降为 1000 万元，子公司由 5 家降为 3 家，母子公司的合并注册资本最低限额由 1 亿元降为 3000 万元。

2. 放宽投资领域

（7）按"非禁即准"的原则，对民营资本全面放开投资领域，凡是对国有、集体和外资企业开放的投资领域，都允许和鼓励民营资本进入，切实做到平等准入、放手发展。

（8）支持优秀民营企业参与国有、集体企业改制重组，参与经营性事业单位改制。国有、集体企业和经营性事业单位改制为民营有限公司的，除法律、法规和相关政策另有规定外，可直接在原单位名称后加后缀使用，原单位相关资质、资格可在有效期内沿用。

（9）支持民营资本参与金融机构重组改造、增资扩股，参与设立村镇银行，发起设立融资性担保公司等。支持民营资本发起设立自担风险的民营银行和金融租赁公司、消费金融公司等。

（10）允许民营资本进入能源交通等领域。支持民营资本以独资、合作、联营、参股、特许经营等方式，参与城镇供水、供气、供热、公共交通、污水垃圾处理等市政公用事业和基础设施投资。允许民营资本投向教育、科技、卫生、文化、体育及旅游、养老设施等社会事业，以及经济适用房、公租房等保障性住房建设领域，经营移动通信转售业务。

3. 完善要素平台

（11）设立南昌市金融服务中心，创建"金融超市"，引入金融机构，发布金融产品，为全市民营中小微企业提供"一站式"融资服务。

（12）支持驻昌银行向民营小微企业集中的区域延伸服务网点，开发符合中小微企业特点的金融产品，加强对科技型、创新型、创业型民营小微企业的金融支持力度。对当年贷存比超过 75%，且向南昌市民营小微企业发放贷款增速不低于各项贷款平均增速、增量不低于上年水平、贷款利率符合国家规定范围的驻昌银行，按当年向南昌市民营小微企业实际发放贷款额 5 亿元以上部分的千分之一奖励其管理团队，最高不超过 100 万元。

（13）支持开展小额信贷保证保险试点，对驻昌银行与保险机构联合向南昌市符合条件的民营小微企业发放贷款，且保险机构对贷款本息承担保证保险责任的，按当年实际发生小额信贷保证保险额的千分之一奖励保险机构管理团队，最高不超过 100 万元。

（14）加大对融资性担保公司的风险补偿力度。对依法合规经营的融资性担保机构，在享受原有风险补偿政策的基础上，再按其当年为南昌市民营中小微工业企业贷款担保实际发生额的 0.5% 给予风险补偿，单户最高不超过 50 万元，风险补偿资金必须用于补充风险准备金。

（15）市属创业投资公司按规定重点对民营小微企业投资项目进行跟进投资。对高层次人才在南昌市创办民营企业，且符合南昌市重点产业发展方向的，根据创业项目的需求，可由市属创业投资公司给予项目注册资本 25% 的股权投资，最高不超过 500 万元。

（16）对民营企业投资南昌市重点产业领域，且固定资产投资达到 3000 万元以上的产业项目，可由市重点产业引导资金以股权投资和股权质押投资的形式给予扶持。争取国家和省支持，设立若干市级新兴产业创业投资基金，对产业领域内的民营企业项目，以股权投资的形式给予扶持。

（17）对符合条件的创业投资企业、股权投资企业、产业投资基金发行企业债券，专项用于投资我市民营小微企业的，按其实际发行额的 1% 给予一次性奖励，最高不超过 200 万元。对发行集合债券的民营中小微企业，按其实际融资额的 1% 给予一次性奖励，最高不超过 200 万元。

（18）鼓励县区通过消化利用批而未供土地、现有集体建设用地、增减挂钩等方式，盘活存量用地，并适当安排新增建设用地指标，保障民营企业用地需求。创新开发区、工业园区土地供应模式。在南昌国家小微企业产业发展示范园规划主导产业区、关联配套区、小微创新区、工业地产区等功能区，对民营中小微企业根据项目需求选择相应片区供地。

（19）对符合规划、不改变土地用途、利用企业自有存量土地进行标准厂房及其他工业项目建设、提高土地利用率和增加容积率的民营企业工业用地，不再增收土地出让金。

（20）对将标准厂房租赁给民营中小微企业从事工业生产的，3 年内由受益财政按其缴纳的企业所得税分成额，给予等额奖励。

（21）对国家、省人保部门和中小企业主管部门新认定的国家、省创业孵化基地和小微企业创业园，一次性分别奖励 50 万元、30 万元。

（22）对当年新招用符合小额担保贷款申请条件的人员达到企业现有员工总数 30%（超过 100 人的企业达到 15%）以上，并与其签订 1 年以上劳动合同的民营小微企业，可按规定享受最高不超过 200 万元的小企业贴息贷款，且贷款期满后可按规定给予再扶持。

（23）民营企业员工参加社会保险，可以南昌市上年度企业在岗职工月平均工资的 60% 为缴费基数，按现行缴费比例参保缴费。

（24）支持民营企业引进和培养企业经营管理者和专业技术人员。民营企业经营管理者和专业技术人员平等享受职称评定及政府特殊人才津贴的申报和评选。

（25）按"产城融合、宜业宜居"的原则，在开发区、工业园区规划建设商贸集聚区、保障性住房等，为企业员工提供良好的生产生活条件。

（26）政府部门组织实施帮助民营企业开拓市场的活动。每年在南昌市举办一定规模和场次的民营企业产品专场展示展销会；组织民营企业产品开展外省市巡回展示展销；有针对性地组织民营企业产品参加国内外知名交易会、博览会等会展活动，并视订单额给予一定的展位费补贴。

（27）政府采购产品、服务和工程对各类企业一视同仁，严禁在政府采购中通过设定附加条件等形式变相对民营企业设置门槛。对照国家产品惠民政策，鼓励民营企业参与竞标。

（28）每年发布本地主机企业配套产品需求，对民营企业针对本地主机企业配套需求进行产品开发、转产扩能的项目，可优先列为市重点产业引导资金扶持项目。

（29）对民营中小微企业使用市级大型科学仪器设备资源共享服务平台上的仪器设备进行新产品研究开发发生的分析测试费用，待新产品产业化并产生效益后，给予全额补贴。

（30）建立南昌技术交易市场，及时发布适合民营中小微企业的科技成果及专利信息。对从中购买科技成果及专利的民营中小微企业，待科技成果及专利产业化并产生效益后，补贴其购买费用的 30% ，最高不超过 10 万元。

（31）对民营中小微企业的共性技术难题，经专家认定后，由市科技专项资金出资，市科技部门通过项目招标的方式组织开展技术攻关，并将攻关成果免费提供给企业共享。

4. 强化服务举措

（32）各级税务机关要积极主动落实国家支持小微企业的各项税收优惠政策。按规定提高小微企业增值税和营业税起征点；对小微企业中月销售额不超过 2 万元的增值税小规模纳税人和营业税纳税人，暂免征收增值税和营业税。

（33）强化针对民营中小微企业的政府公共服务平台建设。充分发挥市中小企业服务中心公益性服务功能，为全市民营中小微企业提供"一站式"窗口服务和网络在线服务。加快建立县区、开发区民营中小微企业公益性综合服务平台，为本地民营中小微企业提供政府公共服务。

（34）鼓励县区、开发区民营企业组建行业协会和商会，开展行业行为规范、内部资源整合、产业集群联合、产品品牌创建、市场开拓、行业维权等活动，实现抱团发展。市委、市政府每年对发挥作用好的行业协会和商会，以及推动行业协会和商会建设工作成效突出的县区、开发区进行表彰奖励。

（35）对有需求意愿、成长性好的民营企业，从市直有关部门定期遴选一批熟悉经济工作的优秀干部，进行挂点帮扶。

（36）完善"企声通道"，加强市政府领导与民营企业家的对话沟通，建立多渠道的政企对话沟通机制。市直有关部门将了解、掌握民营企业诉求作为常态化工作，完善网上政企对话渠道，对企业反映的重大问题及时提交市政府，通过现场办公会和专题协调会等形式协调解决。

（37）营造发展民营经济良好的法治环境，各级司法、行政机关应当依法保护民营企业的合法权益，约束对民营企业行政处罚的自由裁量权，慎用强制执行权，为民营企业发展提供公平、公正、宽容的法治环境。

（38）营造发展民营经济浓厚的舆论氛围，市属新闻媒体开辟专题、专栏，大力宣传民营企业家和创业者的先进事迹，引导广大民营企业自觉遵守法律法规，弘扬诚实守信精神，积极履行社会责任。同时，新闻媒体加强对侵犯民营企业合法权益和干扰民营企业正常经营的行为进行公开监督。各级宣传部门要加强监管，禁止新闻媒体对民营企业产品质量、市场信誉进行不实报道，或强拉赞助、搞有偿新闻。

（39）根据企业发展速度、税收贡献、科技创新等情况，每年评选优强民营中小企业和突出贡献民营企业家、优秀民营企业创业者，由市委、市政府进行表彰奖励。

（40）建立县区、开发区和市直部门民营经济发展工作考核机制。每年对县区、开发区民营经济增加值及增幅、新增民营企业户数等主要指标，以及市直有关部门服务民营经济发展的工作进行考核，由市委、市政府进行表彰奖励。

本政策措施自下发之日起实施，有效期至 2016 年 12 月 31 日。由市促进非公有制经济发展领导小组办公室（市工信委）负责解释，并牵头会同有关部门落实，所涉及的市级奖补资金在市扶持企业发展资金中列支。

（洪发〔2013〕14 号，2013 年 11 月 8 日）

（六）九江市人民政府办公厅关于支持小型微型企业发展的若干意见

为贯彻落实国务院、省政府有关支持小型微型企业发展的政策措施，有效应对当前复杂的经济环境，着力解决小型微型企业融资困难和税费负担偏重等问题，促进小型微型企业快速、健康、持续发展，实现九江"决战工业 1 万亿"战略目标，现结合九江市实际，提出以下意见：

1. 支持对象

主要加大对符合国家产业和环保政策、安全生产达标、能够吸纳就业的科技、服务和加工业等实体经济的支持力度。本意见所指小型和微型企业（以下简称小微企业）须符合国家工业和信息化部、国家统计局、国家发展和改革委员会、国家财政部《关于印发中小企业划型标准规定的通知》（工信部联企业〔2011〕300 号）行业划型标准规定。

2. 支持措施

（1）继续加大财政支持力度。

1）扩大专项资金规模。从 2014 年起，市财政支持中小企业发展专项资金由 320 万元增加到 520 万元，重点用于支持推动九江市中小微企业结构调整优化，促进企业技术创新、转型升级和科技成果转化，推动生产性服务业发展，改善中小微企业服务环境和融资环境等。各县（市、区）也要设立中小企业发展专项资金，切实加大对小微企业的支持力度。

2）健全政策性信用担保体系。加快建设以政府出资为主导的政策性中小企业信用担保机构，建立健全覆盖全市范围的政策性信用担保体系。进一步做大做强市级中小企业信用担保机构，市财政要加大投入力度，逐步增加市中小企业信用担保有限公司资本金，使其注册资本金达到亿元规模。县（市、区）政策性担保机构注册资本金不少于 5000 万元。全市各级政策性担保机构的担保费用不高于 1%，贷款担保额度达到注册资本金 5 倍以上。

3）大力扶持全民创业。从 2014 年起，市级全民创业专项基金由 100 万元增加到 200 万元。各县（市、区）财政要安排一定比例资金设立创业扶持基金，积极推动全民创业，不断提高创业人员占全市总人口的比重。鼓励高校毕业生、退伍军人、返乡农民工、科研人员、下岗失业人员等自主创业，对符合条件的新办小微企业，积极落实小额担保贷款扶持政策，努力做到应贷尽贷、按需放贷，并按规定享受财政贴息。

（2）切实减轻企业税费负担。

4）落实国家税收优惠政策。认真落实《财政部、国家税务总局关于继续实施小型微利企业所得税优惠政策的通知》（财税〔2011〕4 号）规定，对符合《中华人民共和国企业所得税法》及其实施条例以及相关税收政策规定的小型微利企业，减按 20% 的税率征收企业所得税，其中对年应纳所得税额低于 6 万元（含 6 万元）的小型微利企业，自 2012 年 1 月 1 日至 2015 年 12 月 31 日，其所得减按 50% 计入应纳税所得额，按 20% 的税率缴纳企业所得税。自 2009 年 1 月 1 日至 2013 年 12 月 31 日，对金融机构农户小额贷款的利息收入免征营业税，贷款合同免征印花税；对金融机构农户小额贷款的利息收入在计算应纳税所得额时，按 90% 计入收入总额。自 2013 年 8 月 1 日起，对增值税小规模纳税人中月销售额不超过 2 万元的企业或非企业单位，免征增值税。对确有困难的中小微企业在 2013 年 1 月 1 日至 2015 年底前缴纳的房产税，土地使用税通过财政支出渠道安排资金给予奖励。

5）加大税收扶持力度。各级财税部门要加强对小型微型企业税费减免和优惠政策的执行力度，对新创办的小型微型企业，自工商注册登记之日起，对其上缴税收地方留成部分通过财政支出渠道安排资金给予三年奖励；对现有的小型微型企业，上缴税收地方留成新增部分通过财政支出渠道安排资金给予奖励。对符合条件的中小高新技术企业，减按 15% 的税率征收企业所得税。

6）免征部分行政事业性收费。按照国家规定，从 2012 年 1 月 1 日起 3 年内免征小型微型企业管理类、登记类、证照类行政事业性收费，具体包括企业注册登记费、税务发票工本费、海关监管手续费、装船证费、手工制品证书费、纺织品原产地证明书费、一般原产地证书费、一般原产地证工本费、组织机构代码证书工本费、货物原产地证明书费、ATA 单证册收费、土地登记费、计算机软件著作权登记费、农机监理费（含牌证工本费、安全技术检验费、驾驶许可考试费等）、新兽药审批费、《进口兽药许可证》审批费、已生产兽药品种注册登记费、林权证工本费、星级标牌（含星级证书）工本费、A 级旅游景区标牌（含证书）工本费、工农业旅游示范点标牌（含证书）工本费、清真食品认证费以及省级财政、价格主管部门按照管理权限批准设立的管理类、登记类和证照类行政事业性收费。进一步规范收费管理，严格执行小型微型企业收费登记卡制度和收费项目公示制度，防止变相收费和隐性收费。

（3）着力加强金融信贷服务。

7）加大信贷投放。各银行业机构要在执行宏观调控政策的前提下，加强与上级的沟通，力争划出一定的资金额度，专门针对小微企业放贷。确保年新增小微企业贷款总额不低于全部贷款新增总额的 1/4，小微企业贷款增速不低于全部贷款平均增速，高于全省小微企业贷款平均增速，增量高于上年同期水平。建立小微企业信贷奖励考核制度。支持符合条件的商业银行发行专项用于小型微型企业贷款的金融债。市政府金融办会同人行九江中心支行、九江银监分局等部门要将信贷增量分解落实到市内各金融机构，并将其落实情况纳入市政府对金融机构的年度考核。鼓励银行（含村镇银行）及小额贷款公司加大对小微企业尤其是实体制造业的信贷投放。银行及小额贷款公司年度对小微企业贷款总额比上年度贷款平均余额每增加 1 亿元，从中小企业专项资金中给予奖励，单户奖励最高不超过 10 万元。

8）建设专营机构。国有商业银行和股份制银行要深入推进小微企业金融服务专营机构建设，打造专业团队，有效落实专营机构"单列小微企业信贷计划、单独配置人力资源和财务资源、单独客户认定和信用评审、单独会计核算""四单"管理制度，明确重点支持的行业和产业，优化业务流程，制定小微企业信贷人员尽职免责机制，适度提高小微企业不良贷款率容忍度，切实加大对小微企业的贷款投放，逐年提高小微企业中长期贷款的规模和比重。

9）改进工作机制。鼓励各银行业机构为诚实守信的小微企业开辟贷款"绿色通道"，对符合条件的续贷项目一般在 7 个工作日内放款，对新增贷款项目一般在 1 个月内完成审批，切实加快审批速度，提高放贷效率。鼓励银行业机构加大"金融超市"建设力度，推行开放式、一站式、分区式的全新金融服务模式，为小微企业提供便捷、全面的金融服务。同时，各银行业机构要积极向上反映，增加二级分行转授信权限，对符合条件的县级分支机构合理扩大信贷管理权限。原则上没有审批权限的县级分支机构争取有一定的微小企业贷款审批权限，有审批权限的县级分支机构争取有 500 万元小微企业贷款审批权限。

10）实施差异化金融监管政策。对商业银行进行差异化考核，将单户 500 万元以下的小微企业贷款视同零售贷款计算风险权重；对商业银行发行金融债所对应的单户 500 万元以下的小微企业贷款，不纳入存贷比考核范围。开展中小微企业信贷政策导向效果评估工作，对政策执行成效良好的金融机构优先办理再贴现、再贷款；对达到要求的中小金融机构继续执行较低存款准备金率。

11）降低融资成本。要切实降低小微企业融资成本，进一步完善对小微企业的贷款利率定价机制，在保本微利基础上尽量执行基准利率不上浮或少上浮。对信用良好的小微企业以及由信用担保机构提供连带责任的小微企业贷款给予利率优惠；对基本面较好、有市场、有订单，但暂时出现经营困难或财务困难的小微企业不抽贷、不压贷，保持必要资金支持力度并合理确定贷款利率。除银团贷款外，禁止商业银行对小微企业贷款收取承诺费、资金管理费。严格限制商业银行向小微企业收取财务顾问费、咨询费等费用。

12）鼓励各级各类担保机构为小微企业提供担保。为小微企业提供担保服务的担保机构可以按不超过年平均在保余额的1%、2%、3%申请中央业务补助资金。为中小企业提供低费率担保服务，在不提高其他费用标准的前提下，对担保机构开展的担保费率低于银行同期贷款基准利率50%的中小企业担保业务可申请中央保费补助资金，补助比例不超过银行同期贷款基准利率的50%与实际担保费率之差，并重点补助小型微型企业低费率担保业务。对以中小企业为服务对象的中小企业信用担保机构免征3年营业税，符合条件的中小企业信用担保机构按照不超过当年年末担保责任余额1%的比例计提担保赔偿准备，符合条件的中小企业信用担保机构按照不超过当年担保费收入50%的比例计提未到期责任准备金，允许在企业所得税税前扣除。

（4）积极拓宽企业融资渠道。

13）支持企业上市融资。大力培育上市后备资源，鼓励具备条件的中小企业到境内外资本市场上市融资。在企业改制上市过程中，对企业土地、房产等资产的确权申请，有关部门要特事特办予以支持；对因土地增值等需要补交的费用，企业阶段性支付困难的，有条件的县（市、区）可设立专项资金，帮助企业完备上市前资产确权工作。加强对上市后备企业的培训工作，通过讲座、举办培训班等形式，使拟上市企业了解国内外资本市场的最新动态。

14）大力推进企业债券融资。建立政府专项风险缓释基金，对在银行间债券市场通过发行中小企业集合票据等债务融资工具的首家企业政府给予300万元奖励。各金融管理部门要积极协助地方政府经济主管部门，加强对企业债券、短期融资券等相关方面政策的宣传、培训，每年筛选一定数量的备选企业进行推介、加强辅导。各银行业机构要主动关注、积极介入企业发债流程，采取包销、代销等方式为企业提供债券承销服务，帮助企业提高债券融资规模和效率。在市场条件成熟的情况下，积极支持中小微企业通过捆绑发行小微企业集合票据或小微企业集合债券方式筹集资金，扩大小微企业债券融资规模。从市级中小企业发展专项资金中安排一定资金，对小微企业发行集合票据，按发行额的0.5%对发行企业实行担保费用补贴，各发行企业所在地政府要按同等比例给予相应配套资金支持；对承销团队按最低收费标准收取发行企业相关费用的，按每只票据发行总额的0.1%进行一次性奖励。

15）引导民间资金投向新兴金融业态。通过政策引导，鼓励民间资金进入财务公司、信托公司、金融租赁公司、村镇银行、农村资金互助社、小额贷款公司、融资性担保公司、风险投资基金、创业投资基金和典当行等新兴金融业态。加强对民间借贷的规范管理，依法打击非法集资、金融传销等违法活动，在民间借贷比较活跃的地区增加设立村镇银行和小额贷款公司等新型地方金融机构，更好地为小型微型企业融资服务。

（5）加快建设企业服务体系。

16）完善服务网络。抓住中央财政安排150亿元设立中小企业发展基金和国家建立完善4000个中小企业公共服务平台的机遇，加快建立以"九江创业大学"、"九江中小企业服务超市"和"九江中小企业促进会"为核心、以各县（市、区）综合窗口平台及产业集群窗口服务平台为支撑的全市小微企业服务平台网络。力争用3年的时间，全市每个县（市、区）都有一个企业公共服务平台，形成信息畅通、功能完善的小微企业服务平台网络，为小微企业提供多层次的公共服务和个性化专业服务。

17）推进创业基地建设。以国家"实施创办小企业计划，培育和支持3000家小企业创业基地"为契机，鼓励发展各具特色的小微企业创业园和创业孵化基地，重点支持非营利性管理机构创建的小企业创业基地，努力为小微企业聚集发展搭建平台。每年从市预留新增建设用地指标中安排100亩以上，用于支持各县（市、区）依托城区、工业园区、产业集聚区建设一批特色型、集群化的小微企业创业园和创业孵化基地，具体由市国土资源局会同市中小企业局实施。

18）加强诚信建设提升管理能力。加快信用体系建设，切实开展企业信用信息征集和信用等级评价工作，建立比较规范的中小企业信用服务体系和信用管理体系，形成比较健全的中小企业信用征集、信用评价、信用信息披露以及守信奖励、失信惩戒等制度，信用产品在中小企业融资、信用交易等经济活动以及政府监督管理方面得到推广使用；实施中小企业诚信工程，促进九江市中小企业信用意识普遍增强，信用管理水平大幅度提高，中小企业信用环境明显改善。

建立成长型小型微型企业库，根据发展的不同阶段对企业进行有针对性、连续性的培训辅导和政策扶持。设立"市长中小企业管理创新奖"，每年评选表彰一批成长性好、管理规范、责任心强的经营管理标杆企业，引导全市小型微型企业重视文化和品牌建设，加快科技创新，加强经营管理，提升市场竞争力。

19）积极推动企业科技进步。鼓励创建专业化、企业化运作的生产力促进中心、信息技术服务共享平台，大力发展和规范技术评估、技术转让、技术咨询、技术服务等各类科技中介机构，为小微型企业的发展提供全方位的科技服务。积极支持符合条件的小型微型企业申报国家星火计划项目、火炬计划项目和科技型中小企业技术创新基金。

20）支持企业开拓创新。支持小微企业利用电子商务开拓市场。鼓励小微企业积极参加由政府组织的各类展会和招商引资活动，对参展企业的展位及宣传费用给予适当补贴。鼓励大中型企业与小微企业合作配套，建立稳定的产销协作关系。鼓励小微企业自主创新，创建自有品牌，不断提高品牌的知名度，开发自主知识产权新产品，培育竞争力强、知名度高的名牌产品，加大驰（著）名商标培育扶持力度。

21）加强企业出口服务。支持小型微型企业开展贸易融资，符合条件的各类生产型、科技型和贸易型小型微型企业，均可办理信用保险保单融资业务。鼓励小型微型外贸企业投保出口信用保险，并享受保费补贴。优先支持符合条件的小型微型企业申报中小企业国际市场开拓资金项目，鼓励引导企业对其产品进行国际认证许可和质量认证工作。

22）加强统计监测。统计、工商、税务和中小企业主管部门要加强配合，逐步建立和完善反映小微企业发展的分类统计、监测、交流和发布制度。各县（市、区）要加强小微企业统计分析工作，建立小微企业基础数据库，实现数据信息共享。

3. 保障机制

23）建立工作机制。充分发挥市"发展非公经济领导小组"职能作用，建立支持小微企业发展联席会议制度，研究解决小微企业发展中的重大问题。将支持小微企业发展工作纳入对县（市、区）和市政府有关部门的年度目标管理。各县（市、区）也要建立相应的工作机制。

24）加强部门配合。各有关部门要进一步转变职能，强化支持小微企业发展的服务意识，推进各项政策措施的贯彻落实。中小企业主管部门要切实加强综合协调和指导服务，督促、考核支持小微企业发展各项政策措施的落实；财政部门要加大财政资金支持力度，确保中小企业发展专项资金落实到位以及财政支持政策的贯彻执行；监察部门要促进各地优化企业发展环境，并加强监督检查；国土资源部门负责小微企业创业园和创业孵化基地用地指标的落实；人保部门要积极为符合条件的小微企业提供小额担保贷款及培训支持；商务部门负责支持小型微型企业外贸出口和国内商贸流通政策的落实；税务部门负责税收减免及优惠政策的贯彻执行；工商部门要积极为小微企业的注册登记和市场竞争提供服务，规范市场监管行为，保障企业公平合法经营；金融监管部门负责指导、监督信贷资金的投放以及各银行业金融机构服务小型微型企业金融政策的落实。其他有关部门要根据各自职责，加强合作，密切配合，形成合力，促进全市小微企业健康发展。

25）依法保护合法权益。坚决治理针对小微企业的乱收费、乱罚款及各种摊派行为，从严控制收费项目和标准，严格执行收费项目公示制度。未经政府批准任何单位不得以各种名义强制对小微企业进行评比达标活动。

26）加强工作考核。各县（市、区）人民政府和市政府有关部门要根据本意见，制定配套的实施办法。市政府把服务促进小微企业发展工作纳入对各级政府各部门的绩效考核范围，对各地、各部门支持小微企业发展情况进行考评。

27）营造浓厚氛围。从 2013 年起，每三年召开一次全市中小企业（非公经济）工作暨表彰大会，总结全市中小企业（非公经济）工作，表彰奖励发展中小企业（非公经济）先进县（市、区），先进小微企业创业基地，服务中小企业（非公经济）先进部门，优秀企业和优秀企业家等，掀起发展热潮，营造浓厚发展氛围。

（九府办〔2013〕32 号，2013 年 12 月 24 日）

第三章　民营经济统计资料

一、概述

本章除"资本市场利用"部分外，其他部分是根据《江西统计年鉴2014》编撰而成。《江西统计年鉴2014》系统收录了全省和11个设区市2013年经济、社会各方面的统计数据、改革开放以来和其他历史重要年份的全省主要统计数据，以及全国各省市部分主要指标数据。是一部全面反映江西省经济和社会发展情况的资料性年刊；"资本市场利用"部分主要根据上市民营企业在中国证监会指定信息披露网站"巨潮资讯网"发布的2013年度报告整理而来。

本章内容分为八个部分，分别是概述、就业人员和职工工资、固定资产投资、工业、建筑业、国内贸易和旅游、房地产开发和资本市场利用。为方便读者使用，各部分前设有"资料说明"，对本部分的主要内容、资料来源、统计范围、统计方法等予以简要概述，并附有"主要统计指标解释"。

行业相关数据由综合资料及国民经济核算资料两部分组成。综合资料主要通过对民营经济各产业部门主要统计指标及其速度、结构、比例和效益等的加工计算来反映民营经济发展的总体情况。国民经济核算资料主要包括民营经济不同产业部门生产总值及其有关资料。不同产业部门生产总值是根据产业部门特点、不同支出构成的特点和资料来源情况而分别采取不同方法计算的。所有数据既有民营经济总计，也有全社会总计。

根据第一次第三产业普查结果，《江西统计年鉴2014》对1992年以前全省地区生产总值的历史数据做了调整；2005年根据全国第一次经济普查结果，对1993~2004年的全省地区生产总值历史数据做了调整，本章的数据为调整后数据。凡与本章资料有出入的，均以本章数据为准。分设区市的国民经济核算数据由各设区市统计局提供，由于采取分级核算，各设区市数据相加不等于全省总计。

本章所使用的度量衡单位均采用国际统一标准计量单位；部分数据合计数或相对数由于单位取舍不同而产生的计算误差均未作机械调整。

符号使用说明：年鉴各表中的"空格"表示该项统计指标数据不足本表最小单位数、数据不详或无该项数据；"#"表示其中的主要项。

二、就业人员和职工工资

（一）资料说明

1. 主要内容

本部分资料反映全省民营经济劳动就业方面的基本情况，包括 11 个设区市民营经济的主要劳动统计数据。例如，就业人员、职工工资总额、职工平均工资等情况。

2. 统计范围

《劳动统计报表制度》的调查范围为城镇辖区内独立核算法人单位（不包括乡镇企业和个体工商户），自 1998 年起部分指标有所变动，职工人数为在岗职工；劳动力资源、全社会就业人员统计范围为城镇和乡村 16 岁以上人口，2002 年及以后全社会就业人员、城镇和乡村就业人员的总计资料根据人口和劳动力调查资料推算，因此分地区、分类型、分行业的资料相加不等于总计；私营和个体工商户统计范围为全社会。

3. 资料来源

本部分资料取自《江西统计年鉴2014》"第三章　就业人员和职工工资"，主要包括：①就业基本情况及分组资料、职工工资总额等资料，是省统计局人口和就业处根据《劳动统计报表制度》、《人口变动情况抽样调查制度》、《劳动力调查制度》等资料加工整理；②个体劳动者根据省工商行政管理局报表整理。

4. 统计调查方法

《江西统计年鉴2014》表明，本部分采用了以下统计调查方法：劳动统计采用全面调查方法，由各级统计部门和各直报单位逐级上报；劳动力调查采用抽样调查方法；培训、就业统计及个体工商统计利用行政登记资料加工汇总。

表 3 - 1　民营经济社会就业人员数（年末数）　　　　　　单位：万人

类别＼年份	2012	2013
全社会总合计	2555.95	2588.72
民营经济总计	886.77	979.34
城镇	885.85	934.94
#股份合作	3.72	3.35
联营	0.58	0.26
有限责任公司	86.49	148.29
股份有限公司	25.16	34.42
私营和个体	336.68	488.89
乡村	1670.10	1653.78
#私营和个体	434.14	304.13

注：就业人员总计是根据人口变动抽样调查资料推算，因此，分经济类型资料相加不等于总计。

表 3 – 2　城镇私营企业就业人数和城镇个体劳动者（2013 年末数）　　　　单位：人

行业＼人员构成	城镇私营企业就业人数	城镇个体劳动者
总计	2854094	2034754
农、林、牧、渔业	49646	69226
采矿业	124041	3912
制造业	1563439	144361
电力、热力、燃气及水的生产和供应业	18258	443
建筑业	365085	4969
批发和零售业	286500	1244148
交通运输、仓储和邮政业	89562	53534
住宿和餐饮业	74336	220032
信息传输、软件和信息技术服务业	25582	8829
金融业	3123	
房地产业	75403	1796
租赁和商务服务业	55471	21920
科学研究和技术服务业	10224	5753
水利、环境和公共设施管理业	4143	170
居民服务、修理和其他服务业	38612	232054
教育	41285	666
卫生和社会工作	10831	7082
文化、体育和娱乐业	18553	12933
其他		2926

注：本表根据城镇私营抽样调查资料整理。

表 3 – 3　各地区城镇就业人员数（年末数）　　　　单位：万人

地区＼年份	2008	2009	2010	2011	2012	2013
全省	733.96	766.58	802.02	845.69	885.85	934.94
南昌市	153.36	157.49	161.68	169.29	177.95	188.38
景德镇市	39.04	40.24	41.61	44.09	45.11	46.19
萍乡市	37.01	38.33	39.84	41.86	44.15	45.72
九江市	85.49	89.06	93.13	99.07	104.35	110.04
新余市	28.70	29.69	30.72	31.96	33.68	35.39
鹰潭市	25.21	26.03	26.93	28.02	30.08	31.17
赣州市	86.86	91.85	97.20	103.82	108.69	118.72
吉安市	67.21	71.14	75.27	79.70	82.92	87.42
宜春市	75.97	80.11	84.73	88.81	92.38	97.36
抚州市	57.93	60.98	64.38	68.35	71.80	75.71
上饶市	77.18	81.66	86.53	90.72	94.74	98.84

表 3-4　各地区城镇个体劳动者数（年末数）　　　　单位：万人

年份 地区	2008	2009	2010	2011	2012	2013
全省	113.08	129.67	160.01	196.83	195.94	203.48
南昌市	16.92	20.24	26.42	28.28	33.73	33.64
景德镇市	8.38	9.10	10.20	10.81	9.55	9.45
萍乡市	5.92	7.80	12.91	13.95	14.53	11.45
九江市	9.18	11.56	14.69	31.77	30.29	24.98
新余市	3.80	4.88	5.92	6.79	8.79	9.71
鹰潭市	4.54	3.86	4.85	5.48	6.17	5.17
赣州市	24.67	28.32	33.38	33.27	34.88	35.82
吉安市	8.15	9.90	12.73	13.41	14.26	15.86
宜春市	8.67	10.10	13.74	20.10	16.87	24.50
抚州市	7.01	7.92	9.13	11.46	12.65	18.64
上饶市	15.84	15.99	16.04	21.51	14.21	14.25

表 3-5　城镇私营单位就业人员年末人数、工资（2013年）

类别　　就业人员	数量（人）	工资总额（万元）	平均工资（元）
总计	2854094	7757170	27819
按国民经济行业分			
农、林、牧、渔业	49646	131815	25854
采矿业	124041	373501	30184
制造业	1563439	4092456	26924
电力、热力、燃气及水的生产和供应业	18258	56357	31275
建筑业	365085	1135290	32085
批发和零售业	286500	716703	25652
交通运输、仓储和邮政业	89562	258309	29388
住宿和餐饮业	74336	166089	22678
信息传输、软件和信息技术服务业	25582	77647	30168
金融业	3123	9336	32712
房地产业	75403	259394	34705
租赁和商务服务业	55471	155144	28202
科学研究和技术服务业	10224	30891	30383
水利、环境和公共设施管理业	4143	10961	25767
居民服务、修理和其他服务业	38612	91460	23432
教育	41285	110167	27144
卫生和社会工作	10831	32845	31086
文化、体育和娱乐业	18553	48806	26600
公共管理、社会保障和社会组织			

注：本表根据城镇私营抽样调查资料整理。

（二）主要统计指标解释

1. 就业人员

就业人员指从事一定社会劳动并取得劳动报酬或经营收入的人员。包括：①在岗职工；②再就业的离退休人员；③私营业主；④个体户主；⑤私营企业和个体就业人员；⑥乡镇企业就业人员；⑦农村就业人员；⑧其他就业人员。

2. 私营企业就业人员

私营企业就业人员指在工商管理部门注册登记的私营企业就业人员，包括私营企业投资者和雇工。

3. 个体就业人员

个体就业人员指在工商管理部门注册登记，经批准从事个体工商经营的就业人员，包括个体户主和在个体工商户劳动的家庭帮工和雇工。

4. 单位就业人员劳动报酬

单位就业人员劳动报酬指各单位在一定时期内直接支付给本单位全部就业人员的劳动报酬总额。包括在岗职工工资总额和本单位其他从业人员劳动报酬两部分。

5. 在岗职工平均工资

在岗职工平均工资指在企业、事业、机关单位的在岗职工在一定时期内平均每人所得的货币工资额。其计算公式如下：

$$在岗职工平均工资 = \frac{报告期实际支付的全部在岗职工工资总额}{报告期全部在岗职工平均人数}$$

6. 在岗职工工资总额

在岗职工工资总额指各单位在一定时期内直接支付给本单位全部在岗职工的劳动报酬总额。包括：①计时工资（含计时标准工资）；②计件工资；③计件超额工资；④奖金；⑤津贴和补贴；⑥加班加点工资；⑦特殊情况下支付的工资等。

7. 津贴和补贴

津贴和补贴，包括：①补偿职工特殊额外劳动消耗的津贴及岗位性津贴；②保健性津贴；③技术性津贴；④年功性津贴；⑤地区津贴；⑥其他津贴包括伙食补贴、上下班交通补贴、洗理卫生费、书报费等以及为保证职工工资不受物价上涨或变动影响而支付的各种补贴，如副食价格补贴（含肉类等价格补贴），粮、油、蔬菜等价格补贴，煤价补贴，房贴，水电贴，房改补贴等。

三、固定资产投资

（一）资料说明

1. 主要内容

本部分资料通过对一定时期包括民营经济在内的全社会建造和购置固定资产活动的数量描述，反映报告期内固定资产投资的规模和速度、固定资产投资的结构和比例关系、固定资产投资的资金来源及固定资产投资的效果等。

2. 统计范围

全社会固定资产投资统计的范围包括：建设项目固定资产投资、房地产开发投资、农村农户固定资产投资。

3. 资料来源

本部分资料取自《江西统计年鉴2014》"第四章　固定资产投资"，其中农户固定资产投资资料来自国家统计局江西调查总队；除此以外的固定资产投资统计资料均来自省统计局固定资产投资统计处统计调查。

4. 统计调查方法

除农户固定资产投资统计采用抽样调查方法外，其他均为全面统计报表。

表3-6　民营经济全社会固定资产投资（按登记注册类型分）　　　　单位：万元

指标 ＼ 年份	2012	2013
全社会固定资产投资	107741579	128502527
民营经济固定资产投资	80176440	99434352
股份合作	673963	762543
联营	594253	678057
有限责任公司	28503320	33259826
股份有限公司	5511049	5777891
私营	36569388	48167579
其他内资	3160258	5215741
个体经营	5164209	5572715

注：①全社会固定资产投资＝固定资产投资＋农村农户投资。固定资产投资包括建设项目投资和房地产开发投资，后同。②全社会固定资产投资按登记注册类型可分为国有、集体、个体、联营、股份制、外商、港澳台商、其他等。本表在《江西统计年鉴2014》"全社会固定资产投资"总表基础上删除国有、集体、港澳台投资、外商投资等项后形成，后同。

表3-7　民营经济全社会固定资产投资构成（按登记注册类型分）　　　　单位:%

指标 ＼ 年份	2012	2013
全社会固定资产投资	100.0	100.0
民营经济固定资产投资	74.4	77.4
股份合作	0.6	0.6
联营	0.6	0.5
有限责任公司	26.5	25.9
股份有限公司	5.1	4.5
私营	33.9	37.5
其他内资	2.9	4.1
个体经营	4.8	4.3

表 3-8 民营经济固定资产投资（按登记注册类型分）　　　　　　　单位：万元

指标 ＼ 年份	2012	2013
固定资产投资	103783697	124349494
民营经济固定资产投资	76218558	95281319
股份合作	673963	762543
联营	594253	678057
有限责任公司	28503320	33259826
股份有限公司	5511049	5777891
私营	36569388	48167579
其他内资	3160258	5215741
个体经营	1206327	1419682

注：固定资产投资统计范围为计划投资 500 万元及以上建设项目固定资产投资和房地产开发投资。后同。

表 3-9 民营经济固定资产投资构成（按登记注册类型分）　　　　　　单位：%

指标 ＼ 年份	2012	2013
全社会固定资产投资	100.0	100.0
民营经济固定资产投资	73.4	76.5
股份合作	0.6	0.6
联营	0.6	0.5
有限责任公司	27.5	26.7
股份有限公司	5.3	4.6
私营	35.2	38.7
其他内资	3.0	4.2
个体经营	1.2	1.2

（二）主要统计指标解释

1. 全社会固定资产投资

全社会固定资产投资是以货币形式表现的在一定时期内全社会建造和购置固定资产的工作量以及与此有关的费用的总称。该指标是反映固定资产投资规模、结构和发展速度的综合性指标，又是观察工程进度和考核投资效果的重要依据。全社会固定资产投资按登记注册类型可分为国有、集体、个体、联营、股份制、外商、港澳台商、其他等。按统计方式可分为建设项目固定资产投资和房地产开发投资（全面统计）、农村农户固定资产投资（抽样调查）。建设项目投资不同的时期有不同的统计起点。1995~1996年，项目投资统计的起点为

表 3－10　按行业和登记注册类型分固定资产投资（2013 年）

单位：万元

行业	全社会合计	民营经济合计	股份合作	联营	有限责任公司	股份有限公司	私营	其他内资	个体经营
总计	124349494	95281319	762543	678057	33259826	5777891	48167579	5215741	1419682
农、林、牧、渔业	2971711	2479085	50752	2000	295171	87233	1667715	281215	94999
农业	1042168	923912			114240	13650	703620	69099	23303
林业	680962	532393	26332		48838	29517	286538	85418	55750
畜牧业	846768	802374	19490		90996	19175	554039	105028	13646
渔业	144463	129384			16709	23191	81794	7490	200
农、林、牧、渔服务业	257350	91022	4930	2000	24388	1700	41724	14180	2100
采矿业	2521719	2198684	7031	8000	324791	116612	1525691	175931	40628
#煤炭开采和洗选业	495539	482549	7031	8000	11700	26580	302940	111840	14458
黑色金属矿采选业	277443	268443			37748	6238	224457		
有色金属矿采选业	482199	331519			30570	39432	254617	2000	4900
非金属矿采选业	1153877	1017711			219051	35442	695455	47593	20170
制造业	65589193	60607570	282561	70957	21019819	3449774	33569324	1963182	251953
农副食品加工业	3292519	3063774	5394		1179336	202281	1565779	83531	27453
食品制造业	1285988	1207195	3500		425475	30288	708624	33678	5630
酒、饮料和精制茶制造业	1216333	1155826	110		301062	164215	659707	30732	
烟草制品业	241301	232101			75091		130010		27000
纺织业	2184981	1983756			829173	46550	1083406	24627	
纺织服装、服饰业	3884235	3679533	11654	1000	1207585	45766	2299230	105068	9230
皮革、毛皮、羽毛及其制品和制鞋业	1736500	1641916	9500		478473	48403	1029245	67095	9200
木材加工及木、竹、藤、棕、草制品业	1241385	1150118	18026		304089	41131	686922	84965	14985

续表

行业	全社会合计	民营经济合计	股份合作	联营	有限责任公司	股份有限公司	私营	其他内资	个体经营
家具制造业	1130730	1086656			488724	11717	577015	9200	
造纸及纸制品业	1224565	1050557		2250	418849	17627	588731	21100	2000
印刷和记录媒介复制业	869327	803509	11519		359439	23275	388896	11879	8501
文教、美工、体育和娱乐用品制造业	1202147	1081715			538532	46834	458978	23081	14290
石油加工、炼焦加工业	624122	550839			58059	417301	70679	4800	
化学原料及化学制品制造业	5981911	5286298	5422		1271642	229850	3635813	132864	10707
医药制造业	2175582	2028372	33000		589069	123729	1221721	60853	
化学纤维制造业	452876	431126			33300	29900	365088	2838	
橡胶和塑料制品业	1738173	1678643	2775	2926	594672	123913	896548	49794	8015
非金属矿物制品业	7111664	6699109	44428	14690	1843071	326319	4166589	250767	53245
黑色金属冶炼及压延加工业	1069112	1031953	5699		440858	44644	512508	31083	2860
有色金属冶炼及压延加工业	4082849	3848285	2970		1074029	367585	2155424	248277	
金属制品业	2937263	2809671			1096071	112606	1497062	89616	14316
通用设备制造业	2583983	2464955	25961		1225896	131836	920343	157987	2932
专用设备制造业	2587849	2480206	5699	2891	958539	171937	1278572	54854	7714
汽车制造业	2212863	1824751			759145	168975	851480	19816	25335
铁路、船舶、航空航天和其他运输设备制造业	720114	487382			249509	62257	148918	26698	
电气机械和器材制造业	5076443	4827589	68771	200	1832868	260483	2469169	196098	
计算机、通信和其他电子设备制造业	4100743	3715517	4262		1476852	94352	2028253	110798	1000
仪器仪表及制造业	909904	902741	14998		438825	88450	348868	11600	
其他制造业	866891	559209			263522	14650	276839	4198	

续表

行业	全社会合计	民营经济合计	股份合作	联营	有限责任公司	股份有限公司	私营	其他内资	个体经营
废弃资源综合利用业	735310	718166		47000	118567	2900	541249	8450	
金属制品、机械和设备修理业	111530	111530			89497		7658	6835	7540
电力、热力、燃气及水生产和供应业	3258062	1236985	34650	19570	518804	177960	401005	83140	1856
电力、热力的生产和供应业	1639439	520111	29000	10020	309710	41749	120676	7356	1600
燃气生产和供应业	738384	465939	4500		137679	84418	191289	48053	
水的生产和供应业	880239	250935	1150	9550	71415	51793	89040	27731	256
建筑业	761167	714554			456589	1890	170322	82773	2980
房屋建筑业	381686	274060			274060				
土木工程建筑业	113388	47496			44516				2980
建筑安装业	86854	57201			57201				
建筑装饰业和其他建筑业	179239	82702			80812	1890			
批发和零售业	5005519	4712705	10569	12800	1617239	233780	2073125	457559	307633
批发业	2591443	2491151	3961		1038867	99290	1045211	220767	83055
零售业	2414076	2221554	6608	12800	578372	134490	1027914	236792	224578
交通运输、仓储和邮政业	4841091	1764569	6400	38152	676363	212956	715002	112855	2841
铁路运输业	74643	6420					6420		
道路运输业	3476627	761221		1000	497660	27677	177869	57015	
水上运输业	100561	51215			2970		48245		
航空运输业	12054	7254			1958		5296		
管道运输业	16555	4425	1500		2925				
装卸搬运和其他运输服务业	263096	153172			79055	9203	53570	11344	
仓储业	850860	740907	4900	37152	86144	176076	396959	39676	

续表

行业	全社会合计	民营经济合计	股份合作	联营	有限责任公司	股份有限公司	私营	其他内资	个体经营
邮政业	46695	39955			5651		26643	4820	2841
住宿和餐饮业	2716650	2369250	24950		466320	86964	1343039	241089	206888
住宿业	1698811	1394822	24950		400799	56552	679588	152655	80278
餐饮业	1017839	974428			65521	30412	663451	88434	126610
信息传输、软件和信息技术服务业	483827	413431	5305	3040	259467	30330	92047	15690	7552
电信、广播电视和卫星传输服务	112093	50621		3040	16120	5816	20773	2920	1952
互联网和相关服务	84040	80044			45997	16972	8915	2560	5600
软件和信息技术服务业	287694	282766	5305		197350	7542	62359	10210	
金融业	314255	186776	6640	5660	67910	21332	64155	18129	2950
货币金融服务	242795	120344	6640	2860	30079	15712	56466	8587	
资本市场服务	50797	47997			32731	2750	1989	7577	2950
保险业	5028	2800		2800					
其他金融活动	15635	15635			5100	2870	5700	1965	
房地产业	17243188	12531643	99743	350754	5665271	851814	4460957	751969	351135
租赁和商务服务业	1601407	1156571		3800	454942	117284	438636	126075	15834
租赁业	101456	96907			36257	23300	33323	4027	
商务服务业	1499951	1059664		3800	418685	93984	405313	122048	15834
科学研究和技术服务业	512654	408573	2520	4000	208780	810	147718	31090	13655
研究与试验发展	37783	27830	2520		11425		13885		
专业技术服务业	270465	214033			110802	810	64745	25890	11786
科技推广和应用服务业	204406	166710		4000	86553		69088	5200	1869
水利、环境和公共设施管理业	10289026	2044416	176732	97747	594650	284374	518174	366212	6527

续表

行业	全社会合计	民营经济合计	股份合作	联营	有限责任公司	股份有限公司	私营	其他内资	个体经营
水利管理业	771372	87747			9357		10710	67680	
生态保护和环境治理业	138072	45054		3000	17454	9068	7579	7953	
公共设施管理业	9379582	1911615	176732	94747	567839	275306	499885	290579	6527
居民服务、修理和其他服务业	685840	663788	51800		143824	21755	284710	97243	64456
居民服务业	311627	296600	51800		42153	11890	119566	54442	16749
机动车、电子产品和日用产品修理业	318004	315049			71821	9865	145085	40571	47707
其他服务业	56209	52139			29850		20059	2230	
教育	1764151	534555		45836	90514	18690	224697	144478	10340
卫生和社会工作	869280	162437	2890		24747	10568	52444	61983	9805
卫生	746875	143787	2890		17747	10568	44444	58333	9805
社会工作	122405	18650			7000		8000	3650	
文化、体育和娱乐业	1432669	893126			341552	38294	390961	94669	27650
新闻和出版业	35349	10599			8576			2023	
广播、电视、电影和影视录音制作业	66752	56392			12982	1200	39430	2780	
文化艺术业	532388	280333			110588	16754	130851	22140	
体育	220272	82348			10010		67369	520	4449
娱乐业	577908	463454		15741	199396	20340	153311	67206	23201
公共管理、社会保障和社会组织	1488085	202601			33073	15471	27857	110459	
#中国共产党机关	1292428	138774			33073	15471	25357	64873	
国家机构	20495	876		876					
社会保障									
群众团体、社会团体和其他成员组织	110729	44611		14865				29746	
基层群众自治组织	61933	15840						15840	

单位：万元

表3-11 各地区按登记注册类型分的固定资产投资（2013年）

地区	全省合计	民营经济合计	股份合作	联营	有限责任公司	股份有限公司	私营	其他内资	个体经营
全省	124349494	95281319	762543	678057	33259826	5777891	48167579	5215741	1419682
南昌市	28968649	22468145	186133	74530	11900145	1042329	7178299	1404550	682159
景德镇市	5387175	4515661	1200	18690	1338337	115090	2663320	379024	
萍乡市	8271074	7551164	10420	66000	1312916	240736	5301445	558996	60651
九江市	15077751	10827285	140038	5200	4707939	728968	5151602	63703	29835
新余市	7040381	5524223	163328	49362	2498407	561423	1911458	238575	101670
鹰潭市	3939686	2885012	6350		750052	61237	1689209	378164	
赣州市	13308676	8308279	469	335762	2312506	145826	4743656	383934	386126
吉安市	10646288	8080770	50540	74660	765867	683857	6254817	242805	8224
宜春市	11245778	9559043	122154	30998	2513697	490950	5803488	563136	34620
抚州市	7940981	6352355	20950	2072	2274348	731197	2931112	312757	79919
上饶市	11646829	9209382	60961	20783	2885612	976278	4539173	690097	36478
不分地区	876226								

计划总投资 5 万元及以上；自 1997 年起，项目投资的统计起点由 5 万元提高到 50 万元及以上；自 2011 年起，项目投资的统计起点由 50 万元提高至 500 万元及以上。为便于比较，2010 年调整为 500 万元以上起点数。

2. 固定资产投资

固定资产投资指各种登记注册类型的企业、事业、行政单位及个体户进行的建设项目投资、房地产开发投资。

3. 房地产开发投资

房地产开发投资指各种登记注册类型的房地产开发公司、商品房建设公司及其他房地产开发法人单位和附属于其他法人单位实际从事房地产开发或经营活动的单位统一开发的包括统代建、拆迁还建的住宅、厂房、仓库、饭店、宾馆、度假村、写字楼、办公楼等房屋建筑物和配套的服务设施，土地开发工程（如道路、给水、排水、供电、供热、通信、平整场地等基础设施工程）的投资；不包括单纯的土地交易活动。

四、工业

（一）资料说明

1. 主要内容

本部分资料反映全省规模以上民营经济在工业经济方面的基本情况，包括 11 个设区市民营经济的主要工业经济统计数据：①规模以上工业企业单位数和总产值，以及按企业登记注册类型、轻重工业、企业规模、工业行业大类和按地区分组的主要经济指标和经济效益指标；②规模以上私营工业企业主要经济指标和经济效益指标；③规模以上主要工业产品产量。

2. 统计范围

工业统计调查范围为全省境内民营经济的全部工业企业。1997 年以前，工业的统计范围按隶属关系划分，分为乡及乡以上独立核算工业企业和非独立核算生产单位、村办工业、城镇合作工业、农村合作工业、城镇个体工业、农村个体工业六大部分（1984 年以前村办工业不在工业统计范围内）。

1998 年及以后年份，工业统计调查范围由按隶属关系划分改变为按企业规模划分，分为全部国有及年主营业务收入在 500 万元以上非国有工业企业和年主营业务收入在 500 万元以下非国有工业企业两部分。2011 年，规模以上工业划分标准提高到年主营业务收入 2000 万元及以上。本节资料中的统计范围为年主营业务收入在 2000 万元以上的工业企业。

本部分资料中工业行业分类按 2011 年《国民经济行业分类标准》划分；企业大中小微型划分按 2011 年《统计上大中小型企业划分办法（暂行）》标准执行。

3. 资料来源和统计调查方法

本部分资料取自《江西统计年鉴 2014》"第十三章　工业"，其中工业企业统计数据主要是根据工业统计月度报表中有关信息整理汇总的。

表3-12　规模以上工业企业单位数及工业总产值、增加值（2013年）

类别＼项目	企业单位数（家）		工业总产值（万元）	工业增加值	
	总数	#亏损企业		数值（万元）	2013年比2012年增长（%）
全省总计	7601	429	246769053	57555047	12.4
民营经济合计	6478	313	187428466	42766654	17.7
股份合作企业	103	5	2284823	572702	12.1
联营企业	9		150586	45605	9.1
有限责任公司	2154	155	67019855	15301176	13.4
股份有限公司	221	14	16761792	3599627	9.1
私营企业	3941	135	99029272	22882034	14.2
其他内资	50	4	2182138	365510	17.1

注：①本表在《江西统计年鉴2014》"规模以上工业企业单位数及工业总产值"以及"规模以上工业企业增加值"两表合并的基础上删除国有、集体、港澳台投资、外商投资等项后形成；②"工业增加值"中"2013年比2012年增长（%）"是通过对《江西统计年鉴2014》、《江西统计年鉴2013》整合计算而成的。

表3-13　各地区规模以上工业企业单位数（2013年）　　　　单位：家

分类＼地区	全省	南昌市	景德镇市	萍乡市	九江市	新余市	鹰潭市	赣州市	吉安市	宜春市	抚州市	上饶市
全省总计	7601	1034	304	642	1009	290	197	1019	836	857	761	652
民营企业合计	6478	840	257	600	860	257	175	753	709	762	687	578
股份合作企业	103	24	2	39	12			2	3	5	7	9
联营企业	9	1	1	4		1			1	1		
有限责任公司	2154	399	129	97	265	85	91	218	145	242	314	169
股份有限公司	221	40	5	33	32	1	8	17	12	28	16	29
私营企业	3941	370	119	426	541	171	74	516	542	479	341	362
其他内资	50	7	1		4	6		1		7	7	8	9

表3-14　各地区规模以上工业企业总产值（2013年）　　　　单位：万元

分类	全省	南昌市	景德镇市	萍乡市	九江市	新余市	鹰潭市	赣州市	吉安市	宜春市	抚州市	上饶市
全省总计	246769053	44674987	10863415	14999886	35156906	14232188	18948268	26129780	21894141	25295648	12508893	22064939
民营经济合计	187428466	29234524	8936510	13991633	29089635	11101006	10648509	18082861	17383551	21169349	11423919	16366967
股份合作企业	2284823	776496	7661	923856	271148			7431	17199	33257	42287	205488
联营企业	150586		4979	14238	81258		15517		10301	24292		
有限责任公司	67019855	14454494	5646253	2367900	6935079	7150779	5457058	5796055	3052627	6153765	5736069	4269776
股份有限公司	16761792	4286477	669547	969265	6688396	45494	404070	1196284	589985	956071	282908	673294
私营企业	99029272	9523051	2479114	8951643	15057719	3904733	4600907	11083091	13642519	13842119	5214689	10729688
其他内资	2182138	194006	128956	764731	56035		170957		81221	173836	123674	488721

表 3 – 15　规模以上工业企业主要经济指标（2013）

单位：万元

项目	主营业务收入	主营业务税金及附加	主营业务成本	营业费用	资产合计	流动资产	#产成品	负债合计	所有者权益合计	利润总额	#盈利企业的利润额	#亏损企业的亏损额
全省总计	267002175	2723301	232468973	4211075	136401179	62332378	6351861	74021408	62379770	17566628	18259641	693013
民营经济合计	194037994	1646268	168591634	3106542	88596332	39127673	4834053	47245697	41350635	13399592	13913055	513463
股份合作企业	2228333	16343	1880090	37262	835395	324776	30038	202828	632566	239336	239949	613
联营企业	159970	988	133786	1295	67847	22783	8230	33782	34066	19415	19415	
有限责任公司	69471554	417954	61062374	1090693	40696000	18161781	1896872	24634446	16061554	4092469	4366476	274007
股份有限公司	17688841	543320	15230214	291467	11982672	5516329	729386	7106879	4875792	1017223	1082262	65039
私营企业	102070952	659970	88172988	1665166	33999883	14607246	2116942	14660269	19339614	7879904	8053295	173392
其他内资	2358344	7693	2121182	20659	1014535	494758	52585	607493	407043	151245	151658	412

表 3 – 16　规模以上股份制工业企业经济指标

年份 指标	2000	2005	2010	2012	2013
企业单位数（家）	199	972	2178	2086	2375
#亏损企业（家）	46	199	133	146	169
资产总计（万元）	4344536	13787559	30827281	44616955	52678672
流动资产合计（万元）	1711422	5440497	12239744	20695892	23678110
负债总计（万元）	2869565	9321612	19761575	27406759	31741325
所有者权益（万元）	1416631	4424947	11065706	17210196	20937347
主营业务收入（万元）	2058324	11225035	46255501	74556239	87160395
#主营业务税金及附加（万元）	16177	124353	664802	873655	961274
营业费用（万元）	94606	293763	757286	1139237	1382160
利润总额（万元）	70249	281401	2024469	3474150	5109692
利润和税金总额（万元）	216345	850327	4043659	6467111	8850969
全部从业人员年平均人数（人）	215719	346472	532875	626817	662521
工业总产值（万元）	2126128	11348631	45522156	72973425	83781647
工业增加值（万元）	648393	3056479	10086142	16426624	18900804
总资产贡献率（%）	7.13	7.62	15.48	17.05	19.81
资本保值增值率（%）	141.23	100.48	114.65	119.17	120.19
资产负债率（%）	66.05	67.61	64.10	61.43	60.25
流动资产周转率（次）	1.25	2.12	4.13	3.90	3.95
成本费用利润率（%）	3.52	2.62	4.75	5.07	6.35
全员劳动生产率（元/人）	30057	88217	251328	289301	314250
产品销售率（%）	97.75	98.90	99.20	98.97	98.88
工业经济效益综合指数（%）	99.44	135.03	279.43	305.69	331.77

表 3 – 17　规模以上私营工业企业经济指标

年份 指标	2000	2005	2010	2012	2013
企业单位数（家）	252	2079	4349	3480	3941
#亏损企业（家）	38	291	109	139	135
资产总计（万元）	280103	4618283	19097127	26436696	33999883
流动资产合计（万元）	135471	2136102	7601357	11699456	14607246
负债总计（万元）	176173	2378298	8834351	12128371	14660269
所有者权益（万元）	103930	2239923	10262776	14308325	19339614
主营业务收入（万元）	333975	7176739	53384652	82106399	102070952
#主营业务税金及附加（万元）	4011	82945	377494	496362	659970
营业费用（万元）	19971	250797	1030121	1317580	1665166

续表

指标 ＼ 年份	2000	2005	2010	2012	2013
利润总额（万元）	5450	289789	3624354	5718569	7879904
利润和税金总额（万元）	21757	647106	5721671	8665784	12171837
全部从业人员年平均人数（人）	33823	315183	757930	765399	821675
工业总产值（万元）	355569	7500600	53492060	80060651	99029272
工业增加值（万元）	101405	2368465	11579822	18660571	22882034
总资产贡献率（%）	9.90	15.21	36.38	39.54	42.09
资本保值增值率（%）	197.87	175.04	126.25	117.63	128.20
资产负债率（%）	62.90	51.50	46.26	45.88	43.12
流动资产周转率（次）	2.47	3.56	8.34	8.16	7.84
成本费用利润率（%）	1.70	4.37	7.67	7.77	8.54
全员劳动生产率（元/人）	29981	75146	207636	259931	299495
产品销售率（%）	96.70	97.73	99.12	99.36	99.20
工业经济效益综合指数（%）	118.07	174.17	347.34	382.43	412.31

（二）主要统计指标解释

1. 股份合作企业

股份合作企业指以合作制为基础，由企业职工共同出资入股，吸收一定比例的社会资产投资组建，实行自主经营，自负盈亏，共同劳动，民主管理，按劳分配与按股分红相结合的一种集体经济组织。

2. 联营企业

联营企业指两个及两个以上相同或不同所有制性质的企业法人或事业单位法人，按自愿、平等、互利的原则，共同投资组成的经济组织。

3. 有限责任公司

有限责任公司指根据《中华人民共和国公司登记管理条例》规定登记注册，由2个以上，50个以下的股东共同出资，每个股东以其所认缴的出资额对公司承担有限责任，公司以其全部资产对其债务承担责任的经济组织。

有限责任公司包括国有独资公司以及其他有限责任公司。

4. 股份有限公司

股份有限公司指根据《中华人民共和国企业法人登记管理条例》规定登记注册，其全部注册资本由等额股份构成并通过发行股票筹集资本，股东以其认购的股份对公司承担有限责任，公司以其全部资产对其债务承担责任的经济组织。私营企业指由自然人投资设立或由自然人控股，以雇佣劳动为基础的营利性经济组织。包括按照《公司法》、《合伙企业法》、《私营企业暂行条例》规定登记注册的私营有限责任公司、私营股份有限公司、私营合伙企业和私营独资企业。

5. 工业总产值

（1）工业总产值是以货币形式表现的，工业企业在一定时期内生产的工业最终产品或提供工业性劳务活动的总价值量。它反映一定时间内工业生产的总规模和总水平。

（2）计算原则。

1）工业生产的原则。即凡是企业在报告期生产的经检验合格的产品，不管是否在报告期销售，均包括在内。

2）最终产品的原则。即凡是计入工业总产值的产品，必须是本企业生产的经检验合格的，不需要再进行任何加工的最终产品。如果企业有中间产品（半成品）对外销售，则对外销售的中间产品应视为企业的最终产品。

3）工厂法原则。工业总产值是以工业企业作为基本计算（核算）单位，即按企业的最终产品计算工业总产值。按这种方法计算的工业总产值，不允许同一产品价值在企业内部重复计算，不能把企业内部各个车间（分厂）生产的成果相加，但允许企业间的重复计算。

（3）内容及计算方法。1995 年全国工业普查对工业总产值（原规定）的内容及计算原则和方法做了某些修订，修订后的工业总产值（新规定）包括三项内容：即本期生产成品价值、对外加工费收入、在制品半成品期末期初差额价值。

1）本期生产成品价值。指企业本期生产，并在报告期内不再进行加工，经检验、包装入库的全部工业成品（半成品）价值合计，包括企业生产的自制设备及提供给本企业在建工程、其他非工业部门和福利部门等单位使用的成品价值。本期生产成品价值为按自备原材料生产的产品的数量乘以本期不含增值税（销项税额）的产品实际销售平均单价计算；会计核算中按成本价格转账的自制设备和自产自用的成品，按成本价格计算生产成品价值。生产成品价值中不包括用订货者来料加工的成品（半成品）价值。

2）对外加工费收入。指企业在报告期内完成的对外承接的工业品加工（包括用订货者来料加工产品）的加工费收入和对外工业修理作业所取得的加工费收入。对外加工费收入按不含增值税（销项税额）的价格计算，可根据会计"产品销售收入"科目的有关资料取得。

对于本企业对内非工业部门提供的加工修理、设备安装的劳务收入，如果企业会计核算基础较好，能取得这部分资料，而且这部分价值所占比重较大，应包括在对外加工费收入中。

3）自制半成品期末期初差额价值。指企业报告期在制品期末减期初的差额价值，本指标一般可以从会计核算资料中取得。如果会计产品成本核算中不计算半成品、在制品的成本，则总产值中也不包括这部分价值，反之则包括。

（4）工业总产值统计范围变化和计算方法修订情况。1984 年以前工业总产值不包括村办工业，村办工业总产值划归农业。1984 年以后工业总产值包括村办工业。

1995 年工业普查对工业总产值计算方法做了修订，即从 1995 年开始按新修订（新规定）方法计算工业总产值。新规定与原规定的区别如下：

1）全价与加工费的计算原则不同：新规定为凡自备原材料，不论其生产繁简程度如何，一律按全价计算工业总产值；凡来料加工，允许按加工费计算工业总产值。原规定则视生产加工的繁简程度不同，规定哪些行业按全价，哪些行业按加工费计算工业总产值。

2）自制半成品、在产品期末期初差额价值的计算原则不同：新规定要求，凡会计产品成本核算时计算了成本的差额价值，总产值中就应包括，否则可不包括；原规定则按生产周期 6 个月的界限区分，凡生产周期 6 个月以上的企业，总产值计算中应包括这部分差额价值，否则可不包括。

3）计算价格不同：新规定按不含增值税（销项税额）的价格计算；原规定则按含增值税（销项税额）的价格计算。

6. 工业增加值

工业增加值指工业企业在报告期内以货币表现的工业生产活动的最终成果。

工业增加值有两种计算方法：一是生产法，即工业总产出减去工业中间投入加上应缴增值税；二是收入法，即从收入的角度出发，根据生产要素在生产过程中应得到的收入份额计算，具体构成项目有固定资产折旧、劳动者报酬、生产税净额、营业盈余，这种方法也称要素分配法。本年鉴中的工业增加值是以生产法计算的。

生产法工业增加值的计算方法如下：

工业增加值 = 工业总产出 − 工业中间投入 + 应缴增值税

（1）工业总产出：指工业企业在一定时期内工业生产活动的总成果。工业总产出包括：成品生产价值，对外加工费收入，自制半成品、在产品期末期初差额价值。1995 年后用新规定计算的工业总产值代替。

（2）工业中间投入：指工业企业在工业生产活动中消耗的外购物质产品和对外支付的服务费用。服务费用包括支付给物质生产部门（工业、农业、批发零售贸易业、建筑业、运输邮电业）的服务费用和支付给非物质生产部门（如保险、金融、文化教育、科学研究、医疗卫生、行政管理等）的服务费用。工业中间投入的确定须遵循以下原则：必须从外部购入的，并已计入工业总产出的产品和服务价值；必须是本期投入生产，并一次性消耗掉（包括本期摊销的低值易耗品等）的产品和服务价值。

工业中间投入包括直接材料费用、制造费用中的工业中间投入、管理费用中的工业中间投入、销售费用中的工业中间投入和利息支出 5 部分。

7. 资产总计

资产总计指企业拥有或控制的能以货币计量的经济资源，包括各种财产、债权和其他权利。资产按流动性分为流动资产、长期投资、固定资产、无形资产、递延资产和其他资产。该指标根据企业会计"资产负债表"中"资产总计"项目的期末数增列。

8. 流动资产

流动资产指企业可以在一年内或者超过一年的一个生产周期内变现或者耗用的资产，包括现金及各种存款、短期投资、应收及预付款项、存货等。

9. 流动资产平均余额

流动资产平均余额指企业在报告期内全部流动资产的平均余额。

10. 固定资产原价

固定资产原价指企业在建造、购置、安装、改建、扩建、技术改造某项固定资产时所支出的全部货币总额。它一般包括买价、包装费、运杂费和安装费等。

11. 固定资产净值年平均余额

固定资产净值年平均余额指固定资产净值在报告期内余额的平均数。计算公式如下：

$$固定资产净值年平均余额 = \frac{1 \sim 12 \, 月各月初、月末固定资产净值之和}{24}$$

该指标根据"资产负债表"中"固定资产原价"、"累计折旧"指标的期初、期末数计算填列。

固定资产净值指固定资产原价减去历年已提折旧额后的净额。计算公式如下：

固定资产净值 = 固定资产原价 – 累计折旧

12. 负债合计

负债合计指企业所承担的能以货币计量，将以资产或劳务偿付的债务，偿还形式包括货币、资产或提供劳务。负债一般按偿还期长短分为流动负债和长期负债。根据会计"资产负债表"中"负债合计"的年末数填列。

13. 所有者权益

所有者权益指企业投资人对企业净资产的所有权。企业净资产等于企业全部资产减去全部负债后的余额，包括企业投资人对企业的最初投入的实际到位的资产及资本公积金、盈余公积金和未分配利润。所有者权益合计数小于零，表示企业资不抵债。

14. 主营业务收入

主营业务收入指企业销售产品和提供劳务等主要经营业务取得的收入。

15. 主营业务成本

主营业务成本指企业销售产品和提供劳务等主要经营业务过程中的实际成本。

16. 主营业务税金及附加

主营业务税金及附加指企业销售产品和提供劳务等主要经营业务应负担的城市维护建设税、消费税、资源税和教育费附加。

17. 利润总额

利润总额指企业生产经营活动的最终成果，是企业在一定时期内实现的盈亏相抵后的利润总额（亏损以"–"号表示），它等于营业利润加上补贴收入加上投资收益加上营业外净收入再加上以前年度损益调整。

18. 本年应交增值税

本年应交增值税指企业在报告期内应缴纳的增值税额。它等于本年销项税额加上出口退税加上进项税额转出数减去本年进项税额。小规模纳税企业直接按全年计税销售额乘以征收率计算取得。

19. 从业人员平均人数

从业人员平均人数是指报告期内每天拥有的从业人员人数。其计算公式如下：

$$季平均人数 = \frac{季内各月平均人数之和}{3}$$

$$月平均人数 = \frac{报告月内每天实有人数之和}{报告月日历日数}$$

$$年平均人数 = \frac{年内各月平均人数之和}{12}$$

20. 工业增加值率

工业增加值率指在一定时期内工业增加值占同期工业总产值的比重，反映降低中间消耗的经济效益。其计算公式如下：

工业增加值率 = 工业增加值（现价）/工业总产值（现价）×100%

21. 总资产贡献率

总资产贡献率反映企业全部资产的获利能力，是企业经营业绩和管理水平的集中体现，是评价和考核企业盈利能力的核心指标。其计算公式如下：

$$总资产贡献率 = \frac{利润总额 + 税金总额 + 利息支出}{平均资金总额} \times 100\%$$

税金总额为产品销售税金及附加与应交增值税之和；平均资产总额为期初期末资产之和的算术平均值。

22. 资产负债率

资产负债率既反映企业经营风险的大小，也反映企业利用债权人提供的资金从事经营活动的能力。其计算公式如下：

$$资产负债率 = \frac{负债总额}{资产总额} \times 100\%$$

资产与负债均为报告期期末数。

23. 流动资产周转次数

流动资产周转次数指一定时期内流动资产完成的周转次数，反映投入工业企业流动资金的周转速度。其计算公式如下：

$$流动资产周转次数 = \frac{产品销售收入}{全部流动资产平均余额}$$

全部流动资产平均余额为期初和期末的流动资产之和的算术平均值。

24. 成本费用利润率

成本费用利润率反映企业投入的生产成本及费用的经济效益，同时也反映企业降低成本所取得的经济效益。其计算公式如下：

$$成本费用利润率 = \frac{利润总额}{成本费用总额} \times 100\%$$

成本费用总额为产品销售成本、销售费用、管理费用、财务费用之和。

25. 产品销售率

产品销售率反映工业产品已实现销售的程度，是分析工业产销衔接情况，研究工业产品满足社会需求的指标。其计算公式如下：

$$产品销售率 = \frac{工业销售产值}{工业总产值（现价）} \times 100\%$$

26. 全员劳动生产率

全员劳动生产率指根据产品的价值量指标计算的平均每一就业人员在单位时间内的产品生产量。是考核企业经济活动的重要指标，是企业生产技术水平、经营管理水平、职工技术熟练程度和劳动积极性的综合表现。目前，我国的全员劳动生产率是将工业企业的增加值除以同一时期全部就业人员的平均人数来计算的。其计算公式如下：

$$全员劳动生产率 = \frac{工业增加值}{全部从业人员平均人数}$$

27. 资本保值增值率

资本保值增值率反映企业净资产的变动状况，是企业发展能力的集中体现。其计算公式如下：

$$资本保值增值率 = \frac{报告期期末所有者权益}{上年同期期末所有者权益} \times 100\%$$

28. 工业经济效益综合指数

工业经济效益综合指数是综合衡量地区工业经济效益总体水平的一种特殊相对数，是反映一定时期工业经济运行质量的主要指标。工业经济效益综合指数由总资产贡献率、资本保值增值率、资产负债率、流动资产周转率、成本费用利润率、全员劳动生产率和产品销售率的实际数值分别除以该项指标的全国标准值，并乘以各自的权数，加总后除以总权数求得。该指标可从静态水平和动态趋势上较为全面地反映各地区工业经济效益的变化情况，并可在一定程度上消除地区对比的不可比因素。

五、建筑业

（一）资料说明

1. 主要内容

本部分资料反映全省民营经济建筑业概况和发展情况。包括建筑业企业基本情况和生产经营情况。主要指标有企业个数、从业人员数、建筑业总产值、房屋建筑面积、自有机械设备、资产负债、损益及分配、劳动生产率等。

2. 统计范围

具有建筑业资质的独立核算建筑业企业。

3. 资料来源

本部分建筑业企业统计数据是根据国家统计局制定的《建筑业统计报表制度》搜集资料，整理汇总的。

4. 统计调查方法

本部分资料取自《江西统计年鉴2014》"第十四章　建筑业"，由各级统计部门采取全面调查的方法布置、收集而成。

表 3 – 18　按登记注册类型分的建筑业企业主要经济指标（2013 年）

指标	全省合计	民营经济合计	股份合作企业	联营企业	有限责任公司	股份有限公司	私营企业	其他内资企业
企业个数（家）	1717	1433	12		639	114	665	3
建筑业合同情况（万元）								
签订的合同额	63076996	52269852	201277		31275796	6794468	13981108	17203
上年结转合同额	20538890	16036501	67801		10477438	2610931	2878402	1929
本年新签合同额	42538106	36233351	133476		20798358	4183537	11102706	15274
承包工程完成情况（万元）								
直接从建设单位承揽工程完成的产值	34285941	28498198	117364		15196867	3645477	9522192	16298
自行完成施工产值	33586187	27852138	115364		14743537	3635780	9341359	16098
分包出去工程的产值	699754	646060	2000		453330	9697	180833	200
从建设单位以外承揽工程完成的产值	1113576	1044753	3800		540215	13797	486741	200
建筑业总产值（万元）	34715550	28909504	119164		15289077	3649577	9835388	16298

指标	全省合计	民营经济合计	股份合作企业	联营企业	有限责任公司	股份有限公司	私营企业	其他内资企业
#装饰装修产值	2185663	2087347	3089		1235267	89426	744067	15498
在外省完成的产值	11743998	10198262	12600		5180752	2033734	2971176	
建筑工程产值	30061822	24819193	113885		12902281	3433067	8354730	15230
安装工程产值	2431724	2045495	3581		1093267	180304	767543	800
其他产值	2222004	2044816	1698		1293529	36206	713115	268
竣工产值（万元）	21553897	18180135	82606		8751024	2116883	7221818	7804
房屋建筑施工及竣工面积（万平方米）								
房屋建筑施工面积	23144.38	18498.23	123.61		10053.48	1772.69	6548.45	
#本年新开工面积	13444.05	10817.91	72.21		5631.91	860.72	4253.07	
实行投标承包面积	16753.51	12973.6	115.81		7580.38	1241.26	4036.15	
#本年新开工	10222.47	8131.65	67.10		4622.79	704.91	2736.85	
房屋建筑竣工面积	11881.19	9778.61	48.86		4564.11	957.13	4208.51	
住宅房屋	7727.99	6227.22	30.67		2909.91	687.39	2599.25	
商业及服务用房屋	844.15	643.84	3.21		265.10	45.00	330.53	
商厦房屋（批发和零售用房）	278.21	203.31	0.14		96.68	5.56	100.93	
宾馆用房屋（住宿用房）	127.78	116.29	0.06		38.54	20.98	56.71	
餐饮用房屋（餐饮用房）	47.01	43.29	0.22		9.77	3.17	30.13	
商务会展用房屋	28.83	22.3	0.10		18.15	0.63	3.42	
其他商业及服务用房屋（居民服务业用房）	362.33	258.64	2.69		101.96	14.66	139.33	
办公用房屋	854.34	761.13	6.98		319.98	47.27	386.90	
科研、教育、医疗用房屋	592.46	514.21	0.15		261.67	26.54	225.85	
科学研究用房屋	63.78	55.97	0.03		38.91	1.97	15.06	
教育用房屋	427.69	373.57	0.04		168.28	16.35	188.90	
医疗用房屋（卫生医疗用房）	100.99	84.69	0.08		54.48	8.23	21.90	
文化、体育、娱乐用房屋	183.68	176.6	0.30		79.54	7.11	89.65	
厂房及建筑物	1353.02	1198.61	6.70		647.16	119.85	424.90	
厂房	742.52	661.06	6.70		419.37	55.65	179.34	
仓库	69.67	56.43	0.01		13.49	3.21	39.72	
其他未列明的房屋建筑物	255.88	200.58	0.85		67.26	20.76	111.71	

指标	全省合计	民营经济合计	股份合作企业	联营企业	有限责任公司	股份有限公司	私营企业	其他内资企业
竣工房屋价值（万元）	13477959	11113277	61745		5119547	1155207	4776778	
住宅房屋	8603422	6824323	37176		3184154	759414	2843579	
商业及服务用房屋	1042654	858751	3480		378141	54865	422265	
商厦房屋（批发和零售用房）	303395	232113	86		112198	6613	113216	
宾馆用房屋（住宿用房）	209406	199213	30		84142	27741	87300	
餐饮用房屋（餐饮用房）	55702	52216	98		10632	4049	37437	
商务会展用房屋	27408	18802	20		13451	652	4679	
其他商业及服务用房屋（居民服务业用房）	446743	356406	3246		157718	15809	179633	
办公用房屋	1051246	947070	8701		384162	59346	494861	
科研、教育、医疗用房屋	742638	662263	150		332240	30608	299265	
科学研究用房屋	88950	78872	30		48134	3298	27410	
教育用房屋	509166	455940	80		201328	17921	236611	
医疗用房屋（卫生医疗用房）	144523	127450	40		82778	9389	35243	
文化、体育、娱乐用房屋	221731	214173	170		87105	9804	117094	
厂房及建筑物	1495141	1335338	8185		665073	214548	447532	
厂房	842873	749411	8185		420639	139799	180788	
仓库	65826	59696	80		17372	3097	39147	
其他未列明的房屋建筑物	255301	211666	3804		71301	23525	113036	
年末自有机械设备								
净值（万元）	960296	849875	1666		442576	83017	322288	328
总台数（台）	181778	146450	623		67886	21937	55856	148
总功率（万千瓦）	443.13	375.03	1.20		174.25	75.64	123.42	0.52
劳动人员情况（万人）								
计算劳动生产率的平均人数	112.61	92.73	1.23		50.76	8.14	32.50	0.10
期末从业人数	130.07	104.15	1.64		55.17	8.90	38.34	0.10
#工程技术人员	20.55	17.35	0.06		9.10	1.55	6.63	0.01
年末资产负债（万元）								
流动资产合计	14650631	11534589	99278		6665357	1502067	3259942	7945
#存货	3395610	2630719	32364		1452768	359517	781817	4253
固定资产合计	2826777	2229488	13086		1166095	221305	828160	842

续表

指标	全省合计	民营经济合计	股份合作企业	联营企业	有限责任公司	股份有限公司	私营企业	其他内资企业
固定资产原值	3230066	2615349	18486		1375568	298105	920135	3055
累计折旧	1041333	792977	6025		424213	112746	247571	2422
#本年折旧	204739	166330	260		87268	16260	62193	349
在建工程	349160	213461	102		128662	8480	76217	
资产合计	19329216	15202404	131004		8574430	1862958	4624576	9436
流动负债合计	9977352	7405506	99562		4543245	1167702	1589097	5900
#应付账款	2267496	1788544	6478		949718	501348	328121	2879
非流动负债合计	494213	221367			115167	18585	87615	
负债合计	10950531	7982788	100989		4865471	1198692	1811736	5900
所有者权益合计	8370516	7211730	30016		3705266	664265	2808647	3536
#实收资本	5212811	4448315	20806		2320635	449358	1655307	2209
国家资本	1007903	618043			510399	102790	4854	
集体资本	387542	140553	14077		67460	14333	44683	
法人资本	1301822	1205076	1446		597114	83755	521100	1661
个人资本	2498852	2481751	5283		1144793	248391	1082736	548
港澳台资本	3002	238			112	90	36	
外商资本	13690	2656			757		1899	

损益及分配（万元）

指标	全省合计	民营经济合计	股份合作企业	联营企业	有限责任公司	股份有限公司	私营企业	其他内资企业
营业收入	33119284	28120291	92711		14849041	3856291	9304140	18108
工程结算收入	32901227	27930697	92177		14715167	3848448	9257394	17511
营业成本	29405495	24897944	74389		13207408	3548105	8053395	14647
工程结算成本	29026665	24628297	74367		13041377	3539063	7959282	14208
营业税金及附加	1198711	1007931	4742		512743	121009	368884	553
工程结算税金及附加	1155906	968412	4610		490280	120102	352877	543
其他业务利润	37130	29565	474		15756	1253	11954	128
销售费用	154213	143659	2421		62657	14079	64318	184
管理费用	838782	697762	4214		355720	80987	256235	606
#税金	45647	39394	230		19140	2414	17580	30
财务费用	143406	115172	229		68128	−739	47309	245
#利息收入	18885	16771	210		8563	3700	4298	
#利息支出	118186	95115	471		54822	5087	34570	165
营业利润	1285389	1128862	4634		542753	86224	493385	1866

指标	全省合计	民营经济合计	股份合作企业	联营企业	有限责任公司	股份有限公司	私营企业	其他内资企业
营业外收入	30785	24577	77		16012	457	8031	
#补贴收入	2225	1952			1621		331	
营业外支出	27116	22104	2		10032	832	11190	48
利润总额	1283411	1125117	4659		546657	84449	488133	1219
#应交所得税	313702	276876	865		131848	20754	122985	424
工资、福利费（万元）								
应付职工薪酬	3812582	3032296	19704		1692499	298950	1018601	2542
其他								
劳动生产率（按总产值计算）（元/人）	308268	1320361	97007		301231	448323	302605	171195
利税总额（万元）	2484964	2132922	9499		1056076	206965	858590	1792
产值利润率（%）	3.7	22.3	3.9		3.6	2.3	5.0	7.5
产值利税率（%）	7.2	40.3	8.0		6.9	5.7	8.7	11.0
资产负债率（%）	56.7	299.8	77.1		56.7	64.3	39.2	62.5
技术装备率（元/人）	7383	30116	1015		8022	9331	8407	3341
动力装备率（千瓦/人）	3.4	20.9	0.7		3.2	8.5	3.2	5.3
房屋建筑面积竣工率（%）	51.3	203.2	39.5		45.4	54.0	64.3	

（二）主要统计指标解释

1. 建筑业统计单位

建筑业统计单位指从事房屋、构筑物建造和设备安装活动的法人企业。建筑业法人企业应同时具备的条件是：①依法成立，有自己的名称、组织机构和场所，能够承担民事责任；②独立拥有和使用资产，承担负债，有权与其他单位签订合同；③独立核算盈亏，能够编制资产负债表。

2. 建筑业总产值

建筑业总产值是以货币形式表现的建筑业企业在一定时期内生产的建筑业产品和提供的服务的总和。建筑业总产值包括：

（1）建筑工程产值：指列入建筑工程预算内的各种工程价值。

（2）安装工程产值：指设备安装工程价值，不包括被安装设备本身的价值。

（3）其他产值：建筑业总产值中除建筑工程、安装工程以外的产值。包括房屋构筑物修理产值、非标准设备制造产值、总包企业向分包企业收取的管理费以及不能明确划分的施工活动所完成的产值。

1）房屋构筑物修理产值：指房屋和构筑物修理所完成的产值，但不包括被修理房屋、构筑物本身价值和生产设备的修理产值。

2）非标准设备制造产值：指加工制造没有定型的非标准生产设备的加工费和原材料价

值（如化工厂、炼油厂用的各种罐、槽，矿井生产统一使用的各种漏斗、三角槽、阀门等）以及附属加工厂为本企业承建工程制作的非标准设备的价值。

3. 建筑业增加值

建筑业增加值指建筑业企业在报告期内以货币形式表现的建筑业生产经营活动的最终成果。

从 2004 年第一次全国经济普查开始，建筑业现价增加值按生产法和分配法（收入法）两种方法计算，以收入法的计算结果为准，即从收入的角度出发，根据生产要素在生产过程中应得的收入份额计算。具体计算方法为：经济普查年度建筑业增加值按照《经济普查年度 GDP 核算方案》计算，非经济普查年度建筑业增加值按照《非经济普查年度 GDP 核算方案》计算。

4. 房屋建筑施工面积

房屋建筑施工面积指在报告期内施工的全部房屋建筑面积，包括本期新开工的房屋面积、上期施工跨入本期继续施工的房屋面积、上期停缓建在本期恢复施工的房屋面积、本期竣工的房屋面积及本期施工后又停缓建的房屋面积。

5. 房屋建筑竣工面积

房屋建筑竣工面积指在报告期内房屋建筑按照设计要求全部完工，达到了住人和使用条件，经验收鉴定合格，正式移交使用单位的房屋建筑面积。

6. 自有机械设备年末总台数

自有机械设备年末总台数指归本企业所有，属于本企业固定资产的生产性机械设备年末总台数。包括施工机械、生产设备、运输设备以及其他设备。

7. 自有机械设备年末总功率

自有机械设备年末总功率指本企业自有施工机械、生产设备、运输设备以及其他设备等列为在册固定资产的生产性机械设备年末总功率，按设定能力或查定能力计算。包括机械本身的动力和为该机械服务的单独动力设备，如电动机等。计算单位用千瓦，动力换算可按 1 马力 = 0.735 千瓦折合成千瓦数。电焊机、变压器、锅炉不计算动力。

8. 工程结算收入

工程结算收入指企业承包工程实现的工程价款结算收入，以及向发包单位收取的除工程价款以外的按规定列作营业收入的各种款项，如临时设施费、劳动保险费、施工机械调迁费等以及向发包单位收取的各种索赔款。

9. 工程结算利润

工程结算利润指已结算工程实现的利润，如亏损以 " − " 号表示。其计算公式如下：

工程结算利润 = 工程结算收入 − 工程结算成本 − 工程结算税金及附加

六、国内贸易和旅游

（一）资料说明

1. 主要内容

本部分资料主要反映全省民营经济国内贸易基本情况、零售市场的发展、批发和零售业商品流转情况、住宿和餐饮业经营情况以及主要财务状况；旅游的历年概况等。主要内容包括：①社会消费品零售总额及其分组指标；②城乡个体私营批发零售贸易、住宿餐饮业基本情况；③限额以上批发和零售业、住宿和餐饮业基本情况、商品流转和经营情况、财务状况；④亿元商品交易市场成交情况；⑤旅游统计资料等。

2. 统计范围

统计范围包括：

（1）从事批发和零售业、住宿和餐饮业的民营法人企业、产业活动单位和个体户以及年成交额在亿元以上的商品交易市场。

（2）根据国家统计局对社会消费品零售总额指标调整的要求，《江西统计年鉴 2014》对社会消费品零售总额进行了调整，即 1993 年以后社会消费品零售总额指标不包括农业生产资料；1997 年以后社会消费品零售总额指标不包括居民购买住房；2003 年以后社会消费品零售总额指标不包括各种经济类型的制造业法人企业、产业活动单位和个体工业，直接售给城乡居民（包括本企业职工）和社会集团的商品以及农民在田间地头出售的农产品。

（3）限额以上批发和零售业、住宿和餐饮业统计限额标准：批发业，年主营业务收入 2000 万元及以上；零售业，年主营业务收入 500 万元及以上；住宿业、餐饮业，年主营业务收入 200 万元及以上。

（4）国际旅游和国内旅游资料。

3. 资料来源

本部分资料取自《江西统计年鉴 2014》"第十六章　国内贸易和旅游"，其中国内贸易部分是江西省统计局贸易外经处根据国家统计局制定的《批发和零售业、住宿和餐饮业统计报表制度》进行收集和加工整理而得；城乡个体私营批发零售贸易、住宿餐饮业基本情况资料由省工商局提供；旅游资料来源于省旅游局。

4. 统计调查方法

《江西统计年鉴 2014》表明，限额以上批发和零售业、住宿和餐饮业法人企业资料和限额以下批发和零售业、住宿和餐饮企业及个体户的资料采用全面调查和抽样调查的方法取得；国际、国内旅游收入和旅游人数等指标采取抽样调查方法取得。

表 3 – 19　限额以上批发零售贸易法人企业商品购进、
销售、库存总额（2013 年）

单位：万元

指标	购进总额	#进口	销售总额	批发	#出口	零售	年末库存总额
总计（含所有注册类型）	26235354	174471	33996210	18248309	712839	15747901	2524148
批发业（含所有注册类型）	15654766	78346	21758666	16979017	712739	4779649	1287074
民营经济合计	12185483	1355652	23232141	19966194	606998	2463020	1294466
股份合作企业	2665		3104	3104			594
有限责任公司	8709127	63784	10789165	9656960	251638	1132204	571849
股份有限公司	1594431	1291868	1047397			244471	32495
私营企业	1875782		9497297	8609564	251638	887733	539354
#私营有限责任公司	1778080		4260428	991120		3269309	116967

指标	购进总额	#进口	销售总额	批发	#出口	零售	年末库存总额
私营股份有限公司	70683		2001403	1797635	108508	203768	155590
其他内资民营企业	3478		1895178	1696566	103722	198612	150174
零售业（含所有注册类型）	10580588	96125	12237544	1269292	100	10968252	1237074
民营经济合计	9722179	96125	14886799	1434549	100	13452251	1417345
股份合作企业	31282		31373	444		30929	2686
有限责任公司	5040472	74842	5840921	553068		5287854	536304
股份有限公司	1521558	71	50916			50916	5987
私营企业	3105382	19512	5790005	553068		5236937	530317
#私营独资企业	47814		2108314	343727		1764587	268910
私营合伙企业	28776		3393085	335051	100	3058034	363913
私营有限责任公司	2904485	19512	47310	3084		44226	6215
私营股份有限公司	124306		27435	115		27320	2007
其他内资民营企业	23485	1700	3173584	327969	100	2845615	342051

注："有限责任公司"数据是根据《江西统计年鉴2014》第十六章"限额以上批发零售贸易法人企业商品购进、销售、库存总额"表中"有限责任公司"剔除"国有独资公司"部分的"其他有限责任公司"部分得到的。

表3－20　限额以上批发零售贸易法人企业主要财务指标Ⅰ（2013年）　　单位：万元

类别	资产合计	流动资产合计	固定资产原价	负债合计	所有者权益合计	主营业务收入	主营业务成本
总计（含所有注册类型）	12984254	9020577	2605898	8025514	4958740	30666798	27327363
批发业（含所有注册类型）	7300561	5369802	1265407	4346396	2954165	19581295	17536821
民营经济合计	4862715	3471483	772249	3316333	1546382	14191572	13099982
股份合作企业	702	697	63	1385	-683	2653	2150
有限责任公司	2819478	2360963	233280	2190729	628749	8644045	8046222
股份有限公司	1102769	314516	405142	366932	735837	3702367	3382089
私营企业	939766	795307	133764	757287	182479	1842507	1669521
#私营独资企业	29843	10958	20734	14710	15133	26620	20540
私营有限责任公司	880855	761425	107464	721697	159158	1749360	1592327
零售业（含所有注册类型）	5683693	3650776	1340491	3679118	2004575	11085503	9790542
民营经济合计	5333111	4522207	1361772	4184294	2439749	13435483	11792822
股份合作企业	13468	9711	4657	6004	7464	28327	25329
有限责任公司	2566910	1759134	531256	1572691	1007288	5228644	4555537
股份有限公司	1204894	11796	1153	4940	8129	49237	47408

续表

类别	资产合计	流动资产合计	固定资产原价	负债合计	所有者权益合计	主营业务收入	主营业务成本
私营企业	1539836	1747338	530102	1567751	999159	5179407	4508130
#私营独资企业	15807	625759	385327	744751	460143	1879920	1688167
私营合伙企业	11095	1047447	320548	1074977	464859	3157746	2835605
私营有限责任公司	1450617	9824	4715	7319	8489	45285	40242
私营股份有限公司	62316	3979	4316	4181	6915	26996	22620
其他内资民营企业	8003	994228	294604	1032908	417709	2949868	2656418

注："有限责任公司"数据是根据《江西统计年鉴2014》第十六章"限额以上批发零售贸易法人企业主要财务指标"表中"有限责任公司"剔除"国有独资公司"部分的"其他有限责任公司"部分得到的。

表3-21　限额以上批发零售贸易法人企业主要财务指标Ⅱ（2013年）　　单位：万元

类别	主营业务税金及附加	其他业务利润	营业利润	利润总额	本年应交增值税	利税总额
总计（含所有注册类型）	320280	91763	1342218	1237409	662910	2220599
批发业（含所有注册类型）	230389	20812	960435	902624	418799	1551812
民营经济合计	41374	14271	464978	388736	208459	638569
股份合作企业	8		-59	-59	101	50
有限责任公司	22415	12728	269480	205312	125877	353604
股份有限公司	3750	780	120546	115059	37565	156374
私营企业	15201	763	75011	68424	44916	128541
#私营独资企业	1049	175	1563	1231	1109	3389
私营有限责任公司	13416	587	70066	65315	41841	120572
零售业（含所有注册类型）	89891	70951	381783	334785	244110	668787
民营经济合计	83820	86601	515396	444894	327401	886074
股份合作企业	411	78	1048	1133	636	2180
有限责任公司	46673	32059	214384	185320	130473	362542
股份有限公司	11421	89	757	793	387	1256
私营企业	24788	31970	213628	184527	130086	361286
#私营独资企业	414	10737	50049	53469	28855	93745
私营合伙企业	478	22567	94928	78542	71181	174511
私营有限责任公司	19870	86	1783	1795	923	3132
私营股份有限公司	4027	8	1214	183	646	1307
其他内资民营企业	527	22405	85579	73121	65819	158810

注："有限责任公司"数据是根据《江西统计年鉴2014》第十六章"限额以上批发零售贸易法人企业主要财务指标"表中"有限责任公司"剔除"国有独资公司"部分的"其他有限责任公司"部分得到的。

表 3－22 限额以上餐饮法人企业主要财务指标 (2013 年)

单位：万元

类别	资产合计	流动资产合计	固定资产原价	负债合计	所有者权益合计	主营业务收入	主营业务成本	主营业务税金及附加	其他业务利润	营业利润	利润总额	利税总额
总计（含所有注册类型）	436151	164881	195606	253696	182455	317780	186335	13507	3265	29982	8034	21541
民营经济合计	352514	127882	163625	200145	152370	237707	143423	11754	2332	9153	7587	19339
股份合作企业	7591	6256	2422	8139	－547	2849	1646	126		－271	－313	－188
有限责任公司	125572	46888	57850	68403	57169	82409	46147	4337	282	1011	1344	5680
#其他有限责任公司	121783	45069	57832	66395	55388	81860	45872	4323	282	912	1269	5592
股份有限公司	19817	4476	5881	7798	12019	11791	7450	673	312	465	78	751
私营企业	197503	69175	95912	115511	81992	136982	85597	6385	1740	7632	6162	12547
#私营独资企业	22857	8298	9994	8207	14650	19017	10580	833		2213	1385	2217
私营合伙企业	4421	876	3012	832	3589	5806	3482	422	21	607	334	756
私营有限责任公司	162057	56674	77814	102800	59257	107538	68638	4866	1639	4340	4006	8872
私营股份有限公司	8167	3326	5093	3672	4495	4621	2897	265	81	472	437	702
其他内资民营企业	2031	1087	1560	294	1737	3676	2583	233	－2	316	316	549

表3-23 限额以上住宿法人企业主要财务指标（2013年）

单位：万元

类别	资产合计	流动资产合计	固定资产原价	负债合计	所有者权益合计	主营业务收入	主营业务成本	主营业务税金及附加	其他业务利润	营业利润	利润总额	利税总额
总计（含所有注册类型）	1626253	484858	974368	1024367	601886	488148	207174	26618	4734	-9218	-12089	14529
民营经济合计	1281007	397137	690607	852691	428318	382988	159021	20573	4243	-6054	-9533	11040
股份合作企业	3600	515	3269	2799	801	3235	1384	227	150	760	923	1150
有限责任公司	739499	209484	386489	492162	247338	209584	76445	11260	1906	-5585	-6562	4699
#其他有限责任公司	603490	183213	354092	395383	208107	189747	69527	10198	1889	-5934	-7422	2776
股份有限公司	111191	40181	86230	78031	33160	39579	18903	2190	343	200	-602	1588
私营企业	413132	143200	204578	269942	143190	124377	58428	6571	1844	-1710	-3593	2977
#私营独资企业	10393	4847	6390	4804	5589	8132	6382	339	127	863	885	1224
私营合伙企业	10476	4468	6986	2817	7660	4389	1973	234	41	481	494	728
私营有限责任公司	362812	127587	167303	243005	119807	100633	44452	5324	1675	-3371	-5366	-42
私营股份有限公司	29450	6299	23899	19316	10135	11223	5621	674		318	393	1067
其他内资民营企业	13585	3757	10041	9757	3829	6213	3861	325		281	301	626

表 3 – 24　限额以上住宿业经营情况（2013 年）

类别	法人企业（家）	从业人数（人）	营业额（万元）	#客房收入（万元）	#餐费收入（万元）	#商品销售收入（万元）
总计（含所有注册类型）	378	41114	493642	257291	190997	15674
民营经济合计	293	31829	388076	199869	152804	12627
股份合作企业	3	117	3659	1648	1473	445
有限责任公司	118	16487	211434	107503	81165	6807
#其他有限责任公司	109	15208	191597	97597	72209	6427
股份有限公司	33	2839	40040	19202	18483	1688
私营企业	132	11854	126716	68681	48709	3349
#私营独资企业	10	774	8988	4000	3716	246
私营合伙企业	8	412	4418	2177	2109	88
私营有限责任公司	101	9870	102073	56803	37776	2618
私营股份有限公司	13	798	11237	5701	5108	397
其他内资民营企业	7	532	6227	2835	2974	338

表 3 – 25　限额以上餐饮法人企业经营情况（2013 年）

类别	法人企业（家）	从业人数（人）	营业额（万元）	#客房收入（万元）	#餐费收入（万元）	#商品销售收入（万元）
总计（含所有注册类型）	241	25778	317909	34382	259671	21584
民营经济合计	217	17408	237535	30546	185670	19053
股份合作企业	4	260	2849		2244	606
有限责任公司	70	5765	82296	10136	64598	6903
#其他有限责任公司	69	5690	81333	9673	64098	6903
股份有限公司	12	1151	11676	2075	7970	1202
私营企业	127	10100	137038	17871	107709	10283
#私营独资企业	15	1077	19228	3317	14272	1033
私营合伙企业	9	470	5811	825	4589	392
私营有限责任公司	98	8179	107379	13218	85220	8494
私营股份有限公司	5	374	4621	511	3628	364
其他内资民营企业	4	132	3676	464	3149	59

表 3 – 26　私营批发和零售贸易、住宿餐饮企业基本情况（2013 年）

类别	户数（户）	投资者（人）	雇工人数（人）	注册资本金（万元）
总计	91769	180947	864075	18998534
按经营地区分				
城镇	70467	139207	437415	14183300
农村	21302	41740	426660	4815234
按行业分				
批发和零售业	88165	173856	809359	18085284
城镇	67421			
农村	20744	40582	403873	4606891

类别	户数（户）	投资者（人）	雇工人数（人）	注册资本金（万元）
住宿和餐饮业	3604	7091	54716	913250
城镇	3046	5933	31929	704906
农村	558	1158	22787	208344

（二）主要统计指标解释

1. 批发业

批发业指批发商向批发、零售单位及其他企事业、机关单位批量销售生活用品和生产资料的活动，以及从事进出口贸易和贸易经纪与代理的活动。批发商可以对所批发的货物拥有所有权，并以本单位、公司的名义进行交易活动；也可以不拥有货物的所有权，而以中介身份做代理销售商。还包括各类商品批发市场中固定摊位的批发活动。

2. 零售业

零售业指百货商店、超级市场、专门零售商店、品牌专卖店、售货摊等主要面向最终消费者（如居民等）的销售活动。包括以互联网、邮政、电话、售货机等方式的销售活动，还包括在同一地点，后面加工生产，前面销售的店铺（如前店后厂的面包房）。不包括：谷物、种子、饲料、牲畜、矿产品、生产用原料、化工原料、农用化工产品、机械设备（乘用车、计算机及通信设备等除外）等生产资料的销售（列入批发业）；非零售单位附带的零售活动，如汽车修理单位销售汽车零件（列入单位主业所对应的行业类别中）；商业零售单位所在商厦的物业管理（列入物业管理）；商业零售单位所在的商品市场、商业大厦的市场管理活动（列入市场管理）。

3. 批发和零售业商品购进、销售、库存额

批发和零售业商品购进、销售、库存额指各种登记注册类型的批发和零售业企业（单位）以本企业（单位）为总体的，从国内外市场购进的商品总量，销售和出口的商品总量，库存的商品总量等情况。该指标可以反映商品流转过程中商品的购进、销售、库存之间的比例关系和存在的问题。

4. 商品购进额

商品购进额指从本企业以外的单位和个人购进（包括从国外直接进口）作为转卖或加工后转卖的商品金额（含增值税）。商品购进包括：①从工农业生产者、批发和零售业企业、住宿和餐饮业企业、出版社或报社的出版发行部门和其他服务业企业购进的商品；②从机关团体、事业单位购进的商品；③从海关、市场管理部门购进的缉私和没收的商品；④从居民收购的废旧商品等。不包括：①企业为本单位自身经营用，不是作为转卖而购进的商品，如材料物资、包装物、低值易耗品、办公用品等；②未通过买卖行为而收入的商品，如接受其他部门移交的商品、借入的商品、收入代其他单位保管的商品、其他单位赠送的样品、加工回收的成品等；③经本单位介绍，由买卖双方直接结算，本单位只收取手续费的业务；④销售退回和买方拒付货款的商品；⑤商品溢余。

5. 商品销售额

商品销售额指对本单位以外的单位和个人出售的商品金额（包括售给本单位消费用的商品，含增值税）。商品销售包括：①售给城乡居民和社会集团消费用的商品；②售给农业、工业、建筑业、运输邮电业、服务业、公用事业等国民经济各行业用于生产、经营用的商品，包括售予批发和零售业作为转卖或加工后转卖的商品；③对国（境）外直接出口的商品。不包括：①未通过买卖行为付出的商品，如随机构变动移交给其他企业单位的商品、借出的商品、归还受其他单位委托代保管的商品、付出的加工原料和赠送给其他单位的样品等；②经本单位介绍，由买卖双方直接结算，本单位只收取手续费的业务；③购货退回的商品；④商品损耗和损失；⑤出售本单位自用的废旧物资。

6. 商品库存额

商品库存额指报告期末各种登记注册类型的批发和零售业企业（单位）已取得所有权的商品。它反映批发和零售业企业（单位）的商品库存情况和对市场商品供应的保证程度。商品库存包括：①存放在批发和零售业经营单位（如门市部、批发站、采购站、经营处）的仓库、货场、货柜和货架中的商品；②挑选、整理、包装中的商品；③已计入购进而尚未运到本单位的商品，即发货单或银行承兑凭证已到而货未到的商品；④寄放他处的商品，如因购货方拒绝付款而暂时存在购货方的商品；⑤委托其他单位代销（未作销售或调出）尚未售出的商品；⑥代其他单位购进尚未交付的商品。不包括：①所有权不属于本单位的商品；②委托外单位加工的商品；③外贸企业代理其他单位从国外进口尚未付给订货单位的商品；④代国家物资储备部门保管的商品等。

7. 住宿业

住宿业指有偿为顾客提供临时住宿的服务活动。不包括提供长期住宿场所的活动，如出租房屋、公寓等（列入房地产开发经营）。

8. 餐饮业

餐饮业指在一定场所，对食物进行现场烹饪、调制，并出售给顾客，主要供现场消费的服务活动。

9. 营业额

营业额指住宿和餐饮业单位在经营活动中因提供服务或销售商品等取得的收入。包括：客房收入、餐费收入、商品销售额和其他收入。其中，客房收入指住宿和餐饮业单位在经营活动中因提供住宿服务取得的收入。餐费收入指住宿和餐饮业单位因为顾客提供就餐服务取得的收入，包括经烹饪、调制加工后出售的各种食品，如主食、炒菜、凉拌菜等的收入。

七、房地产开发

（一）资料说明

1. 主要内容

全省民营经济房地产开发建设方面的基本情况，包括 11 个设区市的主要房地产统计数据。例如，房地产开发投资额、房屋施工面积、房屋竣工面积、商品房销售面积、商品房销售额、房地产开发投资资金来源等。

2. 统计范围

房地产开发投资的统计范围为各种民营经济的房地产开发公司、商品房建设公司及其他房地产开发单位统一开发的包括统代建、拆迁还建的住宅、厂房、仓库、饭店、宾馆、度假村、写字楼、办公楼等房屋建筑物和配套的服务设施，土地开发工程，如道路、给水、排水、供电、供热、通信、平整场地等基础设施工程。包括实际从事房地产开发或经营活动的附营房地产开发单位。

3. 资料来源

本部分资料取自《江西统计年鉴 2014》"第十八章 房地产开发"，根据国家统计局制定的《房地产开发投资统计报表制度》搜集资料，由省统计局固定资产投资处整理汇总。

4. 统计调查方法

由各级统计部门采取全面调查方法，执行企业一套表，由企业网上直报。

表 3 - 27 房地产开发与经营主要指标

指标 ＼ 年份	2000	2005	2010	2012	2013
全省企业个数（家）	539	1824	2141	2005	2080
全省房地产开发投资（万元）	423705	3010982	7068222	9696176	11745768
民营经济房地产开发投资（万元）	137164	2362430	5956535	8454550	10592836
股份合作	16395	49932	31746	79145	56661
联营	627	4280	10683	13965	16155
有限责任公司	29918	1053487	3037481	4225194	5285465
股份有限公司	16114	333554	779993	575880	823424
私营	73810	854028	2033226	3434724	4187707
其他内资民营企业	300	67149	63406	125642	223424

表 3 - 28 按登记注册类型分的房地产开发投资（2013 年） 单位：万元

指标	全省合计	私营及个体投资	联营	股份有限公司	其他内资
投资总额	11745768	4187707	16155	823424	223424
按构成分					
建筑工程	8280520	2853186	11967	605760	187681
安装工程	1034597	375242	4080	95914	7162
设备工器具购置	153261	44448	3	6215	1521
其他费用	2277390	914831	105	115535	27060
按工程用途分					
住宅	7957469	2900487	13398	546795	142810
#90 平方米及以下住房	1741860	581522	9486	84077	11496
别墅、高档公寓	364864	101645		9898	5979
办公楼	1009719	77614		18660	49949
商业营业用房	1535876	646101	1840	196453	21952
其他	1242704	563505	917	61516	8713
本年资金来源合计	24171529	8040194	61960	1367297	382692
上年末结余资金	5083112	1620802	25576	352601	116551
本年资金来源小计	19088417	6419392	36384	1014696	266141
国内贷款	2369843	859713	5000	128960	14300
#银行贷款	2254630	808205	5000	120480	14300

续表

指标	全省合计	私营及个体投资	联营	股份有限公司	其他内资
非银行金融机构贷款	115213	51508		8480	
利用外资	8236				
#外商直接投资	8236				
自筹资金	5816600	2023792		285579	95491
#自有资金	2098049	660721		86631	23971
其他资金来源	10893738	3535887	31384	600157	156350
#定金及预付款	6495139	2010206	20588	289442	85757
个人按揭贷款	3162939	1257236	10796	194222	40517

表 3 – 29　各地区房地产开发和经营指标（2013 年）

指标	全省	南昌市	景德镇市	萍乡市	九江市	新余市	鹰潭市	赣州市	吉安市	宜春市	抚州市	上饶市
全省企业数（家）	2080	483	83	128	151	113	88	323	124	211	169	207
全省投资额（万元）	11745768	4061358	426646	243783	752929	415211	366276	1966223	622319	1009931	813592	1067500
民营经济投资额（万元）	5250710	962142	173964	119424	286896	264544	119021	1359274	359886	499159	438034	659613
私营及个体（家）	4187707	596075	159544	119074	277296	196216	119021	1273304	231103	475828	249359	490887
联营（家）	16155										272	15883
股份有限公司（家）	823424	297028	14420	350	7905	68328		40427	119373	22815	156589	96189
其他内资（家）	223424	69039			1695		8753	45543	9410	516	31814	56654

（二）主要统计指标解释

1. 房地产业

房地产业是指从事房地产开发、建设、经营、租赁及维修活动等的经济部门。按照国民经济行业划分的规定，房地产业包括房地产开发与经营、房地产管理和房地产经纪与代理业三部分内容。

2. 房地产开发业

房地产开发业是房地产业的一个重要组成部分，是指进行商品房屋建设和土地开发及经营活动的企业和单位。

3. 房地产开发投资额

房地产开发投资额是以货币形式表现的房地产开发企业（单位）在一定时期内进行房屋建设及土地开发所完成的工作量及有关费用的总称。

4. 建筑工程

建筑工程指各种房屋、建筑物的建造工程，又称建筑工作量。这部分投资额必须兴工动料，通过施工活动才能实现。

5. 安装工程

安装工程指各种设备、装置的安装工程，又称安装工作量。

6. 设备、工器具购置

设备、工器具购置指工业企业生产的产品转化为固定资产的购置活动，包括建设单位或企事业单位购置或自制的，达到固定资产标准的设备、工具、器具的价值。

7. 商品住宅

商品住宅指房地产开发企业（单位）建设并出售、出租给使用者，仅供居住用的房屋。

8. 别墅、高档公寓

别墅、高档公寓指建筑造价和销售价格明显高于一般商品住宅的商品住宅。别墅一般指地处郊区，独立成栋的商品住宅；高档公寓一般指地处市内高档社区，高层或多层的商品住宅。别墅、高档公寓的确定标准：①经有房地产投资计划审批权的主管部门审批建设的别墅、高档公寓开发项目；②销售价格高于当地同等地段商品住宅平均销售价格一倍以上的别墅、公寓开发项目。该指标可以分析房地产投资结构，反映高收入家庭商品住宅的供求平衡情况。

9. 办公楼

办公楼指企业、事业、机关、团体、学校、医院等单位使用的各类办公用房（又称写字楼）。

10. 本年资金来源合计

本年资金来源合计指房地产开发企业（单位）在本年内收到的可用于房地产开发和经营的各种资金来源数之和，包括上年末结余资金、本年度内拨入、借入或以各种方式筹集的资金。

11. 上年末结余资金

上年末结余资金指上年资金来源中没有形成投资额而结余的资金。包括尚未用到工程上去的材料价值、未开始安装的需要安装设备价值及结存的现金和银行存款等。可根据有关财务数字填报。上年末结余资金不能出现负数，即不能把上年应付工程、材料款作为上年末结余资金的负数来处理。

12. 本年资金来源小计

本年资金来源小计指房地产开发企业（单位）实际拨入的，用于房地产开发的各种货币资金。包括国内贷款、利用外资、自筹资金和其他资金。

13. 国内贷款

国内贷款指报告期房地产开发企业（单位）向银行及非银行金融机构借入的用于房地产开发与经营的各种国内借款，包括银行利用自有资金及吸收的存款发放的贷款、上级主管部门拨入的国内贷款、国家专项贷款（包括煤代油贷款、劳改煤矿专项贷款等）、地方财政专项资金安排的贷款、国内储备贷款、周转贷款等。

14. 银行贷款

银行贷款指向各商业银行、政策性银行借入的用于房地产开发与经营的各项贷款。

15. 利用外资

利用外资指报告期收到的用于房地产开发与经营的境外资金（包括外国及港澳台地区），包括外商直接投资、对外借款（外国政府贷款、国际金融组织贷款、出口信贷、外国银行商业贷款、对外发行债券和股票）及外商其他投资（包括补偿贸易和加工装配由外商提供的设备价款、国际租赁）。不包括我国自有外汇资金（包括国家外汇、地方外汇、留成外汇、调剂外汇和中国银行自有资金发行的外汇贷款等）。各类外资按报告期的外汇牌价（中间价）折成人民币"万元"计算。

16. 自筹资金

自筹资金指各地区、各部门及企事业单位筹集用于房地产开发与经营的预算外资金。

17. 其他资金来源

其他资金来源指在报告期内收到的除以上各种资金之外其他用于房地产开发与经营的资金。包括国家预算内资金、债券、社会集资、个人资金、无偿捐赠的资金及用征地迁移补偿费、移民费等进行房地产开发的资金。

八、资本市场利用

（一）主要内容

全省民营企业上市公司生产经营的基本情况，包括行业分布、区域分布、总资产、负债、使用者权益、总收入、净利润等。

（二）统计范围

统计范围包括江西辖区内在上海证券交易所、深圳证券交易所上市的主板、中小板、创业板的民营企业，不包括境外上市公司和新三板上市企业。

（三）资料来源

根据上市民营企业在中国证监会指定信息披露网站"巨潮资讯网"发布的 2013 年度报告整理而来。2013 年江西省上市公司总数达 32 家，其中有 14 家为民营企业。

表 3 - 30　江西省民营上市公司所处行业与区域分布

序号	证券代码	证券简称	上市板	行业	区域
1	000650.SZ	仁和药业	主板	医药生物	宜春市
2	000829.SZ	天音控股	主板	商业贸易	赣州市
3	002157.SZ	正邦科技	中小板	农林牧渔	南昌市
4	002176.SZ	江特电机	中小板	电气设备	宜春市
5	002378.SZ	章源钨业	中小板	有色金属	赣州市
6	002460.SZ	赣锋锂业	中小板	有色金属	新余市
7	002591.SZ	恒大高新	中小板	化工	南昌市
8	002695.SZ	煌上煌	中小板	食品饮料	南昌市
9	300066.SZ	三川股份	创业板	仪器仪表制造业	鹰潭市
10	300095.SZ	华伍股份	创业板	机械设备	宜春市
11	300294.SZ	博雅生物	创业板	医药生物	抚州市
12	600363.SH	联创光电	主板	电子	南昌市
13	600507.SH	方大特钢	主板	钢铁	南昌市
14	600590.SH	泰豪科技	主板	电气设备	南昌市

表 3-31　江西省民营上市公司合并资产负债表

序号	证券代码	证券简称	总资产（元）			所有者权益合计（元）			负债合计（元）		
			2013 年	2012 年	增减（%）	2013 年	2012 年	增减（%）	2013 年	2012 年	增减（%）
1	000650.SZ	仁和药业	2328717164.66	2094865990.67	11.16	1938853553.90	1712065218.66	13.25	389863610.76	382800772.01	1.85
2	000829.SZ	天音控股	11545191682.01	9286864085.23	24.32	2955536574.12	2948462191.75	0.24	8589655107.89	6338401893.48	35.52
3	002157.SZ	正邦科技	5994381212.64	4466801393.29	34.20	1497282427.69	1357407123.36	10.30	4497098784.95	3109394269.93	44.63
4	002176.SZ	江特电机	1583372823.48	1355902843.97	16.78	959368037.64	902435959.68	6.31	624004785.84	453466884.29	37.61
5	002378.SZ	章源钨业	2993970447.18	2792901476.18	7.20	1422736507.16	1396248684.78	1.90	1571233940.02	1396652791.40	12.50
6	002460.SZ	赣锋锂业	1795891836.47	1047899408.95	71.38	1340747371.27	810608971.16	65.40	455144465.20	237290437.79	91.81
7	002591.SZ	恒大高新	891091829.07	811833837.96	9.76	755772223.09	719196694.62	5.09	135319605.98	92637143.34	46.07
8	002695.SZ	煌上煌	1481522091.35	1413164678.61	4.84	1410668167.03	1316728333.83	7.13	70853924.32	96436344.78	-26.53
9	300066.SZ	三川股份	1240211902.48	1122704498.77	10.47	1107133181.36	993953836.59	11.39	133078721.12	128750662.18	3.36
10	300095.SZ	华伍股份	1061293314.92	914291474.97	16.08	813913343.34	703853271.39	15.64	247379971.58	210438203.58	17.55
11	300294.SZ	博雅生物	1004469771.29	777406014.08	29.21	846624685.28	751603672.63	12.64	157845086.01	25802341.45	511.75
12	600363.SH	联创光电	2803467174.94	2486447861.02	12.75	1877505275.06	1710205297.57	9.78	925961899.88	776242563.45	19.29
13	600507.SH	方大特钢	9975156946.17	10517112619.10	-5.15	2771019611.66	3818568145.79	-27.43	7204137334.51	6698544473.31	7.55
14	600590.SH	泰豪科技	6344129941.16	5940351940.62	6.80	2213264380.27	2245257698.24	-1.42	4130865560.89	3695094242.38	11.79
	合计		51042868137.82	45028548123.42	13.36	21910425338.87	21386595100.05	2.45	29132442798.95	23641953023.37	23.22

表 3－32　江西省民营上市公司合并利润表

序号	证券代码	证券简称	营业总收入（元）			净利润（元）		
			2013 年	2012 年	增减（%）	2013 年	2012 年	增减（%）
1	000650. SZ	仁利药业	1799375836.47	2087519161.84	－13.80	216002056.49	276139747.75	－21.78
2	000829. SZ	天音控股	29852342236.31	32590379734.25	－8.40	－27969665.99	－91835286.81	－69.54
3	002157. SZ	正邦科技	15582493561.33	13626735837.56	14.35	－31331646.31	80665708.62	－138.84
4	002176. SZ	江特电机	855380275.72	646538719.07	32.30	64119606.87	52834083.96	21.36
5	002378. SZ	章源钨业	1952470198.17	1744356498.54	11.93	143895744.77	131662641.57	9.29
6	002460. SZ	赣锋锂业	686267000.36	628147629.65	9.25	69541432.12	67996635.97	2.27
7	002591. SZ	恒大高新	332813546.55	211248458.86	57.55	31678078.47	25443681.20	24.50
8	002695. SZ	煌上煌	893258187.47	889598738.82	0.41	121602350.65	97407151.59	24.84
9	300066. SZ	三川股份	676209983.83	612976593.54	10.32	111875420.39	85019725.46	31.59
10	300095. SZ	华伍股份	422710035.47	321210769.90	31.60	67457157.53	23988739.78	181.20
11	300294. SZ	博雅生物	245278066.33	227259439.82	7.93	82361123.24	75146190.16	9.60
12	600363. SH	联创光电	1602272717.79	1265136849.79	26.65	93648617.71	114604211.36	－18.29
13	600507. SH	方大特钢	13214657544.73	13355101590.82	－1.05	584527740.67	537046651.15	8.84
14	600590. SH	紫豪科技	2501488517.81	2478077313.09	0.94	19649336.26	69528691.13	－71.74
	合计		70617017708.34	70684287335.55	－0.10	1547057352.87	1545648572.89	0.09

第四章　民营经济科技创新

一、概述

中共江西省委、江西省人民政府高度重视科技创新工作。根据江西省科技厅、省统计局联合发布的《2013年江西省科技进步监测报告》显示：江西省稳步推进科技体制改革，以加快创新升级为主线，积极推进战略性新兴产业发展，大力推进科技协同创新。全省科技进步综合水平在全国的排位较上年前移1位，创新升级呈现可喜局面，为稳增长、调结构、促转型、惠民生提供了有力的科技支撑。《监测报告》显示，全省科技进步呈现以下特点：①研发投入稳定增长。2013年全省研发经费投入总量135.5亿元，同比增长19.2%。增幅较上年提高1.7个百分点。企业已成为创新投入的主要力量，研发经费投入已占到全省总额的82.4%，达到111.6亿元，远高于科研院所（9.08%）和高等院校（7.01%）的投入。②财政科技拨款大幅提升。2013年全省财政科技拨款46.3亿元，同比增长68.4%，增速较上年大幅提高39.4个百分点。全省财政科技拨款占全省地方财政支出的比重为1.33%，较上年提高0.42个百分点。③研发人员大幅增长。2013年全省研发人员投入总量达到7.1万人，同比增长22.4%，增幅较上年大幅增长20.1个百分点。从人员投入的核心研究人员看，占比达到48.4%。④知识产权保护意识增强。2013年全省专利申请量16938件，同比增长35.9%，增幅较上年提高7.1个百分点，其中发明专利申请量3931件，占专利申请总量的23.2%。从专利授权情况看，共有9970件，较上年增长40.7%，其中发明专利授权量923件。⑤高新技术产业稳步发展。2013年全省高新技术产业发展由缓中趋稳向企稳回升方向发展，在产业规模和结构、运行质量和效益等方面呈现出一系列积极变化。实现增加值1403.8亿元，占全省规模以上工业增加值的24.4%，高出上年0.6个百分点；占全省GDP的比重为9.8%，高出上年0.8个百分点。光机电一体化、生物医药和医疗器械、新材料、电子信息四大领域仍是产业发展的支柱领域，实现增加值均突破200亿元，合计占全省的91.1%。

2013年9月26日，江西省第十二届人民代表大会常务委员会第六次会议通过的《江西省科技创新促进条例》提出，鼓励和支持企业围绕市场需求和长远发展，独自设立或者与其他企业、科研机构、高等学校和其他组织联合设立研究开发机构，自主确立研究开发课题，申报科技项目，开展科技创新活动；鼓励企业参与重大科技项目的决策，支持有条件的企业牵头组织实施符合国家产业政策方向的重大科技项目；引导具备条件的行业骨干企业建设省级工程（技术）研究中心、重点实验室、企业技术中心。该条例极大地促进了江西企业的科技创新，增强了企业的自主创新能力，对加快科技创新成果向现实生产力转化，推动经济建设和社会发展起到重大作用。

科技创新平台是实现科技有效供给的重要载体。我国"国字号"的重大创新平台主要有科技部主管的国家实验室、国家重点实验室以及国家工程技术研究中心等，国家发改委主管的国家工程研究中心、国家工程实验室等和国家发改委、科技部、财政部、海关总署、国家税务总局联合认定的国家级企业技术中心等。创新体系中企业主体地位不断凸显，涌现出一批国家级企业技术中心和国家工程技术中心等。

民营企业成为科技创新中坚力量，江西民营企业坚持创新驱动发展，成为实现江西在中部地区崛起的一支生力军。2013 年，江西民营企业新增国家级企业技术中心 2 家，通过验收国家工程技术中心 1 家，新增国家地方联合工程研究中心（工程实验室）2 家，新增江西省工程技术研究中心 6 个，新增江西省省级企业技术中心 18 家，新增江西省工程研究中心（工程实验室）9 个，新增江西省两化深度融合示范企业 39 家，新增高新技术企业 220 家；在江西省重点实验室和江西省工程技术研究中心评估中，有 3 个依托民营企业省的工程技术研究中心为优秀、15 个通过评估、4 家未通过评估需限期整改、4 家评估为不合格予以撤销；同时还获得了江西省科学技术奖各类奖项 32 项。

二、科技创新机构与高新技术企业名录

（一）江西省国家级科技创新载体

1. 国家级企业技术中心

国家认定企业技术中心由国家发改委牵头，科技部、财政部、海关总署、税务总局共同负责国家认定企业技术中心的认定工作，每年依据国家产业政策、国家进口税收税式支出的总体原则及年度方案组织 1 次认定工作，旨在确立企业技术创新和科技投入的主体地位，对国民经济主要产业中技术创新能力较强、创新业绩显著、具有重要示范作用的企业技术中心，国家予以认定并给予相应的优惠政策，以鼓励和引导企业不断提高自主创新能力。获得国家认定企业技术中心的企业可享受到国家相关减免税优惠政策，并可申请办理海关减免税备案、审批等。2013 年江西省新增国家级企业技术中心 2 家，至此在全省现有的 7 家国家级企业技术中心中，民营企业有 3 家（见表 4 - 1）。

表 4 - 1　江西省民营企业国家级企业技术中心名单

序号	企业名称	批准时间
1	崇义章源钨业股份有限公司技术中心	2013 年
2	江西三川水表股份有限公司技术中心	2013 年
3	泰豪科技股份有限公司企业技术中心	2005 年

2. 国家工程技术中心

截至 2013 年底，包括分中心在内，全国有 332 个国家工程技术中心（含建设中），而江西省总共有 7 家，其中依托单位为高校、科研院所的有 5 家；依托单位为企业的有 2 家，这里面有 1 家民营企业（见表 4 - 2）。

表 4 - 2　江西省民营企业国家工程技术中心

工程中心	依托单位	建设时间	验收时间
国家光伏工程技术研究中心	江西赛维 LDK 太阳能高科技有限公司	2009 年	2013 年

3. 国家地方联合工程研究中心（工程实验室）

国家地方联合工程研究中心（工程实验室）是国家创新平台的重要组成部分，是国家支持中西部地区提升自主创新能力的重要手段。根据相关规定，国家地方联合工程研究中心（工程实验室）要围绕所在区域的产业特色和优势，着力解决产业发展中的关键技术与装备等瓶颈问题，促进产业技术进步和结构调整，支撑和推动地方经济社会持续健康发展。

国家发改委批复 2013 年国家地方联合工程研究中心（工程实验室），江西省有 3 家获批。分别是：依托江西赣锋锂业股份有限公司的锂基新材料国家地方联合工程研究中心（江西）；依托贝谷科技股份有限公司的核辐射探测技术国家地方联合工程研究中心（江西）；依托江西省福斯特新能源有限公司的复合材料锂电池制造技术国家地方联合工程研究中心（江西）。至此，我省已拥有国家地方联合工程研究中心（工程实验室）10 家，其中来自民营企业的有 3 家（见表 4 - 3）。

表 4 - 3　江西省民营企业国家地方联合工程研究中心

序号	名称	依托单位	建设地	批准时间
1	锂基新材料国家地方联合工程研究中心	江西赣锋锂业股份有限公司	新余	2013 年
2	复合材料锂电池制造技术国家地方联合工程研究中心	江西省福斯特新能源有限公司	宜春	2013 年
3	真菌源生物农药国家地方联合工程研究中心	江西天人生态股份有限公司	吉安	2011 年

（二）江西省重点实验室和工程技术研究中心

为贯彻落实江西省中长期科学技术发展规划纲要，进一步规范和加强江西省重点实验室、工程技术研究中心建设与运行的管理，2013 年江西省科技厅组织对《江西省重点实验室暂行管理办法》和《江西省工程技术研究中心暂行管理办法》进行了修改。修订后的《江西省重点实验室管理办法》和《江西省工程技术研究中心管理办法》（赣科发财字〔2013〕190 号）对加强江西省科技创新体系建设，增强自主创新和科技持续创新能力，促进科技成果转化与推广有重大意义。

1. 2013 年批准组建的省级重点实验室和工程技术研究中心

江西省科技厅《关于批准组建 2013 年度省级重点实验室和工程技术研究中心的通知》（赣科发财字〔2013〕67 号）文件显示，江西省科技厅将江西省动物营养重点实验室等 9 个重点实验室列入 2013 年江西省重点实验室组建计划，江西省新能源工艺及装备工程技术研究中心等 15 个工程技术研究中心列入 2013 年江西省工程技术研究中心组建计划。

江西省重点实验室评定主要从研究水平与贡献、队伍建设与人才培养、开放交流与运行管理等方面进行，2013 年获准组建的江西省重点实验室全部来自高校和医院等事业单位，没有来自企业的项目立项。

江西省工程技术研究中心主要评估内容包括：研究开发能力与水平、队伍建设与人才培养、效益与影响、对外开放与运行管理等。在 15 个工程技术研究中心当中，其中依托单位为企业的有 8 个，而民营企业有 6 个（其中有 1 家同时依托单位为科研机构和民营企业，如表 4-4 所示）。

表 4-4　2013 年新组建的民营企业江西省工程技术研究中心

序号	名称	依托单位	主管部门
1	江西省镍冶炼及加工工程技术研究中心	江西江锂科技有限公司	新余市科技局
2	江西省农药工程技术研究中心	江西正邦生物化工股份有限公司	宜春市科技局
3	江西省医疗器械工程技术研究中心	江西科伦医疗器械制造有限公司	宜春市科技局
4	江西省光伏发电及系统工程技术研究中心	晶科能源有限公司	上饶市科技局
5	江西省智能手机工程技术研究中心	共青城赛龙通信技术有限责任公司	九江市科技局
6	江西省家禽工程技术研究中心	江西省农业科学院畜牧兽医研究所、江西萧翔农业发展集团有限公司	省农科院吉安市科技局

2. 2013 年江西省重点实验室和工程技术研究中心评估结果

为了全面了解江西省重点实验室和工程技术研究中心的运行状况，根据《江西省重点实验室管理办法》和《江西省工程技术研究中心管理办法》的要求，江西省科技厅对 2011 年之前立项组建的 128 个省重点实验室和工程技术研究中心（重点实验室 52 个、工程中心 76 个），按照《江西省重点实验室和工程技术研究中心评估办法》进行考核评估。根据专家组初评、部分现场核实评估和复评意见，经厅务会研究确定了考核评估结果。

（1）重点实验室方面。江西省持久性污染控制与资源循环利用重点实验室（南昌航空大学）等 15 个省重点实验室为优秀，在优秀名单中没有来自企业的重点实验室，它们全部来自于高校；江西省有机功能分子重点实验室（江西科技师范大学）等 29 个省重点实验室为通过评估，在通过评估的名单中，除了 1 家来自央企江西分部外，其余全部来自高校和科研院所；江西省光电子与通信重点实验室（江西师范大学、江西科技师范大学）等 7 个省重点实验室为未通过评估需限期整改，这 7 个单位全部来自于高校；江西省苎麻生物技术重点实验室（江西省麻类科研所）为评估不合格予以撤销。

（2）工程技术研究中心方面。江西省测试与控制工程技术研究中心（南昌航空大学）等 18 个省工程技术研究中心为优秀，在优秀名单中有 8 家来自企业的省工程技术研究中心，其中 3 家来自民营企业；江西省智能电气工程技术研究中心（清华泰豪科技股份有限公司）等 43 个省工程技术研究中心为通过评估，在通过评估的名单中，有 21 个研究中心来自企业（包括 1 家是校企共同组建），其中 15 个来自民营企业；江西省智能交通工程技术研究中心（南昌先锋软件股份有限公司）等 9 个省工程技术研究中心为未通过评估需限期整改，这里面有 5 个来自企业，其中 4 家是民营企业；江西省风电设备工程技术研究中心（江西麦德风能股份有限公司）等 6 个省工程技术研究中心为评估不合格予以撤销，这里面有 5 个来自企业，其中 4 家是民营企业（见表 4-5）。

表 4-5　2013 年依托民营企业江西省工程技术研究中心评估结果

序号	名称	依托单位	评估结果
1	江西省生物发酵食品添加剂工程技术研究中心	江西省德兴市百勤异 VC 钠有限公司	优秀

续表

序号	名称	依托单位	评估结果
2	江西省微生物农药工程技术研究中心	江西天人生态股份有限公司	优秀
3	江西省临床检验仪器和体外诊断试剂工程技术研究中心	江西特康科技有限公司	优秀
4	江西省智能电气工程技术研究中心	清华泰豪科技股份有限公司	通过
5	江西省水表工程技术研究中心	江西三川水表股份有限公司	通过
6	江西省光电线缆工程技术研究中心	江西联创光电科技股份公司线缆分公司	通过
7	江西省起重搬运设备工程技术研究中心	江西日月明实业有限公司	通过
8	江西省新型释药工程技术研究中心	南昌弘益科技有限公司	通过
9	江西省化工填料工程技术研究中心	江西科帕克环保化工有限责任公司	通过
10	江西省中药保健品工程技术研究中心	江西德上医药研究院有限公司	通过
11	江西省猪饲料工程技术研究中心	双胞胎集团有限公司	通过
12	江西省非处方中药工程技术研究中心	汇仁集团有限公司	通过
13	江西省樟帮中药饮片炮制工程技术研究中心	江西樟树天齐堂中药饮片有限公司	通过
14	江西省钨制品工程技术研究中心	崇义章源钨业股份有限公司	通过
15	江西省蜂产品工程技术研究中心	江西汪氏蜂业集团	通过
16	江西省电瓷工程技术研究中心	江西省强联电瓷股份有限公司	通过
17	江西省工业制动器工程技术研究中心	江西华伍起重电器有限责任公司	通过
18	江西省特种电机工程技术研究中心	江西特种电机股份有限公司	通过
19	江西省智能交通工程技术研究中心	南昌先锋软件股份有限公司	未通过
20	江西省混凝土外加剂工程技术研究中心	江西武冠新材料股份有限公司	未通过
21	江西省通信网络检测工程技术研究中心	江西新和技术有限公司	未通过
22	江西省电子政务工程技术研究中心	思创数码科技股份有限公司	未通过
23	江西省钨业工程技术研究中心	大余伟良钨业有限公司	撤销
24	江西省植物成分提取分离工程技术研究中心	江西高能化学工业有限公司	撤销
25	江西省有机化工中间体工程技术研究中心	江西麒麟化工有限公司	撤销
26	江西省绿色肥料工程技术研究中心	江西金色时代农资有限公司	撤销

（三）江西省省级企业技术中心

技术中心是企业遵循科技与市场发展规律，根据自身发展需要组建的高层次、高水平的研究开发机构，是企业技术创新体系的核心，是企业提高自主创新能力、实现技术进步和持续发展的主要依托。江西省鼓励和支持有条件的企业建立企业技术中心，对技术创新能力较强、创新业绩突出、具有重要示范和导向作用的企业技术中心，由省工信委、省财政厅、省国税局、省地税局予以认定，旨在推动企业成为研究开发投入、技术创新活动和创新成果应用的主体，不断提升企业自主创新能力、资源整合能力和市场竞争能力。

根据《江西省省级企业技术中心管理办法》（赣经贸技术发〔2007〕15号），经企业申请、专家综合评审，江西省工信委、省财政厅、省国税局、省地税局共同确定江西中恒建设集团有限公司等23家企业技术中心为江西省第15批省级企业技术中心，其中民营企业18

家（见表4-6）。

表4-6 2013年民营企业江西省省级企业技术中心（第15批）

序号	企业名称
1	江西中恒建设集团有限公司技术中心
2	江西景德半导体新材料有限公司技术中心
3	吉安市荣泰电讯科技有限公司技术中心
4	江西合力泰微电子有限公司技术中心
5	江西金达莱环保股份有限公司技术中心
6	江西中联建设集团有限公司技术中心
7	赣县世瑞新材料有限公司技术中心
8	赣州晨光稀土新材料股份有限公司技术中心
9	巨石集团九江有限公司技术中心
10	江西永盛矿冶股份有限公司技术中心
11	江西德上科技药业有限公司技术中心
12	江西济民可信药业有限公司技术中心
13	江西国桥实业有限公司技术中心
14	九江中星医药化工有限公司技术中心
15	回音必集团抚州制药有限公司技术中心
16	江西百神药业股份有限公司技术中心
17	江西杰克机床有限公司技术中心
18	江西凯马百路佳客车有限公司技术中心

（四）江西省工程研究中心（工程实验室）

工程研究中心（工程实验室），是指根据江西省国民经济和社会发展的重大战略需求以及产业技术政策，以增强产业核心竞争能力和发展后劲、培育新兴产业、促进产业结构调整升级和经济社会可持续发展为目标，以具有技术及综合优势的高校、科研机构和企业为依托的研究开发实体。工程研究中心（工程实验室）是江西省创新体系的重要组成部分，也是江西省创新基础能力建设的重要内容。省发展改革委负责制订（修订）并发布工程研究中心（工程实验室）有关政策办法、建设领域等指导性文件，组织工程研究中心（工程实验室）的审核、评估等工作。赣发改高技〔2013〕1034号文件显示，2013年江西省工程研究中心（工程实验室）共有16个，其中9个平台的主要依托单位是民营企业（见表4-7）。

表4-7 2013年民营企业江西省工程研究中心（工程实验室）名单

序号	创新平台名称	主要依托单位	建设地
1	江西省触摸屏制造技术工程研究中心	江西联创电子有限公司	南昌
2	江西省硅基发光材料与器件制造技术工程研究中心	晶能光电（江西）有限公司	南昌
3	江西省血液分析仪器及试剂工程研究中心	江西特康科技有限公司	南昌

序号	创新平台名称	主要依托单位	建设地
4	江西省半导体专用化学品工程研究中心	江西西林科股份有限公司	南昌
5	江西省树脂基复合材料工程研究中心	江西科得玻璃钢有限公司	南昌
6	江西省铷铯资源综合利用及材料工程研究中心	江西东鹏新材料有限责任公司	新余
7	江西省血液制品工程研究中心	江西博雅生物制药股份有限公司	抚州
8	江西省大容量节能变压器制造技术工程研究中心	江西变压器科技股份有限公司	南昌
9	江西省铁道测控技术工程研究中心	江西日月明铁道设备开发有限公司	南昌

（五）江西省两化融合示范企业

江西省工业与信息化委员会根据《江西省信息化与工业化深度融合示范企业认定办法（试行）》和《江西省信息化与工业化深度融合示范区认定办法（试行）》的有关要求，经单位申报、设区市推荐、实地考察、专家评审和面向社会公示等程序，确定南昌国家高新技术产业开发区等3家单位为首批两化融合示范区（园区），确定江铃汽车股份有限公司等50家企业为首批两化融合示范企业，其中民营企业达39家（见表4-8）。

表4-8　江西省2013年民营企业省级两化深度融合示范企业名单

序号	企业名称
1	南昌欧菲光科技有限公司
2	江西正邦科技股份有限公司
3	江西省李渡烟花集团有限公司
4	南昌弘益药业有限公司
5	江西世纪长河新电源有限公司
6	江西横峰葛佬葛产业开发有限公司
7	江西省东沿药业有限公司
8	万年贡集团有限公司
9	甘源食品股份有限公司
10	江西百宏纺织有限公司
11	江西萍乡龙发实业股份有限公司
12	萍乡庞泰实业有限公司
13	江西联创电缆科技有限公司
14	江西合力泰科技股份有限公司
15	江西燕京啤酒有限责任公司
16	吉安市优特利科技有限公司
17	江西赛维LDK太阳能高科技有限公司
18	江西青春康源集团有限公司
19	江西三川水表股份有限公司
20	江西金泰新能源有限公司

序号	企业名称
21	贵溪金砖铜业有限公司
22	崇义章源钨业股份有限公司
23	赣州晨光稀土新材料股份有限公司
24	赣州澳克泰工具技术有限公司
25	赣州市英唐电子科技有限公司
26	赣州经纬汽车零部件有限公司
27	江西科伦药业有限公司
28	江西东华种畜禽有限公司
29	江西弘泰纸业有限公司
30	江西博雅生物制药有限公司
31	江西锦兴纺织品有限公司
32	鸭鸭股份公司
33	江西深傲服装有限公司
34	江西金虎保险设备集团有限公司
35	江西科伦医疗器械制造有限公司
36	江西五洲医药营销有限公司
37	高安天孚光电技术有限公司
38	江西中景集团有限公司
39	江西富祥药业股份有限公司

（六）江西省高新技术企业

高新技术企业是指在《国家重点支持的高新技术领域》内，持续进行研究开发与技术成果转化，形成企业核心自主知识产权，并以此为基础开展经营活动，在中国境内（不包括港、澳、台地区）注册 1 年以上的居民企业。它是知识密集、技术密集的经济实体。

1. 新认定的民营高新技术企业

根据国家科技部、国家财政部、国家税务总局《关于印发〈高新技术企业认定管理办法〉的通知》（国科发火〔2008〕172 号）、《关于印发〈高新技术企业认定管理工作指引〉的通知》（国科发火〔2008〕362 号）文件规定，根据全国高企认定工作办公室的复函，2013 年，全国高企认定工作办公室认定江西省 231 家企业为高新技术企业，其中民营企业 220 家（见表 4 - 9）。

表 4 - 9　江西省 2013 年认定的民营高新技术企业
（发证日期：2013 年 12 月 10 日）

序号	企业名称	证书编号
1	赣州晶环稀土新材料有限公司	GR201336000001
2	信丰福昌发电子有限公司	GR201336000002

续表

序号	企业名称	证书编号
3	江西品信药业有限公司	GR201336000004
4	江西荣和特种消防设备制造有限公司	GR201336000005
5	江西光景电力设备有限公司	GR201336000006
6	江西容海科技发展有限公司	GR201336000007
7	江西春光包装材料有限公司	GR201336000008
8	江西福事特液压有限公司	GR201336000009
9	江西饶盾网络技术服务有限公司	GR201336000010
10	江西省东沿药业有限公司	GR201336000011
11	江西开昂科技股份有限公司	GR201336000012
12	江西红星变性淀粉有限公司	GR201336000013
13	江西怡正环保科技有限公司	GR201336000014
14	江西晨宇铝业有限公司	GR201336000015
15	江西华兴信息产业有限公司	GR201336000016
16	江西省李渡烟花集团有限公司	GR201336000017
17	安源管道实业有限公司	GR201336000018
18	江西圣济药业有限公司	GR201336000019
19	江西合力照明电器有限公司	GR201336000020
20	贵溪骏达特种铜材有限公司	GR201336000021
21	江西开元安福火腿有限责任公司	GR201336000022
22	江西宇骏生物工程有限公司	GR201336000023
23	江西钜维科技有限公司	GR201336000024
24	凯斯通环保设备有限公司	GR201336000025
25	江西省万瑞和电子有限公司	GR201336000026
26	宜春市龙腾机械电气有限公司	GR201336000027
27	江西易往信息技术有限公司	GR201336000028
28	南昌矿山机械有限公司	GR201336000029
29	回音必集团（江西）东亚制药有限公司	GR201336000030
30	吉安市三江超纤无纺有限公司	GR201336000031
31	南昌正大畜禽有限公司	GR201336000032
32	南昌华安众辉健康科技有限公司	GR201336000033
33	萍乡市石化填料有限责任公司	GR201336000034
34	江西省莲花水轮机厂有限公司	GR201336000035
35	江西东方豹紧固件有限公司	GR201336000036
36	江西龙天勇有色金属有限公司	GR201336000037
37	龙南鑫辉功能材料有限公司	GR201336000038
38	江西源生狼和医疗器械有限公司	GR201336000039
39	江西日普升能源科技有限公司	GR201336000040

续表

序号	企业名称	证书编号
40	南昌科勒有限公司	GR201336000041
41	江西龙展机械制造有限公司	GR201336000042
42	江西美宝利医用敷料有限公司	GR201336000043
43	江西恒康药业有限公司	GR201336000044
44	江西新瑞丰生化有限公司	GR201336000045
45	南昌贝欧特医疗科技股份有限公司	GR201336000046
46	泰思通软件（江西）有限公司	GR201336000047
47	江西安源通风设备有限公司	GR201336000048
48	江西省分宜驱动桥有限公司	GR201336000049
49	江西运良锻压有限公司	GR201336000050
50	上饶中材机械有限公司	GR201336000051
51	江西双德利机械有限公司	GR201336000052
52	江西强联电瓷股份有限公司	GR201336000053
53	江西中成药业集团有限公司	GR201336000054
54	江西宏科特种合金有限公司	GR201336000055
55	百利精密刀具（南昌）有限公司	GR201336000056
56	江西绿源油脂实业有限公司	GR201336000057
57	江西泰豪集通技术有限公司	GR201336000058
58	赣州市赐彩油墨涂料实业有限公司	GR201336000059
59	吉水县金海天然香料油科技有限公司	GR201336000060
60	江西日增科技有限公司	GR201336000061
61	宜春市金洋稀有金属有限公司	GR201336000062
62	鹰潭荣嘉集团医疗器械实业有限公司	GR201336000063
63	江西省萍乡市三善机电有限公司	GR201336000064
64	江西冠亿砂轮有限公司	GR201336000065
65	江西金辉矿业有限公司	GR201336000067
66	江西康成铜业有限公司	GR201336000068
67	赣州市艾炜特电子有限公司	GR201336000069
68	安福唯冠油压机械有限公司	GR201336000070
69	萍乡市黄冠化工有限公司	GR201336000071
70	江西富尔康实业集团有限公司	GR201336000072
71	江西昌兴航空装备有限公司	GR201336000073
72	江西博大种业有限公司	GR201336000074
73	江西东华机械有限责任公司	GR201336000075
74	江西银河表计有限公司	GR201336000076
75	江西省天驰高速科技发展有限公司	GR201336000077
76	吉安长江生物药业有限公司	GR201336000079

续表

序号	企业名称	证书编号
77	萍乡九州精密压机有限公司	GR201336000080
78	泰和县飞尚林产有限公司	GR201336000081
79	江西诺诚电气有限公司	GR201336000082
80	盛大（吉安）显示技术有限公司	GR201336000083
81	江西华科稀土新材料有限公司	GR201336000084
82	江西金环颜料有限公司	GR201336000085
83	德兴市源森红花茶油有限公司	GR201336000086
84	共青城超群科技有限公司	GR201336000087
85	江西方欣信息技术有限公司	GR201336000088
86	江西正邦动物保健品有限公司	GR201336000089
87	江西禾丰电子机械有限公司	GR201336000090
88	江西电缆有限责任公司	GR201336000091
89	江西华春色纺科技发展有限公司	GR201336000092
90	江西昌昱实业有限公司	GR201336000093
91	江西洪达医疗器械集团有限公司	GR201336000094
92	江西国亿生物科技有限公司	GR201336000095
93	江西新电汽车空调系统有限公司	GR201336000096
94	龙南县京利有色金属有限责任公司	GR201336000097
95	江西工埠机械有限责任公司	GR201336000098
96	江西格雷特压缩机有限公司	GR201336000099
97	南昌济顺制药有限公司	GR201336000100
98	江西煌上煌集团食品股份有限公司	GR201336000101
99	南昌益生生物技术有限公司	GR201336000102
100	江西通用光电应用技术研究所有限责任公司	GR201336000103
101	江西旺大动物科技有限公司	GR201336000104
102	江西海佳电器有限公司	GR201336000105
103	江西车仆实业有限公司	GR201336000106
104	华睿交通科技有限公司	GR201336000107
105	江西凯安铜业有限公司	GR201336000108
106	江西凯马百路佳客车有限公司	GR201336000109
107	江西中科凯瑞环保催化有限公司	GR201336000110
108	南昌中昊机械有限公司	GR201336000111
109	江西省一互电气有限公司	GR201336000113
110	江西丰彩丽印刷包装有限公司	GR201336000114
111	鹰潭市瑞源微型元件有限公司	GR201336000115
112	华意压缩机股份有限公司	GR201336000116
113	安福县天锦食品有限公司	GR201336000117

续表

序号	企业名称	证书编号
114	江西科泰华软件有限公司	GR201336000118
115	江西富山惠田实业有限公司	GR201336000119
116	江西亿铂电子科技有限公司	GR201336000120
117	龙南县中利再生资源开发有限公司	GR201336000121
118	分宜宏大煤矿电机制造有限公司	GR201336000122
119	江西国兴集团兴国齿轮箱拨叉有限公司	GR201336000123
120	江西新威动力能源科技有限公司	GR201336000124
121	江西滕王阁药业有限公司	GR201336000125
122	南昌工控电装有限公司	GR201336000126
123	江西新赣江药业有限公司	GR201336000128
124	南昌金科交通科技有限公司	GR201336000129
125	江西德丽耐磨材料有限公司	GR201336000130
126	江西雄鹰乳业有限公司	GR201336000131
127	江西银涛药业有限公司	GR201336000133
128	江西联晟电子有限公司	GR201336000134
129	江西新卡奔科技有限公司	GR201336000135
130	江西迪创科技有限公司	GR201336000136
131	吉安市优特利科技有限公司	GR201336000137
132	江西水晶光电有限公司	GR201336000138
133	江西索普信实业有限公司	GR201336000139
134	江西迪瑞合成化工有限公司	GR201336000140
135	江西波星机械泵阀制造有限公司	GR201336000141
136	江西科伦医疗器械制造有限公司	GR201336000142
137	江西江隆汽车消声器有限公司	GR201336000143
138	江西同天乐科技实业有限公司	GR201336000145
139	江西欧克科技有限公司	GR201336000146
140	江西沃格光电科技有限公司	GR201336000147
141	赣州福雷斯科技有限公司	GR201336000148
142	九江博美莱生物制品有限公司	GR201336000149
143	江西吉安国泰特种化工有限责任公司	GR201336000150
144	江西麻山化工有限公司	GR201336000151
145	江西大自然制药有限公司	GR201336000152
146	九江消防装备有限公司	GR201336000153
147	江西省萍乡市方圆实业有限公司	GR201336000155
148	江西普正制药有限公司	GR201336000156
149	江西汇天科技有限公司	GR201336000157
150	江西时代高科节能环保建材有限公司	GR201336000158

序号	企业名称	证书编号
151	南昌凯马有限公司	GR201336000159
152	南昌市万华生化制品有限公司	GR201336000160
153	江西艺竹实业有限公司	GR201336000161
154	萍乡市新科环保陶瓷有限公司	GR201336000162
155	九江精达检测技术有限公司	GR201336000163
156	赣州天和永磁材料有限公司	GR201336000164
157	江西天佳动物药业有限公司	GR201336000166
158	江西省开开电缆有限公司	GR201336000167
159	吉安市永安交通设施有限公司	GR201336000168
160	赣州嘉通新材料有限公司	GR201336000169
161	江西铭鑫冶金设备有限公司	GR201336000170
162	江西永通科技有限公司	GR201336000171
163	江西零时网络技术有限公司	GR201336000172
164	萍乡市环球化工填料有限公司	GR201336000173
165	江西美尔光学有限公司	GR201336000174
166	江西金洹生物科技有限公司	GR201336000175
167	江西惠当家信息技术有限公司	GR201336000176
168	南昌艾迪康临床检验所有限公司	GR201336000177
169	江西聚声泰科技有限公司	GR201336000178
170	一按通橡塑制品（万安县）有限公司	GR201336000179
171	江西济民可信药业有限公司	GR201336000180
172	双胞胎（集团）股份有限公司	GR201336000181
173	江西远大保险设备实业集团有限公司	GR201336000182
174	江西华农恒青农牧有限公司	GR201336000183
175	江西省宜春远大化工有限公司	GR201336000184
176	吉安锐迈管道配件有限公司	GR201336000185
177	江西荧光磁业有限公司	GR201336000186
178	江西三龙电气有限公司	GR201336000187
179	丰城市东鹏陶瓷有限公司	GR201336000188
180	江西晨光新材料有限公司	GR201336000189
181	江西泰豪建设数据服务有限公司	GR201336000190
182	江西四通重工机械有限公司	GR201336000191
183	江西宏远化工有限公司	GR201336000192
184	江西生成卫生用品有限公司	GR201336000193
185	江西万向昌河汽车底盘系统有限公司	GR201336000194
186	江西好英王光电有限公司	GR201336000195
187	江西瑞金金字电线电缆有限公司	GR201336000196

续表

序号	企业名称	证书编号
188	赣县金鹰稀土实业有限公司	GR201336000197
189	江西晶科光伏材料有限公司	GR201336000198
190	江西科得玻璃钢有限公司	GR201336000199
191	江西同力合金材料有限公司	GR201336000200
192	江西金葵能源科技有限公司	GR201336000202
193	赣州鑫磊稀土新材料有限公司	GR201336000203
194	江西景新漆业有限公司	GR201336000204
195	江西天河传感器科技有限公司	GR201336000205
196	江西华龙化工有限公司	GR201336000206
197	江西恒顶食品有限公司	GR201336000207
198	永丰航盛电子有限公司	GR201336000208
199	江西开门子肥业股份有限公司	GR201336000209
200	信丰县包钢新利稀土有限责任公司	GR201336000210
201	江西省康舒陶瓷有限公司	GR201336000211
202	高安南特东腾工程机械制造有限公司	GR201336000212
203	广东兴发铝业（江西）有限公司	GR201336000213
204	江西盛泰光学有限公司	GR201336000214
205	江西新金叶实业有限公司	GR201336000215
206	摩比通讯技术（吉安）有限公司	GR201336000216
207	江西希尔康泰制药有限公司	GR201336000217
208	赣州鑫隆康稀土有限公司	GR201336000218
209	赣州泰普化学有限公司	GR201336000220
210	江西四方能源有限公司	GR201336000221
211	九江德福电子材料有限公司	GR201336000222
212	信丰正天伟电子科技有限公司	GR201336000223
213	江西蓝田伟光科技有限公司	GR201336000224
214	江西仙客来生物科技有限公司	GR201336000225
215	鹰潭三川水泵有限公司	GR201336000226
216	江西丰临医疗科技股份有限公司	GR201336000227
217	南昌市一保通医疗信息科技有限公司	GR201336000228
218	江西艾芬达卫浴有限公司	GR201336000229
219	江西海富生物工程有限公司	GR201336000230
220	江西中通比特医学信息技术有限公司	GR201336000231

2. 通过复审的民营高新技术企业

根据《高新技术企业认定管理办法》（国科发火〔2008〕172 号）、《高新技术企业认定管理工作指引》（国科发火〔2008〕362 号）和《关于高新技术企业更名和复审等有关事项的通知》（国科火字〔2011〕123 号）有关规定，经企业申请、江西省高新技术企业认定管理工作领导小组办公室组织专家评审等程序，2013 年两批企业通过复审为高新技术企业，第一批有 21 家，其中民营企业 18 家（见表 4 – 10）；第二批有 23 家，其中民营企业 18 家（见表 4 – 11）。

表 4 – 10　江西省 2013 年第一批通过复审的民营高新技术企业
（发证日期：2013 年 7 月 8 日）

序号	企业名称	证书编号
1	江西杏林白马药业有限公司	GF201336000001
2	萍乡市中天化工填料有限公司	GF201336000002
3	赣州群星机械有限公司	GF201336000004
4	晶科能源有限公司	GF201336000006
5	江西博雅生物制药股份有限公司	GF201336000007
6	奉新赣锋锂业有限公司	GF201336000008
7	江西南昌济生制药厂	GF201336000009
8	巨石集团九江有限公司	GF201336000010
9	江西国桥实业有限公司	GF201336000011
10	宜春市四海电子电控设备有限责任公司	GF201336000012
11	江西普天数据电缆有限公司	GF201336000013
12	江西百胜门控设备有限公司	GF201336000014
13	九江财兴卫浴实业有限公司	GF201336000016
14	江西天新药业有限公司	GF201336000017
15	博硕科技（江西）有限公司	GF201336000018
16	江西瑞思博化工有限公司	GF201336000019
17	江西省飓风化工有限公司	GF201336000020
18	江西泓泰企业集团有限公司	GF201336000021

表 4 – 11　江西省 2013 年第二批通过复审的民营高新技术企业
（发证日期：2013 年 11 月 7 日）

序号	企业名称	证书编号
1	江西联创宏声电子有限公司	GF201336000022
2	江西金虎保险设备集团有限公司	GF201336000023
3	九江科华照明电器实业有限公司	GF201336000025
4	江西恒兴源化工有限公司	GF201336000026
5	南昌市草珊瑚科技产业有限公司	GF201336000027
6	江西铜鼓江桥竹木业有限责任公司	GF201336000029
7	江西怡杉环保有限公司	GF201336000042
8	鸭鸭股份公司	GF201336000032

序号	企业名称	证书编号
9	赣州晨光稀土新材料股份有限公司	GF201336000033
10	江西长城网络有限公司	GF201336000034
11	江西正邦科技股份有限公司	GF201336000035
12	南昌永祺科技发展有限公司	GF201336000036
13	全南县新资源稀土有限责任公司	GF201336000038
14	江西晶安高科技股份有限公司	GF201336000039
15	江西金利达钾业有限责任公司	GF201336000041
17	九江金凤凰装饰材料有限公司	GF201336000043
18	南昌欣磊光电科技有限公司	GF201336000044

3. 通过更名的高新技术企业

根据《高新技术企业认定管理办法》（国科发火〔2008〕172 号）和《关于高新技术企业更名和复审等有关事项的通知》（国科火字〔2011〕123 号）有关规定，经企业申请、江西省高新技术企业认定管理工作领导小组办公室组织专家评审等程序，2013 年两批通过更名的高新技术企业，第一批有 3 家，全部来自民营企业（见表 4 - 12）；第二批有 5 家，其中民营企业 2 家（见表 4 - 13）。

表 4 - 12　江西省 2013 年第一批通过更名的民营高新技术企业

序号	原企业名称	更名企业名称	高企证书编号	变更类型	所属地区
1	景德镇市富祥药业有限公司	江西富祥药业股份有限公司	GR201136000031	简单变更	景德镇市
2	江西江联能源环保股份有限公司	江联重工股份有限公司	GF201136000039	简单变更	南昌市
3	江西合力泰微电子有限公司	江西合力泰科技股份有限公司	GR201136000004	简单变更	吉安市

表 4 - 13　江西省 2013 年第二批通过更名的民营高新技术企业

序号	原企业名称	更名企业名称	高企证书编号	变更类型	所属地区
1	江西恩达家纺有限公司	江西恩达麻世纪科技股份有限公司	GF201236000028	简单变更	新余市
2	江西布兰森科技有限公司	江西布兰森热传输新材有限公司	GF201236000105	简单变更	宜春市

三、科学技术奖获奖名录

江西省科学技术奖分为科学技术特别贡献类、自然科学类、技术发明类、科学技术进步类、国际科学技术合作类，每年评审一次。2013 年，江西省人民政府授予省自然科学奖、省技术发明奖、省科学技术进步奖 3 类。

在江西省自然科学奖一等奖、二等奖和三等奖中，江西省民营企业均未获得。

江西省技术发明奖一等奖空缺，二等奖 3 项，均由民营企业获得，三等奖 6 项，其中 2 项被民营企业获得。

江西省科学技术进步奖一等奖 2 项，二等奖 22 项，其中民营企业获得 8 项，三等奖 52 项，其中民营企业获得 19 项。

（一）技术发明奖（5 项）

一等奖（空缺）

二等奖（3 项）

1. 项目名称：卤水提锂直接制备高纯超细锂盐技术

主要完成人：李良彬（江西赣锋锂业股份有限公司）、邓招男（江西赣锋锂业股份有限公司）、傅利华（江西赣锋锂业股份有限公司）、刘明（江西赣锋锂业股份有限公司）、彭爱平（江西赣锋锂业股份有限公司）。

2. 项目名称：高浑浊海水养殖水域游弋式水下视频监控系统

主要完成人：陈泽堂（江西海豹高科技有限公司）、陈俊（江西海豹高科技有限公司）、邱成（江西海豹高科技有限公司）、赵永科（江西海豹高科技有限公司）、邹辉（江西海豹高科技有限公司）。

3. 项目名称：多晶硅块机加工副产物硅粉回收技术及其产业化应用

主要完成人：章金兵（江西赛维 LDK 太阳能高科技有限公司）、付红平（江西赛维 LDK 太阳能高科技有限公司）、刘渝龙（江西赛维 LDK 太阳能高科技有限公司）、彭也庆（江西赛维 LDK 太阳能高科技有限公司）、李松林（江西赛维 LDK 太阳能高科技有限公司）。

三等奖（2 项）

1. 项目名称：铜钯合金单晶键合丝及其制造方法

主要完成人：徐云管（江西蓝微电子科技有限公司）、彭庶瑶（江西蓝微电子科技有限公司）。

2. 项目名称：小儿热咳口服液

主要完成人：易航（江西济民可信药业有限公司）、彭常春（江西济民可信药业有限公司）、赵友红（江西济民可信药业有限公司）、何纯斌（江西济民可信药业有限公司）、杨明（江西济民可信药业有限公司）。

（二）科学技术进步奖（27 项）

一等奖（空缺）

二等奖（8 项）

1. 项目名称：D－异抗坏血酸（钠）高效生产技术与产业化应用

主要完成人：孙文敬、余泗莲、周强、许正宏、崔凤杰、魏转、余彬、黄达明。

主要完成单位：江西省德兴市百勤异 VC 钠有限公司、江苏大学、河北师范大学、河北化工医药职业技术学院、江南大学。

2. 项目名称：全密封管道式连续生产高热稳性不溶性硫磺

主要完成人：周鸣芳、谭建中、乐望清、曹克强、龚礼邦。

主要完成单位：江西恒兴源化工有限公司。

3. 项目名称：复分解法新工艺制取硝酸钾

主要完成人：赵家春、赵晨、李樱、梁廷刚、熊云生、王艳、张晓东。

主要完成单位：江西金利达钾业有限责任公司。

4. 项目名称：万吨级太阳能多晶硅技术开发及产业化

主要完成人：陈希一、田新衍、孙兵、石安平、聂思武、吴一鸣、郭晓刚、王建鑫。

主要完成单位：江西赛维 LDK 光伏硅科技有限公司。

5. 项目名称：大跨径斜拉桥斜拉索制造关键技术研究及应用

主要完成人：游胜意、张海良、罗国强、倪晓峰、周生根、彭宏、张德勤、王晨。

主要完成单位：奥盛（九江）钢线钢缆有限公司、上海浦江缆索股份有限公司、九江学院。

6. 项目名称：红土镍矿湿法精炼高纯镍技术开发

主要完成人：黄一峰、王德昌、李斌、欧见忠、高波、张跃、刘小平、赵双全。

主要完成单位：江西江锂科技有限公司。

7. 项目名称：40UH－F/40SH－F 风力发电机专用磁钢

主要完成人：舒康颖、毛华云、张毅、秦来顺、刘路军、史宏声、刘薇、刘嘉斌。

主要完成单位：江西金力永磁科技有限公司、中国计量学院。

8. 项目名称：THLM1320PT－AC 高防护等级集装箱式静音电源

主要完成人：邓建广、傅学东、陈劲华、陈亮、邓鹏、蔡建伟。

主要完成单位：泰豪科技股份有限公司。

三等奖（19 项）

1. 项目名称：江西米粉专用稻金优 L2 的选育与产业化

主要完成人：钟跃毅、周奇、胡兰香、刘会生、陈红萍、廖会花。

主要完成单位：赣州广根农作物种子研究开发有限公司、江西省农业科学院水稻研究所。

2. 项目名称：东乡花猪保护、开发与利用技术

主要完成人：万明春、雷升荣、谷德平、储怡士、吕小明、周泉勇。

主要完成单位：东乡县欣荣农牧发展有限公司、江西省农业科学院畜牧兽医研究所。

3. 项目名称：双胞胎乳猪奶粉乳猪配合饲料

主要完成人：王勇飞、晏学辉、尹荣华、车政权、黄春玲、谢正军。

主要完成单位：双胞胎（集团）股份有限公司。

4. 项目名称：双热源智能温湿控制系统及阳光房在工厂化蛇类养殖中的应用研究

主要完成人：王志美、李丕鹏、王志岩、陆宇燕、汪玉如。

主要完成单位：萍乡衍龙生态王蛇科技有限公司、沈阳师范大学。

5. 项目名称：虫生广布拟盘多毛孢的开发和应用

主要完成人：梁小文、黄宝灵、黄亮文、陈晓燕、方丽英、吕成群。

主要完成单位：江西天人生态股份有限公司、广西大学、广西壮族自治区森林病虫害防治站。

6. 项目名称：特香型酒窖泥的培养与应用

主要完成人：吴生文、刘建文、曾婷婷、黄小晖、肖美兰、谢小兰。

主要完成单位：四特酒有限责任公司。

7. 项目名称：浅色低磷低铁二聚酸

主要完成人：吴中将、周其飞、王拥军、陈飞、杨期勇、王建国。

主要完成单位：九江力山环保科技有限公司。

8. 项目名称：新型高活性宽温脱硝催化剂

主要完成人：郭松林、孙鲲鹏、王明刚、彭剑峰。

主要完成单位：江西中科凯瑞环保催化有限公司。

9. 项目名称：低能耗高纯度板状刚玉的研制

主要完成人：黄波、张文中、李明辉、李斌、周欣。

主要完成单位：萍乡市黄冠化工有限公司。

10. 项目名称：高纯电积钴生产工艺开发及应用

主要完成人：熊以俊、薛国元、胡昌、黄仁如、钟国雄、曾金玉。

主要完成单位：赣州逸豪优美科实业有限公司。

11. 项目名称：大型舰船专用空调机组

主要完成人：毛勇、程其林、陈敏峰、吴瑾、熊德琅、席建成。

主要完成单位：泰豪科技股份有限公司。

12. 项目名称：JXK6120AG 太阳能辅助能源纯电动城市公交客车

主要完成人：晋维宙、王心宏、郭凡、朱家荣、罗丙荷、刘伟。

主要完成单位：江西凯马百路佳客车有限公司。

13. 项目名称：2－300 千瓦大容量高机动低噪声方舱电站

主要完成人：万新云、陈永清、罗云行、刘新根、熊小朝、吴克臣。

主要完成单位：江西清华泰豪三波电机有限公司。

14. 项目名称：LCL28086 电容式触摸屏

主要完成人：王志勇、陈良、陈辉、徐洪斌、刘冬发、魏华进。

主要完成单位：江西联创电子有限公司。

15. 项目名称：博微输变电工程工程量清单计价软件

主要完成人：周利、刘岳、马海东、李礼、赵力、范师尧。

主要完成单位：江西博微新技术有限公司。

16. 项目名称：高性能、大尺寸陶瓷增强蜂窝活性炭

主要完成人：陈大博、吴国强、齐昌春、周海松、余琴仙。

主要完成单位：景德镇佳奕新材料有限公司、中机工程（西安）启源工程有限公司、深圳市普利化工材料有限公司、广州曾骏活性炭有限公司。

17. 项目名称：高纯度加巴喷丁的制备新方法

主要完成人：蒋元森、楼科侠、黄国军、张达、张少伟、蒋慧纲。

主要完成单位：江西同和药业有限责任公司、宁波九胜创新医药科技有限公司。

18. 项目名称：新型技术制备乌司他丁工艺开发及应用

主要完成人：杨华英、万偲、杨丽琴、张素芳、魏超娟、夏鑫水。

主要完成单位：南昌市浩然生物医药有限公司。

19. 项目名称：冰连滴耳剂技术应用

主要完成人：蔡军民、张从俊、谢国龙、王华学。

主要完成单位：江西科伦药业有限公司。

四、国家级科技创新平台及其成就

2013 年，江西民营企业在获批"国字号"科技创新平台方面取得了一些突破，新增国家级企业技术中心 2 家：崇义章源钨业股份有限公司技术中心、江西三川水表股份有限公司技术中心；通过验收国家工程技术中心 1 家：国家光伏工程技术研究中心（依托江西赛维LDK 太阳能高科技有限公司）；新增国家地方联合工程研究中心（工程实验室）2 家：锂基新材料国家地方联合工程研究中心（依托江西赣锋锂业股份有限公司）、复合材料锂电池制造技术国家地方联合工程研究中心（依托江西省福斯特新能源有限公司）。

（一）崇义章源钨业股份有限公司技术中心

崇义章源钨业股份有限公司，位于"世界钨都"——江西省赣州市的崇义县，始创于 2000 年，是国内集钨的采选、冶炼、制粉、硬质合金与钨材生产和深加工、贸易为一体的大型钨行业骨干企业，于 2010 年在深交所上市（002378.SZ）。章源钨业始终把科技创新作为发展引擎，在强大的钨资源保障、先进的钨冶炼、制粉技术基础上，依托技术中心雄厚的自主研发实力和资金保障，瞄准世界钨精深加工前沿领域，不断提升企业核心竞争力，将章源钨业建成一个钨资源勘探、采选、冶炼、精深加工及相关产业协同发展，国内领先、具有较强国际竞争力的钨企业。

1. 绿色矿山构筑资源保障基地

公司下辖淘锡坑钨矿、新安子钨锡矿、石雷钨矿、天井窝钨矿、长流坑铜矿五座采矿权矿山，保有钨储量 9.6 万吨，占全国总量的 5.33%，采选技术成熟，符合国家绿色矿山建设标准，矿山服务年限达 30 年。

拥有东峰、石圳、白溪、碧坑、长流坑、石咀脑、龙潭面 7 个探矿权矿区，找矿前景广阔，为构筑雄厚的钨资源保障基地奠定了扎实的基础。

2. 科技创新引领跨越之路

始终把科技创新作为发展引擎，坚持自主创新与政产学研用相结合，累计投入超亿元，引进国外先进研发、检测装备 200 余台（套），建立了以技术中心为核心的创新平台与创新体系，中国地质科学院博士工作站、中南大学博士后研究基地、江西理工大学研究生教育创新基地、赣南科学院钨业研究所、江西省钨制品工程技术研究中心均依托技术中心设立，技术中心于 2013 年通过"国家认定企业技术中心"。

开发专利专有技术 130 余项，起草、参与起草国家/行业标准 5 个，冶炼和粉末生产工艺国际领先，硬质合金生产工艺国内领先，首创白钨铵盐不变体系闭路冶炼新工艺，全球率先实现黑白钨矿高效绿色冶炼，全球首家工业化生产超细钨粉和超细碳化钨粉。其中，"白（黑）钨矿洁净高效制取高性能钨粉体成套技术及产业化"等荣获"国家科技进步二等奖"。

3. 定位世界一流，彰显产业优势

公司在强大的钨资源保障、先进的钨深加工技术的基础上，瞄准世界钨精深加工前沿领域，以创世界一流钨企业为目标，在子公司连续建设了高性能钨基硬面材料和高性能、高精度硬质合金涂层刀片生产线。其中高性能、高精度涂层刀片（一期）由全资子公司赣州澳克泰工具技术有限公司承建。项目（一期）总投资 6.2 亿元，于 2011 年 4 月开工建设，

2012 年底竣工生产。该项目按照"技术、装备、自动化程度世界一流"标准建设，达产后可年产 1000 万片（100 吨）硬质合金涂层刀片。

2013 年 4 月 7 日，国土资源部公布第三批国家级绿色矿山试点单位名单，江西省共有 9 座矿山入选，章源钨业下属矿山淘锡坑钨矿、新安子钨锡矿两座矿山名列其中。淘锡坑钨矿、新安子钨锡矿均是 20 世纪 90 年代公司从老国营矿山接手改制而来的。一直以来，公司高度重视资源开发与环境保护的和谐发展，按照"节约发展，清洁发展，安全发展"思路，投入数亿元对这两座矿山进行环保基础设施建设和生产工艺流程技术改造，通过积极实施井下低品位资源综合回收、精选厂、尾砂干排等重大技改和清洁生产项目，不仅解决了老国矿历史遗留的环境治理问题，而且实现了主矿种与伴生矿种的同步高效开发回收与综合利用，矿山采选废水和生活废水等三废指标均达到国家一级排放要求。

据 2013 年 4 月 18 日工业和信息化部官网公布信息，根据《钨行业准入条件》、《锡行业准入条件》、《锑行业准入条件》和《钨锡锑冶炼企业准入公告管理暂行办法》，经省级工业和信息化主管部门核实推荐，工业和信息化部初审和专家复核，章源钨业成功入围第一批公告的"符合钨、锡、锑行业准入条件企业名单"，另有 15 家企业入围。

2013 年 4 月 24 日，江西省知识产权局组织专家对公司进行《企业知识产权管理规范》试点现场验收。验收组通过查阅、核实体系文件和现场问询的形式，经过认真审核，最终评定章源钨业为《企业知识产权管理规范》国家标准基础指标达标单位。章源钨业历来十分重视知识产权的科学规范管理，已拥有良好的知识产权管理基础。早在 2006 年 12 月就被列入江西省首批企事业知识产权试点单位，并于 2010 年 1 月顺利通过试点验收。2011 年 5 月，公司委托专业咨询机构制定了知识产权战略解决方案，并于 2012 年 12 月顺利通过了江西省知识产权局组织的验收，并被江西省知识产权局列为全省首批《企业知识产权管理规范》试点单位。2013 年 1 月 14 日，公司知识产权管理体系文件正式颁布实施，经过 3 个月的推广与运行，体系文件充分、适宜、运行有效，并最终通过了江西省知识产权局组织的企业知识产权管理规范试点验收。

2013 年 4 月 28 日，章源钨业顺利通过 OHSAS18001：2007 职业健康安全管理体系认证。这一职业健康安全管理体系与公司已运行成熟的 ISO9001：2008 质量管理体系、ISO14001：2004 环境管理体系的"三合一"有机融合，标志着公司管理标准化、规范化水平又上一个新台阶。

2013 年 10 月，根据《财政部关于下达 2013 年度清洁生产示范项目补助（奖励）资金的通知》（财建〔2013〕481 号）获悉，章源钨业"白（黑）钨矿洁净高效制取超高性能钨粉体成套技术产业化清洁生产示范项目"被列为国家 2013 年清洁生产示范项目，获得专项补助资金 950 万元。

2013 年 11 月，在江西领军企业 50 强调研活动工作总结座谈会上，江西省生产力学会、国家统计局江西调查总队联合公布了江西领军企业 50 强名单，章源钨业成功入选。此次调研抽调了 6 位专家学者组成专家评审组，对全省 196 个营业收入过亿元的企业进行综合评价，主要内容包括盈利、营运、发展、管理、创新能力、环境保护、安全生产、履行公益 8 个方面，最终评选出了江西领军企业 50 强。

（二）江西三川水表股份有限公司技术中心

江西三川集团有限公司始建于 1971 年，2004 年组建集团公司，拥有三川股份、三川水泵、三川置业、三川铜业、三川生态园 5 家控股子公司和 1 家省级工程技术中心，建有国内首家水表博士后工作站，是一家集生产、销售、研发于一体的现代企业集团。其中三川水表在深圳证券交易所创业板挂牌上市，是国内首家以水表为主业的上市公司，也是江西省第一家在创业板上市的公司。公司上市后，成立了技术中心，企业进入了技术创新能力建设和快速发展阶段。2012 年集团公司实现工业总产值 10.5 亿元，实现利税 1.35 亿元。2013 年 11 月 26 日，三川水表技术中心被国家发改委、科技部、财政部、海关总署、税务总局联合认定为国家级企业技术中心。这是迄今为止，国内水表行业唯一一家国家级技术中心。

从一个 20 余人的小作坊式的集体企业，到一个拥有员工 1000 余人的现代高科技企业集团；从传统水表年产量不足 10 万只，到集生产、销售、研发于一体，水表年生产能力达 1000 万只，国内市场占有率连续十二年位居第一……三川集团的发展历程，印证着三川人锐意进取的坚强意志和做强做大水工产业的必胜信心。如今，三川集团又勾画出以三川股份为核心，以智慧水务和环保水工为两翼的发展新格局，力争 3 年、确保 5 年内把三川水表做成全国绿色水工先行者、全球产销量最大的水表生产企业。

1. 创新崛起，夯实产业之基

提到水工产业，自然不能不提三川集团。中国十大水表品牌、中国驰名商标、中国名牌、国家高新技术企业……都是属于三川的荣光。

走进江西三川水表股份有限公司的智能表生产车间，这里整洁有序，焊接、组装、测试、校表、抽检……各个环节流畅而紧凑，就是在这里，平均每天有近 2 万只智能水表诞生。目前，三川股份建有江西三川、山东三川南北两大生产基地，水表年生产能力 1000 万只。产品覆盖中国大陆，远销东南亚、美洲、非洲等海外市场。

人们可能无法想象，如今是国内水表行业龙头的三川集团，曾经经历过生死考验，旗下三川股份更是来之不易。

三川发展历程当中的"生死关口"在 1986 年这一年，国家实行水表生产许可制度，全国 300 多家水表厂淘汰为几十家，三川公司这样的"小作坊"非生即死。于是，一场"轰轰烈烈"的"打砸运动"在三川的前身——鹰潭市水表厂展开：大刀阔斧地改革分配制度，打破"铁饭碗"、取消"大锅饭"，在鹰潭市生产领域率先推行计件、计时工资，销售人员按销售数额和资金回笼提取报酬，这些举措大大激发了员工的产销积极性。1986 年在国家出台水表制造许可证制度 3 个月后，企业顺利拿到全国首批生产许可证，经过"大换血"之后的三川重获新生。"三川"从此崛起。

在三川人看来，没有创新发展就没有三川集团的今天。公司的创新起步于最艰难的经营体制改革，在打破"铁饭碗"后，1992 年，公司又实施了一项当时看起来更大胆的创新：将鹰潭水表厂改制为三川股份有限公司，首开江西省集体所有制企业推行股份合作制改革的先河，成为全省第一批推行股份合作制改革的集体所有制企业。改制当年，企业各项主要经济指标均以 20% 以上的幅度增长。

2000 年，三川成功收购原国家二级企业鹰潭水泵厂，并对其进行现代企业制度改造。目前，三川牌大中型排灌水泵生产能力与产销量均位居国内前五强。2003 年，在进入鹰潭工业园区后，三川又更进一步对公司进行了一次符合现代企业制度的改革，对原有不够规范的股权进行了整合，并将产品经营与资本经营有机结合起来，发起成立了江西三川集团有限公司。这为三川集团进入资本市场创造了必要条件，也为公司进一步拓宽发展道路奠定了基础。

2. 绿色水工，引领行业之先

制度创新是企业制胜的关键因素，而产品创新则是企业生存与发展的命脉，三川集团的管理者深深懂得，企业的核心竞争力就在于产品的质量与功用，只有勇于推陈出新、始终走在时代前列的企业，才能在激烈的市场竞争中发展壮大。为此，三川集团发展的总体思路是：以市场需求为导向，以形成新经济增长点为核心，以产品"适度超前"为目标，奋力跻身新的市场需求前沿。

早在 20 世纪 90 年代，公司就组织科研人员及时研制出耐腐蚀流量计，填补了国内速度式耐腐蚀流量计的空白，产品获国家专利，并获省优质新产品奖。接着公司又针对盗水现象，组织研制了水表防盗水装置。由于该装置结构简单，设计科学，安装方便，受到各地自来水公司的普遍欢迎，并获国家实用新型专利。

接着，公司又研制出民用水表的升级换代产品——网络智能远传水表。2000 年，三川组织科研团队研制出节水型水表（滴水计量表），水表始动流量控制在每小时 2 升以内，远高于国家标准要求。之后，公司的多路共管供水系统、智能化集成化水务管理系统、智能代码式预付费水表等一系列新型国家专利不断推出，先后荣获 40 项国家专利。

现在，三川集团再一次瞄准产业发展的前沿，向绿色水工产业进发。随着生态文明的推进，人民生活质量的提高，人们对饮用水卫生要求也不断提升。目前市场上销售的铁制、铜制、塑料制、铝合金制的表、阀、龙头等产品，或造成饮用水二次污染，或使用寿命短，已经不能满足人们的需求。消费者呼唤着一种不会造成饮用水二次污染的新型水工产品能够早日投放市场。

这个时候，三川人站了出来。在历经两年多的研发、试制后，2012 年，三川集团在全国水表行业率先推出一种新型水表——全不锈钢精钢水表。这种水表采用食品级不锈钢材质制造，不管是在饮水安全、环境保护还是防腐性能、抗老化及重复利用上，都是一种革命性的创造，不但节约能源，而且环保卫生，人们再也不必担心饮用水质会遭受二次污染，有效地保证了消费者的用水安全。与此同时，三川集团还研发了同样材质的水管、水泵、阀门、龙头、管接头等一系列绿色给水设备和管道，为广大消费者喝上干净水提供了全方位的保障。

2013 年 7 月，工信部科技司发布的 2013 年工业品牌培育试点企业名单中，江西三川水表股份有限公司榜上有名，成为全国 262 家试点企业之一，也是江西省 11 家试点企业中的一员，水表行业唯一入围此名单的企业，为继续做大做强企业品牌文化，推动品牌影响力扩大奠定了基础。三川股份先后荣获中国名牌、国家免检、中国驰名商标、全国用户满意产品、建设部推广产品、中国水协推荐产品等称号。

（三）国家光伏工程技术研究中心（江西赛维 LDK 太阳能高科技有限公司）

国家光伏工程技术研究中心依托新余赛维 LDK 公司，于 2009 年获科技部批准立项组建。赛维 LDK 太阳能高科技有限公司是全球领先的垂直一体化光伏产品生产商，公司生产多晶硅料、单晶、多晶硅锭、硅片、电池片、组件，同时参与系统安装、电站建设并提供解决方案。公司在新余、南昌、苏州都拥有制造基地。

赛维 LDK 于 2005 年 7 月在江西新余注册成立，2006 年 4 月投产，2007 年 6 月 1 日，公司在美国纽交所成功上市，股票代码"LDK"，融资达 4.86 亿美元，成为江西省第一家在美国上市的企业，是中国新能源领域最大的一次 IPO。2008 年，赛维 LDK 实现销售收入突破 120 亿元，成为最年轻的中国 500 强企业，中国科技十强企业，也是江西唯一销售收入过百亿的民营高科技企业。2009 年，赛维 LDK 成为世界上唯一年销售量突破 1000 兆瓦的光伏企业，硅片全球市场份额接近 20%。2010 年，公司销售收入突破 200 亿元，成为全球出货量最大，盈利能力最强的光伏企业。2011 年，公司销售量及市场份额继续逆势上扬。2012 年，公司通过高效多晶硅片 M2、M3 等高效产品继续开拓市场。2013 年，公司继续深入研发高效优质产品，以期在困境中不断发展。

赛维 LDK 非常重视技术研发投入。2005 年 7 月正式注册后，10 月成立上海交通大学—LDK 太阳能研发实验室，2007 年 2 月成立南昌大学—LDK 太阳能研究中心。2009 年 10 月，经过对国内多家光伏龙头企业的筛选，赛维 LDK 最终以完整的产业链、强大的技术队伍、完善的技术设备和丰硕的科研成果脱颖而出，获得科技部批准组建"国家光伏工程技术研究中心"。国家光伏工程技术研究中心总投资 6 亿元，其中科技部拨款 300 万元，江西省科技厅及地方拨款 1000 万元，组建期限为 3 年。赛维 LDK 作为我国光伏产业的龙头企业，确定为研究中心的依托单位。目前，赛维 LDK 正围绕着硅原料的生产、配料、更大的硅锭、长晶过程的优化、更薄的硅片、成品率的提高以及更好质量的硅片开展一系列的研发。

国家光伏工程技术研究中心实行管理委员会领导下的中心主任负责制，由 11 名院士、教授及企业专家组成的技术委员会进行技术指导，170 位专职科研人员组成研发队伍。其不仅拥有硅料、硅片、组件及应用研发中心和中试线，电池研发中心，晶体和薄膜电池中试线，还具备千瓦级光伏系统应用示范站和光伏产品检测中心。做到了产业链各个环节全覆盖。

该中心组建 3 年来，赛维 LDK 投入超 6 亿元以支持中心建设。与此同时，该中心的研发队伍及创新成果，也为赛维 LDK 提供了不少帮助。例如，通过技术转让或技术合作，有近 30 项技术转让为中心创造了近 3000 万元的直接经济效益收益；与北京京运通、江西中材合作，中心研制成功了全球首台 G6 多晶铸锭炉，创造出行业首个 800 千克大硅锭，使中国多晶铸锭技术从单纯引进跻身于世界前列；中心自主研发的高效多晶硅片，电池效率跃升了0.5 个百分点，相当于 4 亿元的经济效益，这一工艺技术已在行业广泛使用，大大提升了我国多晶硅电池在国际市场的竞争力。

经过 3 年多建设，该中心努力克服光伏市场低迷的影响，顺利完成组建和验收的各项工作，累计承担国家级科研项目 5 项、省级科研项目 18 项、企业委托研发项目 100 余项，制定和参与制定国家、行业标准 14 项，通过认证 10 项。2013 年 9 月和 11 月，科技部组织验收委员会对该中心分别进行了现场评估和综合评议验收，验收委员会专家一致认为，该中心已完成了可行性论证报告和计划任务书要求的各项组建任务，圆满实现了预期组建目标，达到了验收标准，并正式命名。这是国内光伏行业首个国家工程技术研究中心。

2013 年 11 月，赛维 LDK 又凭借江西省第一的 187 项专利数，被国家知识产权局认定为第一批国家级知识产权优势企业，此次江西省仅有 4 家企业获此殊荣。目前，赛维 LDK 获取专利数量名列江西省所有企业第一位。

（四）锂基新材料国家地方联合工程研究中心（江西赣锋锂业股份有限公司）

锂基新材料国家地方联合工程研究中心的主要依托单位是江西赣锋锂业股份有限公司，其主要任务是高端深加工锂产品及锂原电池、锂离子电池关键材料及新产品开发，以满足国内外锂资源提取和锂电产业发展的迫切需求。江西赣锋锂业股份有限公司成立于2000年3月，总部位于江西省新余市，2010年8月10日在深圳股票交易所中小企业板正式挂牌上市，成为中国锂行业首家上市公司。

赣锋锂业公司是专业从事于锂铷铯和锂电新材料系列产品研发、生产及销售的国际知名企业，经过十余年的快速发展，已成为中国深加工锂产品行业的龙头企业，是全球最大的金属锂生产供应商，拥有特种无机锂、有机锂、金属锂及锂合金等系列产品。先后开发了金属锂（工业级、电池级）、碳酸锂（电池级）、氯化锂（工业级、催化剂级）、丁基锂、氟化锂（工业级、电池级）和锂电新材料系列等30余项国家级和省级重点新产品，广泛应用于新医药、新材料、新能源领域，是国内锂系列产品品种最齐全、产品加工链最长、工艺技术最全面的专业生产商，产品远销到美国、日本、韩国、中国台湾、欧盟及东南亚等国家和地区。

该公司是国内唯一同时拥有"卤水提锂"和"矿石提锂"产业化技术的企业，拥有全球最大的金属锂生产加工基地，金属锂销量占据全球25%以上的市场份额，拥有国内领先的金属锂冶炼和低温真空蒸馏提纯技术，金属锂超薄锂带加工技术世界先进，锂带厚度可以控制在0.07毫米以下。同时，公司还是全球最大的锂再生资源规模化综合利用的企业、是国内唯一专业化规模化供应丁基锂的企业，在全球市场占有重要地位。

科技创新助力赣锋锂业抢占行业制高点。2008年爆发的国际金融危机，让赣锋锂业置身于风雨飘摇中——工业级金属锂国际国内市场需求量急剧下降，日本、印度、欧美等客户纷纷减少采购计划。由于工业级金属锂产品大量滞销，企业库存量一度达到200多吨，仅库存产品就达6000多万元，闲置设备和闲置的备品备件价值超过1000万元。市场的急剧变化，使得企业产能过剩，流动资金出现短缺，生产经营遭遇前所未有的困难。

如何在困境中求生存，在逆境中求发展？董事长李良彬痛苦而清醒地认识到，企业必须转型升级，否则难以为继。他果断决定，缩小基础锂产品规模，全力建立年产200吨电池级金属锂和年产2000吨电池级碳酸锂的高端产品生产线。半年后，这两条生产线建成，当年即实现了产品销售，弥补了工业级金属锂和工业级碳酸锂销量降低带来的损失。截至2009年，企业的销售收入不但没有降低，反而有小幅提升。从此，赣锋锂业走上了一条以科技创新为导向的转型之路。

以科技创新为导向，赣锋锂业建立了三层结构的技术创新体系，并持续升级科研设备，不断引进科技人才。2004年，公司成立了总部企业技术中心；2006年，成立奉新赣锋锂业有限公司技术中心；2008年，企业技术中心被江西省工信委认定为省级企业技术中心；2011年成立赣锋电池有限公司技术中心，2012年被江西省科技厅认定为江西省锂电新材料工程技术研究中心，2013年被江西省中小企业局认定为江西省省级中小企业公共服务示范平台。

作为全球唯一一家同时掌握卤水提锂、矿石提锂、回收锂化合物提锂的企业，赣锋锂业在国内首家突破卤水提锂直接制备电池级碳酸锂、无水氯化锂技术；攻克锂云母提锂世界性难题，建成全球首条氯化钠压浸法锂云提锂生产线和全球最大的矿石提锂产业化示范基地；

承担了包括国家 863 计划项目、国家产业振兴与技术改造项目等省级以上项目 30 余项。2013 年 1 月，新余国家高新技术产业开发区被科技部认定为国家锂材料及应用高新技术产业化基地，赣锋锂业成为国家级基地的龙头企业；2013 年，赣锋锂业分别被国家发改委认定为锂基新材料国家地方联合工程研究中心，被国家人力资源与社会保障部批准设立博士后科研工作站，被科技部认定为国家火炬计划重点高新技术企业。

公司近年来坚持每年投入销售收入的 3.5% 以上作为研发经费，不断开发新产品、新工艺与新技术，完成了单一产品向多样化转型，基础锂产品向高纯锂产品转变。迄今，赣锋锂业已开发国家级重点新产品 3 个，省级重点新产品 20 多个，获授权国家发明专利 28 项，实用新型专利 22 项，主持起草国家标准 3 个，行业标准 9 个，荣获江西省技术发明奖二等奖 3 项，承担了包括国家 863 计划、国家产业振兴与技术改造计划在内的国家级项目 13 项，江西省锂电重大专项、江西省高新技术产业化重大项目等项目 11 项，填补国内锂行业多项空白。

（五）复合材料锂电池制造技术国家地方联合工程研究中心（江西省福斯特新能源有限公司）

复合材料锂电池制造技术国家地方联合工程研究中心的主要依托单位是江西省福斯特新能源有限公司，研究中心的主要任务是动力储能型锂离子电池成组技术、循环寿命、成本与安全等方面研究，以突破锂电及电动汽车产业中技术研发和产业化的核心关键技术。

在全球新能源产业革命的浪潮中，锂电动力新能源无疑成为引领未来产业经济发展的一股主流，并已成为世界经济版图竞争的热点。江西宜春依托世界储量最大的锂矿山基地等资源优势，强势推进锂电新能源产业，拥有国家经济技术开发区、中国首个国家级锂电新能源高新技术产业化基地及"亚洲锂之都"等国家级名片。江西福斯特新能源集团正是其中的佼佼者。

福斯特新能源集团公司成立于 2009 年 7 月，是一家专业从事集锂离子电池研发、生产、销售于一体的高新技术企业。公司坐落于国家锂电新能源高新技术产业化基地——江西宜春经济开发区，占地 700 余亩。目前，日产 18650 型锂离子电池 80 万支，年产值 10 亿元，公司产品主要为圆柱形电池、方形锂电池、聚合物锂电池，广泛应用于手机、笔记本电脑、电动工具、电动自行车、电动摩托车、电动汽车、太阳能储能电源、风能储能电源、基站储能电源等领域。

江西省福斯特新能源有限公司成立之初就非常重视技术研发与创新，且发展迅猛。2009 年 7 月注册成立，2010 年 4 月福斯特首批锂电池投产，并获颁"国家锂电新能源高新技术产业化基地首批锂电池生产纪念"牌匾，2011 年 5 月，福斯特风光互补发电系统用锂离子电池的产业化开发研究项目获批 2010 年江西省重大科技专项计划项目；2011 年 9 月，福斯特被认定为高新技术企业；2012 年 1 月，福斯特被认定为 2011 年优秀创新型企业；2012 年 3 月，福斯特公司获批承建江西省锂电池工程研究中心；2012 年 10 月，公司自主研发的含锂负极材料复合锂动力电池通过江西省重点新产品技术鉴定，为国内领先水平；2012 年 11 月，福斯特公司高能电池技术创新团队被认定为江西省优势科技创新团队；2013 年 1 月，福斯特承建"江西省锂离子动力电池工程技术研究中心"；2013 年 6 月，福斯特年产 8000 万 Ah 高性能合锂动力电池产业化项目获批 2012～2013 年省战略性新兴产业投资引资资金重大项目计划（第一批）；2013 年 7 月，福斯特承建的宜春市锂电产业服务平台获得 2013 年中央预算内投资国家服务业发展引导资金计划项目；2013 年 10 月，福斯特公司承建国家发改委批复的复合材料锂电池制造技术国家地方联合工程研究中心。

福斯特是国内产销规模最大的圆柱形锂离子电池生产企业，全球排名第三，仅次于三星、松下；在国内锂离子电池行业规模仅次于比亚迪、比克，是专业研发与制造高品质锂电池、电芯的大型企业，国家级高新技术企业，同时也是亚太地区乃至国际市场最有影响力的厂商之一。子公司遍布湖南、云南、深圳、天津、北京等地，20 多个生产基地遍布全国各地，有专业的研发团队和研发中心，国内外市场占有量名列前茅，是中国最大的锂电池制造企业之一。

第五章　工商联与商会组织

一、工商联概况

江西省工商联正式成立于 1952 年 11 月，为了对外工作需要，与国际接轨，经省委批准，1994 年增挂"江西省总商会"会牌。2012 年 7 月召开第十次会员代表大会，完成换届工作。省工商联十届执委会常委 99 人，执委 150 人。

江西省工商联第十次会员代表大会选举产生了江西省工商联（总商会）第十届执委会主席（会长）、第一副主席（副会长）、专职副主席（副会长）、兼职副主席，江西省总商会兼职副会长、第十届执委会秘书长，如表 5 - 1 所示。

表 5 - 1　江西省工商联领导班子成员

职务	姓名
省工商联主席（会长）	雷元江
省委统战部副部长、省工商联党组书记、第一副主席（副会长）、省非公党工委书记	刘金炎
省工商联副主席（副会长）	谭文英
省工商联党组成员、副主席（副会长），非公党工委副书记	洪跃平
省工商联党组成员、副主席（副会长）	刘星平
省工商联巡视员	于也明
省工商联党组成员、秘书长	叶元斌
省工商联党组成员	朱琦
江西省工商联兼职副主席	张果喜、王再兴、温显来、熊贤忠、彭小峰、徐桂芬（女）、王雪冬、叶青、张华荣、王翔、林印孙、查加智、陈苏、廖昶、郑元豹、朱留洪、张黎明、邱小林、陈东旭、罗邦平、钟崇武、徐建新
江西省总商会兼职副会长	陈年代、于果、王华林、王志军、张文木、邱文奎、陈志胜、陈康平、易斌、南金乐、曹国洪、章新明、黄泽兰、黄祖渊、龚斌、游建平、程长仁（女）、詹慧珍（女）、管飞

二、工商联工作

（一）参政议政

工商联充分发挥参与政治协商，发挥民主监督作用，积极承担参政议政职能和任务。2013 年省工商联在省政协十一届一次会议上共提交七个提案（见表 5 - 2）。

表 5 - 2　江西省工商联提案一览表

序号	提案名
提案一	以改革创新精神推动非公有制经济跨越发展
提案二	促进小额贷款健康发展破解小微企业融资难题
提案三	建议发挥融资性担保公司作用缓解民营企业融资难
提案四	打造江西"三色"旅游强势区域品牌
提案五	建议积极为文化创意企业创造更好的融资环境
提案六	建议加强对工商联的行政资源配置
提案七	推进江西生猪养殖业规模化发展的几点建议

提案一：以改革创新精神推动非公有制经济跨越发展

2012 年上半年，江西非公经济占全省 GDP 的 56%、税收总额的 65.8%、出口总额的 94.3%、二三产业就业总量的 76.8%；2012 年第三季度，非公经济占全省投资总额的 75.3%、工业增加值的 76%。非公经济已成为江西经济发展的主动力。但江西非公经济发展仍然存在诸多困难和问题。一是产业层次低、企业竞争力弱。2011 年民营企业 500 强中，浙江省 142 家、江苏省 108 家，江西省仅 5 家，在中部 6 省中排名第 5。江西非公龙头企业少、产业层次低、经营管理水平低、缺乏核心竞争力。随着能源、矿产、原材料成本，劳动力成本和环保成本的上升，江西大量中小微非公企业利润微薄，缺乏可持续发展能力。二是融资困难。江西地方金融企业实力弱、数量少，民营金融企业发展滞后，中小微非公企业资本运作能力差，融资困难，融资成本过高。三是税费负担重。由于江西非公企业虽有一些数量但缺少上规模企业，各种税费负担只能由现有企业承担，小微非公企业也要承担不少的税费和捐赠。四是技术创新能力差。江西缺乏研究型大学和大型科研机构，社会各界对知识、技术和人才的重要性缺乏认识，难以吸引优秀人才，罕见自主创新型科技企业，非公企业缺乏自己的研发力量，非公企业新产品主要技术依靠从本企业外引进。

面对江西非公企业发展存在的问题和差距，我们应当大力弘扬改革创新精神，着力破解制约非公企业发展的瓶颈。建议：

（1）创造良好政务环境。在我国社会主义市场经济发展中，各级地方政府掌握了大量发展资源，地方政府的开明、开放程度和智慧高低决定了区域经济竞争力强弱。建议省委省政府召开全省推动非公有制经济跨越发展大会，出台《大力推动非公有制经济跨越发展的意见》，进行高规格、大手笔的战略谋划布局，发改、工信、财税、商务、司法、工商、金融等部门出台可操作性强的专项实施细则，切实优化非公经济发展人文、政策和法制环境。着力在全省上下形成大力推动非公经济跨越发展的共识和合力，利用振兴苏区政策，加大招商选资力度，高效实施国家战略，并将创新创业、非公经济发展列入年度考核，创造鼓励、支持和引导非公经济转型升级、可持续发展的良好政务环境。

（2）构建高效协调机制。各部门、各单位在扶持非公经济发展方面存在各行其是的现象，协调机制不够通畅有效，难以形成互补性合力。建议以省委名义，将中共江西省非公有制经济组织工作委员会更名为中共江西省委非公有制经济工作委员会，下设专门办公室作为协调机制承办单位，统筹负责非公经济政策制定、监管工作协调、扶持资金协调和发展环境的监控优化，建立非公经济信息资源共享机制，协调降低市场准入门槛、精减行政审批项目、联合统一执法、降低税费负担。

（3）发展投资融资服务。积极协调监管机构，设立贷款风险补偿基金，扶持民间资本投资兴办各类金融企业。各级政府按财政收入一定比率建立非公经济发展专项基金，用于引导民间投资，调动民间资本合作兴办担保再担保公司、小额贷款公司、投资公司、财务公司、社区村镇银行、中小商业银行。协调各类大中型金融机构与各类民间商会对接，创新面向中小微非公企业的金融产品、建立银企对接机制。充分利用集合票据、企业债券等各种金融工具和金融产品。扶持企业以股权融资、项目融资、知识产权质押融资等方式筹集资金。扶持企业上市。

（4）完善综合服务体系。全面整合各有关部门的服务平台，促进各网络服务平台的互联互通、资源共享、分工服务。扶持民间资本投资兴办生产型服务业和互联网服务业。扶持各类商会提供商会服务，通过商会扶持产业集群，扶持商会举办各种专、精、特、新产品展示展销活动，扶持、组织企业参加省外、境外各种产品展示展销活动，指导扶持企业优先在省内延伸产业链、完善供应链。支持商会创办各类新型经济实体，吸纳民间资本，整合聚集创新创业资源，推动会员企业转型升级、合作发展。

（5）实施创新驱动工程。由工信委牵头，搭建信息技术企业与加工制造企业合作平台，政府提供引导资金和税费优惠，用信息技术改造提升加工制造企业技术装备水平，促进信息化和工业化的深度融合。引导扶持银企学研对接、引进技术人才、组建研发机构、自主开展新产品研发。引导扶持商会组建中小微非公企业联合研发机构。引导扶持民间资本投资战略性新兴产业。支持工商联开展对非公企业投资者、管理人员的专业培训，指导推动非公企业提升经营管理水平、优化股权结构、完善治理机制、创新商业模式。实施"走出去"发展战略，跨越式创新国内外两个市场、互补式利用两种资源。

提案二：促进小额贷款健康发展破解小微企业融资难题

自 2008 年我国《关于小额贷款公司试点的指导意见》出台以来，小额贷款公司试点得到了迅猛的发展，在促进民间融资良性发展和解决小微企业融资难方面发挥了重要作用。截至 2012 年 9 月末，全省小额贷款公司共批复筹建 185 家，已经开业 169 家（列全国 16 位），16 家在筹建中；注册资本金方面，已开业的小额贷款公司注册资本金总额 159.938 亿元（列全国 12 位），全省平均注册资本金达到 9463.787 万元；全省小额贷款公司的贷款余额 175 亿元（列全国 12 位），累计发放贷款 61857 笔、资金总额 577.255 多亿元，不良贷款余额为 7144 万元，不良贷款率仅为 0.408%。这反映了金融市场上我国政策准许社会资金投资创办小额贷款公司，能够调动社会资金为"三农"和小微企业创业提供融资服务的积极性。

江西小额贷款公司无论是公司数量、注册资本金规模，还是为小微企业和"三农"所提供的融资服务都处在全国中上发展水平，为江西改善融资环境发挥了积极作用。同时小额贷款行业仍然存在着一些问题，应该引起重视：

（1）融资难度较大。小额贷款公司资金来源渠道狭窄。除了股东投入的股本外，从银行融入的资本金非常有限。政策规定可从银行融入资金，但真正获得银行贷款者寥寥无几。截至 2012 年 9 月底，小额贷款公司融资余额为 162830 亿元，仅占注册资本总额的 10.18%，远未达到 50% 的限额，很难从银行融入资金本。由于不是金融机构，不能进行同业拆借，只能以工商企业的身份向银行融资，融资成本相对偏高，利率最低的是基准利率上浮 10%，有的甚至上浮 50% 以上。同时，我国的法律政策严格禁止小贷公司向公众吸收存款，小额贷款定位只贷不存。有限的融资渠道和不能进行资金拆借，影响持续发展后劲，资金来源不足限制业务规模做大。

（2）政策扶持不够。国家对新型农村金融机构以及银行业金融机构涉农贷款和中小企业贷款先后出台了一系列税收优惠和财政补贴政策，但没有把小额贷款公司纳入其中，小贷公司至今无法享受这些优惠政策。小贷公司从出生起就定性为非金融企业，按照一般的工商企业的税负标准缴纳税收，包括需要缴纳 5.56% 的流转税、营业税，25% 的所得税，还有 5‰ 的印花税。税负相对于银行金融机构，尤其是与服务对象相同的农村信用社、村镇银行相比，小贷公司税负明显偏高。

（3）经营不够规范。小额贷款公司在经营中存在账外经营、发放高利贷、跨区经营等违规甚至违法经营行为。县（市、区）监管力量比较薄弱，有的县（市、区）至今尚未明确监管部门。小额贷款公司业绩考核的硬指标是基本的客户维持在 100 万左右、最大的客户不能超过资本金的 5% 两项，要求其遵循"小额、分散"原则，提高贷款覆盖面。但受利益驱动，有一些小额贷款公司不愿意做单笔万元以下的零散贷款，部分小贷公司"小贷不小"，不问用途有抵押即可贷款，甚至有部分资金涉足房地产开发企业贷款倾向。

（4）人员素质不高。小额贷款行业特别是基层普遍存在人员少、专业技能弱的问题，大部分人员未从事过金融业务，业务知识欠缺，极易产生操作风险，在内部监控上尚未设立专门的风险管理岗位和配备相应的人员，风险处置业务操作只停留在文字上的规章制度。

基于以上几点，建议从以下几方面入手促进小额贷款行业健康发展，发挥其缓解小微企业融资难的作用：

（1）拓宽融资渠道。要采取多种措施消除小额贷款公司资金来源不足，渠道受限、先天"造血"功能缺乏的影响。建议放开小贷公司融资比率，银行融资和股东投资是小贷公司获得资金的两大主要渠道，但受限于 1：0.5 的融资比率和 10% 的最大股东持股上限，几乎难以满足规模壮大的小贷公司的融资需求。从 2011 年开始，重庆、海南、江苏、四川、浙江、广东 6 省市大胆探索，纷纷出台各自的"小贷新规"，核心内容是放开了小贷公司融资比率、提高了最大股东持股比例，其中重庆和海南放开的幅度最大，将最高融资比例升至230% 和 200%，江苏、四川、浙江、广东四省提高到 100%，缓解资金问题。建议对依法合规经营，盈利水平较好的小贷公司，由省金融办向有合作协议的省级分行推荐融资，并组织省内实力较强的担保机构组成联合担保体，为小额贷款公司向银行融资搭建担保平台。帮助信誉好的小额贷款公司提高银行融资的比例，由资本净额的 50% 放宽到 100%。

（2）加强政策扶持。建议积极推动小额贷款公司接入人民银行征信系统，使小额贷款公司像其他银行金融机构一样，能够通过直接查询征信系统，掌握贷款对象信用情况，有效控制贷款风险，降低贷款成本。通过信息技术手段提高小贷公司的风险预控能力。建议出台税收奖励政策，鼓励小贷公司更好地服务、扶持小微企业发展壮大形成地方支柱产业。根据文件规定，对贷款余额70%为单户贷款余额50万元以下及纯农贷款的小额贷款公司进行奖励并由受益地方财政给予。建议提高最大股东持股比例，在最大股东或主要发起人持股比例方面，外省实践已经突破《关于小额贷款公司试点的指导意见》10%的上限，将最大股东的持股比例提高到20%以上。这样，有利于克服股权过于分散，股东目标不一致的隐患。在现实发展中，如果众多股东经营目标不一致，发展思路不清晰，会对整个公司的运转造成致命的影响。因此适度提高最大股东的持股比例有利于小贷公司的长期稳健运营。

（3）有序完善日常监管。注重对小贷公司的指导和监督管理，引导、督促小额贷款公司依法合规经营、健全管理制度、完善公司治理，推进小贷公司规范发展，避免风险出现。建议明确各级监管部门的监管职责、监管内容及处罚措施，使监管工作有章可循。建立完善小额贷款公司业务统计报表制度，定期对全省小额贷款公司业务开展情况进行统计分析，及时掌握动态；设立省、市、县三级监管部门的监督举报电话，向社会公布。建立巡查制度，定期对小额贷款公司依法合规经营和监管机构履行监管职责情况进行现场检查，发现问题及时纠正，对违规情节严重的，责令限期整改，甚至停业整顿。研究制定年审办法，对批复开业并取得营业执照的小额贷款公司年审，从营业场所、业务经营、制度建设、公司治理等方面对小额贷款公司进行全面检查，对存在严重违规问题的小额贷款公司给予年审不合格并责令限期整改，有效促进小额贷款公司依法合规经营。

（4）提高企业素质。针对江西小额贷款企业管理水平和从业人员素质较低的情况，建议有关主管部门加强对小额贷款公司的指导、管理和服务，加强对小额贷款公司内部管理的审计，引导小额贷款公司合规经营和风险管控；建议进一步加强对小额贷款公司从业人员的培训，可以设立专项培训基金，专门用于小额贷款公司从业人员的业务培训，不断提高从业人员的专业素质；引进一批高素质的金融管理人才，充实小额贷款行业的管理队伍。

提案三：建议发挥融资性担保公司作用缓解民营企业融资难

近年来，随着金融产品创新和民间金融行业准入政策的放开，融资性担保公司纷纷出现。江西从2006年开始开展担保业务，按照政府引导、民营资本积极参与的方针，江西融资性担保体系初步形成。在地方金融体系建设中，融资性担保业已成为新兴的、不可或缺的重要行业。近年来，全省融资性担保行业呈现新的发展态势，担保机构数量减少，缓解了担保市场过度竞争；平均单体规模扩大，担保平均放大倍数增加，担保机构自身实力和担保能力明显提高；应收账款、存入保证金和担保代偿率持续下降，行业风险管控能力有所增强；在保责任余额、担保业务收入、净利润稳步提升，融资性担保机构业务经营和内部管理逐步走上规范轨道。

但是，江西担保行业还存在着一些困难和问题，制约了担保机构作用的有效发挥：

（1）银担合作有待进一步改善。担保公司存在的意义在于搭建银行和中小企业之间的桥梁，其业务发展依赖银行等金融机构的认可度。目前大多数银行只愿意与国有控股的股份担保公司合作，对民营控股的担保公司合作条件提高、合作意愿不强。还有部分银行对入围合作的担保机构注册资金规模提出较高要求，具体表现为合作门槛提高、贷款审批时间长并收缩额度、收取保证金过高、贷款利率较高等，造成担保机构经营成本过高、效益低下，造成受保企业贷款负担过重，限制了担保机构的业务拓展。

（2）管理服务有待进一步加强。对担保机构实行经营许可证年审制，在于促进担保机构努力提高经营业绩，是当前所采用的对担保机构规范经营的日常监控措施之一。但是在实施的过程中，年审安排不科学、过程太长、效率低下，在一定程度上影响了担保业务的正常开展。据接受审核的担保机构反映，年审时间过长，占用担保机构较多的人力、物力和财力。在年审期间，部分担保机构因经营许可证到期而新证还未下发，导致担保业务无法进行，担保业务量受到影响。

（3）经营风险有待进一步降低。担保机构的经营风险主要包括代偿等。2012 年第三季度江西中小企业信用担保行业担保代偿近 1.6 亿元，担保代偿损失 2015.16 万元，占行业利润的 41.31%，较第二季度明显增加。从代偿损失发生的情况看，截至 2012 年第三季度，省内担保行业发生风险主要集中在钢铁贸易类担保机构，主要受钢铁贸易行业需求不旺，银行业金融机构收贷、惜贷等因素影响，以及相关的担保机构有待规范运营和提高风险防控能力是造成第三季度担保业务风险的主要原因。如九江市中天担保有限公司是一家为钢铁贸易类企业提供贷款担保的结构，到第三季度末发生代偿损失总额 9905 万元，占全省代偿损失总额的 62%。

（4）自身素质有待进一步提高。预测防范风险是担保机构生存的第一法则，而业务模式创新则是担保机构发展的必然要求。担保专业性极强、知识面涉及范围广，需要良好的风险管控和专业的从业人员。目前江西担保行业普遍存在人才缺乏的现象，尤其是擅长风险甄别、分析评估，懂经济、金融、法律的专业型和复合型人才缺乏，制约着江西政策性担保机构的业务风险防范控制和业务品种创新。一些担保机构没有专门的法律合规部门或顾问律师、法务人员，没有独立的风险管理控制人员，也没有完善的信息披露制度，风险管控能力较低，信息不对称，影响担保行业健康发展。

为进一步促进融资性担保行业健康发展，为江西民营经济发展提供支持，提出以下建议：

（1）提高金融机构的服务意愿。建议各级政府发挥好银行业金融机构与担保机构之间的沟通与协调的桥梁作用，促进辖区内政策性融资担保机构的健康发展，为中小企业发展营造良好的融资环境。加强服务引导和行业监管，对于部分银行机构在为担保公司合作提供资金贷款业务的违规要求和不正当操作，监管部门要加强行业自律和监管。

（2）提升担保机构的管理效率。建议试行程序化标准化年审制度，针对经营许可证年审制度存在的时间长、效率低等问题，建议要加强年审工作的时效性，细化工作程序，进一步把该项工作标准化、程序化。完善日常担保机构信息资料的信息汇集分析通报的传递系统，在有条件的情况下实行电子网签年审评价制度。通过规范整顿等方法实现分类管理，充分运用风险排查、日常业务监管等方式，掌握担保机构的经营情况，对担保机构进行分类管理。比如对风险防范控制体系完备、合规经营以及能够为当地中小企业提高融资性担保服务的机构，年审的时间上可以试行先日办理，简化对融资性担保机构年审工作，提高审核工作效率，减少担保机构待审时间。

（3）降低担保行业的经营风险。为促进融资性担保行业健康发展，提升担保能力和持续经营能力，进一步降低担保机构的经营风险，建议配套设立国家级和省级相关的中小企业信用担保体系专项资金，完善建立担保机构注册资本金补充机制，担保风险补偿和担保业务发展奖励机制，并允许一定容忍度的代偿存在。

（4）提高担保机构的自身素质。针对江西担保业企业管理水平和从业人员素质较低的情况，建议有关主管部门加强对担保机构的管理和服务，加强对担保机构内部管理的审计，促进担保机构合规经营和风险管控；建议进一步加强对担保机构从业人员的培训，可以设立专项培训基金，专门用于担保行业从业人员的业务培训，不断提高从业人员的专业素质；引进一批高素质的金融管理人才，充实担保机构的管理队伍。

提案四：打造江西"三色"旅游强势区域品牌

江西旅游发展潜力巨大，在目前经济下行压力较大的情况下，旅游业已成为江西经济新的强劲增长点。江西人文历史和旅游资源得天独厚，经过多年的发展，初步形成"红色"、"绿色"和"古色"三大特色交相辉映的旅游文化。"红色"是指以中国革命摇篮井冈山、人民军队摇篮南昌、共和国摇篮瑞金、中国工人运动摇篮安源组成的"红色摇篮"和血染的丰碑赣东北革命根据地为代表的红色旅游是中国红色文化中的璀璨瑰宝，是全省旅游最具磁力的招牌。"绿色"是指江西省森林覆盖率列全国第二，拥有我国第一大淡水湖鄱阳湖及鄱阳湖国家级候鸟自然保护区，拥有庐山、三清山等作为文化遗产和自然遗产被列入《世界遗产名录》的名山，拥有赣江五大水系，形成了一个生态丰富、山清水秀之地。"古色"是指历史上朱熹、陶渊明、欧阳修、王安石、汤显祖等一大批出自江西的哲学、文学、艺术巨匠灿若群星。千年瓷都景德镇、千年道教祖庭龙虎山、千年名楼滕王阁等文化内涵独特，底蕴深厚，闪耀着赣鄱文化的灿烂光华。江西旅游资源"红色"、"绿色"、"古色"文化交相辉映，构成江西旅游产业文化的竞争优势。

然而，横向比较全国各省旅游收入增长速度，江西省旅游业现状与全省旅游产业资源优势、区位优势和文化优势还不相称，潜力远未得到充分发挥，旅游产业存在三个突出问题：一是旅游资源分散，管理体制机制有待进一步理顺。旅游涉及面广，关联产业多，在目前的旅游行政管理体制下，全省旅游资源和要素存在部门分割、条块分割、区域分割、所有权分割等矛盾，主管部门对全省旅游工作的领导和统筹力度有限，不能够以完善的管理体制机制促进旅游资源的有效整合。如庐山、武功山等景区一山多治的情况，导致旅游资源分散，形象难塑造、宣传难统一、管理难到位。二是对旅游资源整体规划不够科学。全省旅游景区在开发规划、提升规划、整合规划、专项规划都不同程度存在不够科学的问题。一些地区在开发过程中出现重复建设，一些地区由于缺乏资金，部分旅游资源未能得到有效开发。缺乏高水准的策划人才和理念，未能有效组织各种资源为旅游者创造美好的感受和体验，不善于同时兼顾开发商经济效益、地方社会经济发展和自然环境保护。三是经营实体管理水平不高，实力不强。相对国内外旅游经营管理先进水平，江西旅游经营实体管理水平偏低，理念滞后。缺乏竞争力强的旅游业龙头企业，大部分经营实体实力不够强，不能够深度发掘、推广、整合所经营的旅游资源，仅能够做到日常的维护经营，不能够衍生出更多的旅游产品。四是旅游交通及相应配套设施有待进一步完善。一些设区市县、乡旅游公路等级偏低、路况较差，有的还存在一定安全隐患；一些景点虽然旅游资源毫不逊色，但由于较偏远，景区索道、游步道等旅游基础设施建设滞后，游客无法近距离领略秀美的风光；受今年国庆长假高速公路免费政策带动，全省自驾游大幅增长，多数景区因停车场规模较小，难以有效应对。围绕省委省政府建设红色旅游强省、生态旅游名省、旅游产业大省的总体目标，使旅游产业真正成为全省的战略性重要支柱产业，使全省"三色"文化旅游能够统筹协调、优势互补、共同发展，特提出如下建议：

（1）积极拓展旅游空间，加强旅游资源有效整合。积极推进和深化泛珠三角、中三角、海西等旅游区域合作，加强与省外城市集群旅游业的合作，加强旅游资源整合，编排跨区域旅游产品，加强旅游标准、管理和服务的对接，构建统一有序的旅游大市场。深入发展国际旅游关系，加强与国际重点旅游城市的交流合作。继续推动与国外签署旅游合作协议，在推动两地游客互送、提供新型旅游服务、培养旅游业专业技术人才和推广"三色"旅游区域品牌等方面加强合作。在实际整合旅游资源中，加强协调，进行统一规划和监管，不能使旅游资源转变为个人资源、私有资源。经营实体的规划运作要纳入全省一盘棋的框架内进行管理。

（2）加强科学规划，推进旅游项目建设。加强对旅游资源的科学规划，要高起点、大手笔，借鉴旅游大省的成功经验，学习世界著名景区的经营理念，不断深度规划和挖掘旅游资源，做好"三色"旅游的战略策划和定位，在文化的挖掘、项目的设置、收入盈利等方面都能符合市场发展要求。推进旅游项目的建设，定期召开全省旅游项目建设和招商引资调度会，统筹协调全省旅游重大项目建设。

（3）重点扶植旅游业龙头企业，不断带动旅游品牌化发展。鼓励旅游业企业间的兼并重组，通过兼并重组进一步做大做强旅游产业。政府重点扶植一家龙头企业，向旅游业全产业链、多业态方面发展，可通过上市融资或股权多样化办法，吸纳各方面的资金投入到旅游产业当中来。各属地政府可以在旅游企业中拥有一定的股权，对旅游企业各种费用收缴上要有合理的规定。通过吸引国内外善于打造、包装的优秀团队来打造秀美江西"三色"旅游品牌。

（4）加强配套设施建设，做好"三色"旅游强势区域品牌的支撑。建议积极向国家发改委、交通运输部等部委争取专项补助资金用于全省旅游交通建设；进一步加大对全省旅游公路建设已规划项目督导力度，促成项目早日开工建设。研究出台下一步江西省旅游公路建设规划，提升旅游公路等级，提高旅游公路建设补助标准，支持地方旅游交通建设。加快旅游客运集散中心建设，进一步完善景区生态停车场等旅游基础配套设施建设，积极应对未来旅游散客化、自驾游的发展趋势。

提案五：建议积极为文化创意企业创造更好的融资环境

文化创意产业是江西的一大战略性新兴产业，是转变经济发展方式的重要抓手，是扩大内需、增加就业的重要途径，是江西经济结构优化的重要动力和经济发展的重要增长点。2011年，全省文化产业法人单位创造主营业务收入超过1000亿元，文化产业增加值占全省GDP的比重超过2.5%；全省文化产品出口9.4亿美元，同比增长71.3%，文化创意产业规模不断扩大。但是，随着产业的不断壮大，资金问题成为瓶颈问题，江西有不少文化创意企业和项目感到"资金饥渴"，企业流动资金短缺，融资难、担保难已成为制约文化创意企业进一步发展的瓶颈。因此，积极破解文化创意企业融资难刻不容缓。

民营中小企业融资难的原因分析如下：

（1）投资经营风险大。文化创意产业经营的核心是创意。它通过创意驱动产品的制造与营销，并通过后续衍生产品来实现产品价值扩散。任何一个环节出现问题都将使资本投入蒙受损失。文化创意产业重创意轻资产，市场风险高于传统产业。文化创意产品的主题思想、政治导向、价值观以及取材、选材等可能会不符合相关政策的规定，这给民间资本投资带来风险。

（2）文化无形资产难评估。融资难主要表现为民营文化创意企业难以获得银行贷款。文化创意产业主要是以知识产权和品牌价值等无形资产作为资产存在的表现形式，而银行的无形资产担保机制尚不成熟，融资担保主要是以固定资产为主。虽然2013年8月江西泰豪动漫有限公司以动漫作品《阿香日记》形象（设计）版权为质押，获得了北京银行南昌分行的 1000 万元贷款，开创了江西以动漫作品版权质押方式发放贷款的新形式，但是该形式的融资规模依然较小，覆盖率依旧偏低。

（3）融资成本高。主要表现为获取资金的综合成本偏高。由于银行会通过捆绑销售理财产品等方式变相"升息"，民营中小文化创意企业获得贷款的资金价格远高于基础利率，一般约为基准利率的 1.5 倍（年利率约 9% 左右）。通过 PE、小额贷款公司、村镇银行、民间借贷等途径获取资金的成本更高。

解决文化创意企业融资难的对策建议如下：

（1）制定鼓励民间资本投资文化创意产业的政策。鼓励民间资本投资文化创意产业有利于解决文化创意企业融资难问题。建议出台《关于鼓励和引导民间资本投资发展江西文化创意产业的若干意见》（以下简称《意见》），确保民营文化创意企业与国有文化企业在投资核准、政府扶持、土地使用、税费减免、银行信贷等方面享受同等待遇。参照国家有关行业规定，按照"非禁即入"的原则，制定《江西省民间资本投资发展文化创意产业指导目录》。调整营业税和增值税的结构，减轻文化创意企业的税负，有助于吸引民间资本。

（2）设立民间资本参与的文化创意产业发展基金。设立文化创意产业发展基金是民间资本投资文化创意产业的重要渠道。建议省政府可在设立文化产业发展专项资金的基础上，创立文化创意产业发展基金，将其作为加快文化创意产业发展的引导资金，解决文化创意产业发展初期研究和开发资金缺乏的问题。文化创意产业发展基金要吸引民间资本共同参与，按照"谁投资，谁受益，谁承担风险"的原则，利用分红、减税等手段鼓励其长期投资，以充分发挥财政资金的杠杆放大效应。基金采取补助、贷款贴息、奖励等资助形式，重点支持具有市场竞争比较优势的文化创意行业、拥有自主知识产权的文化创意企业、功能完善的文化创意产业园区发展和文化创意产业公共平台建设，激励文化创意企业开展技术创新和研发新产品。

（3）建立和完善多渠道、多元化的文化创意产业投融资机制。建立和完善文化创意产业投融资机制是破解江西文化创意企业尤其是民营文化创意企业发展资金困境的关键所在。一要尽快建立科学合理的文化创意产业无形资产评价机制和信用评级制度，实现版权、著作权、收益权、销售合同、设计创意及个性化服务等无形资产的有效质押。二要通过建立政银企联席会议制度、贴息引导机制和市场化的项目贷款担保机制，鼓励和引导商业银行开辟文化创意产业专项贷款绿色通道，实行符合文化创意企业尤其是民营文化创意企业贷款特点的快速审批机制、优惠利率和专项授信额度，加大对文化创意产业的信贷投入，充分发挥各商业银行信贷资金对文化创意产业发展的重要作用。三要建立汇聚文化创意企业资源和金融资源的江西省文化产权交易所，依法组织开展政策咨询、信息发布、项目推介、投资引导、并购策划、项目融资、产权交易等活动，为社会资本参与文化创意产业投资提供专业化服务。四要鼓励民营文化创意企业运用资本运作的办法筹集发展资金，支持企业通过引进战略投资者、吸纳社会资本等形式，加快推进企业股权多元化。五要大力培育文化创意产业保险市场，建立健全贷款贴息、保费补贴、投资基金、风险投资等配套机制，以利于企业迅速度过成长期。

提案六：建议加强对工商联的行政资源配置

2012 年上半年，江西非公经济占全省 GDP 的 56%、税收总额的 65.8%、出口总额的 94.3%、二三产业就业总量的 76.8%；2012 年第三季度，非公经济占全省投资总额的 75.3%、工业增加值的 76%。但江西省经济总量小、欠发达，主要就在于非公经济发展不足、总量小、层次低。2011 年民营企业 500 强中，浙江省 142 家、江苏省 108 家，江西省仅 5 家，在中部 6 省中排名第 5，非公经济总体实力弱、龙头企业少、产业层次低、经营管理水平低、技术创新能力差、缺乏核心竞争力，严重制约了江西经济发展。

随着改革开放的深入和市场经济的发展，非公经济在国民经济中的地位作用将日益提升。但当前在管理和服务非公经济方面，协调机制不畅、服务体系薄弱、资源配置太少。在党委政府与非公企业之间，存在桥梁纽带建设滞后薄弱、作用发挥缺乏资源保障等问题。工商联是党委政府联系非公企业、人士的桥梁纽带，由于对资改造后工商联主要做原工商业者思想政治工作，"文革"中工商联被迫停止运转，1977 年底省工商联恢复活动，是计划经济体制下形成的行政资源配置。2012 年上半年，全省个私企业达 143.4 万户，非公经济从业人员 1276.8 万人，工商联系统基层商会组织 1650 家，工商联工作任务日益繁重，但行政资源配备几乎没有增加。全省工商联系统编制仅 507 个，省工商联编制为 35 个，处于全国省级工商联编制最低水平，甚至比许多副省级城市工商联编制还少，市级工商联有 5 个市编制不到 10 个，最少的市仅 5 个编制；县级工商联编制平均不到 4 个，2~3 个编制的占 49%，4 个编制以下的占 79%。县级工商联行政经费平均为 8.63 万元，人均为 2.34 万元，年均行政经费少于 10 万元的县级工商联占 76%。这种行政资源配置，很不适应推动非公经济发展的迫切需要，没有体现贯彻落实中共中央国务院关于加强和改进新形势下工商联工作、中央关于加强和改进非公有制企业党的建设工作的《意见》精神的要求。为充分发挥工商联的职能作用和优势，推动全省非公经济科学发展，建议：

（1）把推动非公经济跨越发展和加大非公党建工作力度作为改革创新的重要领域。按照党中央关于改革创新的一系列要求，考虑到非公企业在国民经济和基层组织中所占的比重和重要作用，建议把推动非公经济跨越发展和加大非公党建力度作为江西改革创新的重要领域。结合江西实际，以改革创新精神，把贯彻中发 16 号文和中办发 11 号文相结合，改进党的领导方式、转变政府职能，统筹考虑增加工商联、非公党工委的行政资源配置，努力实现通过充分发挥工商联、非公党工委的职能作用，在巩固加强党的执政基础、加强改善党的领导的同时，引导推动非公经济跨越发展，全面推动全省经济的跨越发展、绿色崛起。

（2）增加工商联的人员编制和经费。2011 年，省委批复成立中共江西省非公有制经济组织工作委员会，设在省工商联。此后，江西市、县两级纷纷成立非公党工委，大部分设在工商联。非公党工委在各级党委的统一领导、党委组织部的牵头协调下，统筹负责、具体指导各地非公企业党建工作。然而，工商联、非公党工委并未因此获得相应的人员、经费等行政资源，工作的正常开展缺乏必需的工作力量和资金保证。建议省编委核增 10 个事业编制从事党建工作，其中正处级 1 名、副处级 2 名。建议省财政增加工商联办公经费、招商引资工作经费、干部培训经费，建立省非公党工委工作经费账户，将省非公党工委工作经费纳入财政预算。

（3）指导、支持工商联发挥管理服务非公经济的助手作用和推动行业协会商会改革的积极作用。将工商联工作列入各级政府领导分工范围和政府经济工作部门序列，按照总商会应有的职能作用，改革完善工商经济类协会商会的管理体制机制，由工商联归口管理行业协会商会、异地商会、外埠商会等工商经济类协会商会。建立省政府重大决策前委托工商联征询工商界人士意见制度，在为非公企业提供各种服务特别是涉及资金扶持、表彰奖励事项时征求同级非公党工委和工商联的意见。建立非公有制经济发展专项基金，由省工商联牵头或参与，用于引导支持非公企业技术创新、创业孵化园建设、信用担保体系建设、信息服务体系建设、人才培训等，以更好地发挥财政资金的导向作用。

提案七：推进江西生猪养殖业规模化发展的几点建议

畜牧业是农村经济的重要支柱产业，是农民增收的重要途径，也是新农村建设的重要内容。

生猪养殖在畜牧业乃至整个农业产业链中占据重要位置，也是江西农业发展的优势支柱产业。2011年，全省生猪出栏达到3000.14万头，生猪存栏1827.51万头，其中能繁母猪存栏190.78万头。生猪优势产业带逐步形成，生猪生态养殖小区建设已起步，生产加工龙头企业逐渐发展壮大，生猪业将继续为加快全省农业产业结构调整、振兴农村经济做出新贡献。但也存在一些不容忽视的问题。表现在：

（1）用地紧张成为制约生猪规模发展的瓶颈。规模化、集约化、现化化是生猪养殖产业发展的必由之路。然而，林权制度改革后，利用荒山、荒坡、荒地以及疏林地、残次林地发展养猪，受林业部门林地占用计划指标限制，难以满足规模猪场发展需要。

（2）生猪养殖业尚未形成完整产业链。目前，江西生猪养殖的基础设施较为薄弱，装备水平较落后，受环境制约影响较大。生猪加工水平较低，屠宰加工线普遍不能达产运营，实际加工能力较小，特别是精深加工滞后。同时小规模养殖仍占一定比重。

（3）种养结合方式尚未普及，环境污染问题突出。随着规模养殖的扩大，养殖污染成为当前农村面源污染的主要来源。而当前粪污治理投入严重不足，难以满足粪污处理需要，对周围环境造成危害。种植业、养殖业各自独立，以"种养结合"为特点的生态经济、循环经济尚未得到有效推广，不利于资源节约和高效利用。

（4）食品安全隐患较大，"菜篮子"绿色无公害仍需加大保障力度。近年来，生猪疫情十分严峻，原有疫病死灰复燃，肆虐猪群，新的疫病不断出现，扩散蔓延，多种病原混合感染、交叉感染、诱发感染，此起彼伏。生猪养殖加工企业小、散、乱现象仍然突出。同时，由于畜产品质量安全监控体系不健全，违法使用"瘦肉精"等违禁物品和滥用兽药现象仍有发生。

为推进江西生猪养殖业规模化发展，提出如下建议：

（1）充分发挥龙头企业带头作用。推进农业产业化经营，龙头企业是关键。2011年，江西472家省级以上龙头企业实现销售收入1500.5亿元，直接带动370万农户户均增收2200元。但总体看，江西龙头企业规模偏小，带动能力不强，生产、加工、销售一体化经营水平还不适应现代养猪业发展的需要。建议政府加强对农业龙头企业的政策倾斜和扶持力度，帮助龙头企业做大做强；完善利益联结机制，增强龙头企业辐射带动能力；强化构建农业产业链，推动产加销各环节融合发展；大力推进科技创新，提升龙头企业核心竞争力；创建农业产业化示范基地，推动龙头企业集聚；加强工作指导和服务，优化龙头企业发展环境。

（2）重视解决农业企业用地问题。农业企业"用地难"问题日益凸显，已成为制约企业发展的重要瓶颈。建议政府重视研究解决农业企业用地问题，不断完善江西中小企业的用地制度，改善中小企业用地环境。授权县市区人民政府合理规划生猪养殖布局，合理利用畜禽养殖用地，重点利用荒山荒坡和稀疏林地建设养殖产业基地。

（3）大力推行"种养结合"生态生猪养殖模式。按照"合理布局、适度规模、种养结合"原则，大力推广猪—沼—菜、猪—沼—果、猪—沼—电、猪—沼—粮发展模式，农牧结合，发展生态养猪业，达到产业发展与环境保护和谐，形成清洁生产、低投入、低消耗、低排放和高效率的生产格局。

（4）全力支持猪业企业"可溯源"体系建设。要解决食品安全问题，必须从源头进行追溯管理，打造从"田头"到"餐桌"的全程可追溯食品安全产业链，实现生产记录可存储、流向可跟踪、伪劣食品可召回、储运信息可查询，打造"产地要准出、销地要准入、产品有标识、质量可溯源、风险可控制"的全程监控链条。

（二）非公党建

省及各设区市工商联围绕"抓好两个覆盖、发挥两个作用、建设两支队伍"的工作要求，积极探索非公党建工作新方法、新路子，勇于创新，把加强非公有制经济组织党建工作与促进非公企业经济健康发展有机结合起来，积极主动做好非公经济组织党建工作，并取得了一定成效。

1. 赣州市非公经济组织党工委组织革命传统教育

9月3日，赣州市非公经济组织党工委组织部分非公经济代表人士、工商联机关干部等，来到位于广东韶关的北伐战争纪念馆、中共广东省委粤北省委旧址参观，接受革命传统教育和理想信念教育。赣州市人大常委会副主任、市工商联主席唐玉英，市委统战部副部长、市工商联党组书记、市非公党工委书记谢来福等参加。

2. 南昌南安商会党支部暨江西闽发实业有限公司成立大会召开

6月18日，南昌南安商会党支部暨江西闽发实业有限公司成立大会在南安商会会议室隆重召开。市政协副主席、市工商联主席陈斌，市委统战部副部长、市工商联党组书记、市非公党工委负责人杨启棠，市工商联副主席余登伟，南昌南安商会会长杨福茂及200多名会员参加了会议。主席陈斌、书记杨启棠分别为江西闽发实业有限公司和南昌南安商会党支部揭牌。

3. 修水县非公经济组织党建网开通

5月20日，由中共修水非公经济组织工作委员会主办的修水县非公有制经济组织党建网正式开通。标志着修水县非公有制经济组织党建工作步入了一个快速发展的快车道。

4. 峡江县举办非公经济组织党务工作者培训班

4月19日，峡江县非公经济组织党务工作者培训班在安昌铝业有限公司举行，非公有制企业党组织党务工作者、非公有制企业党建指导员共38人参加了培训。县委常委、县委组织部长肖丽出席并讲话。

5. 鹰潭市非公经济组织党工委召开全体会议

4月19日，鹰潭市非公经济组织党工委召开全体会议，党工委成员及办公室相关人员参加会议。市委统战部副部长、市工商联党组书记、市非公党工委书记李爱珺主持会议。

6. 泰和县以联合党支部为抓手强化非公有制企业党建工作

泰和县坚持"围绕经济抓党建，抓好党建促发展"的思路，立足"健全基层组织，发挥党员作用，契合企业发展，赢得业主支持"的目标，结合非公有制企业实际情况，按照"行业相近、地域相邻、人缘相亲"的原则，对一些暂不符合单独建立党组织的企业和暂不具备建立党组织条件的企业，采取建立联合党支部的形式，将其纳入党组织管理，进行孵化培育，重点从组织建设、队伍建设、教育管理、发挥作用上下功夫，推动非公有制企业党建工作规范化、制度化、常态化，为企业单独建立党组织创造条件，努力把联合党支部打造成企业党组织的"孵化器"。

7. 鹰潭市非公党工委深入学习贯彻习近平总书记重要讲话精神

2月22日，鹰潭市非公有制经济组织党工委召开学习会，深入学习贯彻习近平总书记重要讲话精神。鹰潭市工商联党组、各县（市、区）非公有制经济组织党工委、各行业商会、异地商会和部分非公有制企业党组织负责人参加学习。

三、商会组织建设

（一）江西省家居建材业商会举行年会

1月5日，省家居建材业商会年会暨理事会议在南昌凯莱大酒店举行。省工商联主席雷元江、副主席谭文英、省民政厅民管局负责人与300多位省家居建材业商会会员参加。会议还增补了一批理事、常务理事和副会长。会议决定增设常务副会长，拟推举江西远大建材有限公司董事长龚著钢担任。52家家居建材企业家共同发起组建江西家居建材投资发展基金。年会上，举行了2012江西家居建材业总评榜颁奖典礼，部分会员企业代表和员工还带来了精彩的文艺节目。

（二）抚州江苏商会成立

1月9日，抚州市江苏商会成立大会在荣誉国际酒店举行。抚州市委常委、统战部长朱章明，抚州市政协副主席、市工商联主席蔡青等出席。会上，抚州仁杰水产饲料有限公司董事长朱仁宽当选抚州市江苏商会首任会长，陈云斐、许四星被聘为抚州江苏商会名誉会长。

（三）昆明市抚州商会年会在昆明召开

1月12日，昆明市抚州商会年会在昆明市召开。云南省政府原常务副省长牛绍尧，云南省纪委常委王薇薇，抚州市政协副主席、市工商联主席蔡青在会上讲话。

（四）广州市九江商会成立庆典暨产业招商推介会举行

3月27日，广州市九江商会成立庆典暨产业招商推介会在广州香格里拉大酒店举行。九江市委副书记、市长殷美根出席会议并致辞。这次招商推介会共签约项目10个，签约资金88.2亿元。

（五）上海崇仁商会举行成立大会

4月18日，上海崇仁商会成立大会在上海宝隆花园酒店国宾厅举行。省工商联副主席谭文英致贺词；省民政厅副厅长饶剑明，抚州市委统战部副部长、市工商联党组书记吴荼香到会致贺。大会通过了上海崇仁商会商会章程、商会会费缴纳及使用管理办法，通报了3月16日选举大会选举产生的商会会长、执行会长、常务副会长人员名单，选举通过了商会监事会、理事会组成人员名单。上海文志盛集团有限公司董事长吴胜仁当选为首任会长。

（六）景德镇丰城商会成立

5月16日，景德镇丰城商会成立大会在景德镇举行。景德镇市政协副主席、市委统战部部长周建新莅会祝贺并讲话，景德镇市工商联主席史晓莲等领导应邀参加，丰城市委书记杨玉平等党政领导专程前来祝贺。大会通过了景德镇丰城商会商会章程、会费缴纳及管理办法、会议制度，宣布了选举产生的丰城商会会长、常务副会长、副会长、常务理事、秘书长名单。省人大代表、市工商联副主席、市古窑民俗旅游有限公司董事长陈武平当选丰城商会会长。

（七）南京市工商联赣商商会二届一次会员大会召开

5月18日，南京市工商联赣商商会二届一次会员大会在南京举行，省工商联副主席谭文英出席会议并作重要讲话，南京市委市政府相关部门领导、在宁江西籍知名人士和商会会员300余人参加会议。

（八）省五金机电商会组团参加中国中部先进制造业（南昌）博览会

5月10～12日，由南昌市人民政府、中国机电产品流通协会、中国国际装备制造业协会主办，江西国际装备制造业博览网、华美会展服务有限公司承办的"中国中部先进制造业（南昌）博览会"在南昌国展中心隆重举行。

（九）南昌南安商会党支部暨江西闽发实业有限公司成立大会召开

6月18日，南昌南安商会党支部暨江西闽发实业有限公司成立大会在南安商会会议室隆重召开。南昌市政协副主席、市工商联主席陈斌，市委统战部副部长、市工商联党组书记、市非公党工委负责人杨启棠，市工商联副主席余登伟，南昌南安商会会长杨福茂及200多名会员参加了会议。主席陈斌、书记杨启棠分别为江西闽发实业有限公司和南昌南安商会党支部揭牌。通过民主选举，南昌南安商会名誉会长李绪典当选为南昌南安商会党支部书记。

（十）厦门市抚州商会三届一次会议暨理事会就职典礼举行

6月22日，厦门市抚州商会三届一次会议暨理事会就职典礼在厦门杏林明珠海湾大酒店举行。江西省人大财经委副主任、省商务厅原厅长、江西赣商联合总会名誉会长伍再谦出席会议并讲话，商会会员共300余人出席会议。会议审议通过了厦门市抚州商会第二届理事会工作报告、财务报告，选举产生了第三届理事会会长、执行会长、常务副会长、副会长、秘书长等商会班子成员。福建凯士比机电工程有限公司总经理林兵泉当选为会长、厦门市湖里区麒麟祥业百货商店总经理李竞当选为执行会长。

（十一）江西省工商联（总商会）工作联系会议召开

7月9日，江西省工商联（总商会）工作联系会议在吉安召开。江西省工商联主席雷元江主持会议并作总结讲话，省委统战部副部长、省工商联党组书记、省非公经济组织党工委书记刘金炎作重要讲话，省工商联副主席谭文英、洪跃平、刘星平，巡视员于也明，各设区市工商联主席、书记以及省工商联机关各处室负责人参加会议。

（十二）昆明市江西铜鼓商会成立

7月26日，昆明市江西铜鼓商会成立大会暨第一届会员大会在云安会都酒店召开。全国政协常委、原江西省政协副主席陈清华，江西省工商联副主席谭文英，宜春市委常委、组织部长肖洪波领导出席会议，昆明市铜鼓企业家代表及嘉宾400余人参加成立大会。

（十三）江西省工商联直属会员商会、省民营企业投资商会第一次会员大会召开

8月20日，江西省工商联直属会员商会、省民营企业投资商会第一次会员大会暨成立大会在南昌隆重举行。江西省工商联主席雷元江出席会议并讲话，省委统战部、省民政厅等相关部门领导出席会议。省工商联副主席谭文英主持会议。各省市工商联直属会员商会代表、省行业商会、异地商会、外埠商会代表以及商会会员等近200人参加会议。

（十四）宁波市抚州商会召开第一次会员代表大会

8月25日下午，宁波市抚州商会第一次会员代表大会在宁波市浙江美康生物科技股份有限公司一楼会议室举行。抚州市政府副秘书长、驻浙江办事处主任陈瑛出席会议。大会表决通过了宁波市抚州商会会标、商会章程、会费标准及使用办法，选举产生了商会会长、监事长、常务副会长、副会长、秘书长、常务副监事长、理事名单。浙江美康生物科技股份有限公司董事长邹炳德为宁波市抚州商会第一届领导班子的会长。

（十五）江西省工商联直属商会会长、秘书长联席会议召开

9月16日，江西省工商联直属商会会长、秘书长联席会议在南昌召开。江西省工商联副主席、省女企业家商会会长徐桂芬代表女企业家商会致欢迎词，江西省工商联副主席谭文英主持会议并讲话。

（十六）镇江市江西商会成立

9月29日，江苏省镇江市江西商会成立大会在镇江市举行，省工商联副主席谭文英出席会议并讲话，江西省驻江苏办事处主任温浙兴等领导及企业家代表、嘉宾200余人参加成立大会，江苏新越沥青有限公司董事长吴水辉当选为镇江市江西商会会长。

（十七）江西省眼镜商会年会暨眼镜产业发展论坛在九江举行

10月15～16日，省眼镜商会（2013）年会暨眼镜产业发展论坛在九江举行。鹰潭市政协副主席、市工商联主席吴泉水和省工商联会员处领导出席会议并讲话。

（十八）江西省工商联女企业家商会成立

10月24日，江西省工商联女企业家商会在南昌成立。江西省人大常委会副主席蒋如铭，副省长孙刚为商会成立揭牌，省政协副主席、省委统战部部长王林森讲话，省政协副主席金异，全国工商联直属商会会长瞿怀明，全国工商联女企业家商会会长翟美卿，市长胡宪等出席成立大会。会上，江西省工商联女企业家商会选举产生了57名理事，江西煌上煌集团董事会主席徐桂芬当选首任会长，另有11名女企业家当选副会长。商会还向全省女企业家和女员工发出了"争当创新女性，共建和谐江西"的倡议。

（十九）2013·博鳌首届全球赣商论坛暨赣商国际贸易投资博览会举行

11月16日，2013·博鳌首届全球赣商论坛暨赣商国际贸易投资博览会在海南博鳌亚洲

论坛国际会议中心隆重举行，全球赣商精英 600 余人会集博鳌，传达贯彻党的十八届三中全会精神，研讨赣商文化，共商赣商发展大计。

（二十）苏州市江西商会组织学习十八届三中全会公报

11 月 16 日，苏州市江西商会理论学习中心组举行党的十八届三中全会精神学习会，在苏的全体副会长以上领导及秘书处全体工作人员参加学习。会长邓卫东主持学习会，执行会长吕仕铭简要解读十八届三中全会公报精神。与会者深受鼓舞，振奋畅谈心得体会。

（二十一）广东省江西抚州商会成立大会举行

11 月 23 日下午，广东省江西抚州商会成立大会在广州举行。抚州市委书记龚建华出席大会并讲话；市人大常委会主任王晓媛，市政协主席谢发明等领导出席大会。

（二十二）江西省工商联第四次工作联系会议召开

12 月 6 日，江西省工商联第四次工作联系会议暨全省服务型商会建设研讨会在景德镇召开，会议就在全面深化改革中推进中国特色服务型工商联（商会）建设进行了专题讨论和研究。江西省工商联主席雷元江、省工商联党组书记刘金炎发表讲话。景德镇市政府市长颜赣辉，市委常委、常务副市长于秀明分别看望与会代表。市政协副主席、市委统战部部长周建新到会并致辞。省工商联驻会班子成员及机关各处室负责人，各设区市工商联主席、党组书记共 40 余人参加此次会议。

（二十三）江西省庆典行业协会第一次会员大会暨成立大会召开

12 月 9 日，江西省庆典行业协会第一次会员大会暨成立大会在南昌市举行，省工商联主席雷元江出席会议，副主席谭文英作讲话。全国庆典行业协会、各省市庆典行业协会代表、省内兄弟行业商会及会员企业代表近 300 人参加会议。大会选举丰硕文化产业发展公司董事长汪海泳为江西省庆典行业协会第一届会长，江西九天策划推广有限公司董事长聂军、南昌可道科技传媒有限公司总经理舒圣玫、江西道万企业策划有限公司总经理田晖、南昌汉邦企业策划有限公司总经理涂欢、江西美德文化传媒产业有限公司总经理笑天、南昌市东湖区金色未来婚礼策划中心总经理徐雄伟、南昌九度广告策划有限公司总经理章建新担任副会长，江西道万企业策划有限公司总经理田晖担任秘书长。

（二十四）江西省广东商会理想信念教育井冈行暨年度总结大会召开

12 月 14 日，江西省广东商会理想信念教育井冈行暨年度总结大会在井冈山隆重举行。省工商联副主席谭文英出席大会。江西、广东两地有关部门领导及企业家代表 160 余人参加大会。

（二十五）龙岩市江西商会成立大会召开

12 月 16 日，龙岩市江西商会成立大会在福建省龙岩市隆重举行，江西省工商联副主席谭文英出席会议，江西、龙岩两地有关部门领导，兄弟商会负责人和企业家代表 200 余人参加会议。大会选举产生了龙岩市江西商会第一届理事长，龙岩龙嘉贸易有限公司董事长刘嘉伟当选为会长。

（二十六）南昌市青山湖区纺织服装行业商会成立

12月27日上午，南昌市青山湖区纺织服装行业商会成立大会在南昌市举行。省工商联副主席谭文英，南昌市政协副主席、工商联主席陈斌出席会议。会议选举产生了青山湖区纺织服装行业商会第一届理事会会长、副会长、秘书长、常务理事、理事。出席会议的领导为当选企业家们授牌，并共同按动了商会启动球。

（二十七）上海抚州商会召开 2013 年年会

12月28日，上海抚州商会2013年年会在上海市锦沧文华大酒店举行。抚州市政协副主席、市工商联主席蔡青出席会议并讲话。

（二十八）新余市万商红福州商会和赣南商会先后成立

12月29日，新余市万商红福州商会和赣南商会分别举行成立大会，新余市工商联有关负责人、各异地商会代表及有关部门领导到会祝贺。

第六章　县市民营经济发展

一、概述

非公有制经济（民营经济）① 已经成为江西经济发展的主动力。江西经济发展最广的基础性力量、最大的发展潜力和增长点、最强的创新活力都来源于非公有制经济。截至 2013 年底，全省私营企业户数达 26.29 万户，比上年增长 16.4%，私营企业户数占全省内资企业数的 77.54%。私营企业注册资本 7909.57 亿元，比上年增长 31.17%，占全省内资企业注册资本的 50.77%；私营企业户均注册资本达到 300.82 万元，比上年增长 12.7%；个体工商户达 137.35 万户，比上年增长 8.51%。

2013 年全省非公有制经济实现增加值 8237 亿元，比上年增长 10.8%，是 2009 年非公有制经济增加值的 2.01 倍，占全省 GDP 的 57.4%。2013 年全省规模以上非公有制工业企业实现增加值 4576 亿元，比上年增长 13.3%，占全省规模以上工业增加值总数的 79.5%。

2013 年全省非公有制经济上缴税金 1410 亿元，比上年增长 21.2%，占全省税收总额的 70.5%，比上年增加了 3.8 个百分点，其中国税收入 537 亿元，地税收入 873 亿元，分别增长 16.8% 和 24%。2013 年非公有制经济吸纳从业人员 1361 万人，比上年增加 57.5 万人，占全省就业总人数的 52.6%。②

民营经济对县域经济的发展也具有举足轻重的作用。江西省大多数县市远离大城市，处于资本、技术、人才辐射的末梢。创造县域经济综合优势的现实途径是挖掘民力、启动民资、发展民本经济。纵观江西省各个县（市）的经济发展不难发现：凡是民营经济发展快的地方，县域经济实力就强；凡是民营经济发展慢的地方，县域经济实力就弱。根据江西省 2013 年各县市 GDP 及人均 GDP 排名，南昌县、丰城市、贵溪市经济总量排在全省其他各县市的前列，而靖安县、铜鼓县、资溪县经济总量较为落后。

民营经济挑起了县域经济发展的大梁，优化了县域经济产业结构，缓解了城乡就业压力。2013 年，各县（市）民营经济的发展主要呈现出以下特征③：①整体实力持续增强。各县市的私营企业数量和规模都有较快增长。②总体规模不断扩大。非公有制经济增加值呈现出稳中有进的趋势，在各县（市）GDP 中所占的比重也逐年增加。③投资规模不断加大。2013 年全省非公有制经济完成 500 万元以上固定资产投资 9727.7 亿元，比上年增长 24.1%。④建筑产业增长迅速。全省非公有制建筑业发展势头良好，各项经济指标均出现大

---

① 本年鉴中非公有制经济的有关数据主要包括个体经济、私营经济，因此不再细分其与民营经济的差异。

②③ 江西省工商联：《2013 年江西省非公经济运行情况》。

幅增长。⑤各县（市）民营经济发展仍然不平衡。江西省各县（市）经济发展差距一直较大。2013 年，南昌县地区生产总值达到 500.1 亿元，而资溪县地区生产总值 27 亿元，差距近 20 倍。

总之，民营经济是县域经济发展的潜力和希望，是未来县域经济的主体。未来县域经济的竞争，将主要体现在民营经济的竞争上。因此，只有把民营经济作为县域经济增长的内动力和生长点，才能从根本上解决县域经济发展中面临的突出矛盾和问题，打开县域经济发展的崭新局面。

本章重点县（市）的选取主要以 2013 年江西省各县（市）GDP 及人均 GDP 排名为依据。在此基础上，又进一步参照江西省第一届最佳优化民营经济发展环境县（市、区）入选县（市），选取了南昌县、新建县、贵溪市、广丰县、上高县、万年县、瑞昌市、金溪县进行重点介绍，基本涵盖了民营企业发展较有代表性的地区。

二、南昌县

（一）民营经济发展概述

1. 县（市）情概况

南昌县素有江西"首府首县"之称，三面环绕省会南昌，与南昌市城区无缝对接，距东南沿海地区主要城市上海、杭州、宁波、厦门、深圳、广州只需 6~8 小时，处于"中部崛起"的核心位置。

2013 年，在第十三届全国县域经济基本竞争力百强县排名中南昌县跃居第 67 位，前移 8 位，连续五年进位赶超，百强进位幅度为历年之最；在 2013 年中国中小城市综合实力百强县排名中跃居第 60 位，前移 17 位。全年地区生产总值跨越 500 亿元，达到 500.1 亿元，可比增长 12%；财政总收入和地方公共财政预算收入分别跨越 70 亿元和 40 亿元，达到 72.7 亿元和 45.6 亿元，按省口径分别增长 20.2% 和 28.9%，两项指标总量连续四年稳居全省县（市）第一，综合实力继续领跑全省。全力推进了总投资 490 亿元的 201 个重大重点项目建设，53 个项目竣工投产，96 个项目开工建设，竣工率和开工率分别提高 9.2 和 4.3 个百分点。在项目强势拉动下，500 万元以上固定资产投资完成 500 亿元，增长 23.5%，总量居全市第一，发展后劲不断增强。[①] 2013 年全县工业实现增加值 246.93 亿元，比上年增长 12.5%，占全县经济总量比重的 49.4%，其中，规模以上工业实现增加值 178.55 亿元，增长 14.3%。规模以上工业增加值中私营企业增长 13.6%。[②]

2. 工业园区简介

南昌小蓝经济技术开发区（以下简称小蓝经开区）2002 年 3 月成立，2006 年 3 月成为省级开发区，2012 年 7 月升级为国家级经济技术开发区。是江西省汽车零部件产业基地、江西省食品产业基地、江西省生物医药产业基地、江西省首批生态工业园区。

2013 年小蓝经开区落户企业 615 家，其中投产 452 家，在建 86 家。从业人员 5.7789 万

① 《2014 年南昌县人民政府工作报告》，http：//www.ncx.gov.cn/articles/2014/01/30/6058.shtml。
② 《南昌县 2013 年国民经济和社会发展统计公报》，http：//www.ncx.gov.cn/articles/2014/03/20/6554.shtml。

人，下降 1.99%，完成基础设施投入 3.6228 亿元，增长 6.59%。小蓝经开区内规模以上工业企业 156 家，实现工业总产值 587.14 亿元，增长 17.5%；实现主营业务收入 526.44 亿元，增长 13.24%；实现利润 33.78 亿元，增长 28.16%。

2013 年小蓝经开区获批筹建全国第二家汽车类知名品牌创建示范区；在全省率先建立企业服务代办平台；盘活闲置用地 1940 亩，完成项目填沙 100 万立方米；总投资 92 亿元的尚荣医疗、煌大食品等 32 个项目开工建设；投产企业达 450 家，全省首个汽车零部件产业园全面开工。

（二）发展民营经济的措施

1. 积极帮助中小企业融资，为中小企业融资搭建服务平台

组织县金融办、县财政局、县人行、工行、建行、商行等金融机构座谈、商谈为中小企业融资的各种办法，并配合县金融办出台了扶助中小企业融资的政策性文件和奖励办法。

2. 积极鼓励本县工业企业上市

先后为江西煌上煌集团食品股份有限公司、汇仁集团、江西三鑫医疗科技股份有限公司、南昌市草珊瑚科技产业有限公司、江西科得玻璃钢有限公司等做好上市前后的服务工作，为企业提供信息咨询和相关配套服务，并及时把企业的信息反馈给领导决策。通过努力煌上煌集团已成功上市。

3. 积极开展非公有制经济培训工作，提高企业管理素质

2013 年先后组织企业领导，管理人员参加省（市）组织各类培训班、参加市工信委组织的"管理咨询服务年"活动培训班、申报著名商标培训班、市全民创业专项资金申报培训班、市内陆运费奖励资金申报培训班、南昌市中小企业融资高峰论坛。与小蓝经济开发区合作，与清华大学、北京大学联合举办企业高管硕士研究生班。通过多种渠道，多种形式的培训，提高企业的综合素质。

4. 积极帮助工业企业申报工业用地，为企业发展壮大打下坚实基础

2013 年为江西阿南食品有限公司、赛宝（江西）实业有限公司、南昌永祺科技发展有限公司、南昌山松工程机械有限公司、江西惠昌电力有限公司、良友粮油有限公司、恒久服饰有限公司、江西盛淦实业发展有限公司、南昌春旋农机有限公司、南昌拓展科技有限公司、江西蓝玉玻璃有限公司等企业申报省工业用地指标 2000 多亩。其中，江西阿南食品有限公司、赛宝（江西）实业有限公司、南昌永祺科技发展有限公司、南昌山松工程机械有限公司、江西惠昌电力有限公司、良友粮油有限公司 6 家企业已通过省长协调办公会拿到了省工业用地指标 900 多亩。江西盛淦实业发展有限公司、南昌春旋农机有限公司、南昌拓展科技有限公司、江西蓝玉玻璃有限公司、恒久服饰有限公司 5 家公司各项申报资料已通过省国土厅预审，并上报省工信委召开的"省战略性新型产业重大项目第六次协调推进会"。在借助省绿色通道这个平台申报工业用地指标过程中，积极为申报企业出谋献策，提供政策咨询和信息服务，主动与省、市相关部门沟通，与县相关部门及时交换信息、互相配合，帮助申报企业解决申报过程中出现的各种难题。

5. 积极引导企业争取上级资金扶持，帮助企业快速发展壮大

（1）积极帮助全县企业申报市成长型企业，入选 17 家企业进入南昌市百家成长型中小企业库，根据南昌市人民政府办公厅抄告单（洪府厅抄字〔2013〕319 号）的文件精神，共有 6 家企业申请中小企业发展专项资金，其中江西海浩鄱阳湖水产有限公司、江西家道福实业有限公司、江西联大科技有限公司、江西斯波肥业有限公司 4 家企业入围市成长型企业扶持名单，并且在网上公示，获得市成长型企业资金扶持 80 万元。

（2）积极开展市初创型小企业项目申报工作，争取市民创业专项资金扶持。根据《南昌市全民创业专项资金使用管理办法》（洪府厅发〔2006〕126 号）和《南昌市全民创业专项资金使用管理办法实施细则》（洪创办〔2009〕6 号）文件精神，2013 年有 30 家企业申报市初创型小企业项目资金扶持，经过筛选，有 17 家企业向市创业办申报，最后有 12 家企业入围市扶持范围，已经获得市初创型小企业资金扶持资金 150 万元。

（3）持续推进自营出口创汇工业企业内陆船运费配套补贴资金工作。2013 年有 8 家企业自营出口创汇 500 万美元以上的工业企业申报市内陆运费配套奖励资金，预计可获得奖励资金 200 多万元。

（4）积极帮助企业申报国家、省市技术改造项目资金扶持。南昌县帮助企业多种途径争取上级资金扶持，促使一批企业快速发展壮大。三鑫集团、富尔康、绿滋肴、万强米业、乐富等企业先后申报国家、省市技术改造项目资金扶持，合计有 1000 多万元扶持资金。

6. 积极扶持创业基地建设，争取上级资金扶持

2013 年，小蓝丰益创业基地获得国家创业基地扶助资金 80 万元，武阳小企业基地也申报成功，并获得 5 万元创业基地启动资金扶持。

7. 积极组织中小企业参加市中小企业协会，为企业之间、政企之间交流信息搭建平台

2013 年，共组织 19 家企业参加中小企业协会，为企业更快、更好发展搭建了一个好的平台。其中江西省乐富工业有限公司法人周乐平任市中小企业协会会长，草珊瑚科技有限公司等 6 家企业法人任副会长。

8. 配合经济运行做好综合性工作

一是帮助企业申报规模以上企业；二是帮助企业申报"省著名商标"、"知名商标"、"优秀新产品"等奖励资金；三是组织企业参加"广交会"、"绿色食品博览会"、"民博会"等类型的展览会，让企业"走出去"宣传自己、展示自己、进入市场、占领市场；四是深入小蓝经开区、银三角等企业调研，进行经济运行调度，完成领导交办的综合性工作。

9. 为小微企业发展环境严格把关

根据国家工信部《关于扶助小微企业专项行动通知》（工信部〔2013〕67 号）江西省中小企业局关于《扶助小微企业专项工作安排》（赣中小企字〔2013〕31 号）文件要求，按照市工信委的工作部署，相关责任部门负责人到企业调研，开座谈会，现场考察，发放《小微企业发展环境调查表》1000 多份，召集了 480 多家有代表性的企业进行座谈，分成 20 多个企业课题组。通过调研，了解和掌握了企业的生产经营情况，发现了企业发展中存在的问题、面临的困难。对小微企业发展环境进行调研，有利于帮助南昌市小微企业度过生存期，进一步推动小微企业平稳快速发展。

10. 积极参与南昌创业大学招生工作

组织人员去创业大学进修，打造县优秀企业家队伍、促进中小企业的创新发展。根据南昌市《关于认真做好南昌创业大学第四期招生工作的通知》（洪工信发〔2013〕325 号）文件内容，4 人参加了高级总裁研修班，5 人参加了工商管理硕士研修班，4 人参加了品牌营销管理课程硕士研修班，4 人参加了金融硕士研修班，25 人参加了企业班组长高级研修班，5 人参加了后职业经理人训练班。

（三）发展民营经济大事记

4月8日，民生银行小微企业城市商业合作社成立大会暨互动合作基金启动仪式在南昌县会展中心举行。

4月19日，中组部二局三处处长崔亚飞率调研组来南昌县就非公企业党建工作进行考察调研。县委副书记王小文和省、市、县有关部门负责干部陪同调研。

5月14日，省委常委、统战部长蔡晓明来到南昌县，就加快非公有制经济发展进行调研。

5月18日，南昌县举行小蓝经济技术开发区战略与产业发展规划座谈会，听取有关专家对小蓝经济技术开发区产业规划发展的定位，谋求开发区未来更好更快地发展，为打造核心增长极的重要战略支点做出更大的贡献。

5月30日，南昌县在小蓝经济技术开发区召开"信银企"对接会。

6月21日，南昌县在县综合楼会议室召开非公有制经济人士理想信念教育实践活动动员会。县委调研员、统战部长胡炜，县政协副主席、工商联主席李成星出席会议。

7月19日，南昌市县区工商联联系会暨理想信念教育实践活动推进大会在南昌县召开。市政协副主席、市工商联主席陈斌，市委统战部副部长、市工商联党组书记杨启棠，县委副书记王小文，县政协副主席，县工商联主席李成星出席了会议。

8月16日，南昌小蓝经济技术开发区科学技术协会成立暨第一次代表大会召开，这是南昌市在国家级开发区成立的第一家科协组织。

8月28日，小蓝经济技术开发区汽车零部件产业园项目集中开工仪式在开发区举行。

10月16日，南昌市委组织部来到小蓝经济技术开发区召开会议，宣布省委关于小蓝经济技术开发区党政主要领导的任职决定，郭毅兼任小蓝经济技术开发区党工委书记，王敏任小蓝经济技术开发区管委会主任。

11月7日，小蓝经济技术开发区管委会与南昌银行股份有限公司举行战略合作签约仪式。小蓝经济技术开发区管委会主任王敏、南昌银行董事长陈晓明、南昌银行行长吴洪涛、向塘开发区党工委书记李广祥等出席。

11月21日，江西省委办公厅来南昌县召开县域经济和工业园区发展工作座谈会，了解省委书记强卫到南昌调研县域经济和工业园发展时有关指示精神的贯彻落实情况。

12月16日，南昌县中小企业协会和南昌市中小企业协会南昌县分会成立，省中小企业局副局长、市工信委主任詹水发，县委副书记、代县长刘闯出席了成立大会并为县中小企业协会和南昌市中小企业协会南昌县分会揭牌。

12月20日，南昌县非公有制企业党建指导员工作对接会召开，县委副书记王小文，县委常委、组织部长陈圣栋出席会议并讲话。

三、新建县

（一）民营经济发展概述

1. 县（市）情概况

新建县地处鄱阳湖生态经济区的核心区，是省会南昌城区西进的主要拓展区域，城区与红谷滩新区连为一体，距市行政中心仅 10 分钟车程，距新的省级行政中心仅 15 分钟车程，是全省离省市行政中心最近、区位最好的县。

2013 年全县共荣获了市级以上荣誉和奖励 78 项，经济实力持续增强。全县实现地区生产总值 272.17 亿元，较上年增长 12%；财政总收入 25.32 亿元，增长 26%；地方公共财政预算收入 19.82 亿元，增长 30.1%；500 万元以上固定资产投资 240.08 亿元，增长 23%；工业经济稳步发展。规模以上工业增加值 103 亿元，增长 14.2%，占 GDP 比重的 37.84%，提升了 1.89 个百分点；全年实施 3000 万元以上工业项目 30 个，完成投资 32.7 亿元；新增规模以上工业企业 16 家；工业投资 85.15 亿元，增长 26%；个私民营经济实现增加值 192.17 亿元，增长 16.2%。①

2. 工业园区简介

长堎工业园区始建于 1991 年，已建成 15 平方公里，并推动了一区多园。作为江西省生态工业园区，全国农产品加工创业基地，多次被评为先进园区。2013 年被认定为江西省民营科技园。

2013 年园区实现了经济快速增长，全年可实现工业总产值 373 亿元，同比增长 18.47%；实现主营业务收入 369.5 亿元，同比增长 18.45%，实现工业增加值 89.15 亿元，同比增长 20.49%；500 万元以上固定资产投资预计全年完成 64.15 亿元，同比增长 24.05%；新增规模以上企业 9 家；全年完成税收 6 亿元。

2013 年，园区成功签约落户 10 亿元以上项目 2 个，即投资 26.85 亿元建设年产 10 万辆皮卡车和 SUV 整车项目的江西五十铃及投资 12 亿元作为园区汽车产业配套项目的泉州汽配园；5 亿元以上的项目 1 个，即上市公司福建纳川管材科技股份有限公司投资 6 亿生产缠绕增强管、PE 复合管的纳川管材项目；投资亿元以上的项目 5 个，即投资 4 亿元生产汽车零部件天津宇傲项目、投资 2.2 亿元的核工业华东建工集团项目、投资 1.5 亿元的江西互联网产业基地项目、投资 2 亿元的中成药及保健护肤品研发销售基地及投资 2 亿元装备制造业研发及销售基地，愈加凸显了三大产业聚集特色，增强了发展后劲。②

（二）发展民营经济的措施

1. 开展全方位服务助力民营经济发展

随着南昌加快民营经济发展 40 条政策的出台，新建县在此基础上进一步落实《关于进一步加快乡镇经济发展的若干政策措施》、《关于加快县域经济发展的 20 条政策措施》等文件精神，从政策层面助推县域民营经济快速发展。同时，强化对民营经济实体做到产前保姆式服务、产中保安式服务、产后保镖式服务，促进县域民营经济更好更快发展。

2. 发展外向型经济，进一步提升工业产业经济

新建县紧紧抓住经济发达地区产业梯度转移的契机，重点瞄准福建、上海、香港等地区，成功筹办了南昌之友（厦门）联谊会成立暨新建县产业推介会、2013 年上海市（江西）商会回乡创业产业推介会和泉州市汽配（工程机械）同业公会投资洽谈会等活动；投资 80 亿元占地 1500 多亩的市政公用城、投资 20 亿元的北车集团南昌产业基地、投资 12 亿元的泉州汽配产业园、投资 5 亿元的天津宇傲汽车零部件等一批大项目相继签约落户。全年

① 《新建县 2014 年政府工作报告》，http：//www.xinjian.gov.cn/Item/9340.aspx。
② 《长堎工业园区 2013 年工作总结和 2014 年工作计划》，http：//www.xinjian.gov.cn/Item/9417.aspx。

共引进"四外"项目 88 个,其中亿元以上项目 9 个、10 亿元以上项目 8 个。工业经济稳中有升,规模以上工业增加值完成 103 亿元,增长 14.2%;工业投资完成 85.15 亿元,增长 26%。

3. 创新金融服务、开展小额信贷、加大风险补偿力度,为民营企业融资开渠助腾飞

2013 年以来,新建县吸引中信银行、九江银行、上饶银行、农商银行成功入驻;县金融办与县建设银行合作,率先在省、市启动小微企业"助保贷"工作,累计发放贷款 1 亿元。

(三)发展民营经济大事记

2 月 28 日,新建县小微企业"助保贷"工作领导小组第一次全体会议举行。会议的举行标志着全县"助保贷"业务正式启动。县委常委、常务副县长易小毛出席了会议。

3 月 21 日上午,新建县工商联女企业家商会第二届换届大会暨第三届会员大会在新都宾馆举行。县人大常委会副主任夏英英、张丽卿,县政协副主席熊长春、万虹出席会议。

4 月 2 日,由上海市(江西)商会组织,31 家企业负责人组成的大型商务考察团来新建县考察,并在新建迎宾馆举办了专项产业推介会。

4 月 25 日,新建县委书记樊三宝在县迎宾馆接待了阿联酋(江西商会)考察团,并举行了座谈会。

5 月 7 日,新建县开通小额担保贷款绿色通道,紧扣"便利、快捷、优质、高效"服务主题,方便群众,赢得创业者的好评。

5 月 9 日,由新建县委组织部常务副部长杜玉琴带队,带领全县 5 名非公有制企业党建工作指导员及长垦镇、乐化镇和工业园区的分管领导前往高新开发区进行了学习和交流。

6 月 29 日,县政府副县长陈子柠在县政府接待室,就省工信委、省中小企业局对接新建县的帮扶事项,与省工信委投资规划处处长熊健、省中小企业局工业园区处处长舒永忠进行了友好深入的沟通、交流。

7 月 4 日,县长黄耀华在长垦工业园区召集县直有关部门研讨支持园区发展的政策措施,黄县长强调,长垦工业园区是新建县工业发展的主战场、主平台,必须举全县之力、全县之智支持、扶持,目标是让其进入国家级园区行列。

7 月 5 日,长垦工业园区"五大工程、百日会战"动员会举行。工业园区工委书记夏云标、县工业园区管委会主任万里晴出席会议。

四、贵溪市

(一)民营经济发展概述

1. 县(市)情概况

贵溪位于江西省东北部、信江中游。处龙虎山、圭峰、三清山、武夷山、五府山"五山环绕地"。全市国土面积 2480 平方公里,61.2 万人口,辖 21 个乡(镇、街道),7 个林(垦殖、园艺)场。区位优越,交通便利。

2013 年全市实现财政总收入 41.13 亿元,比上年增长 15.6%,税收总收入 34.47 亿元,

增长 30.8%。全年实现地区生产总值 314.74 亿元，比上年增长 9.4%。其中，第一产业增加值 16.93 亿元，增长 7.8%；第二产业增加值 229.73 亿元，增长 9.5%；第三产业增加值 68.08 亿元，增长 9.5%。人均生产总值为 55598 元，增长 9.0%。按平均汇率折算为 8977 美元。

非公有制经济快速发展，2013 年实现增加值 105.95 亿元，增长 10.0%，占全市生产总值的比重达 33.7%，比上年提高 0.4 个百分点。全市新增非公企业 1165 家，新增地方税收 2.3 亿元，安排本地就业人数 5.5 万人，较上年同期分别新增 60%、80%、120% 以上，已成为当地经济发展的重要支柱。①

2. 工业园区简介

江西省贵溪市工业园区是在原罗河工业区和柏里工业区的基础上组建的，规划总面积 12 平方公里，于 2002 年 9 月正式成立。

2013 年，园区把项目建设作为全年工作的重中之重，强化"发展是硬道理、招商是硬本领、项目是硬目标"的意识，把目标落实到项目、把项目落实到责任人，采取领导干部挂点制度，全力推进项目建设。同时，积极做好"财园信贷通"等企业服务工作，推动企业发展升级。园区内，企业和项目 222 个，纳税企业 188 个，在建 19 个，签约 15 个。全年完成固定资产投入 75.74 亿元，同比增长 18.34%；主营业务收入 420.19 亿元，同比增长 18.9%；税收 12.17 亿元，同比增长 91%；利税总额 29.97 亿元，同比增长 84.54%；预计工业增加值 50 亿元，预计同比增长 6.4%。已初步形成以铜产业和节能照明产业为主导，化工建材、医药食品、机械制造为辅的产业发展格局。

2013 年，贵溪工业园区先后被授予"2013～2014 年鹰潭市级青年文明号"、"2013 年江西省循环化改造试点园区"、"首届江西十大最具价值投资工业园区"等称号。②

（二）发展民营经济的措施

1. 着力工业经济运行监测分析、调度与服务优化，不断壮大工业经济总量

（1）加大经济运行监测分析和预测预警力度。完善"一月一调度、每季一分析、半年一总结、年终一考核"的调度监测分析工作制度，每月编制《贵溪工业商务运行快报》，对全市工业经济运行情况做到每月一分析一小结，全面把握全市经济运行的变化趋势和突出矛盾，及时发现问题，提出操作性强的对策建议。

（2）强化市属工业调度。建立多部门沟通、联动工作机制，每月定期召开工业经济运行调度会，指导、服务、协调"一园三基地"工业企业生产经营，并切实抓好各项经济指标的完成落实。

（3）进一步完善激励机制。积极指导、服务、扶持工业企业发展，对一批作出突出贡献的工业企业和工业经济工作个人予以表彰；并积极申报省、鹰潭市工业发展奖项。凯安铜业、力环弹簧、海通铜业获鹰潭市企业进步奖；大金铜业、凌云铜业、海利化工获鹰潭市企业贡献奖；推荐企业优秀职工参评全国有色、黄金行业劳动模范。

（4）壮大工业企业规模。加大规模以上工业企业申报工作。2013 年，全市申报新增规模以上工业企业 17 家，目前 16 家企业正在审批过程中。

① 《贵溪非公企业成经济发展支柱》，http://jiangxi.jxnews.com.cn/system/2013/12/17/012862290.shtml。
② 《贵溪工业园区 2013 年工作总结》，http://www.guixi.gov.cn/Item/3733.aspx。

（5）加强安全生产不放松。不定期系统内企业和资产管理单位进行安全大检查，及时发现和消除安全隐患，力争全年全系统无一例安全事故发生。

2. 狠抓项目引进与技术创新，增添企业发展后劲

（1）积极开展招商引资活动。招商小分队赴浙江、湖南等地开展招商，引进江西悦海新能源公司年产1000万只新型结构密封铅酸蓄电池、贵溪嘉泰实业有限公司新建年产15万吨废纸造纸、浙江蓝天力化工有限公司年产20万吨环保增塑剂等5个项目，签约资金21.4亿元，全年上报固定资产投资工业项目17个（续建项目9个）。

（2）大力推进企业技术创新。全年累计工业技术改造备案项目15个，贵溪旺通铜业有限公司年产10000吨环保冷凝管项目及江西力恒弹簧有限公司年产60000吨铁路铺张网项目申报国家重大技改项目，贵溪骏达特种铜材有限公司年产1000吨铝青铜项目申报国家中小技改项目，贵溪中晟金属有限公司年产30000吨无铅环保黄铜型材项目申报省重大战略性新兴产业项目。2013年共有六家企业分别申报国家级、省级各类技改项目，预计共可争取项目扶助资金2400万元。

3. 用足用好政策，促进商贸流通发展

草拟了贵溪市《关于加快发展商贸服务业的实施意见》；上报大三元稀有金属交易市场、贵溪市果蔬批发市场和供销社农资配送中心等5个改造项目为2013年商务厅市场体系建设项目储备；积极引导扶持出口企业发展。2013年共办理18家企业对外贸易经营者备案登记，对12家经营者备案登记进行了变更，逐步壮大本市外贸出口主体；加大项目扶持，申报江西鹰甬物流有限公司、贵溪星宇汽车有限公司等四家企业省外贸公共服务平台项目，预计可争取项目资金520万元，有效促进了企业产业升级。

4. 创优服务，积极推动中小企业健康快速发展

2013年，以"转变职能、强化服务，扶持中小企业发展"作为工作的核心内容，以全面、高效、优质的服务树立新形象。

（1）积极争取项目。申报省中小企业发展基金项目1个，争取资金50万元；帮助和兴信用担保有限公司等两家公司申报中小企业信用担保业务补助项目2个，争取资金280万元，帮助四骏中小企业服务机构申报国家中小企业服务体系项目，可获专项资金补助10万元。

（2）积极搭建企业融资平台。通过召开银企联谊会、协调担保机构与中小企业的关系等，帮助中小企业解决融资难的问题。截至2013年11月中旬，三家融资担保机构江西华任担保有限公司、贵溪市和兴信用担保有限公司、贵溪鑫海担保有限公司共为中小企业融资担保约2.1亿元。

5. 大力加强非公企业党建工作领导

实行党委领导成员挂点联系制度，对系统内6个非公企业党组织分别挂点联系，上门指导、督促项目建设，协调党建工作中遇到的困难和问题；重点发展非公企业新党员，2013年经信系统发展非公经济组织新党员3名，占全系统发展党员总数的50%。

（三）发展民营经济大事记

7月15日，全国小微企业金融服务经验交流电视电话会议召开。市长程芦山在贵溪分会场收听收看了会议。

11月9日，贵溪北京商会暨中共贵溪北京商会支部委员会成立庆典大会在北京江西大

厦隆重举行，市领导杨解生、程芦山、祝晓勤、褚小涛、邬筱露等，以及北京市工商联领导、北京江西商会领导、贵溪在京知名人士共 100 多人参加成立大会。

11 月 21~25 日，贵溪市组织部、贵溪非公有制经济组织委员会、贵溪市委党校联合举办了全市非公有制企业党组织负责人和非公党建指导员培训班。

11 月 22 日，贵溪市工商联组织江西大忙人实业有限公司、贵溪龙兴铺灯芯糕有限责任公司、贵溪市久润农业发展有限公司等会员企业参加了在南昌举办的第六届中国绿色食品博览会。

12 月 17 日，坐落于贵溪工业园区的江西三花制冷科技有限公司，综合加工生产黄铜棒、黄铜管、空调用截止阀等空调制冷零部件铜材产品，成为贵溪市目前规模最大的制冷铜产品企业。今年以来完成主营业务收入 3869 万元。

五、广丰县

（一）民营经济发展概述

1. 县（市）情概况

广丰县位于江西省东北部，赣、浙、闽三省交界处，先后荣获"全国卫生县城"、"全国文明县城"、"全国社会治安综合治理先进县"等多项国家级荣誉，连续被评为"全国中小城市综合实力百强县"、"全国最具投资潜力中小城市百强县"、"全国最具区域带动力中小城市百强县"。

2013 年全县实现生产总值 240 亿元，同比增长 16.5%。完成财政总收入 33 亿元，增长 13.9%；完成公共预算收入 20.95 亿元，增长 18.3%。完成固定资产投资 151.9 亿元，增长 19.3%。实现社会消费品零售总额 36 亿元，增长 13.2%。城镇化率达 51.15%，提高了 1.4 个百分点。新增规模以上工业企业 40 家，增量全省第一，总数达 144 家。实现规模以上工业总产值 455 亿元，增长 22.7%；规模以上工业增加值突破百亿大关，达到 101.4 亿元。在转型与改革的关键时期，广丰县综合实力继续保持了全省第一方阵、全市领头羊位置。

广丰县高度重视民营经济发展，民营经济总量大幅增长，经营领域逐步扩大，结构层次明显提升，贡献份额不断提高，已成为县域经济最具活力的新增长点。截至 2013 年，全县个体工商户达到 18100 户，从业人员 2.7 万人，民营企业 2586 户，注册资金 94.85 亿元，同比分别增长 13.66%、3.9%、24.9%、5.98%，规模以上民营工业企业 140 家；实现销售收入 480 亿元、上缴税金 36 亿元，同比分别增长 32.25%、130%。

2. 工业园区简介

广丰工业园区成立于 1996 年 12 月，系江西省十大工业园区之一，"省级一类园区"、"江西省民营科技园"、"江西省本质安全型工业园区"、"江西省省级生态工业园区试点单位"。广丰县工业园区着力培育优势产业，促县域经济跨越发展。在传统五大支柱产业基础上，提出了发展"三大百亿产业"，即以精深加工、应用产品为重点的黑滑石产业，以集废旧物资收购、贸易、加工、销售、利用为一体的再生资源产业，以锂电池、硅材料开发应用为重点的新能源产业，并精心编制了三大百亿产业规划，争取 3~5 年新增"3 个百亿"。

2013 年，园区完成基础设施投入 7.2 亿元；工业固定资产投资额达 60.2 亿元，同比增长 81.33%；主营业务收入完成 450 亿元，增长 25.7%；实现税金 25 亿元，增长 25%；实现工业增加值 90 亿元，增长 23%。目前，园区开发面积已达 9 平方公里，投产企业 142 家，产值亿元以上企业 58 家，纳税过百万企业 105 家，已成为民营企业的聚集区、孵化区、示范区、增长区。

（二）发展民营经济的措施

广丰县高度重视民营经济发展，采取了许多行之有效的措施，优化外部环境、制定优惠政策、加强载体建设，民营经济总量大幅增长，经营领域逐步扩大，结构层次明显提升，贡献份额不断提高。

1. 弘扬创业精神，把全民创业作为民营经济发展的动力源泉

2013 年，广丰县始终坚持回乡创业与外商同等对待，民营经济与国有经济同等对待，坚决破除束缚民营经济发展的"紧箍咒"，放手让一切有利于民营经济发展的活力竞相迸发，让一切有利于民营经济发展的源泉充分涌流，在全县上下形成齐心协力、同频共振支持民营经济发展的良好局面。

（1）传承精神，打造品牌。先后开展"广丰人"品牌宣传活动，精心策划了"广丰之子"、"天下广丰人"系列专访活动和"十大广丰之子"、"创业明星"等系列评选活动，编印出版了《广丰人》书籍，在全社会形成人人"想创业、能创业、创成业"的良好氛围，激励一代代广丰人创新创业。

（2）强化宣传，表彰先进。充分利用网络、电视、报纸、广播等新闻媒体，浓墨重彩地宣传促进民营经济发展的有关政策措施，充分调动各个方面推动民营经济发展的积极性。挖掘和推介了一批民营企业和企业家中涌现出来的优秀典型，对于经济贡献大、吸纳就业多、公益捐赠多、企业形象好的优秀民营企业家，大张旗鼓地表彰奖励，使他们政治上有荣誉、社会上有地位。同时，每年县里对纳税 100 万元以上的民营企业和年纳税 10 万元以上的农业龙头企业进行隆重的表彰和奖励。

2. 突破瓶颈制约，把政策支持作为民营经济发展的关键举措

（1）强化平台支持。充分利用广丰工业园这一平台，着力实施龙头企业培育工程和中小企业成长计划，加快企业技术开发、人才引进培养和科研成果转化。广昌县每年投入 5000 万元以上资金作为打造"千亿园区"工业发展专项基金，强力推进园区资源整合和扩容升级，积极引进金融、物流、仓储、商贸等配套服务，不断完善园区功能体系。

（2）强化金融支持。第一，创新投融资模式。组织由银行、工业园区、担保机构共同合作的"银园保"模式，专门为园区缺乏担保抵押的小微企业提供融资担保。积极对接"助保贷"、"财园信贷通"等金融信贷政策，已支持 105 家企业融资了 6 亿元。第二，加大小额担保贷款发放力度，形成了程序简化、门槛降低、额度增长、城乡覆盖的工作机制。第三，每年安排 1000 万元工业发展资金，用于新上、技改项目贷款贴息，助推民营企业进行技术创新、产品创新和品牌创新。

（3）强化用地支持。出台了《广丰县工业园入园企业用地有关规定》，坚持"依法、自愿、有偿"的原则，积极稳妥推进土地规模流转，依法保证民营企业发展用地。同时，引导企业摒弃"地毯式"用地观念，指导企业调整内部用地结构，多渠道、多方式盘活和扩大生产性用房面积，实现增产不增地。支持和帮助低产企业从实际出发，采用兼并、重组、招商对接等方式，引入关联度大、能激发集聚效应的大项目、好项目。

（4）强化用工支持。第一，整合县委党校、教师进修学校、金蓝领工程培训基地、阳光工程培训基地等 12 家培训机构资源，成立了农民学院，开展订单式培训，促使培训对象掌握实用技能，满足企业用工需求。第二，建立了县乡村三级用工服务网络体系，推出了帮助农民工创业就业专职代办员制度。园区设立了劳动事务保障局，各乡镇成立了服务站，配备了 2 名专职代办员，各村均配备了 1 名专职代办员。第三，利用春节期间农民工集中返乡机会，每年正月举办春季招聘会。2013 年春季招聘会共帮助 2998 名务工者实现家门口就业。

3. 提升服务绩效，把优化环境作为民营经济发展的有力保障

（1）做到行政审批"零障碍"。深化行政审批制度改革，淡化管理色彩，突出服务宗旨，县行政服务中心推行超时默许、网上审批等制度，进一步减少审批事项，精简审批程序，优化审批流程，简化办事手续，缩短办事时限，实现了"一站式审批、一条龙服务"，构建了公开行政、透明政务、廉洁高效的"绿色通道"，让民营企业享受到如超市购物般快捷便利的服务。

（2）做到提供服务"零距离"。推行县领导到县行政服务中心值周带班制度及行政审批领办制度，由县领导在县行政服务中心轮流值周带班，协调解决现场办公期间服务对象投诉和反映的热点问题等；在行政服务中心大厅设立"行政审批服务领办台"，安排专人值班，随时受理服务对象申请，并进行受理登记，确定全程领办、帮办。对劳动密集型企业，建立驻厂"指导员"制度，及时解决企业与客商经营中遇到的生产、生活方面的问题。

（3）做到企业生产"零干扰"。聘请 80 多名企业管理人员作为优化经济发展环境监督员，并印发了《广丰县优化经济发展环境监测工作手册》，强化社会监督，推动机关效能建设。在企业生产过程中，任何部门或单位决不允许违反法律法规向企业收取任何费用，决不允许以任何理由要求企业提供各种赞助或接受有偿服务，决不允许未经批准对企业实施多头检查、重复检查和交叉检查，对破坏和影响民营经济发展的人和事，坚决做到发现一起，查处一起。

（4）做到政府作为"零缺位"。针对中层梗阻、基层板结及其工作人员慢作为、不作为、乱作为现象，出台了《广丰县行政机关及其工作人员行政不作为或乱作为问责办法》、《关于损害投资发展环境责任追究暂行办法》、《广丰县影响机关效能行为问责暂行办法》，明确了涉及行政许可、行政检查、行政处罚、行政管理等行政过错行为的追究办法，进一步规范全县各级机关工作人员的行政行为。做到该做的事情绝不推脱，不该做的事情绝不越轨，真正当好民营经济发展的"清道夫"和"引路人"。

（三）发展民营经济大事记

2 月 8 日，省级农业龙头企业江西镇世堂绿色食品开发有限公司为了回报基地广大农户的大力支持，拿出专项资金 30 余万元，奖励与其签约"订单农业"种植红薯的 8000 余户农民，受到乡亲们交口称赞。

2 月 25 日，江西省编办已印发《江西省机构编制委员会办公室关于江西广丰工业园区管理委员会级别的批复》（赣编办文〔2013〕10 号），批准同意江西广丰工业园区管理委员会定为副处级，为广丰县人民政府的派出机构，成为江西省首批重点省级工业园区获批的 10 个副处级单位之一。

5 月 30 日，由广丰工业园区管委会（党工委）、县科协联合主办的广丰工业园区 2013 ～

2014 有色金属价格前瞻研讨会在铜福天地隆集团公司召开。

11 月 5 日，中国社科院发布"2013 年度中国最具区域带动力中小城市百强城市"名单，广丰县上榜，江西省仅广丰县、南昌县、贵溪市 3 县（市）获此殊荣。

12 月 5 日，广丰县人大常委会组织部分省（市、县）人大代表 40 余人，对广丰工业园区工作进行专题视察。

12 月 11 日，广丰继荣膺 2013 年中国最具区域带动力中小城市百强县（市）后，又被中国食品工业协会评为 2012～2013 年全国食品工业强县。

12 月 19 日，广丰县个体私营经济协会第六届一次会员代表大会在广丰宾馆二楼会议室召开。

六、上高县

（一）民营经济发展概述

1. 县（市）情概况

上高县隶属于江西省宜春市，位于江西西北部，赣江支流锦江中游。上高县总面积 1350 平方公里，下辖 1 个街道、9 个镇、5 个乡，总人口 37.7898 万人。

2013 年全县财政总收入累计完成 179278 万元，占市目标的 100.3%，增长 19.4%。实现地区生产总值 1132260 万元，按可比价同比增长 11%。其中，第一产业增加值 177251 万元，增长 3.5%；第二产业增加值 617251 万元，增长 13.0%；第三产业增加值 337758 万元，增长 10.7%。人均生产总值为 30801 元。2013 年全县实现规模以上工业增加值 79.51 亿元，同比增长 14.3%；实现规模以上工业总产值 314.8 亿元，同比增长 22.48%；全县规模以上工业实现主营业务收入 349.53 亿元，比上年增长 21.1%；实现利税 62.34 亿元，同比增长 10.8%。

2013 年非公有制经济增加值 651050 万元，增长 11.6%，占 GDP 比重的 57.5%。非公经济得到迅猛发展，非公企业已达 3320 家，个体工商户达到 11384 户，非公有制经济上缴税金占全县税收总额的比重达 77.5%，非公经济实现外贸出口交货值占全县外贸出口交货总额的比重达 100%。[①]

2. 工业园区简介

上高县工业园于 2001 年 9 月正式动工建设，根据"工业园区化、园区城市化"的要求，按照"规划立园、项目兴园、科技强园、生态美园"的思路，不断做大做强，吸引了县内外企业向园区集中。园区距省会南昌 110 公里，西临宜春 90 公里，320 国道穿园而过，区位优势明显，交通便捷。按照产业、区位分为一园三区，即镜山园区、油籽洞鞋革产业园和塔下建材园区。

截至 2013 年底，上高工业园区已报批建设用地 1.59 万亩，97.2% 使用的是废弃的存量土地。2013 年，入园投产工业企业达 153 家，安置从业人数 45856 人，增长 9%，园区实现工业增加值 84.5 亿元，增长 21.8%，主营业务收入、利润、税金分别完成 358.5 亿元、

---

① 《2013 年上高县国民经济和社会发展统计公报》，http：//www.jxstj.gov.cn/News.shtml？p5 = 6474389。

48.5 亿元和 13.6 亿元，分别增长 19.4%、7.3% 和 25.1%，上缴税金 13.6 亿元，全省排名第 15 位。先后被评为全省十强工业园区、全省安置就业十强园区、全省先进工业园区、重点省级工业园区等荣誉。[①]

（二）发展民营经济的措施

上高县委、县政府号召，把优化民营经济发展环境作为促进经济社会科学发展、跨越发展、和谐发展的重要支撑，把优化发展环境作为促进民营经济发展的突破口，采取多种方式方法，加大对民营企业发展软环境的整治力度，取得了明显的成效。

1. 摆正工作思路，树立促进民营经济发展的观念

2013 年，上高县把推动民营经济作为富民强县的第一要务来抓，不断优化政策环境和服务质量，积极为民营企业排忧解难、全力扶持，营造政治上认同、社会上尊重、政策上支持、方向上引导、法律上保护、经济上实惠的民营经济发展的良好氛围，民营经济加快发展壮大，在国民经济中的比重不断上升，有效支撑了全县经济的快速健康发展。

2. 坚持招商引资

始终把招商引资作为发展民营经济的重中之重，主要领导亲自抓招商，成立专门的招商队伍，一方面，主攻招大引强，积极开展重大意向大走访、产业集聚大推介等载体活动，实施重点招商。另一方面，进一步健全招商机制，坚持产业招商、会展招商、以商招商、代理招商，加强与招商中介、行业协会和行业龙头企业的交流协作，进一步提高招商成效。

3. 组织培训，服务企业

每年组织非公企业参加县委举办的培训班多期，组织会员企业举办 2~3 期培训班，邀请专家学者来授课。

（1）加强企业家自身素质的提高。组织企业家参加形式多样的培训班，使企业家学习新知识、新方法、新技术和新的管理手段，拓宽了企业家的眼界和思维、提高了个人的水平和修养、提高了公司的整体管理水平、改变了部分传统家族式企业的管理模式，使企业走上了健康、持续、发展的轨道。

（2）加强企业员工培训力度。成立了企业员工实训、培训基地与职业中学联合培训，吸纳高中毕业生及下岗职工培训，使其掌握一技之长，为企业输送高质量的员工。牢固树立"人才兴企"观念，重视在职员工队伍的稳定性，加强职业技术培训工作，树立员工诚信、守时、好学、注意工作过程中的细节、工作节奏快、敢于打破常规性做法和习惯性做法、创新能力强等责任心，增强了企业凝聚力。

（3）加大重点企业用工服务力度，连续 8 年协助企业招聘员工 6000 人以上，解决了部分企业招工难的问题。

4. 放宽放活，打造投资创业热土

在坚持用好已有招商方式的同时，不断创新思维，拓展思路，抢抓促进中部崛起的机遇，用好、用足国家政策，把最大限度放宽放活作为优化环境的"磁场"，提高环境的吸引力。上高县成立专项资金用于奖励纳税大户、龙头企业、创业能人以及招商引资、项目建设、优化环境的先进集体和个人。

---

① 《上高工业园区走上节约集约用地新路子》，http://www.mlr.gov.cn/xwdt/dfdt/201403/t20140312_1306729.htm。

5. 创优服务，为投资者排忧解难

积极为企业解决产前、产中、产后实际困难，扶持企业的发展，加大银企对接力度。对新引进的中小企业，在办证、用地、用电、用水等方面认真做好保姆式服务、贴身式服务。简化审批事项，要求职责范围内的工作不拖、不等、不靠，做到当日事当日毕；做到"扶上马，送全程"，切实保护投资者合法权益；与县人民医院、中医院合作，共同做好民营企业家的人文关怀，每年进行一次免费体检，并安排医生做好一对一服务。

6. 打造总部经济，构筑服务业业态基础

以总部经济基地为主平台，加大盛然商贸总部经济大楼、中国网库电商谷新业态推进力度，加快建筑业、上海老凤祥总部结算中心等总部企业引进步伐；加快锦江农产品物流中心、江西上高粮食物流中心等专业市场建设，努力建成区域性商业聚集中心；规划建设二手车市场；加快发展电子商务、科技信息等新型服务业态，推进服务业与信息化、工业化深度融合，降低企业生产成本。有序推进锦江 500 千伏输变电站和溪洛渡 800 千伏特高压、上高至何舍 220 千伏等线路施工，增强供电保障能力，力争 2014 年服务业实现增加值 42.4 亿元，占生产总值 31%。

7. 发展县域经济，打造特色产业

引导和培植县域经济努力形成区域经济优势，促进农业工业化、特色产业规模化和城乡一体化的有效模式。目前上高县农业合作社总数达 381 家，涉及农户 3.1 万户；上高隆信渔业合作社被国家农业部评为优秀农民专业合作社；金农米业集团被评为省"双十"龙头企业，国家级农业产业化龙头企业；上高县紫宏养殖合作社等三家合作社获得农业部和省委、省政府颁发的"国家示范合作社"；林业合作社理事长被评为"全国绿化劳动模范"。

（三）发展民营经济大事记

1 月 11 日，上高县对园区 100 多家重点企业开展了价格服务进企业活动。不仅主动上门宣传价格政策法规，并为每个企业赠送了最新编印的《上高县涉企收费单位项目与标准汇编》，为企业详细解读了"三零两减半"办法的规定。

1 月 15 日，上高县被省委、省政府认定为第二批省级现代农业示范区，这也是该县在 2007 年成为赣台农业合作示范区后，现代农业示范区建设取得的又一硕果。

4 月 10 日，投资 5000 万美元的瓦楞纸板（箱）包装生产项目落户上高。该项目由创立包装（江西）有限公司投资兴建，项目总投资 5000 万美元，占地面积 80 亩，年产瓦楞纸板 14000 吨，瓦楞纸箱 3000 吨，该项目建成投产后，预计年产值将达 9740 万元，税收 678 万元。

5 月 21 日，在日前揭晓的 2012 年全省、市、县政府考核评比中，上高县喜获"工业发展先进县"称号，据悉，全省仅 6 个县（市、区）获此殊荣。

7 月 19 日，国家科技部下发 2013 年国家农业科技成果转化资金项目立项的通知，该县江西金农生物科技有限公司申报的《淀粉糖米渣制备食品级蛋白粉技术中试》项目获国家立项支持，获无偿资金 60 万元。

8 月 5 日，总投资 1.5 亿元的江西瑞雅药业有限公司签约落户上高工业园，该项目占地 50 亩，项目建成后，可年产哌嗪、乙酸甲酯等医药中间体 840 吨，预计年销售收入可达 5 亿元，实现税收 2000 万元。

9 月 6 日，上高县鼎腾车业有限公司被国家质检总局授予特种设备制造许可证，成为全市首家、全省第二家从事场（厂）内专用旅游观光车辆生产的企业。

9月23日，国家科技部下发2013年国家科技型中小企业技术创新基金项目立项通知，该县江西桃苑农牧科技有限公司"高效新型、低成本、有机—无机复混肥"等2个项目获立项支持，共获国家无偿资金达130万元。

9月27日，在武汉市召开的2012～2013年全国食品工业强县（市、区）和优秀龙头食品企业经验交流会上，上高县喜获"全国食品工业强县"称号。全省仅6个县（市、区）获此殊荣。

12月26日，上高县工业园区被省政府评为重点省级工业园区，成为全省22家重点省级工业园区之一。

12月30日，2013中国上高·绿色食品产业发展研讨暨千亿食品生态产业园推进会成果丰硕。共签约投资30亿元的江西朗朗食品有限公司二期项目、投资30亿元的华米科技股份有限公司、投资10亿元的宜春特驱饲料项目、投资5亿元的中国网库宜春（上高）电商谷等项目17个，签约资金达103.6亿元。

七、万年县

（一）民营经济发展概述

1. 县（市）情概况

万年是世界稻作文化发源地、中国贡米之乡。现辖6镇6乡和2个管委会，人口40万，土地面积1140.76平方公里，先后被授予省级卫生城、省级园林城、省级双拥模范县、全省平安县和中国绿色名县。

民营经济的快速发展和占GDP比重的不断上升，成为万年县财政增长、农民增收、剩余劳动力转移的重要途径。2013年，经济指标有6项增幅全市第一，两项增幅全市第二，两项总量全市第二。其中，地区生产总值91.8亿元，民营经济产值占67.9%；规模以上工业增加值41.98亿元，民营经济产值占43%；全县社会销售总额高达92%来自于民营经济。

截至2013年底，全县已有私营企业2219家，投资与雇工人数23976人，注册资本（金）548652.55万元，较2012年同期分别增长19.3%、15.0%、22.8%。个体工商户13198户，新增2370户；从业人员19016人，新增4087人；注册资金76336万元，新增23297万元；较2012年同期分别增长18.85%、16.64%、17.57%。

2. 工业园区简介

万年县工业园区创办于2001年10月。2013年，工业园区被评为全省"先进工业园区"、省级"民营科技园"和"小微企业创业园"。面积由1.6平方公里扩调为11.83平方公里，园区开发面积拓展至8.4平方公里。将石镇产业区与梓埠产业区合并为凤巢产业园，丰收产业区更名为丰收产业园，城东产业区更名为万年青产业园，"一区三园"格局正式确立。

截至2013年，园区内落户企业191家，其中投产企业131家（规模以上企业65家），安排就业17000余人。2013年园区实现主营业务收入172.38亿元，同比增长22.64%；实现工业增加值37.47亿元，同比增长22.37%；上缴税金9亿元，同比增长66.19%。[①] 规模

---

① 《万年县2014年政府工作报告》，http：//www.zgwn.gov.cn/zwgk/2014/04/10/20665.htm。

工业增加值 37.47 亿元，增长 22.4%，占规模以上工业增加值比重 89.3%。

（二）发展民营经济的措施

为进一步优化民营经济发展环境，将民营经济打造成为核心增长极，万年县致力于铸就"八大平台"：

1. 政策服务平台

（1）制定下发《关于鼓励"全面开放、全民创业"的实施意见》、《万年县招商引资优惠政策及奖励办法》，吸引符合本县经济发展的企业入驻，鼓励、支持民间资本参与社会公共事业的投资建设。

（2）出台《关于加快民营经济发展的若干意见》，从实施名牌战略奖励、推进企业信用担保建设、鼓励上市融资等，鼓励、扶持民营企业加快发展。

（3）实施《万年县非公有制经济人士权益保障实施办法》，全面保障非公人士的政治权利，提高非公人士的政治地位。

（4）建立涉企收费项目"一单清"、"企业生产宁静日"、联合检查等专项制度，进一步保障和维护市场环境的公平、公正、有序。

2. 改革创新平台

实现行政审批"数量最少、时限最短、费用最低、服务最优"，打造"全国行政审批最少县"。按照"能取消的全部取消、能减免的一律减免、能暂停的马上暂停、能降低的立即降低"的原则，通过系列优化，实现保留县级行政审批项目 67 项，精简 251 项，精简率达 78.9%；重大项目办结时间提前 200 天以上，提速 75% 左右，一般项目办结时限压缩在原先的 40% 以内，打造出行政审批"高铁速度"。

3. 总部经济平台

进行商会大厦建设，打造总部经济，推动民营经济发展壮大，成就县域经济升级版，被省工商联誉为"万年模式"。

（1）高位推动，政策扶持。列入全县重大建设项目，县领导挂点负责。给予"按净地标准供给"建设用地、减免建设行政性收费等扶持优惠政策。

（2）商会入股，市场运作。实行市场化运作，由县总商会和企业共同出资成立实业公司。大厦面向市场销售，所得利润按照平方数分配给业主企业。

（3）企业参与，封闭运行。按照公正公平的原则，入驻企业按时交纳押金和认建资金。资金单独建账，确保全封闭运行。对资金实行民主监督和民主管理，确保项目快建设、快竣工、快见效。

4. 园区承载平台

（1）全力推进"扩区调区"工作。

（2）加大园区基建力度。累计投入园区水、电、路等基础设施建设 7400 余万元，园区自来水厂、全市首家工业污水处理厂投入运营，11 万伏变电站、双回路供电改造、园区生活配套服务区等项目积极推进，创业孵化基地和园区综合服务中心等均已建成。

5. 人才保障平台

（1）积极引进高端人才。出台了《万年县高端人才管理服务办法》，建立了万年贡集团院士工作站鑫星农牧公司院士工作站。

（2）加强校企合作机制。积极开展企业、高校联姻活动，与南昌大学、江西农业大学、中昊晨光化工研究院等建立合作关系，为企业提供人才"对口培训"。

（3）建立人才发展长效机制。在城区划定 320 亩商住用地，建设园区生活配套集中区，优先安排民营企业高管和一线工人入住，帮助企业稳定员工，留住人才。投资 3 亿元建设义乌商会返乡创业园和人才孵化基地，为个人创业、企业用工免费提供最直接的培训、实践服务，实现人才按需快速成长。

6. 政银企合作平台

切实拓宽民营企业融资渠道，解决"融资难"问题：

（1）加强银企对接。及时分析和解决民营企业日常经营中存在的困难和问题，主动加强与驻昌、驻饶金融机构及县域银行机构的对接，鼓励金融机构积极做好项目、企业平台和环境建设的推介工作。

（2）加强项目推介。定期召开大型政银企对接座谈会或者项目推介会，组织金融家"园区行"活动，进行专题对接会或信贷品种推介会，及时宣传、推广新的融资产品，提高企业信贷的满足率。

（3）加大政策扶持。财政支出 500 万元建立小微企业融资风险补偿铺底资金。设立万年金猪担保公司、万年通担保公司、万年恒隆担保公司，实施"政府＋银行＋企业"无抵押贷款融资模式，为全县民营经济提供融资服务。

7. 会员展示平台

着力引导民营企业、民营经济人士把产业当事业、把回馈当责任：

（1）重经济利益，更重社会利益。持续开展理想信念教育活动，积极民营企业、民营经济人士以各种形式参与到社会民生事业、公益事业、慈善事业。两年来，共有 57 家民营企业参与新农村结对共建活动，累计捐资 650 万元。17 家民营企业、76 名民营经济人士积极投入社会公益事业，向县扶贫助学会、慈善总会、红十字会累计捐款近 300 万元。

（2）重当前利益，更重长远利益。主动协助企业引进先进的环保安全设施，组建产业发展顾问团，促进企业的科学发展、环保发展。积极引导企业走自主创新和品牌引领之路，支助企业申报驰名商标、建立科研实验室，为企业发展赢得先机。建立健全企业与劳动保障、公安等职能部门直接联系机制，及时帮助企业协调解决劳资纠纷、防控经济犯罪等。

8. 招商引资平台

加大招商引资力度，为民营经济指引发展道路：

（1）充分利用县工商联"人才聚集"优势，把县工商联纳入专业招商小分队，直接参与招商引资工作。

（2）充分利用同乡会、客商交流会、政府招待会等多种形式，主动联系万年县在外经商办企人士，邀请他们主动为万年招商引资"牵线搭桥"。

（3）有效利用外埠商会或驻外机构，助推招商引资工作。2013 年，通过直接跟踪洽谈、对接，成功引进项目 5 家，通过"以商招商"的项目达 27 家。随着一大批项目的落户和建成投产，极大地带动了全县民营经济的快速发展。

（三）发展民营经济大事记

1 月 16 日，市政府副秘书长方鉴煌率全市开放型经济巡查组来万年县巡查。巡查组一行先后来到丰收产业园、石镇产业园和梓埠产业园，深入明泰礼品、佳维诚电子等企业，实地查看企业建设或生产经营情况，了解企业投资规模、出口创汇等情况。

3月14日，义乌市代表团来万年县招展招商。万年县商务局积极组织县龙头企业进行对接，并召开了座谈会。

3月22日，江西省工商联作出表彰决定，授予万年县工商联2012年"先进县级工商联"光荣称号，并被推荐为全省县级工商联建设示范点。

3月30日，万年工业园区调区扩区工作现场会专题召开。会上万年县工业园区将更名为万年经济开发区，下辖的石镇产业区和化工产业区合二为一，初步命名为凤巢工业园，"一园四区"格局调整为"一区三园"。

6月21日，仅今年前4个月，万年县工商联为会员企业融资逾亿元，已为该县陈营镇商会和浙江商会的7家会员企业融资达860万元，有力地帮扶非公有制企业做大做强。

6月25日，由省委统战部、省工商联共同组织开展的"2012年全省非公有制企业转型升级示范典型"评选活动结果揭晓，万年贡米集团榜上有名。

8月14日，万年县企业上市工作座谈会在县政府召开，鑫星农牧股份有限公司、江西省喜果绿化有限公司、国米万年贡集团负责人分别就企业的上市情况做了汇报。

8月16日，万年丰收工业园区礼炮齐鸣，万年丰收企业发展商会正式揭牌成立，标志着园区130多家企业结束了单打独斗的历史，迎来发展的新篇章。

9月24日，国家科技部创新基金管理中心发布2013年度立项项目公告，万年县园区企业江西兴宇汽车零部件有限公司申报的"纳米四复合环保双色耐黄变汽车橡胶密封件"和江西四方能源有限公司申报的"低温余热无补燃双路高效集成发电系统"两个项目获得国家科技型中小企业技术创新基金立项支持。

9月24日，在全国县级工商联建设经验交流会上，万年县被全国工商联授予"全国'五好'县级工商联建设示范点"荣誉称号。

9月30日，万年县政银企对接会在政府二楼会议室召开。批准成立万年县中小企业担保公司的批复；银行机构代表与企业代表进行了发言，随后，在县领导的见证下，在场人员的掌声中银行与企业举行了签约仪式。

10月7日，第89届全国糖酒交易会在武汉国际博览中心开幕，来自万年县参展的民营企业万年真牛食品有限公司在交易会上取得佳绩，获多家媒体关注。

12月9日，国家农业部认定全国77个农业产业化示范基地为第二批国家农业产业化示范基地，万年县农业产业化示范基地名列其中。

八、瑞昌市

（一）民营经济发展概述

1. 县（市）情概况

瑞昌是九江市首个县级市，位于九江市城区西部，距九江城区只有20公里，在九江市城镇空间布局中处于重要的地位。

2013年，瑞昌市荣获九江市委、市政府目标管理考评综合一等奖、工业发展一等奖、固定资产投资一等奖、财政收入一等奖、开放型经济一等奖、沿江开放开发一等奖、新型城镇化三等奖。2013年，全市完成地区生产总值125.98亿元，按可比价计算，同比增长

12.1%。第一产业 13.01 亿元，同比增长 4.8%；第二产业 86.08 亿元，同比增长 13.2%；第三产业 26.88 亿元，同比增长 11.5%。财政总收入首次突破 20 亿元，达到 20.69 亿元，同比增长 23.1%；完成固定资产投资 154.52 亿元，同比增长 26.4%；完成规模以上工业主营业务收入 381.03 亿元，同比增长 23.9%，完成规模以上工业增加值 79.03 亿元，同比增长 13.0%。2013 年末，全市从业人员为 257719 人，其中第一产业 60440 人，第二产业 101000 人，第三产业 96279 人。

2013 年底，瑞昌市新增规模以上工业企业 15 家，总量达 103 家。年销售收入超亿元的企业达到 50 家，税收过千万元企业 15 家。全市注册登记个体工商户和私营企业共 14708 户，注册资金 33.29 亿元，完成经济增加值 80.3 亿元，占 GDP 比重 73%，实现税收 12.6 亿元，占当年税收总额 75%，安置就业人数 24 万人。民营经济，成为地方经济发展的主导力量。①

2. 工业园区简介

瑞昌经济开发区是省级开发区，地处沿江产业开发带和大京九经济带交汇处，由城区工业园区、码头工业城、大唐新区三部分组成。2006 年 3 月经国家发改委核准、江西省政府批准为省级开发区，正式更名为"江西瑞昌工业园区"。2013 年 7 月 8 日，江西瑞昌经济开发区正式挂牌成立，总规划面积由 307 公顷扩大至 1915 公顷。

2013 年，瑞昌市工业园区主营业务收入 309.1 亿元，同比增长 20.2%。总量首次突破 300 亿元大关，总量在全省主要园区排第 18 位，较上年同期提升 3 位，增幅排位第 33 位。工业园区完成工业增加值 70.7 亿元，同比增长 19.2%；实现利税总额 43.1 亿元，同比增长 12.6%；完成基础设施投入 17.2 亿元，同比增长 1.1%。② 截至 2013 年底，工业园区入园企业达 168 户。

（二）发展民营经济的措施

1. 营造民营经济发展的浓厚氛围

（1）制定政策规划。在《瑞昌市国民经济和社会发展第十一个五年规划纲要》中，明确提出鼓励全民创业，转变经济增长方式，发展壮大非公有制经济。为响应中央、省和九江市有关文件精神，先后出台了《关于鼓励和支持返乡农民工就业创业的实施意见》、《关于加快非公有制经济发展推进全民创业的若干意见》、《关于进一步促进中小企业发展的若干意见》等。

（2）加强组织领导。成立促进非公有制经济发展领导小组，市长任组长，各职能部门为成员单位。对全市重点建设项目进行责任划分，四套班子每位领导均负责一至两个经济项目。重大项目由书记、市长亲自调度，重大问题，亲临调研、重点督办。市委、市政府督查室跟踪项目进展，定期通报，形成了齐抓共管的强大合力。

（3）建设服务中心。建设了瑞昌市行政服务中心，所有审批项目一站式办理，公示栏公示全市所有项目行政审批（许可）事项和办理时限。制作《窗口服务指南》，规范首问负责制、一次性告知制、限时办结制等 12 项工作制度。配置高清监控、拾音器、导摸屏，做到流程公开、办事透明。开通绿色通道，推行特定项目重点服务，并联审批，减少办事环节，提高办事效率。

---

①② 《2013 年瑞昌市国民经济和社会发展统计公报》，http://www.jxstj.gov.cn/News.shtml? p5 = 6474510。

（4）举办发展论坛。每年举办一至二次民营经济发展论坛，请专家、教授现场授课，举办"企业核心价值观建设"、"防范风险、构建和谐劳动关系"、"企业精细化管理"等专题讲座。组织政企座谈、银企座谈，开展优化政务与经济发展环境问卷调查，组织规模企业区域性经济和开放性经济交流。

（5）形成舆论导向。在电视台、报社开辟民营企业风采专题、专栏，大力宣传创业典范，对重点工程、重大建设项目进行跟踪报道，举办改革开放30周年民营经济成果展，开展十大创业先锋、十大服务创业标兵、十大服务创业先进单位等评选表彰活动，编撰《瑞昌重点项目建设纪实》。在政治上关心非公经济人士，近半数的党代表、人大代表、政协委员，都是从民营企业中选出来的。

2. 搭建民营经济发展的主要载体

（1）加快工业园区建设。以完善产业配套、发挥聚集效应为目标，全面加强工业园区开发建设，先后建成北园、南园、西园、黄金工业园、码头工业城五大主体板块，工业园区成为全市非公经济发展的主平台，获得"江西工业崛起园区发展六大指标综合先进单位"和省"先进工业园区"称号。

（2）加强小企业创业基地建设。把小企业创业基地作为承接小企业转移良好载体、劳动力就业转移直接平台、产业转移园区发展补充进行建设，基地占地340亩，厂房面积12万平方米，绿化面积3万平方米。设立了小企业创业发展专项资金，在企业创办、开拓市场、技术创新等方面给予资金帮扶。

（3）推进乡镇创业小区建设。制定《关于推进乡镇创业小区建设实施意见》，乡域经济发展作为全市各乡镇重点目标考核内容。政府每年安排乡镇创业小区发展资金100万元，鼓励和加快乡镇建设创业园和工业小区，设立创业小区投产企业贡献奖。全市18个乡镇建立创业园区22个。其中洪下乡产业园占地300余亩，工业厂房3万平方米，落户企业6家，规模以上企业3家。

3. 培育民营经济发展的主导力量

（1）重点培育支柱产业。经过多年的培育发展，基本形成了建筑材料、机械船舶、纺织服装、矿冶化工四大支柱产业，成为全市民营经济发展的主要牵引力。通过鼓励企业向上、向下延伸产业链条，形成产业配套，促进产业聚集，充分发挥政府引导和市场机制相结合的推动作用，亚东水泥、江联造船、凤竹纺织、华瑞缝纫线、苏瑞矿业等一批集群领军企业迅速做大做强，四大支柱产业累计完成增加值占全部规模以上企业的82.8%。

（2）重点培育成长性企业。2013年对规模以上工业企业进行重点调度，尤其是三钻机械、汇尔油泵油嘴、人民冲压等一批高成长性企业，通过落实政府扶优助强措施，鼓励龙头企业收购、兼并、控股、联合等多种方式实现低成本扩张，增强核心竞争力和辐射带动力，企业自身不断开发新产品、提升市场竞争力，扩大生产规模，成为非公有制经济发展的主要亮点。

（3）重点培育新兴产业。用好用足国家对高新技术产业的扶持政策，着力在新能源、新材料、光纤等高新技术产业方面寻求突破。大力发展农产品、水产品、山野菜深加工。大力招商引资，实行招大引强战略，注重产业配套互补，完善基础设施，筑巢引凤，立信园艺、红木家具、理文造纸、理文化工、喜得龙体育用品、庐山花海及庐山国际建筑博览园、海底电缆等一大批亿元、10亿元以上大项目相继落户，为民营经济发展增添了强大动力和活力。

4. 建设民营经济发展的保障机制

（1）完善服务体系。在创业基地服务方面，加强征地拆迁力度，保障企业用地需求和正常施工进度。成立服务中心，提供办证、办照等全程代理一条龙服务。下岗再就业、自主创业给予 3 万~5 万元无息贷款帮扶。在投融资服务方面，以财政资本运营为基础，增强扶持重大产业项目的融资能力，完善小额贷款担保机制，政企联资 1500 万元成立"盛达中小企业融资担保中心"，激活民资组建了 4 家面向中小微企业的小额贷款公司。在人才培训服务方面，投资 6000 万元建成人力资源市场、就业培训和创业培训"三位一体"的孵化基地，举办大型企业用工和人才招聘活动。政府公租房重点保障企业高层管理人员和进城员工安置。在信息服务方面，建立了政府信息网、中小企业网，提供政策咨询，发布商务信息，促进互动合作。在项目推介服务方面，精心策划，理文造纸等 5 个项目列入省重大项目调度会。

（2）强化政策扶持。落实兑现各项政策规定和优惠措施，制定奖励机制，市财政每年安排 1000 万元专项资金，鼓励企业技术创新、节能减排，为企业技改提供贴息支持，为企业开发新产品、研究新技术给予政策和资金扶持，对于企业建立省级企业技术中心的，给予研发资金帮扶。设立企业上规模奖、税收贡献奖、创品牌奖、节能减排奖、技改扩能奖、技术创新奖、出口创汇奖等，大力表彰为全市经济发展做出突出贡献的企业和单位。

（3）优化政务环境。深入开展创业服务年、质量提升年、"小鬼难缠"专项整治、群众路线教育等活动，规范政务行为，严格责任追究。实行《企业交费登记卡》和《行政事业性执收单位收费登记卡》，坚决制止乱收费、乱摊派行为。出台《市直部门单位企业联系帮扶制度》，纳入效能考核的市直部门定向帮扶一家规模企业或成长型中小企业。加大行政投诉和优化发展环境监测力度，选派人大代表、政协委员担任环境监测员和民主监督员，对群众关注、反映强烈的单位和部门，人大、政协组织民主评议。开展行风评议和科长、站长测评活动，实行明查暗访、全面监督与重点监督相结合，加强行风督查和干部作风整治，全力打造开明开放、求实求真的政务环境，保障社会经济持续健康发展。

（三）发展民营经济大事记

3 月 22 日，瑞昌市就业局免费开展创业培训，帮助企业规避市场风险，实现良性发展。

9 月 17 日，瑞昌市福建商会举行中秋联谊会。百余名商会会员代表欢聚一堂，畅叙友情，交流经验，共谋发展。

9 月 18 日，瑞昌市召开送外汇政策、金融产品到园区暨银企对接现场会，驻市各家金融机构与 40 余家外资、进出口企业、规模以上企业及中小企业实现对接，并现场与签约企业签订了 2.66 亿元的意向性贷款协议。

10 月 26 日，省市专家组对瑞昌市溢香农产品有限公司承担的江西省重点新产品计划项目"调制型绿色咸鸭蛋"进行了现场鉴定，并通过了这一鉴定。

11 月 27 日，总投资 50 亿元的华中国际木业产业园项目正式签约落户瑞昌。

九、金溪县

（一）民营经济发展概述

1. 县（市）情概况

金溪位于江西东部、抚河中游，占国土面积 1358 平方公里，辖 8 镇、5 乡、1 国营华侨农场、1 省级工业园区，人口 30 万（其中县城人口 9 万、农业人口 21 万），素有"象山故里、江南书乡、华夏香都"之称。

2013 年地区生产总值（GDP）60.97 亿元，同比增长 10.1%。分产业看，第一产业实现增加值 10.07 亿元，同比增长 4.5%；第二产业实现增加值 29.56 亿元，同比增长 12.8%，其中非公有制经济增加值达到 36.7 亿元，占全县 GDP 比重的 60.16%。全县规模以上工业企业 60 家，实现工业增加值 16.35 亿元，增长 13.9%；全县规模工业企业总产值 74.1 亿元，增长 15%；主营业务收入 74.2 亿元，增长 20.2%；工业经济效益综合指数 390.41，同比提高 4.24 个百分点。

2013 年，全县非公有制经济组织 9282 家，其中非公企业 1472 户，个体工商户 7810 户，注册资金 34.26 亿元，实现营业收入 94.86 亿元，比上年增长 20.19%；其中规模以上非公有制工业企业 59 家，实现营业收入 72.31 亿元，比上年增长 22.3%，实现利税 7.24 亿元，比上年增长 21.6%。全县非公有制经济从业人数达 7.36 万人，占全社会就业总人数的 46%；非公有制经济投资占全社会固定资产投资的 82%。

2013 年末，全县香料香精企业已达 40 家（全部是非公有制企业），形成三大系列、13 个类别、150 余个品种的生产规模，其中樟科类香料保持全球定价话语权，已成为全省唯一的省级香料产业基地，全国最大的天然香料生产基地和原材料集散地，并拥有工业原料林约 20 万亩，初步形成集香料种植、生产、加工、贸易于一体的较完整产业链。2013 年，全县香料香精产业全年实现主营业务收入 42 亿元，上缴税金 1.3 亿元。

2. 工业园区简介

金溪工业园区位于江西省抚州市金溪县城西新区，是经国家发改委批准的省级工业园区，总规划面积 10 平方公里，分为 A、B、C、D 四大区块。2013 年金溪工业园区荣获"先进工业园区"称号。2013 年，金溪县工业园区实现主营业务收入 74.5 亿元，增长 20.3%，上缴税金 3.45 亿元，增长 158.6%。

（二）发展民营经济的措施

1. 强化组织领导，政务环境更加宽松

（1）成立了促进非公有制经济发展领导小组，各相关部门相应地成立领导小组，不定期召开会议，专题研究非公有制经济发展中的重大问题。

（2）制定政策措施。金溪县委县政府先后制定了《进一步推动全民创业加快民营经济发展的若干意见》、《金溪县人民政府鼓励国内外客商投资的优惠办法》、《金溪县人民政府关于引进工业（加工业）项目实行奖励的暂行办法》等文件，增强优惠政策吸引力，完善了政策体系，规范了各职能部门为促进非公有制经济发展的责任，坚持一个产业一套班子，

一个企业一支队伍，对县内规模以上企业实施县级领导"一对一"、相关部门"多帮一"挂点帮扶制度，及时帮助企业解决实际困难。

（3）工商、税务、招商、工信委、中小企业管理局等执法职能部门结合工作职责，就扶持非公有制经济发展，推动全民创业还提出了具体的实施办法。

2. 提升政府效能，人文环境更加优化

（1）通过建设"人文生态型工业新城"，进一步"绿化、亮化、美化、净化"县城，2013年城区建成面积达13.6平方公里，城镇化率达53.2%，城区绿地率达38.1%，人均公园绿地面积12.05平方米，率先被评为全市首个全国文明县城和全国双拥模范县、全国宜居宜业典范县和市级卫生县城，增强了人文投资环境吸引力。

（2）通过精心举办"欢乐春节家乡行"大型活动，从企业用工招聘、创业政策宣传、招商项目推介、精品楼盘推介、群众文艺会演、城市园区楼市联合游览和金溪籍在外成功人士参观考察座谈会等8个方面开展活动，大力宣传、扩大影响，为本县用工企业、房地产开发企业、返乡农民工和广大求职人员构筑相互沟通的平台，扩大了金溪县社会影响力。

（3）大张旗鼓地表彰了非公有制经济帮扶单位与先进个人，表彰了非公有制经济纳税大户与新增税收大户，表彰全县"十大"杰出（优秀）建设者，完善了奖励机制，并在电视台开设了"创业频道"，宣传创业政策，介绍部门举措，推介优秀民营企业，发布企业招工信息，大力营造发展非公有制经济的氛围。

（4）在全县范围内开展服务企业百日行、非公经济人士理想信念教育实践活动，加大对非公企业党建工作的支持，对非公企业党支部人员进行党的十八大精神和"中国梦"重要论述的学习培训，促进了非公企业党建健康发展和非公经济人士健康成长。

（5）放宽市场准入，拓宽投资领域，除国家法律法规明文禁止或限制的领域外，新的竞争领域和对外资开放的领域，一律对非公有制企业开放。

3. 加大创业扶持力度，经济环境更加宽裕

（1）金溪县委、县政府先后制定下发了《关于鼓励扶持全民创业的若干实施意见》和《进一步推动全民创业加快民营经济发展的若干意见》等文件，为创业人员提供工商、财税、融资、人才档案、职称评定、户籍管理、子女入学、住房、社会保障等方面的政策咨询和便利措施。

（2）县财政每年预算安排企业挖潜改造资金1000万~2000万元，安排工业企业贷款担保基金300万元，工业企业技改贴息资金100万元。大力鼓励全民创业。2013年县财政安排创业扶持资金1000万元，新增个体工商户1116户，为园区培训员工2417人，发放扶持就业创业小额担保贷款9623万元，扶持1768人创业。

（3）为应对和克服国际金融危机的不利影响，积极引导小微企业抱团发展，先后成立了江西省金溪面包商会、金溪香料行业协会、金溪丝绸行业协会、金溪房地产行业协会和金溪县服装行业协会；紧紧围绕香精香料、轻工纺织、机电冶金、农产品加工等支柱产业企业，帮助解决招工难问题，2013年跨省招工2000多人；积极扶持投资创业者，鼓励能人创企业、干部创事业、群众创家业，不断掀起全民创业热潮，促进第三产业服务业的发展。

（4）通过招大引强，引进了国化实业、卓尔纺织、晨飞铜业、伟业金属、鑫润香料等一大批投资大、牵动力强的项目，加速了产业集聚扩张；对重点非公有制经济企业实行挂牌保护，对侵商、扰商行为做到有报必查，确保外商投资"零障碍"，企业落户"零干扰"。同时，在项目建设、企业融资、企业招工、人才培训、办证办照、创新品牌等方面加大政策

扶持力度，打造龙头企业落户本县和快速发展的优势平台；同时实行"谁引进、谁受益、谁帮扶"原则，进行跟踪帮扶，引导客商企业发展壮大。

4. 鼓励民企技术、品牌创新

通过大力引导非公企业调结构、转方式，积极实施品牌战略，增强企业市场竞争力，增加产品附加值；鼓励非公企业发挥自主创新主体作用，不断增加技术创新投入，引进先进技术、生产工艺和设备，开发新产品，提高产品质量，实现技术进步。

5. 注重市场开拓

金溪县政府和有关部门加强信息、物流等服务平台和重点物流中心建设，不断推进连锁经营、电子商务、现代会展等发展，服务非公企业开拓国内外市场，降低交易成本。县政府支持企业扩大出口、申报自营出口权，对出口创汇（以海关统计数据为准）给予一定的奖励。金溪县人民政府网、金溪县农村商网开辟了政务公开、经济发展频道、涉农企业、种养大户发布平台，实现了信息共享。

6. 促进社会服务

金溪县政府和有关部门积极推进非公经济社会化服务体系建设，引导各类社会中介机构为非公经济提供服务。先后成立了金溪县就业再就业培训中心、中等职业学校、烹饪职业技能培训中心、金溪面包（蛋糕）技术培训中心等培训机构。鼓励非公经济建立自我约束、自我服务的行业组织，成立了浙江企业联谊会、农业专业合作社等，充分发挥工商联（总商会）、县企业家联合会和个体私营经济协会维护非公经济组织的合法权益、反映其要求和建议并提供服务。鼓励民间融资，已成立了两家民营小额担保有限公司为小微企业提供融资担保服务。

7. 重视权益保护

（1）县政府积极推行阳光政务，在政府网站上开通电子政务，开设了政务公开栏，开通了县局长和部门热线，每年开展两次非公经济评议部门作风活动，认真开展民主评议政风行风活动和"提升行政效能、建设服务型政府"主题活动，打造高效政府，规范行政行为。

（2）县整治优化经济发展环境办公室和减轻企业负担办公室加大了对非公经济投诉的查处力度，成立了33家企业监测点，严格执行检查审批制，坚决杜绝乱检查、乱收费、乱摊派的行为，重点打击破坏环境的人和事。

（3）县行政服务中心进一步优化行政服务流程，便利非公经济办事，劳动部门积极受理劳资纠纷。

（4）组织相关部门及民营企业家认真学习《江西省企业权益保护条例》。

（5）通过加强城区、园区市场环境综合整治，进一步融洽政企关系，为非公经济的合法权益保驾护航。

（三）发展民营经济大事记

1月30日，江西省金铭丝绸有限公司的"福浩"、江西省思派思香料有限公司的"思派思"、江西秀谷橡胶有限公司的"工字"车轮胎三件注册商标被认定为江西省著名商标。

6月3日，金溪县召开2013年重大工业项目推进调度会，县委常委、工业园区党工委第一书记邵秋平出席会议并讲话。

6月21日，金溪县非公有制经济人士理想信念教育实践活动动员大会召开，县规模以上企业及工商联执常委共一百多人参加了会议。

8月19日，金溪县召开工业园区城西高新产业区总体规划评审会，县委副书记、县长彭银贵出席会议并讲话，县委常委、工业园区党工委第一书记邵秋平主持会议。

8月29日，金溪县三家企业进入全市工业企业50强：江西晨飞铜业有限公司，江西华晨香料化工有限公司，江西卓尔纺织实业有限公司。

9月19日，浒湾成为金溪县唯一入围全省首批百强中心镇。

11月14日，金溪县工业园区管委会召开"财园信贷通"暨小微企业信用体系建设动员大会，会议对"财园信贷通"试点和县小微企业信用体系建设工作进行了宣传和总体部署。

11月22日，2013年国家中小企业创新基金金溪县4家企业榜上有名。江西思派思香料化工有限公司、江西华龙化工有限公司、金溪斯普瑞药业有限公司、江西华晨香料化工有限公司分别获得70万元、80万元、80万元、70万元无偿资金支持。

11月28日，金溪县通过2013年全国县（市）科技进步考核。

第七章 重点产业民营企业

2013 年是江西民营经济大发展的一年，在主要产业领域里涌现出一大批规模大、实力强、有一定竞争力的民营企业。2013 年开展的江西民营企业 100 强调研排序活动中，民营企业的规模迅速扩张，入围门槛达到 5.3 亿元，营业收入超百亿元的企业有 4 家，企业资产超百亿元的企业有 4 家；上规模民营企业营业收入总额和资产总额分别达到 3181.2 亿元和 2655 亿元。现将主要产业领域中的重点民营企业介绍如下：

一、钢铁冶炼和压延加工业

（一）江西萍钢实业股份有限公司

江西萍钢实业股份有限公司（原萍乡钢铁厂）始建于 1954 年，是江西省最早建成投产的国有钢铁企业。2003 年 7 月，萍钢公司完成整体改制，转制为民营企业。2012 年 11 月，辽宁方大集团实业有限公司重组萍钢公司。方大集团总部位于北京，以碳素、钢铁、化工、医疗为主业，兼营矿山、焦化、房地产等产业，是具有较强国际竞争力的大型企业集团。

1. 2013 年大事记

6 月，湖南某电焊条厂使用了江西萍钢实业股份有限公司下属萍乡钢铁公司 1000 余吨焊条钢，约占该厂采购量的 60%。时隔 5 年，萍钢再次成功挤进了焊条钢市场，挖掘到了市场之"金"。

9 月 23 日上午，萍乡市地税局党组书记、局长刘琼率挂牌服务企业工作领导小组一行到安源钢铁公司走访，与企业共谋发展良策，提供政策扶持，支持企业不断发展壮大。

9 月 27 日，江西省财政厅纪检组长李梦胜在九江市财政局局长李润金、湖口县县长李小平的陪同下到九江钢铁公司进行调研。

9 月 27 日下午，江西省发改委副巡视员刘鲁江和省发改委环资处、省环保厅总量处、省工信委节能与资源综合利用处领导一行，到九钢公司进行节能减排工作现场调研。

10 月 7 日晚，方大集团庆祝国庆 64 周年巡演九钢专场在九钢公司文体中心举行，为九钢的全体员工呈现了一场盛大的歌舞"晚宴"。

为深入推进党的群众路线教育实践活动，根据集团公司党委有关文件精神，近日，萍钢公司党委下发通知，就开展好《中国共产党章程》的学习活动作出部署。

10 月 18~22 日，中国工会第十六次全国代表大会在北京召开。萍钢公司工会主席张舒萍作为本次大会的代表出席盛会。

10 月 22 日和 24 日，萍乡轧钢厂高棒分别日产钢筋 5018 吨和 5011 吨，突破日产 5000

吨大关。

10月25日下午，萍钢公司工会以萍乡钢铁公司为主会场，召开了学习传达贯彻中国工会十六大精神专题视频会。会议要求，各级工会组织认真学习传达贯彻中国工会十六大精神，深入基层，切实解决和服务员工的合理诉求。

11月11日，为弘扬中华民族扶贫济困、助人为乐的传统美德，萍钢公司上下开展了"慈善一日捐"活动。

12月19日上午，萍钢公司2013年度经销商座谈会暨2014年度钢材销售合同签订会在月亮之都——美丽的宜春温汤明月山维景国际温泉度假酒店举行。

2. 2013年企业荣誉

江西省工信委召开会议，表彰2013年度全省冶金行业统计工作先进集体和先进个人，萍钢股份公司荣获先进集体称号。

在全钢团指委举办的2012年度全国钢铁行业"青安杯"竞赛中，九江钢铁公司炼铁厂、维修厂团委获得"最佳青年安全监督岗"、炼钢厂团委获得"青年安全生产示范岗"荣誉称号；九江钢铁公司张亚婷、易阳坤和聂敏分别获得"先进个人"和"最佳青年安全监督岗岗长"荣誉称号。

10月下旬，在南京召开的中国钢铁工业协会人力资源工作委员会干部人事、劳动工资研究会暨2013年人事劳资年报工作布置会传来消息，萍钢股份公司荣获"2011~2012年中国钢铁工业企业人事劳资年报统计先进单位"荣誉称号。

10月下旬，在无锡召开的"2013年中国钢铁工业统计工作会议"传来消息，萍钢股份公司荣获"2013年度钢铁工业统计工作先进集体"荣誉称号。

董事长兼总经理邓卫东荣获"实干江西——建设富裕和谐秀美江西十大先锋人物"光荣称号，是萍乡唯一一位获奖人，也是江西钢铁行业唯一一位获奖人。

（二）方大特钢科技股份有限公司

方大特钢科技股份有限公司（前身为南昌长力钢铁股份有限公司），是南昌钢铁有限责任公司最主要的子企业。

1. 2013年大事记

3月7日上午，受省科技厅委托，由江西省科学院、南昌大学、洪都钢厂等院、厂教授、研究员、高工组成的鉴定委员会对公司承担的两个省重点新产品计划项目的"板簧轻量化用高性能51CrV4弹簧扁钢"、"高性能SUP9A弹簧扁钢"新产品进行省重点新产品鉴定。

由建安公司研发的钢包结构耳轴更换工艺获国家知识产权局颁发的实用新型专利证书。采用该工艺更换钢包耳轴不但时间短、成本低，而且极大地提高了钢包本体使用寿命。

3月20日上午，公司在六楼会议室召开中层以上干部会议，认真学习贯彻"两会"精神。全国人大代表，公司董事长、党委书记钟崇武作宣讲，并强调：全体干部员工要联系公司实际学习贯彻"两会"精神，坚定信心，真抓实干，实事求是，讲求效果，不断提高人员素质，做大做精做优特色优势产品，再创企业竞争优势。

3月28日下午，青山湖区区委常委、常务副区长胡崇敬到公司调研，并在公司副总经理黎明洪的陪同下参观了2号高炉热电联产。

4月3日上午，原省人大常委会副主任、江西省工业经济联合会名誉会长钱梓弘一行4

人来公司调研。

4月27日下午，南昌市副市长刘家富率领市环保局等有关人员，到公司调研烧结烟气脱硫环保工程项目建设情况。公司领导汪春雷、黎明洪，总经理助理衷金勇陪同调研。

5月23日，东风商用车公司采购总部总部长杨声亮一行来公司商务交流。公司董事长、党委书记钟崇武，总经理汪春雷热情接待，并进行友好交流。

6月5日下午，省环保厅副厅长罗来发带领省环保厅、市环保局有关人员，到公司视察烧结烟气脱硫工程建设情况。公司领导汪春雷、黎明洪以及生产指挥中心、炼铁厂有关人员陪同视察。

6月20日下午，省人大常委会党组副书记、副主任洪礼和率领省"环保赣江行"检查和采访组一行，到公司检查节能减排工作。省人大常委会副主任马志武，省人大常委会秘书长魏民，副秘书长杨新民、刘小华，以及省人大环资委、省环保厅、省水利厅等相关领导一同到现场检查；人民日报、江西日报、江西电视台、江南都市报等媒体记者随同并进行了采访。

7月3日下午，中国农业银行江西省分行国际业务部总经理李健、香港分行贸易融资部总经理郑南平一行10余人，到公司进行商务走访。公司董事长、党委书记钟崇武陪同客人参观企业文化展示厅，并进行了商务交流。

7月19日上午，公司团委在新办公楼6楼会议室组织部分青年团员，观看中央电视台《新闻联播》和《焦点访谈》栏目播出的龚全珍先进事迹新闻报道，认真学习她永葆党员本色、淡泊名利、艰苦朴素、扎根基层的无私奉献精神。

8月19日下午，江西省质监局质量处副处长肖斌、南昌市质监局质量处主任黄金晶等一行5人来到公司，对焦化厂的化产品粗苯，制氧厂产品氧、氮、氩等危险化学品的生产条件、履行法定义务等后续监管工作进行实地核查。

"铁水奔流忙，中秋情更深。"9月19日，是中国传统中秋佳节，受公司董事长、党委书记钟崇武委托，公司领导黎明洪、宋瑛一行深入炼铁厂、炼钢厂、轧钢厂等生产一线，亲切慰问奋战在一线的干部员工，向他们送上节日的祝福。

10月23日上午，山西焦煤集团煤炭销售总公司总经理程建平一行来公司商务走访，公司董事长、党委书记钟崇武热情接待并友好交流座谈。

11月9~12日，党的十八届三中全会在北京召开，根据集团党委的总体部署，公司各级党组织通过座谈会、研讨会等形式，积极组织广大党员、干部、员工，利用网络、广播、电视、报纸等媒体，深入学习《中国共产党第十八届中央委员会第三次全体会议公报》，认真领会全会精神实质，推进全年生产经营各项目标任务的完成。

12月20日上午，南昌市第二届博士后科研工作例会暨新建博士后科研工作站授牌仪式在先锋软件学院召开，总经理谢飞鸣代表公司参加授牌仪式，并领取了"方大特钢科技股份有限公司博士后科研工作站"牌匾。

2. 2013年企业荣誉

4月26日上午，在南昌市庆"五一"暨为南昌全面打造核心增长极建功立业推进大会上，公司检测中心彭晓霞班组荣获南昌市工人先锋号，炼铁厂刘涛荣获南昌市五一劳动奖章。

经公司推荐，省科技厅、省人保厅评审，公司副总工程师胡小云入围领军人才培养计划企业创新类人选，炼铁厂炼铁专业高级技师及首席技师唐庆广入围高技能领军人才培养计划类人选。

7月16日，《财富》中文版正式发布2013年中国500强排行榜。公司以营业收入133.55亿元、利润5.23亿元位列2013年中国500强。

8月26日，2013江西工会金秋助学资金发放启动仪式在南昌市红谷滩会展中心东大厅隆重举行。公司被授予"帮扶工作爱心单位"荣誉称号。

8月29日，由全国工商联发布的2013中国民营企业500强、中国民营企业制造业500强正式揭晓，公司以营业收入133.55亿元、利润5.23亿元位列2013中国民营企业500强，位列中国民营企业制造业500强。

在中国共产党成立92周年之际，省非公有制经济组织党工委在全省非公有制经济组织中开展了"双强百佳"评选表彰活动。公司党委荣获全省"先进非公有制经济组织党组织"荣誉称号。

从2013年全国钢铁行业共青团工作指导委员会全委会暨第24次全国钢铁行业青年工作会议中传来喜讯，公司团委荣获全国钢铁行业"青安杯"竞赛活动最佳组织奖；炼钢厂、方大长力公司荣获全国钢铁行业"青安杯"竞赛先进集体；技术中心陈明、轧钢厂陈阳新、自动化部鲍文戳分别被评为全国钢铁行业"最美青工"殊荣。

经省委统战部、省工商联联合评审，公司从全省各地报送的100余家非公有制企业转型升级案例中脱颖而出，被评为全省非公有制企业"转型升级示范典型"。

12月16日，在北京召开的第五届全国就业与社会保障先进民营企业表彰大会上，因在吸纳就业、参加社会保险和维护职工合法权益等方面贡献突出，方大特钢公司等100家企业被全国工商联、人力资源和社会保障部、全国总工会联合授予"全国就业与社会保障先进民营企业"称号。

（三）崇义章源钨业股份有限公司

公司是国家高新技术企业，通过了ISO9001：2000质量管理体系和ISO14001：2004的环境管理体系的认证，拥有多项专利、科技成果和高新技术产品，中国地质科学院、中南大学、赣南科学院分别在公司设立了博士后工作站、博士后研究基地和钨业研究所。

1. 2013年大事记

3月17~19日，以邹龙辉为组长的中国质量认证中心专家审核组现场对章源钨业深加工板块ISO9001质量管理体系、ISO14001环境管理体系进行监督审核，并对ISO18001职业健康安全管理体系进行初次认证审核。

章源钨业公司顺利通过OHSAS18001：2007职业健康安全管理体系认证。

4月24日，江西省知识产权局组织专家对公司进行《企业知识产权管理规范》试点现场验收。验收组通过查阅、核实体系文件和现场问询的形式，经过认真审核，最终评定公司为《企业知识产权管理规范》国家标准基础指标达标单位。

8月8~9日，由易贸商务主办，中国钨业、赣州钨协与章源钨业协办的"2013年（第五届）钨及硬质合金市场技术论坛"在江西赣州顺利举行。来自全国钨行业80余名专家及企业代表出席了会议。章源钨业作为赣州钨行业的龙头企业，被论坛选定为实地考察企业。

9月9日上午，由章源钨业全资捐建的崇义县关田镇田心小学举行"落成庆典暨捐赠移交仪式"，公司党委书记张宗伟出席仪式并致辞，代表公司接受崇义县委、县政府授予的"捐资助学、爱心楷模"奖牌。

　　根据《财政部关于下达 2013 年度清洁生产示范项目补助（奖励）资金的通知》（财建〔2013〕481 号）获悉，章源钨业公司"白（黑）钨矿洁净高效制取超高性能钨粉体成套技术产业化清洁生产示范项目"被列为国家 2013 年度清洁生产示范项目，并获得专项补助资金 950 万元。

　　国家发改委、科技部、财政部、海关总署、税务总局五部门联合公布了第 20 批享受优惠政策的企业（集团）技术中心，崇义章源钨业股份有限公司技术中心荣列其中，江西省获批的仅两家。目前，全国"国家认定企业技术中心"共 1002 家，江西省仅 9 家。

　　2.2013 年企业荣誉

　　4 月 10 日，国土资源部公布了矿产资源节约与综合利用先进适用技术推广应用示范矿山名单评选结果。此次评选中矿山企业共 71 家，章源钨业公司下属矿山淘锡坑钨矿是江西省唯一入选的钨矿山。

　　江西省人民政府网站公布了《江西省人力资源和社会保障厅等四部门关于公布全省和谐劳动关系企业与工业园区名单的通知》，章源钨业公司全资子公司赣州澳克泰工具技术有限公司喜获"江西省和谐劳动关系企业"称号。

　　在 2013 年省非公党工委"七·一"表彰大会上，章源钨业公司董事长黄泽兰荣获全省非公有制经济人士"党建之友"荣誉称号。

　　6 月中下旬，经江西省职业卫生先进企业创建活动领导小组审核，章源钨业公司及省内另外 17 家企业被江西省安监局、省卫生厅、省人保厅、省总工会联合授予"江西省职业卫生先进企业"荣誉称号。

　　近日，国家工商行政管理总局公布了《2010～2011 年度"守合同重信用"企业的公告》，章源钨业公司荣获"国家工商行政管理总局 2010～2011 年度守合同重信用企业公示单位"称号。

　　在江西领军企业 50 强调研活动工作总结座谈会上，江西省生产力学会、国家统计局江西调查总队联合公布了江西领军企业 50 强名单，章源钨业成功入选。

　　由江西省广播电视"今视网"网站、江西广播电视台经济生活频道、江西广播电视台民生频道、江西广播电视报社联合举办的"首届江西十大公益领袖企业（人物）"主题宣传活动获奖名单已正式揭晓，崇义章源钨业股份有限公司及董事长黄泽兰均名列榜首。

二、农副食品加工业

（一）正邦集团有限公司

　　正邦集团成立于 1996 年，是农业产业化国家重点龙头企业，拥有博士后科研工作站，旗下正邦科技于 2007 年在深交所上市。集团下有农牧、种植、金融、物流四大产业集团，以种猪育种、商品猪养殖、种鸭繁育、农作物优良新品种选育、肉食品加工、饲料、兽药、生物农药、芳樟种植及芳樟产品加工、油茶种植及油茶产品加工、大米加工、相关产品的销售与技术服务以及基于农业产业链的贷款、担保、融资租赁、资产管理为主营业务。

　　1.2013 年大事记

　　1 月 9 日，高雅艺术走进正邦集团。

1月18日，与临武县签署合作备忘录。

1月18日，总裁林印孙参加赣抚州商会年会。

1月23日，正邦投资20亿元推进巴彦县百万头生猪产业化发展。

2月5日至16日，CCTV-7播出正邦集团新春拜年视频。

2月25日至27日，举行2013年春季思想交流研讨会。

3月2日，总裁林印孙出席全国"两会"。

3月5日至12日，央视六次采访报道总裁林印孙。

3月7日，巾帼共话"中国梦"——正邦集团举行"三八"节妇女座谈会。

3月7日，老挝干部考察团参观考察正邦。

3月10日，总裁林印孙上新闻联播。

3月18日，美国、丹麦、贝宁等国客人到访正邦。

3月25日，江西省副省长曾庆红调研正邦生态养猪。

3月25日，江西省科技厅吴文峰副厅长到正邦开展农业科技创新调研。

4月19日，以"大正邦系"亮相2013中国饲料工业展览会。

5月18日至20日，正邦集团参加第十一届中国畜牧业博览会。

5月18日，中企联尹援平副会长调研正邦企业文化。

6月6日，携江南香米业参加赣粤粮食产销合作洽谈会。

6月16日至18日，商业金融事业部在井冈山上召开《商业金融思想工作检讨会》。

6月28日上午，铸高效团队谋发展——民星药业举办2013第二期营销技术精英大培训。

6月28日，江西省工信委主任吴晓军等莅临正邦考察调研。

6月28日，正邦承办江西省非公党工委会议。

7月1日，江西省农业厅党委书记、厅长甘良淼率副厅长万国根一行莅临正邦现场办公。

7月2日，江西省副省长谢茹莅临正邦考察。

7月3日，江西省宣传部副部长欧阳苏勤向正邦员工讲授与媒体交流之道。

7月17日，董事长、总裁林印孙出席江西省委省政府与农业部的交流座谈会。

7月18日和19日，副总裁林峰率团分别参加了在北京举行的2013（第四届）中国食品安全高层对话和2013中国农业食品营销发展论坛，正邦发出最强声音。

7月24日，副总裁聂小洪出席省政府座谈会并作发言。

7月26日，董事长、总裁林印孙出席省政府座谈会并作重点发言。

7月26日下午，由中国国际交流协会主办的2013年"理解与合作"对话活动第三场在江西宾馆举行，正邦集团副总裁聂小洪受总裁林印孙的委托出席大会并作重要发言。

8月19日，省政府副省长李贻煌率领19个省直单位负责人和南昌市相关领导，在正邦集团专题调研，就支持正邦集团打造千亿企业进行现场办公。

9月11至13日，副总裁邹喜明参加第六届中国农药高层论坛。

9月25日，董事局主席、总裁林印孙出席第十二届世界华商大会。

9月27~29日，江西省委书记强卫、省长鹿心社见正邦集团董事局主席、总裁林印孙等赣商联合总会代表。

10月10日，走进江西农业大学宣讲。

10月10日，世界银行高级运营官来访正邦。

10月10日，台湾南部基层代表人士参访团来访正邦。

10月14日，总裁林印孙出席梅里亚南昌改扩建项目落成典礼仪式。

10月20日，大理州副州长考察调研正邦科技祥云项目。

10月21日，副总裁聂小洪应邀出席"中国光彩事业赣州行"活动。

10月24日，成功有道·对话正邦——民星动保2013规模化猪场发展趋势高峰论坛成功举办。

11月1日，副总裁聂小洪在京出席巴拿马国际贸洽会。

11月5日，上饶市政府召开支持正邦集团发展工作协调会。

11月7日，谷粒多专防启动大会顺利举行。

11月11日，加拿大知名兽药公司Prevtec高管到访正邦华果投资。

11月18日，红安正邦生猪产业化项目作为黄冈市推进"双强双兴"工作会议农业发展代表项目展示。

11月19日至20日，正邦农牧产业集团举办别开生面的冬季营销培训会。

12月6日，全国工商联会员部副部长李树林一行到正邦集团调研，总裁林印孙向副部长李树林介绍了正邦集团的发展规划、党建工作和参政议政的情况。

12月7日，2013第十届中国畜牧饲料科技经济与经济高层论坛在上海召开，正邦集团董事长林印孙应邀出席。

12月24日，中央宣传部政研会副秘书长王明业到正邦考察调研。

2. 2013年企业荣誉

总裁林印孙当选为第十二届全国人大代表。

总裁林印孙荣获全国"五一劳动奖章"。

董事局主席林印孙荣获"实干江西"十大先锋人物。

入选2013年中国民营企业500强。

入选2013年江西省民营企业100强。

正邦科技获中国十大最具潜力乳猪料品牌。

总裁林印孙荣获"全国企业文化建设突出贡献人物"奖。

（二）双胞胎（集团）股份有限公司

双胞胎集团是我国一家集饲料研究、生产、销售、技术服务及生猪养殖、粮食收储为一体的大型农业产业化龙头企业。2003年，创业初始的双胞胎集团就立下"做好中国猪饲料"的远大目标。

1. 2013年大事记

1月初，双胞胎集团隆重表彰优秀团队、优秀个人。

1月26日，双胞胎集团迎春晚会喜气洋洋贺新春晚。

2月12日，热播剧《乡村爱情6》与双胞胎饲料结缘。

3月4日，被誉为欧洲动物营养TOP5专家，来自法国著名动物营养专家David Guillou一行，来到双胞胎集团访问，并与集团高层及相关技术人员进行了动物营养方面的技术交流。

3月，双胞胎集团总销量跃居全国第三，猪饲料蝉联第一。

4 月，50 多项发明专利唱响双胞胎集团发展新赞歌。

4 月 19～20 日，2013 中国成都饲料展会：双胞胎集团备受关注。

4 月 19 日，农业部副部长、饲料工业协会会长高鸿宾专程视察双胞胎集团展。

4 月 22 日，成都双胞胎公司向雅安地震灾区捐款献爱心。

4 月 26 日，黑龙江职业学院与双胞胎集团深化校企合作，开办第二届双胞胎特色班。

6 月 3 日，双胞胎集团献爱心，112 个山里娃首次穿校服。

6 月 3 日，江西双胞胎集团情牵紫云和平小学。

6 月 7 日，用"双胞胎"科学养殖被政府授党员示范基地。

6 月 8 日，"放飞梦想，助你成才"，双胞胎集团助学公益活动贵州山区行。

7 月 3 日，双胞胎大力推进标准化猪场建设。

7 月 20 日，央视《科技苑》栏目再度为集团拍摄专题片。

7 月，双胞胎集团一个月内荣获五项发明专利。

8 月下旬，双胞胎"553 母猪养殖模式"国家实验新鲜出炉。

9 月 3 日，副省长姚木根率九个省直单位负责人到双胞胎集团调研，就支持双胞胎集团实现千亿元企业目标进行现场办公。

9 月 10 日，高猪价、高病原环境下的"62040 + 料槽模式"。

9 月 26 日，由大连商品交易所与中国饲料工业协会联合举办的第六届国际玉米产业大会在南昌举行，双胞胎集团董事长鲍洪星发表演讲。

10 月 11 日，中央电视台 7 套《科技苑》栏目播出了在双胞胎规模猪场拍摄的养猪专题科技节目《母猪产仔有多难》，向全国电视观众展示了一头母猪产仔的全过程。

12 月 27 日，赶猪上架"赶"上中央电视台《生财有道》。

12 月 27 日，《科技苑》节目里的双胞胎"62040 科学养殖模式"。

2. 2013 年企业荣誉

总裁邓书甄获取年度人物。

副总裁王勇飞荣获中国饲料行业十大杰出 CTO。

总裁邓书甄荣获中国饲料行业十大杰出 CEO。

获食品安全管理体系认证。

荣获质量管理认证证书。

荣获南昌国家级高新开发区颁发的先进企业。

荣获纳税重大贡献企业。

荣获园区发展突出贡献企业三项殊荣。

当选南昌市农业产业化协会副会长单位。

荣登 2013 中国民营企业 500 强。

（三）江西金土地粮油股份有限公司

江西金土地集团成立于 2002 年 3 月，总注册资金 1.1 亿元。集团占地面积 400 余亩，是一家集粮食收储、大米加工、食品饮料生产销售、粮食贸易于一体的大型工贸集团。是中国大米加工企业 50 强、中国粮油企业 100 强，"谷韵"商标获中国驰名商标，江西省优秀农业龙头企业、江西省科技型民营企业、江西省百强民营企业。集团现辖粮油公司、食品饮料公司、生物科技公司、香港金土地国际集团 4 个分公司。

1. 2013 年大事记

1 月 17 日上午，新余市委书记刘捷亲临公司视察，与董事长阮昭平进行亲切交谈。市委常委、常务副市长胡高平，副市长史可、贺为华，市政府秘书长喻国杰陪同。

1 月 19 日上午，新余市市委常委、组织部长卢伟平一行来到公司，亲切慰问"赣鄱英才 555 工程"人选、江西金土地集团董事长阮昭平，向阮昭平董事长送上诚挚的问候和新春祝福。

2 月 2 日，2013 年江西金土地集团新春联欢晚会正式拉开了帷幕。

6 月 25 日下午，新余市委常委张荣生率领市、区有关部门负责人亲临公司，召开现场办公会议。

8 月 2 日下午，中国农业发展银行副行长鲍建安就夏粮收购和农业产业化龙头企业经营情况到公司进行调研。

10 月 29 日，新余市科技创新暨科技奖励大会在市会展中心影剧院隆重召开。

2. 2013 年企业荣誉

"谷韵"米乳荣膺十大特色旅游商品。

董事长阮昭平荣获新余市第三届"突出贡献人才"奖。

"谷韵"获中国驰名商标。

荣获 2013 年江西民营企业 100 强。

（四）九江市嘉盛粮油工业有限公司

九江市嘉盛粮油工业有限公司成立于 2008 年 5 月，坐落在美丽的江西省九江市城东港区，占地面积 130 亩，注册资金 8000 万元，总投资 3.5 亿元。

1. 2013 年大事记

3 月 26 日，总经理黄栋略当选为九江市粮食行业协会副会长。

7 月，中国粮食行业协会公布的全国放心粮油进农村、进社区示范工程第四批示范企业名单中，九江市嘉盛粮油工业有限公司榜上有名。

2. 2013 年企业荣誉

荣获 2013 年度中国食用油加工 50 强。

入选 2013 年江西民营企业 100 强。

荣获"年度九江市市长质量奖"及 30 万元奖金。

（五）江西美庐乳业集团有限公司

江西美庐乳业集团有限公司创建于 2001 年。公司主要产品有婴幼儿配方奶粉、孕产妇配方奶粉、成人奶粉、婴幼儿米粉等几大系列。美庐乳业拥有一个覆盖全国 17 个省、市、自治区 8650 个销售终端的营销服务网络；建有完整的运营体系，设有营销管理部、品牌推广部、产品企划部、客户服务部、市场策划部及国内 16 个省级营业部和 136 个市级办事处。

1. 2013 年大事记

4 月 25 日，江西美庐乳业集团向四川雅安地震灾区捐赠 100 箱价值 10 万元的美庐婴幼儿奶粉，通过德邦物流公司爱心传递运往灾区，用于灾区前方救援。

2. 2013 年企业荣誉

9 月 26～27 日，历时两天的九江市庐山区生态工业城 2013 年迎国庆"昌九双核杯"职工运动会，在庐山区南山公园落下帷幕。江西美庐乳业集团代表队荣获得此次运动会"优秀组织奖"，同时在女子羽毛球单打中美庐代表队的吴璠、朱丽和罗美秀包揽了本次比赛的前一、二、三名。

12月10日，由江西省工商联主办的"江西民营企业100强"发布会在南昌市召开，发布会对江西省100强民营企业进行了授牌，江西美庐乳业集团有限公司荣登100强。

12月10日，九江市工信委、九江市企业家协会和九江市企业联合会隆重召开表彰会，对本年九江市"综合素质高、领导能力强、经营业绩佳"的企业家进行表彰，美庐乳业董事长陈林再次被授予"九江市优秀厂长"称号。

三、房地产业

（一）江西民生集团有限公司

江西民生集团是江西成立最早的民营企业，1985年元月15日成立之初，是一家以台属、侨办为主的民营股份制企业——民生实业公司。1995年被评为全国最大的500家私营企业，2005年起连续荣获中国服务企业500强、中国房地产企业200强，且位居前100强，是房地产开发国家一级资质企业。被国家金融机构评为AA级企业，2007年被评为江西特级诚信企业，2008年12月，被国家统计局江西总队授予"最具社会责任感杰出企业"称号。

1. 2013年大事记

1月28日，九江县人民政府与江西民生集团联合举行九江大千世界项目签约仪式，项目总投资50亿元，为九江市最大的城郊旅游产业项目。

8月26日下午，九江彭泽经济文化发展促进会暨王翔光彩基金会助学奖学金发放仪式在县一中多功能教室隆重举行，九江市政协原副主席、江西民生集团董事长王翔出席活动。

11月26日，江西民生集团有限公司以总价1.3亿元的销售金额成功竞得九江县赛城湖新区4宗土地地块，该4宗土地占地约221.915亩，主要用于住宅用地。

2. 2013年企业荣誉

荣获2013年中国民营企业500强。

荣获2013年江西民营企业100强。

（二）毅德控股（赣州）置业有限公司

毅德控股（赣州）置业有限公司成立于2002年7月16日，位于江西省赣州市章贡区章江南大道18号豪德银座A栋28层，注册资本3205万美元，隶属于毅德国际控股有限公司，是一家外资企业，经营范围包括房地产开发、物业管理服务、建筑装饰工程、企业管理咨询（金融、证券、期货、保险等国家有专项规定的除外）、房地产信息咨询、房屋租赁等。

1. 2013年大事记

1月30日，"感恩赣州，感颂中国——深港赣知名企业、商户联谊会暨毅德控股2013迎春年会"在赣州锦江国际大酒店圆满结束。

10月31日，在港交所成功上市，此次上市共募集资金15.81亿港元。毅德控股的内地运营总部设在江西省赣州市。这是今年以来江西企业首次在境外资本市场发行股票，该企业也是赣州首家在香港上市的民营企业。

11 月 24～25 日，深圳市江西商会投资考察团一行来赣州考察投资，了解赣州市的投资环境、投资优惠政策，对相关投资进行咨询。深圳市江西商会会长、方大集团股份有限公司董事长熊建明，深圳市江西商会名誉会长、毅德控股集团董事局主席王再兴等知名企业家参加了此次考察。

2. 2013 年企业荣誉

荣获 2013 年江西民营企业 100 强。

（三）萍乡市城北房地产有限公司

萍乡市城北房地产有限公司成立于 1993 年，原为江西省安源经济开发区下属国有企业，2001 年经改制成立有限责任公司。是一家以经营房地产开发为主，兼营物业管理、房产中介、建筑工程等多元化发展的公司。2013 年 5 月 13 日，公司被评为房地产开发企业一级资质，此证是由中华人民共和国住房和城乡建设部颁发的。公司本着"以科学管理求发展，以优质服务赢信誉"的经营方针，始终坚持"以人为本，改善人居环境"的开发理念，大力提升管理能力和员工素质，全面加强工程质量管理，认真细致做好服务工作，以高尚的品质、优良的产品和优质的服务，推进企业品牌建设。

1. 2013 年大事记

5 月 12 日，在萍乡市城北房地产有限公司凤凰天成销售中心门前，工作人员正在为业主们赠送寓意吉祥健康的礼品——碧玉。

6 月，城北地产荣获萍乡首家房地产开发国家一级资质荣誉称号。

6 月 2 日，在旗下标志性楼盘——凤凰天成举办了大型公益相亲会，苹果相亲俱乐部配合执行，现场人气火爆，活动取得了圆满成功。

7 月 6 日，凤凰天成业主们在炎热夏天迎来了本社区私属泳池的盛大开放。启动仪式诚邀了众多业主和媒体共同参加，并邀请了湖南省花样游泳青年队和足球宝贝进行了泳姿展示以及热舞表演。

10 月 7 日，凤凰天成 2 期 18 号楼交房仪式在凤凰天成营销中心盛大开启。当日，凤凰天成开发商城北地产及相关管理部门的领导和嘉宾出席了本次活动，并与小区业主共同见证了凤凰天成 2 期首栋房源的交房盛典。

2. 2013 年企业荣誉

荣获 2013 年江西民营企业 100 强。

（四）九江信华集团有限公司

九江信华集团是一家以房地产开发为龙头，以工程建筑、酒店经营为两翼，以房产经营、物业服务、工程装饰、景观工程为产业链、以金融业、医药业、文化旅游业为延伸产业的多元化、规模化、集约化的实体性大型民营企业，下辖九江信华开发集团有限公司、九江信华建设集团有限公司、九江信华酒店管理集团有限公司和多家独立分公司。

1. 2013 年大事记

3 月 1 日，副总裁、江西华安投资有限公司总经理邓安民接受本报记者采访时表示"市委、市政府提出的将九江打造成特大城市的奋斗目标，为九江的发展提出了更高的标准、更高的定位。"

3月14日下午，集团党委召开党委会，传达学习《省非公党工委2012年工作总结及2013年工作思路》，布置和落实信华集团党委2013年党建工作。

3月16日下午，九江市房地产业协会会长联系会在信华西郊花园营销中心召开。参会代表有九江市住房保障和房地产管理局相关负责人、市房地产业协会会长王峰、副会长王守玉、杨秉正和信华集团、新湖地产、民生集团、浔海实业、金大地置业、开元地产等会长单位代表。

4月16日下午，在九江市调研非公经济发展工作的省委常委、统战部长蔡晓明一行，轻车简从来到会展中心现场视察、指导工作，受到信华集团董事局主席王华林，信华集团副总裁、华安投资总经理邓安民等的热烈欢迎。

5月15日，九江市新联会在信华建国酒店召开，市新联会内设机构授牌暨主题活动启动仪式。市政协副主席、统战部部长、市新联会名誉会长黄大明，统战部副部长蔡卫宁，信华集团董事局主席、董事长、总裁、市新联会会长王华林等出席会议并讲话。

7月，九江市委组织部下发的有关文件精神，信华集团党委书记、信华房地产开发集团总经理陈和平同志当选为九江市非公有制经济组织党工委委员。

8月8日上午，信华集团董事局主席王华林携各位股东参加九江市恒信小额贷款公司乔迁庆典。

9月6日下午，九江市委副书记钟志生深入八里湖新区调研。信华建设集团董事长王华民、建设集团总裁程坚热情接待了钟志生一行。

《LOOK信华》是信华集团的内刊，本期20周年特刊也是编辑部创刊，编辑部员工和广大参与杂志编辑的员工们经过两个月的努力，终于在国庆期间付梓，于10月8日正式出刊。

10月17日，九江市委书记殷美根一行深入瑞昌市进行调研，17日晚抵达瑞昌信华建国酒店莅临指导工作。

10月22日上午，九江市委副书记、代市长钟志生深入市中心城区调研保障性住房工作，一行人来到怡嘉苑，钟志生指出，保障性住房建设既是一项民生工程，也是一项发展工程，要办好这件惠民实事。副市长卢天锡、市政府秘书长王丰鹏、市房产局局长朱作清等陪同。

11月1日，中共九江信华集团有限公司纪律检查委员会成立大会暨党员大会在信华建国酒店会议厅召开。

11月22日，九江市旅游协会第三届会员大会召开。本次大会由市旅游局任克全副局长主持，共有近百家会员单位代表参会。经选举，信华建国酒店当选为九江市旅游协会饭店分会理事单位，刘劲辉总经理当选为市旅游协会饭店分会的副会长。

11月28日上午，希尔顿酒店集团与信华集团项目合作签约仪式在信华观澜盛世（九江国际汽车城会展中心）隆重举行。庐山区区长钟好立，希尔顿全球大中华区业务发展总监魏龙江、信华集团执行总裁王华民等出席了签约仪式。

12月13日下午，信华集团20周年"圣诞狂欢嘉年华"暨"八盘联展活动"启动仪式新闻发布会在九江信华建国酒店四楼宴会厅隆重举行。

2.2013年企业荣誉

3月4日，由浔阳区区委、区政府主办的"2012全区经济工作大会"在白水明珠青少年活动中心隆重召开。信华房地产开发集团的"信华城市花园二期"楼盘荣获"浔阳区纳税大户"称号，并获得5万元奖金。

3 月 15 日，在九江市统计局召开的"关于全市企业景气调查工作暨网上直报系统培训会议暨表彰大会"上，信华开发集团荣获先进单位称号。

由九江市文化新闻出版局主办、文博传媒编辑出版的《九江文化产业》杂志，于 2013 年 5 月出版了该刊创刊号，信华集团有限公司董事长王华林成为该刊首期封面人物。

董事长王华林荣获"江西十大公益领袖人物"称号，信华集团荣获"江西十大公益领袖企业"称号。

12 月 10 日上午，由江西省工商联主办的"2013 江西民营企业 100 强"发布会在南昌召开。信华集团在江西上规模民营企业资产总额位列第八、江西上规模民营企业服务业位列第四、江西上规模民营企业净利润位列第七。

四、医药制造业

（一）汇仁集团有限公司

江西汇仁药业股份有限公司，是一家专注于研发、生产、销售调理滋补类高档 OTC 中药的工业企业。公司总部位于国家级南昌小蓝经济技术开发区。公司主要从事片剂、胶囊剂、颗粒剂、口服液、合剂、丸剂等调理滋补类高档 OTC 中药的生产和销售。

1. 2013 年大事记

1 月 18 日，集团营销部在南昌前湖迎宾馆隆重召开十周年庆典暨 2012 年度客户答谢会，180 多家省、市、县（区）医院的 600 多名领导参加。

2 月 1 日，江西汇仁堂药品连锁有限公司圆满召开十周年年会，会上发放了 2012 年度各门店分红并为 20 名员工颁发了"优秀门店奖"等 6 个奖项。

3 月 6 日，国家商务部在 2013 年药品流通行业统计第二期培训班上以商办秩函〔2013〕93 号文件，通报表扬了 2012 年度药品流通行业统计工作开展较好的单位，汇仁集团公司榜上有名。

4 月中旬，集团流通事业部项目委员会根据项目的性质和意义，经过认真筛选、仔细斟酌，最终确定了 16 个项目，其中 3 个战略型项目、8 个改善型项目、5 个创新型项目。

4 月 20 日，法国欧尚·汇仁阳光花园项目落户签约仪式举行，汇仁医药及地产董事长陈冰郎出席仪式并代表汇仁签字。

4 月 27～28 日，集团流通事业部召开第一季度工作总结会议。会议明确公司未来五年将加快江西终端市场布局，努力形成公司终端市场的绝对优势。会上，各利润中心负责人签署了 2013 年经营目标责任状。

5 月，集团公司投入 300 余万元提高员工薪资福利待遇。通过"因岗定薪、因人而异"的方法，将普调与重点调整相结合，多措并举，进一步调动激发公司员工工作干劲。

6 月 14 日，科研公司储运部司机陈文彪和配送员王永平、邓小辉在配送九江线路药品途中，遇到一名因果冻卡喉咙休克的小孩，三人立即将小孩送往附近医院治疗，最终保住了孩子性命。科研公司特下发了红头文件在公司范围内通报表扬，并分别给予每人 300 元的物质奖励。

7 月 17～19 日，集团流通事业部在井冈山召开上半年工作总结会议。

8月1日，共青团南昌非公企业工作委员会正式批复汇仁医药团委成立。经各部门推荐，公司审批任命了团委8名常务委员会成员，负责开展团委各项工作。

8月2日，经过几个月的努力，汇仁医药成功取得GE医疗在江西省的一级代理权，为公司增加了一个新的利润增长点，将进一步提升公司在江西的市场地位。

8月6日，集团营销赣西分公司全体员工大会在宜春圆满召开，标志着管辖宜春、新余、萍乡区域业务的营销赣西分公司正式启动。

8月，集团公司拿出25000元对考取大学的7名优秀高考员工子女进行奖励。

9月30日，在集团公司领导的高度重视下，经过团委一个多月的精心筹备，位于办公大楼一楼活动室左侧的公司图书馆正式开通了。

10月12日，汇仁医药顺利通过新余市药品招标采购评审，成功取得该市市级公立医院药品配送资格。

11月28日，集团流通事业部2014年工作计划会在汇仁精品商务召开。汇仁医药董事长陈冰郎在会上发表重要讲话，阐述了公司未来5~7年的发展目标，并对2014年的重点工作做出了部署。

12月7日，汇仁医药团委组织5名成员参加共青团南昌市委"青春路上党旗扬"学习报告会，这是团委成立以来首次参加的对外活动。

12月10日，汇仁医药团委成立大会在三楼大会议室隆重召开，共青团南昌市委书记盛炜出席大会并为团委授旗、授牌。

12月18日下午，集团流通事业部新版GPS项目启动大会在四楼大会议室召开。项目总监在会上要求公司上下必须全心投入，全力以赴，打好新版GSP认证攻坚战，确保2014年一次性通过认证。

2. 2013年企业荣誉

被步长制药评选为2013年度重点一级经销商。

被山东司邦德医药贸易有限公司授予优秀基药配送商。

被南昌高新区管委会授予南昌国家高新技术产业开发区先进企业。

被广东南国药业有限公司授予最佳销售年度合作伙伴。

（二）仁和（集团）发展有限公司

仁和（集团）发展有限公司组建于2001年，现已发展成为一家集药品、保健品生产销售于一体的现代医药企业集团。

1. 2013年大事记

1月1日晚，集团2013年元旦联欢晚会在集团综合大厅隆重举行。集团副董事长肖正连、曹克等领导出席了晚会，兴致勃勃地与全体员工一起观看晚会、共贺新年。集团董事、股份公司总经理曾雄辉代表杨文龙董事长致新年贺词。

1月8日，第六届董事会将由副董事长梅强兼任仁和药业上市公司董事长，曾雄辉任总经理，肖正连由董事长改任董事，授权职业经纪人管理上市公司，同时搞股权激励把上市公司做大做强、做高股价做高业绩。

2月3日，《仁和会计教育集团"激情燃烧，放飞梦想"2013年企业年会暨仁和会计2013年度感恩盛典》在蔡甸莲花湖酒店举行。

5月，CFDA（国家食品药品监督管理总局）辖下事业单位——南方医药研究所、医药经济报发布了独家评比——"2013 年度中国制药工业百强榜"，仁和集团入选 2013 年度制药工业百强榜。

7 月 18~23 日，"仁和集团领导 2013 年上半年工作总结交流会"在革命圣地井冈山召开。董事长杨文龙和集团董事会成员及集团公司、股份公司有关负责人出席了会议。

9 月 13 日，举办 2013 年"走基层、抓亮点、树典型、推经验"活动。

2. 2013 年企业荣誉

荣获中国优秀民营科技企业称号。

荣获全国重合同守信用企业称号。

荣获农业产业化国家重点龙头企业称号。

入选全国企事业知识产权试点单位。

入选国家商标战略实施示范企业。

荣获全国就业与社会保障先进民营企业称号。

入选 2013 年江西民营企业 100 强。

入选 2013 年度中国制药工业百强榜。

被授予"2013 年江西年度十佳雇主"荣誉称号。

董事长杨文龙荣膺"十大雇主品牌领袖人物"。

五、太阳能产业

（一）江西旭阳雷迪高科技股份有限公司

江西旭阳雷迪高科技股份有限公司于 2008 年 6 月 11 日在江西九江注册成立，注册资金 4.79 亿元，坐落于九江经济技术开发区出口加工区外锦绣大道，是集太阳能多晶硅铸锭、单晶棒拉制及多晶硅片、单晶硅片的研发、生产和销售于一体的高新技术企业。

1. 2013 年大事记

6 月 26 日，光伏发电集中成片示范项目入选 2012 年金太阳示范项目目录（第二批）。

按照《国务院关于促进光伏产业健康发展的若干意见》的要求，根据《光伏制造行业规范条件》及《光伏制造行业规范公告管理暂行办法》，经企业申报、省级工业和信息化主管部门核实推荐、专家复核、网上公示及现场抽检，公告了第一批符合《光伏制造行业规范条件》的 109 家企业名单，江西旭阳雷迪高科技股份有限公司榜上有名。

2. 2013 年企业荣誉

车间主管陈是礼荣获 2013 年度江西省"五一劳动奖章"。

骆鸿入选"赣鄱英才 555 工程"第三批领军人才培养计划。

入选 2013 年江西民营企业 100 强。

（二）江西赛维 LDK 太阳能高科技有限公司

江西赛维 LDK 太阳能高科技有限公司于 2005 年 7 月在江西新余注册成立，2006 年 4 月投产，2007 年 6 月 1 日，公司在美国纽交所成功上市，成为江西省第一家在美国上市的企业。2008 年，赛维 LDK 实现销售收入突破 120 亿元，成功跨入中国企业 500 强；2009 年，赛维 LDK 年销售量突破 1000 兆瓦，硅片销量占全球市场份额近 20%；2010 年，公司销售收入突破 200 亿元；2013 年，集团销售额逾 300 亿元。赛维 LDK 产品科技含量不断提升，相继推出 M2、M3、M4 等高效多晶硅片、高效电池片，居行业领先地位。

1. 2013 年大事记

1 月，宣布与福来投资签署股权购买协议。

5 月，与润峰电力有限公司签订硅片供应合同。

2. 2013 年企业荣誉

董事长兼首席执行官彭小峰被电子产品世界杂志评为"2013 年影响中国光伏行业的十大风云人物"之一。

入选 2013 年江西民营企业 100 强。

（三）南氏实业投资集团有限公司

南氏集团创建于 2009 年，经营项目涉及工业电气、新型建材、锂电新能源、工程机械、商品混凝土、塑料管材、酒店服务、物流仓储、地产投资等多种产业。旗下公司有：江西三龙电气有限公司、南氏新能源股份有限公司、江西南氏锂电新材料有限公司、宜春市南氏房地产开发有限公司、江西南氏管业有限公司、赣西物流园投资发展有限公司、江西南氏工程机械有限公司等。

1. 2013 年大事记

1 月 23 日，江西省第十二届人大一次会议在前湖迎宾馆国际会议中心隆重开幕。南氏集团董事长南金乐作为宜春市的代表光荣参加了此次会议。

2 月 15 日，第三届世界温州人大会在瓯越隆重开幕，南氏集团董事长南金乐作为宜春市温州商会会长参加了此次会议。

4 月 17 日，省委常委、省委统战部部长蔡晓明莅临南氏集团国际商贸城进行调研。

9 月 18 日上午，第七届月亮文化旅游节重头戏之一"月是故乡明"——首届宜商大会在宜春迎宾馆召开，南氏集团董事长参加了此次大会。

从市商务局了解到，董事长南金乐被聘任为宜春市政府经济发展顾问。

10 月 26 日上午，以"创业创新闯天下、合心合力强浙江"为主题的第二届世界浙商大会在浙江省人民大会堂隆重开幕，南氏集团董事长南金乐作为企业家代表之一参加了此次会议。

2. 2013 年企业荣誉

荣获第九届创建《全国诚信单位光荣榜》上榜单位。

董事长南金乐荣获"中国优秀诚信企业家"称号。

南氏管业荣获"中国绿色环保建材产品"称号。

南氏管业荣获"全国建材行业公证十佳放心品牌"称号。

南氏管业荣获"中国优质建材产品"称号。

南氏管业荣获"国家质量、服务、信誉 AAA 企业"称号。

荣获 2006~2012 年宜春市光彩事业突出贡献奖。

董事长南金乐成功当选为江西省第十二届人民代表大会代表。

位列宜春市年度纳税百强第五。

董事长南金乐成功入选"2010~2013 年度宜春市群众体育先进个人"。

六、金属制品业

（一）江西博能实业集团有限公司

博能控股股份有限公司（简称博能集团），创建于 1992 年，是一家多业务板块相融合的综合性集团公司。业务涵盖三大板块，分别是工业板块、金融板块和房地产板块。集团 4 次入选"全国民营企业 500 强"，连续十一年被评为"江西省优秀企业"，连续三年上榜"江西省民营企业 100 强"前十，多年被多家省级银行评为"AAA 级信用企业"，多次被国家工商管理部门评为"重合同、守信用"企业、全国诚信单位和全国"光彩之星"，多次被国家税务部门评为"特级纳税信誉企业"、"诚信纳税单位"，被国家人力资源和社会保障部评为"全国就业和社会保障先进民营企业"。

1. 2013 年大事记

从上饶经济技术开发区博能集团传来好消息，该集团旗下的工业板块——博能上饶客车和博能上饶线材双双实现开门红，其中，上饶客车今年前两个月的订单和销售都超过 300 辆，上饶线材前两个月的销售达到 1500 吨，均比上年同期增长 30% 以上，实现了历史同期的最好水平。

5 月 14 日上午，李贻煌副省长率省国资委、省工信委、省商务厅等省直部门负责人来到上饶经济技术开发区博能上饶客车公司，就企业发展情况进行调研。

9 月 23 日上午，在博能上饶客车公司隆重举行了首批 LNG 天然气公交车交车仪式。

博能上饶客车有限公司接到中东客商的订单，34 辆豪华旅游客车投放生产。

2. 2013 年企业荣誉

9 月 9 日，董事长温显来获"全国关爱员工优秀民营企业家"称号，程汉东获"全国热爱企业优秀员工"称号。

入选中国民营企业制造业 500 强。

荣获 2013 江西民营企业 100 强。

上饶客车获得本年度江西名牌产品称号。

（二）江西雄宇（集团）有限公司

江西雄宇（集团）有限公司位于南昌进贤县经济开发区，注册资金 1.2 亿元，下设雄宇房屋建筑、钢结构、化工设备、安装、钢材、气体贸易等 7 个子公司和省外设有五个分公司。公司具有房屋建筑工程总承包一级、钢结构（网架）工程专业承包一级、设计甲级、市政工程总承包二级、管道（含大型储罐）工程制作安装专业承包二级、化工石油设备管道安装工程二级、建筑装修装饰、幕墙、土石方工程二级资质及消防设施、机电设备安装、防腐保温、园林绿化等资质；还具有 D1、D2 级压力容器制造、GBI 级、GC2 级压力管道安装、危险化学品包装物容器生产许可证。

1. 2013 年大事记

1 月 18 日，江西雄宇建筑工程有限公司建筑装修装饰工程专业承包晋升二级，可承担单位工程造价 1200 万元以下建筑室内外装修装饰工程（建筑幕墙工程除外）的施工。

1月18日，江西雄宇建筑工程有限公司市政公用工程施工总承包晋升二级，可承担单项合同额不超过企业注册资金5倍及以下市政公用工程的施工。

1月18日，江西雄宇建筑工程有限公司土石方工程专业承包晋升二级，可承担单项合同额不超过企业注册资本金5倍且60万立方米及以下的土石方工程的施工。

2. 2013年企业荣誉

董事长熊友春荣获国务院颁发的"全国就业创业优秀个人"奖。

荣获2013年江西民营企业100强。

七、有色金属冶炼和压延加工业

（一）江西耀升钨业股份有限公司

江西耀升钨业股份有限公司前身为江西耀升工贸发展有限公司，是一家以钨业为主营业务，取得钨制品出口经营权，集采矿、选矿、加工、冶炼、制粉、硬质合金生产、销售等产、供、销一条龙完整产业链的矿业企业，是江西省重点培育拟上市企业。公司注册资本2.6853亿元，总资产16亿元，现有两个直属矿山、三个全资矿业公司（含矿山），四个钨制品加工厂，从业人员约3000人。公司已通过ISO9001：2008质量管理体系认证，通过ISO14001：2004环境管理体系认证。

1. 2013年大事记

1月9日，中共赣州市委常委、纪委书记彭光华轻车简从深入耀升钨业公司生产、建设一线调研进入新的一年企业生产经营和上市工作。

1月19日，省工信委副主任万庆胜率调研组到耀升钨业公司调研资源综合利用项目建设情况。

2月27日下午，赣州市政府市长助理马洪范在县委常委、副县长李贱贵，县领导黄义华的陪同下，轻车简从到耀升钨业公司调研新年后企业生产情况、国务院《若干意见》贯彻落实情况和企业上市工作开展情况。

4月10日下午，县委副书记、县长徐兵主持召开江西耀升钨业股份有限公司上市工作调度会。

4月17日，江西耀升钨业股份有限公司武装部隆重举行挂牌仪式，正式宣布成立。

4月22日上午，市委常委、市政府常务副市长邓又林在县委常委、副县长李贱贵，副县长王子康的陪同下，轻车简从来到耀升钨业公司对2013年以来企业生产经营、项目建设，推进上市等工作进行调研。

5月4日上午，隆重召开共青团江西耀升钨业股份有限公司二届二次代表大会暨2012年度总结表彰会议。

5月24日，市政府副市长刘建萍在县委副书记、县长徐兵，县委常委、副县长李贱贵，副县长王子康的陪同下，来到耀升钨业公司调研。

6月8日，市委常委、纪委书记彭光华在县委书记许志辉，县委副书记、县长徐兵，县委副书记许勇，县委常委、纪委书记杨忠万的陪同下来到耀升钨业公司调研，这是彭光华在半年内第二次来到公司调研。

县委副书记许勇轻车简从来到耀升钨业公司调研企业生产经营、重点项目建设等情况。

6月17日下午，公司粉末冶金厂组织实施了安全生产事故应急救援预案演练。

7月1日，是中国共产党成立92周年纪念日。为庆祝这一重大节日，"七一"期间，公司开展"中国梦、铭党恩、兴耀升"为主题的系列活动，纪念建党92周年。

7月2日上午，书记强卫在深入崇义县考察期间亲临江西耀升钨业股份有限公司考察。

7月13日，湖南省郴州市委副书记、市长瞿海就矿山技术改造、矿产品精深加工等项目率团到耀升钨业公司考察。

8月28日上午，公司工会牵头组织召开2013年度"爱心助学、金秋圆梦"助学座谈会，公司董事长兼总经理郭华彬、党委书记张溯燕出席座谈会并讲话，并对今年公司职工子女十年寒窗，金榜题名，取得优异成绩表示祝贺。

11月20~22日，国家环保部调研组一行到崇义县就苏区振兴发展对口支援工作进行专题调研。

12月3日上午，县长许斌在县政府副县长王子康及县政府办、县工信局、长龙镇党委、政府负责人的陪同下，来到公司调研。

2. 2013年企业荣誉

工信部公布了全国第一批符合钨锡锑行业准入条件的企业名单，共有16家企业入选，江西省共有9家企业入选，其中赣州有8家，江西耀升钨业股份有限公司列入入选企业名单，为全市入选的8家企业之一。

入选2013年江西民营企业100强。

（二）江西新金叶实业有限公司

江西新金叶实业有限公司创建于2007年，是一家以城市矿产、电子废弃物、含金属废料及电镀污泥等为原料，生产粗铜、电解铜及综合回收金银铂钯等稀有贵金属的资源再生企业，目前旗下拥有5家子公司及参股公司，总资产达15亿元，有员工1000多人。

1. 2013年大事记

公司全年主营收入36亿元，上缴税收2.64亿元。

2. 2013年企业荣誉

3月，获得危险废物经营许可证。

9月，获得质量管理体系认证、环境管理体系认证证书和职业健康安全管理体系认证证书。

12月，获得高新技术企业认定。

入选2013年江西民营企业100强。

（三）赣州晨光稀土新材料股份有限公司

赣州晨光稀土新材料股份有限公司最早源自1997年成立的江西省赣南晨光稀土金属冶炼厂，2003年更名为赣州晨光稀土新材料有限公司，2010年股份制改造并更名为现公司名称。现有下属公司全南县新资源稀土有限责任公司、赣州步莱铽新资源有限公司、赣州中辰精细化工科技有限公司、赣州晨兴矿产品有限公司等。该公司是一家专业生产各种稀土氧化物、稀土金属、混合稀土金属、稀土合金及磁材、工业草酸等系列产品的稀土配套产业公司，拥有集稀土分离—冶炼—应用—回收于一体的较为完整的产业链，是目前国内冶炼、分离技术最先进的公司之一。在行业内率先通过了 ISO9001、ISO14001 知识产权管理体系认证。

1.2013 年大事记

3 月 13 日上午,《环境治理、节能减排、异地技术改造项目》安全设施竣工验收会在赣州晨光稀土新材料股份有限公司本部一楼会议室举行。

9 月 5 日晚,由工业和信息化部、黑龙江省人民政府共同举办的 2012 年第一届中国新材料产业博览会在哈尔滨开幕。包钢稀土、五矿、中铝、虔东、稀土矿业、晨光稀土等众多新材料企业以及钢材金属企业亮相新博会,成为展会耀眼的明星。

10 月 11 日上午,晨光稀土经营计划、预算及绩效管理咨询项目启动大会在集团公司会议室召开。

2.2013 年企业荣誉

5 月 10 日,被授予"全省工业节能先进企业"荣誉称号。

6 月 25 日,被评为年度赣州企业 50 强。

入选 2013 年江西民营企业 100 强。

(四)江西赣锋锂业股份有限公司

公司成立于 2000 年,注册资本 7500 万元,总部位于江西省新余高新技术产业园区。目前公司拥有三个生产基地,分别位于新余高新技术产业园区、新余河下镇及奉新县冯田经济开发区,是国内唯一的规模化利用含锂回收料生产锂产品的企业。公司的研发能力、技术水平、生产规模及市场份额,在国内深加工锂产品行业处于领先水平。

1.2013 年大事记

2 月 21 日,宜春赣锋锂业有限公司"年产 500 吨超薄锂带及锂材项目环评报告评审会"在宜春市博能宾馆顺利举行。

3 月 22 日上午,刘捷市长轻车简从到位于新余市高新区的万吨锂盐项目现场进行了实地考察。

4 月 24 日,全国政协常委、省政协副主席郑小燕一行来到赣锋锂业有限公司进行调研。

12 月 19 日,博士后科研工作站揭牌仪式在赣锋锂业有限公司研发大楼会议大厅正式举行。

12 月 23 日,为支持社会公益事业,经赣锋锂业有限公司与市中心血站协调,血站工作人员到企业进行了无偿献血活动。

2.2013 年企业荣誉

科技部火炬中心印发了《关于发布 2013 年国家火炬计划重点高新技术企业评选结果的通知》,通知显示,2013 年获得"国家火炬计划重点高新技术企业"荣誉称号的企业全国共有 626 家、江西省仅有 6 家,江西赣锋锂业股份有限公司荣列其中。

入选 2013 年江西民营企业 100 强。

(五)红旗集团江西铜业有限公司

红旗集团江西铜业有限公司创建于 2008 年 5 月 8 日,坐落在江西鹰潭贵溪工业园区。公司主要生产销售各种规格的电工圆铜线、铜排、铜棒、漆包铜圆线、纸包铜扁线等产品。

1. 2013 年大事记

5 月 9 日，2013 年（第八届）中国铜加工行业发展论坛在鹰潭华侨饭店落下帷幕，江西铜业有限公司总经理郑克作为论坛特约代表，参与此次大会。

7 月 11 日，江西省中小企业局党组书记、局长吴治云一行来到红旗集团江西铜业有限公司调研铜产业工作。

10 月 15 日，江西省省长鹿心社、鹰潭市委书记陈兴超、鹰潭市代市长熊茂平一行数人莅临公司视察工作。

2. 2013 年企业荣誉

入选 2013 年江西省民营企业 100 强。

荣获企业荣誉进步奖。

被授予鹰潭市模范劳动关系和谐企业称号。

被授予鹰潭市职工经济技术创新活动先进集体称号。

荣获 2013～2014 年度先进基层党支部。

荣获贵溪市十强企业。

荣获先进基层党组织。

荣获 2012～2013 年度江西省守合同重信用 AAA 公示单位。

被鹰潭市科技局认定为"鹰潭市电线电缆工程技术研究中心"。

八、食品制造业

（一）煌上煌集团有限公司

江西煌上煌集团食品股份有限公司始创于 1993 年，由南昌市煌上煌烤禽社、南昌市煌上煌烤禽总社、江西煌上煌烤卤有限公司、江西煌上煌集团食品有限公司沿革发展而来。公司是一家以畜禽肉制品加工为主的食品加工企业，2012 年 9 月 5 日成功在深交所挂牌上市，成为酱卤肉制品行业第一股，企业从"小产品"做到了"大品牌"，迈入了快速发展的轨道。

1. 2013 年大事记

1 月 16 日，枫林煌上煌希望学校校园内彩旗飘扬，整个校园洋溢着喜庆的氛围。上午 11 时整，枫林煌上煌希望学校举行煌上煌集团捐赠仪式。

1 月 23 日上午，县委书记郭毅一行莅临集团开展"问企需、解企难、促发展"大走访活动并进行了座谈，了解企业生产、经营情况，共商新一年发展大计。

3 月 17 日晚，出席第十二届全国人大一次会议的集团董事局主席徐桂芬以高度的政治责任感和使命感，积极参政议政、建言献策，认真履行了人大代表的光荣职责，圆满完成了大会的各项任务，载誉归来。

在股份公司副董事长褚建庚、总经理褚浚等的陪同下，胡继之一行参观了公司展厅，观看了企业宣传片，回顾了公司由一家名不见经传的民营企业发展为农业产业化国家重点龙头企业、酱卤行业第一股的奋斗历程。

5 月 14 日下午，省委常委、统战部部长蔡晓明莅临煌上煌集团，就加快非公有制经济发展工作进行调研。

5月22日上午，上海新世界集团有限公司党委副书记、纪委书记、工会主席林强率领考察团来到江西煌上煌集团食品股份有限公司参观交流。

5月23日上午，由江西煌上煌集团食品股份有限公司联合省儿童医院组织实施的"煌家有礼，儿院情深"先天性无肛患儿救助活动启动仪式在省儿童医院举行，股份公司董事长徐桂芬出席启动仪式，并现场为5名贫困患儿家属共发放救助金35000元，其中最高达10000元。

7月2日，以中华全国总工会女职工部副部长钟霞为组长的调研组一行来到煌上煌调研女职工工作开展情况。

7月19日，南昌市政协副主席、市工商联主席陈斌，市委统战部副部长、市工商联党组书记杨启棠带领全市（县、区）工商联领导干部一行莅临煌上煌调研指导非公企业党建工作，县委副书记王小陪同。

7月19日上午，市人大常委会主任蔡社宝，副主任罗慧芬一行莅临江西煌大食品有限公司调研指导，县委书记郭毅，县人大常委会主任胡小明等陪同调研。

7月30日，作为江西省女性创业者代表和民主党派代表，集团董事局主席徐桂芬出席了江西省第十一次妇女代表大会，并在会议期间当选为江西省妇女联合会第十一届执行委员会委员。

8月2日，福清市副市长张永森一行来到江西煌上煌集团食品股份有限公司参观考察。

9月18日上午，陕西省三原县委书记孙景宏带领考察团队一行莅临煌上煌集团。

9月18日上午，热烈欢迎并接待了泰和县县委书记廖晓军。

9月27日，全国工商联副主席庄聪生一行莅临煌上煌集团，就非公有制经济人士理想信念教育实践活动进行调研。

10月11日上午，南昌市委副书记、代市长郭安率领市直相关部门主要负责人莅临煌上煌，就企业做大做强开展调研。

10月20日上午，南昌市举行南昌慈善日暨"慈善一日捐"活动，省委常委、市委书记王文涛，市长陈俊卿，市人大常委会主任蔡社宝，市政协主席卢晓健等市四套班子领导带头参加捐款、奉献爱心。在慈善捐助活动现场，煌上煌集团致富思源、慷慨解囊，捐款50万元，以实际行动大力支持慈善事业的发展。

11月8日，南昌小蓝经济技术开发区管委会主任王敏一行莅临煌上煌考察指导。

12月12日上午，郑州丰产路花园路口附近，一场隆重的剪彩仪式正在进行，煌上煌郑州首家食品店正式开业。

2.2013年企业荣誉

入选"全省非公有制企业转型升级示范典型"。

荣获2013年全国质量诚信承诺优秀企业。

荣获2013年全国质量检验稳定合格产品。

荣获2013农业产业化国家重点龙头企业。

荣获江西省妇女儿童发展基金会第一届理事会理事单位。

荣获"2012～2013年度全国食品工业优秀龙头食品企业"称号。

被评为"2013年全国质量诚信倡议先进企业"。

被南昌慈善总会评为"最具慈善爱心单位"。

荣获"2013 中国中部最受消费者喜爱的农产品品牌"称号。

荣获 2013 年江西民营企业 100 强。

南昌市总工会授予煌上煌集团有限公司工会"职工代表大会规范化建设先进单位"荣誉称号。

荣获江西省肉类食品协会颁发的"2013 年度全省肉类食品行业先进企业"荣誉称号。

（二）江西省人之初科技集团有限公司

人之初集团地处南昌市国家级小蓝经济技术开发区。旗下有人之初营养科技股份有限公司（新三板上市，证券代码：833845）、江西人之初乳品营养有限公司、江西省人之初贸易有限公司、人之初婴童连锁机构、上海人之初营养食品有限公司等八家所属公司，形成了集乳制品婴幼儿营养食品的研发、生产、销售为一体的主产业群；产业涵盖国内贸易、投资、婴童连锁机构、农业种植加工等多领域的综合性大型高科技型企业集团。

1. 2013 年大事记

集团占地 200 亩的现代化集团总部开工建设。

9 月 22 日下午，江西省委常委、南昌市委书记王文涛，市委副书记、代市长郭安，市委副书记、市政法委书记欧阳海泉，市人大常委会主任蔡社宝，市政协主席卢晓健等市四套领导班子率各县区（开发区、新区）党政主要领导、市直相关综合部门主要负责人等深入进贤县、南昌县考察市重点项目建设等情况。

2. 2013 年企业荣誉

董事长荣获"五一劳动奖章"。

董事长荣获"南昌市十大突出贡献企业家"称号。

荣获 2013 年江西民营企业 100 强。

（三）四特酒有限责任公司

四特酒有限责任公司坐落于江西省樟树市，创建于 1952 年，前身为国营樟树酒厂，1983 年更名为江西樟树四特酒厂，2005 年改制为四特酒有限责任公司。经过半个多世纪的发展，四特已成为集科研、生产、销售于一体的全国知名酿酒企业。2013 年 1 月，四特被评为江西省首批创新型企业；4 月，四特被遴选为工信部 2013 年工业品牌培育试点企业；5 月，四特特香型大曲制曲工艺中防止青霉菌污染的方法项目荣获国家发明专利，实现了发明专利道路上"零"突破。2013 年完成了特科技工业园项目一期工程建成试投产，有力地推动四特产业结构调整和经济增长方式转变，为四特发展注入新的活力。

1. 2013 年大事记

1 月 15 日，首次技术创新奖评审会议在樟树召开。

2 月 1 日，四特慈善基金连续五年对贫困家庭开展扶贫济困活动。

2 月 27 日，第二期年轻干部、优秀员工及大学生代表座谈会在樟树召开。

4 月 11 日，茅台与四特员工齐聚一堂切磋交流文化技术。

4 月 25 日，被遴选为工信部 2013 年工业品牌培育试点企业。

5 月 7 日，江西省地税局副局长王显和莅临四特酒公司参观指导。

5 月 7 日，江西省卫生厅副厅长王金平莅临四特酒公司参观指导。

5 月 10 日，"特香型大曲制曲工艺中防止青霉菌污染的方法"项目荣获国家发明专利，实现了发明专利道路上"零"突破。

5 月 15 日，研发的课题"利用酒糟生产特香型调味酒的研究与开发"顺利入选国家科技部星火计划。

6 月 27 日，江西省检察院检察长刘铁流一行莅临四特酒公司参观考察。

7 月 16 日，江西省委常委、纪委书记周泽民一行莅临四特酒公司参观考察。

7 月 19 日，首个对外科技合作计划项目"提高特香型白酒特征性香味成分丙酸乙酯含量关键技术研究与应用"通过江西省级成果鉴定。

7 月 30 日，古井贡公司总经理梁金辉一行来四特酒公司参观交流。

8 月 12 日，东方韵系列酒获国家"绿色食品"认证。

8 月 30 日，四特慈善基金助 80 名寒门学子圆大学梦。

9 月 3 日，研发课题"酒糟中可发酵性淀粉发酵测定方法"荣获国家发明专利。

9 月 5 日，两个科研项目同时确立为 2013 年度国家科技部火炬计划和星火计划项目。

10 月 1 日，锦瓷五星酒通过江西省新产品鉴定。

10 月 17 日，韩国堤川市副市长李珍珪莅临四特酒公司参观。

12 月 23 日，第三次荣获国家发明专利——"酒糟中可发酵性淀粉酶水解测定方法"项目获得国家发明专利。

2. 2013 企业荣誉

被评为江西省首批创新型企业。

"特型大曲微生物及其酶系对特型酒风味影响的研究"项目荣获宜春市科学技术进步一等奖。

"特香型酒窖泥培养与应用"项目荣获 2013 年宜春市科学技术进步二等奖。

获评为国家级 2010～2011 年度"守合同、重信用单位"。

52 度雅韵酒荣获 2013 年中国白酒国家评委感官质量奖。

副总经理吴生文入选第三批"赣鄱英才 555 工程"领军人才培养计划。

"52 度四特东方韵国韵"入选中国名酒典型酒产品名单。

研发课题"'特'型大曲微生物及其酶系对'特'型酒风味影响"项目荣获江西省科学技术进步奖。

董事长廖昶荣获第三届"江西省突出贡献人才"奖。

荣获"全国质量诚信倡议先进单位"殊荣。

九、计算机、通信和软件服务业

（一）泰豪集团有限公司

泰豪公司是在江西省和清华大学"省校合作"推动下，在南昌国家高新开发区设立的高科技公司。公司成立于 1988 年，并于 2002 年 7 月在上海证券交易所上市。

1. 2013 年大事记

1 月 7 日上午，江西省省长鹿心社主持召开全省经济社会发展改革创新座谈会，听取专家学者对政府工作的意见，集团董事长黄代放应安排参加了此次会议。

1月8日，中国联通总裁陆益民一行莅临南昌国际动漫产业园参观指导，出席公司与中国联通江西分公司战略合作签约仪式并作重要讲话。

5月17日下午，江西省委在南昌召开民营企业家座谈会，就大力发展非公经济，加快推进全省经济社会发展听取企业家意见，集团董事长黄代放应邀出席了会议。

6月17日上午，江西省委书记强卫在省、市领导赵智勇、王文涛、李贻煌、陈俊卿等的陪同下，莅临泰豪考察调研。

9月3日下午，与法国达高动漫集团签署合资协议，在南昌国际动漫产业园合资设立"达高泰豪（南昌）动画有限公司"。

9月12日，清华大学江西校友会组织在昌校友教师在南昌国际动漫产业园暨泰豪国际动漫城举行教师节座谈会，来自江西科技师范大学、南昌大学、华东交通大学、南昌航空大学、南昌工程学院近20位校友老师到会。

9月23日，"中国联通授权毫米公司全网运营动漫业务暨泰豪与淘米合资签约新闻发布会"在南昌举行。

9月27日，与贵州大学联合创办贵州大学明德学院项目签约仪式在贵州大学隆重举行。

9月29日，江西数字艺术设计专家委员会暨中国数字艺术设计专家委员会江西分会成立大会在泰豪国际动漫产业园召开。

11月8日下午，为响应省委、省政府的号召，推动省校合作协议的具体落实，与清华大学在江西省与清华大学省校合作协议的基础上，达成了《联合建立"清华大学—泰豪装备联合研究院"协议》、《清华泰豪国防科研奖励基金捐赠协议》和《共同推进军工产业发展战略合作协议》。

2.2013年企业荣誉

1月18日，成功入选"国家级信息化和工业化深度融合示范企业"名单。"江西省人民政府动漫奖"颁奖典礼隆重举行，公司多部作品获奖。

1月24日，获得了2012江西"最受求职者欢迎的企业"称号。董事长黄代放两会提案荣获优秀提案奖。

8月29日，2013年中国民营企业500强发布会在北京召开，泰豪集团有限公司入选中国民营企业制造业500强。

12月10日，江西省工商业联合会首次面向社会发布全省民营企业百强排行榜，泰豪集团有限公司入围。

12月19日，2013年江西省动漫行业最高规格的奖项江西省政府动漫奖颁奖典礼在省广电中心隆重举行，副省长朱虹出席并为获奖者颁奖。泰豪游戏软件公司荣获优秀动漫传播机构奖，泰豪动漫获优秀动漫品牌奖，江西泰豪动漫职业学院获优秀动漫教育机构奖。

（二）南昌欧菲光科技有限公司

南昌欧菲光科技有限公司是深圳欧菲光科技股份有限公司在南昌经济技术开发区投资5亿元注册的高新技术企业，其母公司于2010年8月3日在深圳市证券交易所成功上市，公司股票代码为002456。公司是一家国内及全球领先的精密光电薄膜元器件制造商，以拥有自主知识产权的精密光电薄膜镀膜技术为依托，长期致力于精密光电薄膜元器件的研发、生产和销售。目前，公司主要产品包括红外截止滤光片及镜座组件和纯平触摸屏，其他产品和业务包括光纤头镀膜、光学低通滤波器、保护玻璃、激光光学读取头薄膜元件、分光棱镜等，广泛应用于手机、数码相机、摄像机、投影仪、DVD 设备等消费类电子产品领域，以及医疗器械、监控系统、光通信等其他领域。

1. 2013 年大事记

2 月，第一次定向增发成功，募集资金 15 亿元，全部投资落地南昌。

3 月，南昌欧菲光显示技术有限公司和南昌欧菲光学技术有限公司成立，作为触摸屏用强化玻璃产品的实施主体。

2. 2013 年企业荣誉

荣获联想集团"优秀供应商"称号。

入选 2013 年江西省民营企业 100 强。

（三）江西联创光电科技股份有限公司

江西联创光电科技股份有限公司创建于 1999 年 6 月，2001 年 3 月在上海证券交易所挂牌上市（证券简称：联创光电，证券代码：600363）。公司是国家火炬计划重点高新技术企业，国家"863 计划"成果产业化基地，国家"铟镓氮 LED 外延片、芯片产业化"示范工程企业，南昌国家半导体照明工程产业化基地核心企业。

1. 2013 年大事记

1 月，LCE－O 光学事业部举办 2013 年"旺年会"。

1 月，光学元件事业部大楼举行奠基仪式。

3 月，联创电子科技园三期工程 1.8 万平方米厂房竣工。

4 月，光学事业部在井冈山进行"红色教育"。

5 月，光学元件事业部举行"激情五月"拔河比赛。

5 月，广东中山研发中心成立。

5 月，联创光电首届企业文化节拉开序幕。

5 月，显示模组生产线建成并开始量产。

6 月，江西省委书记强卫到公司视察调研。

6 月，GF1/GFF 超薄超窄感光银 Sensor 黄光工艺开始量产。

7 月，成功举办中级职业技能资格考试。

7 月，完成股份制改造。

8 月，经人力资源和社会保障部、全国博士后管理委员会批准，公司设立博士后科研工作站。

9 月，南昌市委领导来公司调研。

10 月，组建 GFF 超薄超窄"华硕 TP 专线"并开始量产。

11 月，海康威视客户到光学事业部参观指导。

12 月，飞利浦客户莅临公司光学事业部参观指导。

12 月，我国探月工程嫦娥三号任务圆满完成，首次实现了我国航天器在地外天体软着陆和巡视勘。特种微电子为嫦娥三号探月任务的配套参与单位，提供了半导体器件。

2. 2013 年企业荣誉

荣获江西省优秀企业称号。

董事长肖文荣获江西省优秀厂长（经理）称号。

当选国家半导体照明工程研发及产业联盟第四届理事单位。

联创 LED 路灯获南昌名牌。

被授予苏浙皖赣沪地区质量工作先进单位。

获中国节能产品认证书。

获南昌高新区先进企业称号。

获南昌高新区标准化工作先进企业称号。

获南昌高新区技术创新十佳企业称号。

联创 LED 路灯获全国 LED 路灯优秀产品奖。

入选 2013 年江西民营企业 100 强。

联创 LED 获江西名牌产品称号。

荣获江西省优秀企业称号。

当选进步投资促进会第二届常务理事单位。

(四) 思创数码科技股份有限公司

思创数码科技股份有限公司成立于 1991 年，是专业从事软件系统开发、实施与服务，大型信息系统和建筑智能化系统的规划设计、集成与服务，IT 产品销售的高科技公司，为国内多个行业领域提供涵盖 IT 咨询、设计、建设与服务全过程一体化的解决方案。拥有国家计算机信息系统集成一级资质、建筑智能化工程专业承包一级资质、建筑智能化系统设计专项甲级资质，是连续七年属于中国软件百强企业，属国家规划布局内重点软件企业。在北京、上海、江苏、湖北、江西等地拥有数十家子公司。

1.2013 年大事记

1 月 22 日，中国航天科技集团神舟软件与思创数码科技股份有限公司（简称思创公司）在思创科技园签署战略合作协议。

3 月 25 日，经中共南昌高新区工委批准，中国共产党思创数码科技股份有限公司委员会正式成立。

4 月 10 日，湖南分公司经工商注册正式成立。

5 月，南京思创荣获三项"实用新型"专利：激光测距仪固定装置、监测内河航道船舶交通量的系统、一种图像识别警报触发云台摄像的装置。

6 月 18 日，正值思创公司成立 22 周年之际，公司总部召开主题为"突破，升级！"2013~2015 三年战略规划大会。

7 月 14 日上午，与工信部软件与集成电路促进中心（简称 CSIP）签署共建"国家软件公共服务平台——思创智慧交通技术创新中心"合作协议。

11 月 25 日，四川分公司经工商注册正式成立。

2.2013 年企业荣誉

6 月，"统一数据交换平台"及"内河航运船舶动态监管平台"两件参展软件产品分别获"2013 第十七届全国软件博览会"金奖及创新奖。

荣获江西省民营企业 100 强。

荣获"全国智能建筑行业 60 强企业"称号。

6 月 18 日下午，南昌市委、市政府向思创授予"南昌市打造核心增长极企业（实体经济）税收突出贡献奖"及奖金。

11 月，和大连海事大学、长江航运技术行业研发中心等单位联合申报的"智能航运一体化应用体系关键技术研究与应用"在众多申报项目中脱颖而出,荣获"中国航海学会科学技术"一等奖。

12月5日,在全国青少年井冈山革命传统教育基地项目建筑智能化工程方面的优秀表现,荣获2012~2013年度中国建筑工程"鲁班奖"。

十、土木工程建筑业

(一)江西交建工程集团有限公司

江西交建工程集团有限公司位于江西省南昌市,是一家实力雄厚的大型建筑单位,是由国家交通运输部、建设部审核发证的公路施工总承包的一级资质企业,注册资金23.0158亿元。具有公路路基、路面、桥梁、隧道工程施工专业承包、市政公用工程、房屋建筑、铁路工程施工总承包的大型集团公司。

2013年企业荣誉:

获建设行业施工企业(总承包)先进单位。

荣获AAA级信用企业称号。

入选2013年江西省民营企业100强。

(二)江西省第五建设集团有限公司

江西省第五建设集团有限公司成立于1997年,系国家房屋建筑工程施工总承包一级、市政公用工程施工总承包一级、装饰装修工程一级、地基与基础工程一级、土石方工程一级、玻璃幕墙工程一级、钢结构工程一级、机电安装工程二级、园林绿化工程二级专业承包为一体的施工企业,并于2012年1月16日荣获《中华人民共和国对外承包工程证书》。

1. 2013年大事记

1月11日,航空城动力配套工程举行封顶仪式。

1月31日,本部全体人员、分公司代表、江西省建筑业协会会长张继胜等兄弟单位、业主代表等300余人齐聚南昌,共同庆祝"江西五建2012年度总结和表彰大会"。

2. 2013年企业荣誉

获安全管理先进企业称号。

获"AAA级安全文明标准化工地"。

新力帝泊湾53#楼获江西省结构优良工程。

获南昌市2013年度AAA诚信建筑业企业。

入选2013年江西省民营企业100强。

(三)江西省美华建筑装饰工程有限责任公司

美华建筑装饰工程有限责任公司自1993年成立以来,从最初小规模企业发展到现在注册资金一亿零五十万元、分公司遍布全国各地的国内行业知名品牌。从最初单一装修企业,发展到以建筑装饰装修、幕墙施工为主,集建筑装修设计、建筑幕墙设计、钢结构工程、金属门窗工程、建筑智能化工程、机电设备安装工程、园林绿化工程、消防设施工程设计与施工、安防工程设计与施工等专业承包以及建筑劳务分包、建筑工程施工总承包和金融投资于一体的大型集团公司。

1. 2013年大事记

2月，召开2012年年终工作总结大会。

3月，"2013年全国经营工作会"在井冈山召开。

5月，江西省委常委、常务副省长凌成兴参观视察公司承建工程——江西移动红角洲生产基地二期幕墙工程。

6月，参加鲁班奖工程项目经理高级研修班及首届鲁班文化节开幕式。

6月，公司组织员工赴湖北武汉、神农架、三峡大坝四日游。

6月，江西省政府党组成员、副省长曾庆红，省政府副秘书长叶磊，省住建厅党组书记、厅长陈平到公司调研。

7月，与江西外语外贸职业学院签订校企合作协议，总经理黄华兵、总工程师李祖奕、副总工程师湛勇勇、方高明获聘为客座教授。

7月，取得消防设施工程设计与施工一体化二级资质。

9月，江西省工商联副主席谭文英到公司参观考察。

9月，中国建筑装饰协会秘书长刘晓一到公司参观考察。

10月25日，江西外语外贸学院召开校企合作座谈会，学院党委书记饶贵生、副院长邹建华、熊南永及各系主任与合作企业负责人举行了座谈。美华公司总经理黄华兵出席此次会议。

11月6~8日，中国建筑装饰百强企业峰会在安徽省马鞍山市海外海皇冠假日酒店隆重开幕。美华公司总经理黄华兵出席峰会。

11月21日下午，江西省地税局稽查局局长胡春龙、红谷滩地税局局长钟绪林一行来美华参观考察。

11月22日上午，美华召开"2013南昌市装饰装修职业技能大赛"获奖选手表彰会，通报表彰美华公司装饰技能人才在"2013南昌市装饰装修职业技能大赛"上取得优秀成绩。

11月23日，中国建筑装饰协会会长李秉仁在住房和城乡建设部信息中心主任何任飞、江西省住房和城乡建设厅建管处处长姚宏平和江西省装饰协会会长王安玉、副会长张华的陪同下视察江西省美华建筑装饰工程有限责任公司。

11月26~27日，第二届全国建筑装饰行业科技大会暨全国建筑装饰行业科技大会十年庆系列活动在北京国家会议中心举办。美华公司总经理黄华兵出席大会。

12月17日，由南昌市装饰行业协会主办、江西南缆企业集团承办的2013南昌装饰界"赣昌参禅之旅"联谊活动在靖安县宝峰寺举行。美华作为副会长单位派员参加。

2. 2013年企业荣誉

衢州移动白云大道综合楼室内装饰工程荣获"2013年浙江省优秀建筑装饰工程"（公共建筑装饰类）奖。

方高明、朱跃鹏、熊爱华、钱建军4名同志荣获"2013年全国建筑装饰行业优秀项目经理"荣誉称号。

江西省惠苑宾馆改造工程荣获"南昌市建筑装饰优良工程"奖。

抚州市接待中心迎宾楼装饰装修工程、赣江宾馆三号楼装饰工程、赣州市矿产科研信息中心大楼外幕墙工程、江西公路开发总公司科研测试基地C标段玻璃幕墙工程荣获"2011

年度江西省优质建设工程杜鹃花"奖。

温州市龙湾城市中心 B－05 地块亮化工程（龙湾区人民法院审判法庭及永强人民法庭幕墙工程）和杭甬铁路客运专线绍兴柯桥站交通枢纽工程幕墙工程荣获"浙江省建筑装饰文明标化科技示范工程"（建筑幕墙、门窗类）奖。

参建工程——南昌师范高等专科学校新校园主教学楼荣获"2012～2013 年度第一批中国建设工程鲁班奖"（国家优质工程）。

美华荣膺"中国建筑装饰行业百强"、"2012 年度中国建筑幕墙行业 50 强"称号。

入选 2013 年江西省民营企业 100 强。

十一、房屋建筑业

（一）中阳建设集团有限公司

中阳建设集团有限公司始建于 1953 年，前身为抚州地区建工局、抚州地区建筑工程公司。2003 年完成国企改制，2010 年 11 月更名为中阳建设集团有限公司，现有注册资金 9.1618 亿元。集团现有房屋建筑工程施工总承包特级资质及建筑行业（建筑工程、人防工程）设计甲级资质，公路工程、市政公用工程、机电工程一级施工总承包资质，以及地基基础、建筑装修装饰、消防设施、钢结构四项专业承包一级资质及丙级城乡规划编制资质。同时，公司还具有国家商务部对外援助成套项目总承包企业资质。

1. 2013 年大事记

7 月 6 日，在抚州荣誉国际酒店隆重举行一级建造师答谢暨联谊酒会。

7 月 12 日，董事长陈胜德参加抚州市工商联合会第三次代表大会。

7 月 26 日，南昌分公司组织员工前往魅力赣江参加"中国中部首届水上嘉年华暨首届沙滩休闲旅游文化节"。

8 月 30 日，集团企业内刊正式创刊，报刊定名为《中阳建设》，为双月刊。

9 月 6 日下午，技术中心省级认定评审会在集团总部三楼会议室召开。

9 月 10 日上午，江西省工信委处长傅爱军、副处长林涌等人到中阳建设集团有限公司调研考察。

9 月 14 日，江西省副省长李炳军率调研组一行到中阳德欣科技有限公司视察。

9 月 27 日，江西省建设厅副厅长吴昌平视察中阳德欣模板生产线。

9 月 27 日上午，"福建商会杯"抚州市工商联（总商会）第二届运动会在东华理工大学体育馆开幕，公司组织员工积极参加"福建商会杯"抚州市工商联（总商会）第二届运动会。

10 月 10 日上午，抚州市市长张和平、副市长黄赛荣主持、市政府秘书长喻大荣以及临川区政府、抚州高新区管委会主要负责人到公司金安农贸市场项目施工现场视察项目进展情况。

10 月 18 日至 29 日，董事长陈胜德亲自率考察团一行六人赴德国、奥地利、意大利等地进行参观考察。

11 月 5 日，南昌市青少年发展基金会第一届理事会筹备会议在新赣商会所召开。公司总经理陈恩斌参加了此次会议。

12月11日，热情接待德国克劳斯玛菲考察团一行。

12月13日，抚州市房地产协会一届三次会员大会在抚州市荣誉国际酒店召开。会上，中阳建设集团有限公司被授予"副会长单位"牌匾。

2. 2013年企业荣誉

荣获2013年度科技创新先进企业。

荣获2013年度全国优秀施工企业。

获2013年度全国工程建设行业优秀网站。

入选抚州市建筑施工企业诚信倡廉试点单位。

荣获2013年度抚州市先进企业。

董事长荣获2013年度扶贫济困爱心企业家。

获2013年度创业和谐劳动关系先进企业。

获2013年度全省先进建筑企业。

荣获2013年度铅山县优秀企业称号。

入选2013年度江西民营企业100强。

（二）江西新厦建设集团有限公司

江西新厦建设集团始建于1998年，集团总部坐落于上饶市铅山县，是集建筑、地产、酒店、餐饮、传媒、旅游休闲度假于一体的多元化企业集团。集团具有建设部核发的国家一级施工总承包资质。经营范围主要有：房屋建筑工程一级施工总承包、市政公用工程一级施工总承包、装饰及装修一级专业承包、土石方工程一级专业承包、钢结构工程专业承包、地基与基础专业承包、园林古建筑专业承包、园林绿化专业承包。集团公司在国内外设立了多个分支机构、办事处，已办理赴全世界承包工程资格手续发展业务。公司坚持"以人为本"的人才战略，注重人才的开发和培养。

（三）江西省丰和营造集团有限公司

江西省丰和营造集团有限公司成立于1993年，具有房屋建筑工程总承包一级资质和市政工程、园林古建筑工程、地基与基础工程、建筑装饰装修工程、土石方工程承包二级资质，并兼有房地产开发和堤防工程等专业承包资质。2003年通过了ISO9001质量体系认证。

1. 2013年大事记

11月14日下午，董事长、江西中山艺术馆馆长揭保如受邀来到南昌航空大学土木建筑学院为学生们授课。

11月16日上午，参加南昌航空大学2014届毕业生秋季双选会。

10月26日，团支部在南昌宝葫芦举办年度素质拓展活动。

12月15号下午，"高雅艺术进校园"第一期"中国梦，陶瓷美"在江西中山艺术馆正式启动。

2. 2013年企业荣誉

获城市园林绿化二级资质。

入选2013年度江西民营企业100强。

（四）江西省新宇建设工程有限责任公司

江西省新宇建设工程有限责任公司注册资金 5237.8 万元，现为房屋建筑工程施工总承包一级，水利水电工程、市政公用工程施工总承包二级施工企业。公司 2006 年 1 月通过了 ISO9001：2000 质量体系认证，先后荣获省工商局授予的"AAA，重合同、守信用单位"称号，省建设厅授予"江西省先进施工企业"荣誉称号。荣获"九江市特级诚信企业"、"九江市民企竞赛十佳单位"荣誉称号。连续多年被评为都昌县（注册地）先进施工企业、纳税先进单位。

2013 年企业荣誉：

机动车驾驶员考试服务中心封闭考场迁建二期工程获 2013 年建筑工程安全生产文明施工评议工程奖。

富春街道三联村农居安置小区二标段工程获 2013 年建筑工程安全生产文明施工评议工程奖。

公司入选 2013 年度江西民营企业 100 强。

十二、批发、零售业

（一）九江联盛实业集团有限公司

九江联盛实业集团有限公司创立于 1996 年，是一家以商贸经营为主业，集商业连锁、旅游投资、绿色农业于一体的综合性民营企业。中国连锁经营协会 2012 年 5 月 7 日发布 2011 年中国快速消费品连锁百强，联盛商业以 122377 万元的销售规模名列第 75 位。

1. 2013 年大事记

1 月 8 日，公司商学院开办了店长店助培训班。

1 月 9 日下午，联盛股份旗下的购物广场九江店、购物中心浪井店、超市城西、学院等 13 家门店参加了"全市'除隐患、保平安'，冬春专项行动异地消防监督检查动员部署会"。

1 月 12 日上午，联盛购物中心湖口店隆重开业。

1 月 24 日，联盛集团联手市慈善总会为曹文渊等 10 户特困家庭送上了准备好的年货，让他们在寒冬里体验到爱心的温暖。

2 月 6 日下午，九江市副市长石荣国等一行人，莅临联盛购物中心浪井店，就春节前食品安全以及商品价格进行检查指导。

3 月 1 日下午，副市长石荣国一行来到联盛商业连锁股份有限公司，就联盛商业上市工作进行调研。

3 月 20 日上午，江西省食品安全办以及九江市工商局相关领导来到联盛购物中心浪井店检查食品安全工作。

4 月 20 日上午，九江联盛电梯维修许可鉴定评审会，在八角石房产大厦 9 楼召开。

4 月 21 日下午，由江西省体育局、江西省足球协会主办，江西联盛足球俱乐部承办的"天元杯"环赣九城足球巡回赛在九江八里湖体育中心拉开帷幕。

9月3日上午，联盛集团党委党建指导员牛满贵、支部书记徐建新，前往湖口县顺德镇油茶基地走访困难老党员孙卫东，并将帮扶金亲手交到他的手上。

10月29日，联盛六盘联动全球品牌招商新闻发布会在九江远洲国际大酒店隆重举行，来自全国各地的600多家品牌供应商及省、市30家新闻媒体共襄盛会。

12月26日下午，集团公司党委召开中心组学习扩大会议，传达学习党的十八届三中全会精神。

12月28日，联盛超市永修店火爆开业，与市民共迎新年。

2. 2013年企业荣誉

副总经理严永红在"建设美丽、实力、文化、幸福新浔阳，人大代表在行动"主题活动中表现突出，被评为"五好"人大代表。

获得"2012最具影响力的百货品牌"和"2012企业公益奖"。

获2013年度全省劳动保障诚信示范单位。

获2013年度新认定中国驰名商标称号。

黄文荣获江西省"五一劳动奖章"。

副总经理严永红荣获九江市"女创业带头人"荣誉称号。

入选江西民营企业服务20强。

获2013年度行业领军企业。

获2013九江公益盛典"最具影响力公益企业"。

（二）江西九州通药业有限公司

江西九州通药业有限公司成立于2008年7月，位于南昌市青云谱区，注册资金1亿元，是一家以医药商业为主，以药品批发、物流配送和电子商务为核心业务的现代医药物流企业，由全国排名第三的医药商业集团——九州通医药集团和江西江中药业有限公司合资组建。

1. 2013年大事记

8月16日，江西九州通GSP延期现场检查顺利通过。

8月30日，东西湖分拣中心封顶仪式。

2. 2013年企业荣誉

入选2013年江西民营企业100强。

入围"中国企业500强"。

在全国医药商业企业中位列第三名。

（三）江西九州医药有限公司

江西九州医药有限公司创建于2004年10月，是一家首批获得国家GSP资证的民营股份制医药物流配送企业。公司总部坐落于中国药都江西樟树市福城医药园区，占地面积达50余亩。是"江西省百强企业"、"宜春市百强企业"、"樟树市十强企业"。

1. 2013年大事记

2月22日，公司2012年工作总结暨先进表彰大会在樟树大会堂隆重召开。

5月30日晚，组织中高层管理人员、相关开票岗、采购岗、质量岗等人员共计88人参加了法制培训。

7月1日，中智中药破壁饮片入驻九州医药 OTC 部。

7月1日下午，由九州医药党支部组织的九州医药党支部迎"七·一"座谈会圆满召开。

7月5日上午，物流管理部组织仓储同仁学习特殊药品管理的培训，来自仓库各岗位的工作骨干参加了培训。

7月31日上午，江西省发改委主任李安泽、樟树市委书记刘安安等一行领导莅临公司视察。

8月11日上午9点30分，中药破壁饮片学术研讨会在樟树航天国际大酒店顺利召开。

9月，成功举办"中国梦·九州梦"演讲比赛。

11月，在银河大酒店举办了"情聚九州·感恩同行"供应商客户答谢会。

2.2013年企业荣誉

被江西省总工会授予"模范职工之家"。

获得樟树市委、市人民政府授予"樟树第43届全国药交会筹办工作先进企业"。

被江西省工商业联合会授予"2013年江西民营企业100强"。

被九芝堂有限公司授予"2013年度战略合作伙伴"。

（四）江西仁翔药业有限公司

江西仁翔药业有限公司位于中国药都樟树，成立于2005年6月，是一家集批发、物流、配送于一体的专注药品经营的大型医药流通企业。公司拥有独立产权的符合 GSP 要求的药品存储仓库，仓库中配备适合药品储存的专用货架和入库、传递、分拣、上架、出库等现代物流系统的装置和设备，数量与其经营范围和规模相适应。避光通风、调节温湿度、防尘、防潮、防污染照明等设备设施均符合相关要求。

1.2013年大事记

12月28～30日，2013年司邦得全国经销商大会暨第二届司邦得财富论坛在济南舜耕山庄隆重举办。大会共评出了2013年度战略共赢奖3名，优秀合作将5名，成长合作奖10名，优秀经销商奖15名，并进行了颁奖，江西仁翔药业有限公司获得成长合作的合作伙伴奖。

2.2013年企业荣誉

荣获樟树第43届全国药交会筹办工作先进企业。

荣获税收增收奖。

荣获江西省守合同重信用 AAA 公示单位。

入选2013年江西民营企业100强。

十三、建材业

（一）江西太阳陶瓷有限公司

太阳企业集团创建于1994年，拥有高安公司、高新公司、瑞新公司、新瑞景公司、神州公司五大生产基地和佛山运营中心，固定资产10亿元。公司总占地面积3000余亩，产品销售网络辐射全国20多个省、市、自治区，并出口美国、欧洲、中东、东南亚、中亚等发达国家和地区。

1.2013 年大事记

向高安市环卫处捐款 7 万元，支持高安市环卫事业发展。

2 月 2 日，中国共产党江西太阳陶瓷（集团）有限公司第一次党员大会在公司总部三楼多功能会议室召开。

2 月 6 日，公司年终总结暨表彰大会在公司总部三楼多功能会议室召开。

4 月 15 日，景德镇陶瓷学院党委书记冯林华一行 20 余人莅临公司总部考察调研，高安市委书记聂智胜陪同调研。

4 月 24 日，顺应高安市人民政府与景德镇陶瓷学院产学研全面合作的东风，江西太阳陶瓷有限公司与景德镇陶瓷学院签署"陶瓷材料绿色生产技术协同创新中心"合作协议，双方在科学研究、教育教学、人员培训、技术合作等方面达成深度合作。

2013 年是高安市撤县设市 20 周年的喜庆之年。为隆重庆祝撤县设市 20 周年，全方位展示高安市自撤县设市以来在政治、经济、文化等方面取得的辉煌成就，经高安市委、市政府同意，由高安市委宣传部编辑出版《美丽高安——纪念高安撤县设市 20 周年》宣传画册。江西太阳陶瓷有限公司成功入选该画册，是唯一一家入选的本土陶瓷企业。

6 月 26 日，高安市陶瓷协会第二届理事会第一次会议在中国建筑陶瓷产业基地（江西高安）举行。会议在高安市委党委、副市长付命侯的主持下，通过提名、审议并举手表决的形式选举产生了协会第二届理事会会长、常务副会长、副会长、秘书长和常务理事。江西太阳陶瓷有限公司董事长胡毅恒当选为高安市第二届陶瓷行业协会会长。

7 月 26 日，以"政企合力，推动可持续发展"为主题的 2013 建陶产业巡回论坛暨高安陶瓷产业发展论坛在中国建筑陶瓷产业基地（江西高安）瓷都国际举行。公司董事长胡毅恒以高安市陶瓷行业协会会长身份出席论坛并致辞。

8 月 27 日，独城镇人民政府联合爱心企业家在独城镇政府举办了独城企业家捐资助学仪式。由爱心企业家提供捐资助学善款，用于资助独城镇 20 名 2013 年考取高安市重点高中的贫困学生。董事长参加该仪式并捐助善款。

9 月 23 ~ 27 日，2013 年意大利博洛尼亚国际陶瓷卫浴展（CERSAIE 展）在博洛尼亚国际展览中心举办。在瓷砖日益时装化的形势下，作为以仿古砖为主打产品的企业，为充分对接国际前沿信息，公司特别组织专人赴展会现场参观考察，详细了解当前国际陶瓷行业中兴起的新产品、新花色、新工艺和新技术。

10 月 18 日，由中共高安市委宣传部、市工商局、市文化局主办，江西太阳陶瓷有限公司、高安市文化馆承办的高安市"太阳之光"大型文艺晚会在高安市文化广场凤凰大舞台隆重举行。

11 月 25 ~ 28 日，中东地区最负盛名的建筑、建材展览会——中东迪拜五大行业展（BIG5）在阿联酋迪拜世贸中心盛大开展。江西太阳陶瓷有限公司携喷墨全抛釉仿古砖、条形木纹砖、内墙砖等产品在展会中盛装亮相。

2.2013 年企业荣誉

1 月 15 日，旗下"太阳"和"路易保罗"品牌荣获"2012 消费者信赖陶瓷品牌"，董事长被授予中国建陶新兴产区"十大领军人物"荣誉称号。

3 月 23 日，公司在中央电视台投放的影视广告喜获影视类"年度优秀传播大奖"，是荣获该奖项的六家企业中唯一一家江西企业，也是公司自成立以来获得的第一个关于品牌宣传与传播的专项奖。

6月25日，太阳陶瓷荣获该"六·五"世界环境日环保知识竞赛优胜单位奖。

12月10日，成功入选2013年江西民营企业100强。

（二）高安红狮水泥有限公司

高安红狮水泥有限公司是一家专业生产高标号水泥的大型企业，位于江西省高安市八景镇，是红狮控股集团成立的第一家省外子公司。公司先后被授予江西省"'十五'技术改造优秀项目"、江西省"四率"先进企业、江西省优秀企业、江西省质量信用"AAA"级企业、江西省纳税信用"A"级企业（最高级）、宜春市"工业十强企业"、高安市超千万元企业"特别奖"等荣誉称号。

1. 2013年大事记

6月29日下午，高安副市长付命侯来高安红狮调研，公司总经理杨志清热情接待了付市长一行。

2. 2013年企业荣誉

荣获江西省水泥企业对比验证"优胜先进单位"和"单样全合格单位"荣誉称号，列全省同行第一名。

荣获"全省工业节能先进企业"称号。

入选2013年江西民营企业100强。

（三）萍乡庞泰实业有限公司

萍乡庞泰实业有限公司成立于2001年，位于江西萍乡经济技术开发区新能源新材料产业基地。公司占地面积70亩，注册资金3260万元，以环保工程、工业炉设备、陶瓷膜净化装置等水处理工程为主营业务。

1. 2013年大事记

6月24日，"赣鄱英才555工程"专项办公室发布"赣鄱英才555工程"第三批入围人选（团队）名单，萍乡庞泰实业有限公司曾宇平入选高端人才柔性特聘计划企业创新类。

2. 2013年企业荣誉

入选2013年江西省民营企业100强。

副总工程师肖乐业荣获2013年江西省"五一劳动奖章"。

曾宇平入选高端人才柔性特聘计划企业创新类。

十四、纺织业

（一）江西恩达麻世纪科技股份有限公司

江西恩达麻世纪科技股份有限公司是一家以麻纺为主导产业的综合性科技大型民营纺织企业。成立于1998年10月，注册资本5600万元，公司位于"中国夏布之乡"的江西省分宜县。

1. 2013 年大事记

正式入驻天猫商城，店名为"恩达家纺旗舰店"。

江西省工信委、财政厅、国税局、地税局共同确定江西恩达麻世纪科技股份有限公司等23 家企业技术中心为第十五批江西省省级企业技术中心。

5 月 2 日上午，一辆载满 1000 床冬被的大卡车缓缓驶出江西恩达麻世纪科技股份有限公司厂区，开往芦山地震灾区，为受灾群众送去温暖。

江西恩达麻世纪科技股份有限公司、江西夏布文化传播有限公司举办了"中国梦、夏布情"书画笔会。

2. 2013 年企业荣誉

荣获"2013 中国中部最受消费者喜爱的农产品品牌"。

入选 2013 年江西民营企业 100 强。

（二）江西金源纺织有限公司

中国织材控股有限公司2011 年12 月在香港联交所主板上市（股票代码：03778），上市总股数 10.1 亿股，市值 8 亿港元，募集资金 1.5 亿港元。中国织材集团经营主体为江西金源纺织有限公司，金源为江西省龙头纺织纱线生产商。金源是一家涤纶纱、涤棉混纺纱、粘胶纱及纯棉纱生产商及江西省纺织行业一家领先企业。

1. 2013 大事记

5 月 15 日，举行股东周年大会投票表决活动。

7 月 2 日，发布截至 2013 年 6 月 30 日的股份发行人证券变动月报表。

12 月 4 日，发布正面盈利预告。

2. 2013 年企业荣誉

入选 2013 年江西民营企业 100 强。

荣获江西领军企业 50 强。

荣获税收贡献特别奖。

荣获工业发展十强企业。

十五、有色金属矿采选业

（一）江西省屹立铜业有限公司

江西省屹立铜业有限公司是一家集废铜回收、粗铜熔炼、阳极炉精炼、电解铜生产于一体的综合性生产加工型企业。公司成立于 2006 年 10 月，位于江西省上饶市铅山县河口工业园区，注册资本为 5000 万元，占地面积 230 亩。

2013 年企业荣誉：

2013 年度被评为优秀企业。

入选 2013 年度工业十强企业。

入选 2013 年江西民营企业 100 强。

（二）江西龙事达实业有限公司

江西龙事达集团有限公司创办于 1995 年 10 月，是一家集矿产品开采加工、房地产开发、物业管理、投融资等产业于一体的多元化经营企业。企业先后被评为江西省房地产开发经营行业龙头企业、江西省非公有制经济组织党的建设红旗单位、江西省百户重点民营企业、赣州市百强民营企业、赣州市房地产开发"十佳企业"、2013 江西民营企业 100 强等。

1. 2013 年大事记

1 月 6 日，由江西龙事达实业有限公司开发的天成名都住宅区开盘热售。

10 月 25 日，赣州市工信委发布赣州市 2013 年 100 个工业投资重点调度项目涉及企业名单，江西龙事达实业有限公司位列其中。

2. 2013 年企业荣誉

入选 2013 年江西民营企业 100 强。

荣获赣州市百强民营企业。

荣获赣州市房地产开发"十佳企业"。

十六、电器、仪器仪表制造业

（一）江西三川集团有限公司

江西三川集团有限公司始建于 1971 年，2004 年组建集团公司，拥有三川智慧、三川水泵、三川置业、三川铜业、三川生态园五家控股子公司和 1 家省级工程技术中心，建有国内首家水表博士后工作站，是一家集生产、销售、研发于一体的现代企业集团。其中三川智慧（股票代码：300066）是国内首家以水表为主业的上市公司，是江西省第一家在创业板上市的公司；2013 年 11 月 26 日，三川智慧技术中心被国家发改委、科技部、财政部、海关总署、税务总局联合认定为国家级企业技术中心。这是迄今为止国内水表行业唯一一家国家级技术中心。

1. 2013 年大事记

2 月 8 日上午，公司 2012 年总结表彰暨 2013 年工作动员大会在鹰潭华侨饭店三楼会议厅隆重召开。

2 月 16 日，集团第九届春节运动会颁奖典礼在三川股份办公楼五楼隆重举行。

3 月 13 日，"三川集团黑龙江—台湾供水节水研讨会"在美丽的宝岛台湾杨梅市东森山庄举行。

5 月 8 日，副省长李贻煌到鹰潭市就工业经济和铜产业发展进行调研。

5 月 4 日，江西省省委书记强卫到鹰潭市调研并视察了三川股份。

6 月 4 日，董事长李建林在鹰潭一中校长黄福康等校领导的陪同下，参观了新一中行政办公楼、教学楼、学生公寓、食堂、综合体育馆、艺术楼等，并送去了三万元助学奖励基金。

6 月 15 日上午，国家科技部副部长曹健林、江西省副省长谢茹、国家科技部火炬中心常务副主任张志宏、国家科技部高新司副司长胡世辉、省政府副秘书长晏驹腾、省科技厅党组书记郭学勤，省人大常委会教育科学文化卫生委员会副主任委员王海参观三川股份。

6 月 25 日，江西省中小企业协会二届一次会长全体会议在鹰潭召开。

7 月 1 日下午，集团党委在三川股份会议室召开庆祝建党 92 周年暨党员表彰大会。

7 月 23 日，江西省发改委副主任莫合塔尔·艾依提一行视察三川股份。

7 月 24 日，江西省科技厅巡视员左喜明、社发处处长李文信、省科技情报研究所所长陈火军一行到三川股份进行开展党的群众路线教育实践活动开门纳谏专题调研活动。

10 月 12 日，江西省副省长李炳军莅临江西三川集团有限公司，就经济建设运行、企业发展、环境保护等工作进行深入调研。

10 月 28 日上午，中国科协副主席、书记处书记、曾任北京大学副校长、中国农业大学校长陈章良一行来三川集团考察调研。

11 月 22 日，发布公告称，公司于 11 月 20 日参与鹰潭市供水有限公司 22% 股权的公开转让并取得受让人确认书。

2. 2013 年企业荣誉

工信部科技司发布的 2013 年工业品牌培育试点企业名单中，江西三川水表股份有限公司榜上有名，成为全国 262 家试点企业之一，是江西省 11 家试点企业中的一员，也是水表行业唯一入围此名单的企业。

集团董事长李建林荣获鹰潭市成立 30 周年十大先进模范称号。

江西三川水表股份有限公司技术中心被认定为第二十批国家认定企业技术中心。

江西三川集团有限公司荣获江西省民营企业 100 强。

鹰潭三川水泵有限公司被国家科技部认定为高新技术企业。

（二）江西特种电机股份有限公司

江西特种电机股份有限公司是一家从事起重冶金电机、高压电机等特种电机研发、生产和销售的国家火炬计划高新技术企业，江西省高新技术企业，江西省 100 强企业，国家电机行业骨干企业。总部设在江西宜春，2007 年 10 月公司股票在深交所成功上市（股票简称"江特电机"，代码：002176）。

1. 2013 年大事记

1 月 5 日，发布第六届董事会第三十三次会议决议公告。

1 月 7 日，发布关于实际控制人一致行动人完成增持公司股份的公告。

1 月 9 日，发布关于与长沙中联重工科技发展股份有限公司建筑起重机械分公司签订意向性《保供协议》进展情况的公告。

3 月 15 日，发布关于全资子公司江西江特矿业发展有限公司签订《江特矿业"宜丰矿区"矿产采选项目框架协议书》的公告。

3 月 19 日，收到"节能产品惠民工程高效电机推广"补贴资金 513 万元。

4 月 1 日，完成股票期权激励计划首次授予登记。

9 月 8 日，与紫荆控股有限公司、龙岩工贸发展集团有限公司签订了《项目合作投资框架协议》。

10 月 26 日，下属子公司宜春银锂新能源有限责任公司锂云母制备碳酸锂及铷铯等副产品试产成功。

2. 2013 年企业荣誉

荣获全国中小型电机行业优秀企业。

"江特"注册商标被延续认定为江西省著名商标。

荣获江西省重点新产品证书。

荣获质量体系认证证书。

入选 2013 年江西省民营百强企业。

十七、煤炭开采、洗选、加工业

（一）江西众一矿业集团有限公司

江西众一矿业集团创始于 1994 年，是一个集产业运营，资本运营于一体的综合性集团公司，于 2012 年走出江西在深圳福田区成立了众一控股有限公司。

1. 2013 年大事记

1 月 27 日，众一集团 2012 年度工作总结暨表彰大会在南昌美程商务酒店隆重召开。

1 月 27 日下午，众一集团在南昌举办了"众人携手，一心同功；和谐共赢，再创辉煌"为主题的 2013 年迎新联欢会。

7 月 23 日，众一集团 2013 年上半年工作总结会在分宜办事处三楼培训室召开。

9 月 8~9 日，众一控股集团在深圳总部召开集团化管控专题会议。

10 月 12 日，根据众一控股集团精神，集团公司全体高管及所属各公司（矿）总经理（矿长），在集团分宜办事处召开了班子思想交流会。

2. 2013 年企业荣誉

被授予"全国五一劳动奖章"荣誉称号。

被授予"2013 年江西省百强民营企业"称号。

（二）果喜实业集团有限公司

果喜实业集团有限公司是一家多元化经营、集约化发展的民营企业集团。其前身是余江工艺雕刻厂，由一个仅有 21 名工人的作坊式小工厂发展成为一个涉及工艺美术品、化工合成材料、高科技电机、高档保健酒、酒店旅游、房地产经营与开发、金融保险、玉矿资源开发与经营等行业领域的综合性企业集团。

1. 2013 年大事记

1 月 20 日，江西喜鹏商品混凝土公司投产试车。

5 月 18 日，由中国企业联合会、中国企业家协会主办，鹰潭市人民政府承办的 2013 年全国企业家活动日暨中国企业家年会在市华侨饭店会议中心开幕。中国企业联合会常务副会长兼理事长李德成出席开幕大会并作了题为《把握机遇，应对挑战，赢得经济转型期企业新发展》的讲话。

5 月 19 日，中国企业联合会在鹰潭召开副会长单位联络员工作会议。

7 月 27 日，由集团公司投资的鹰潭市政府 CBD 项目——鹰潭果喜大厦举行了开工典礼，鹰潭有关领导及公司董事长张果喜出席了开工仪式。

9 月 16 日，企业创建 40 周年庆典大会隆重开幕。

2. 2013 年企业荣誉

董事长张果喜被选为中国企业联合会副会长、中国企业家协会副会长。

荣获 2013 年江西省民营企业 100 强。

十八、化学原料和化学制品制造业

（一）江西腾达实业（集团）有限公司

江西腾达实业（集团）有限公司（简称腾达集团）是一家集研发、生产和销售于一体的国家高新技术企业，主要产品有光学玻璃用硝酸钾、太阳能储热发电用硝酸钾、烟花爆竹用硝酸钾、优等品工业用硝酸钾、农业用硝酸钾、农用氯化铵、食品和医药用氯化钾及各种复合肥等系列产品；是国家科技部科技型中小企业技术创新基金项目承担单位；国家硝酸钾标准起草单位；江西省化学化工学会副理事长单位和江西省石油化工行业协会常务理事单位。集团总部位于江西省宜春市。

1. 2013 年大事记

4 月，江西金利达钾业有限责任公司二期工程（光玻级硝酸钾专线）建成投产。该项目获得国家重点产业振兴和技术改造中央预算内投资计划 648 万元。

5 月 9 日，江西阿波罗化肥有限公司成立，年产 60 万吨复混肥项目于 5 月 25 日动工。

11 月 20 日，集团对外宣布，由该集团控股的江西金利达钾业有限责任公司承担的国家重点产业振兴和技术改造项目年产 3 万吨光学玻璃专用硝酸钾生产线已经在江西宜春建成投产。

2. 2013 年企业荣誉

认定为国家高新技术企业。

化学钢化硝酸钾技术开发项目 QC 小组被命名为 2013 年"全国优秀质量管理小组"。

2013 年跻身于江西省民营企业 100 强。

获环境管理体系认证证书。

获质量管理体系认证证书。

（二）江西晶安高科技股份有限公司

江西晶安高科技股份有限公司创建于 1988 年，是江西有色地质勘查局控股的国有股份制企业，注册资本 1.5 亿元。位于鄱阳湖经济发展区南昌市安义县万埠镇，占地 1400 余亩。公司是一家集研发、生产、销售、资源综合利用为一体的锆材料和新能源材料高新技术企业。

1. 2013 年大事记

1 月，行政办公院竣工投入使用。

5 月 29 日，院士工作站正式成立。

8 月 1 日，召开纪念建军 86 周年座谈会，公司在家的领导、相关部门负责人及退伍军人参加了座谈会。

10 月 8 日，"锆泥中提取高纯氧化钪的新型工艺产业化"项目被南昌市列为 2013 年市科技重大产业化项目。

11 月 5 日，经专家评审和局长办公会讨论通过，同意组建"晶安高科锆资源综合利用工程技术研究中心"。

2. 2013 年企业荣誉

安工程技术中心获批"省级企业技术中心"认定。

入选 2013 年度江西省民营企业 100 强。

"锆泥中提取高纯氧化钪的新型工艺产业化"项目被南昌市列为 2013 年市科技重大产业化项目。

第八章　民营企业社会责任

一、概述

企业社会责任（Corporate Social Responsibility，CSR），是企业通过透明的有道德的行为为其决策及活动对社会、环境所负的责任。具体来讲，本章对企业社会责任的定义采用了中国工业经济联合会发布的《中国工业企业及工业协会社会责任指南》的界定，即指企业对政府的责任、利益相关方的责任、对消费者的责任，对社会、资源、环境、安全的责任以及保护弱势群体、支持妇女权益，关心保护儿童、支持公益事业等。这里的利益相关者（Stakeholder）指那些在一个组织的决策和活动中有利益的个人或群体。

基于江西省工商联对江西上规模民营企业①调研数据统计发现：①在营业收入方面。2013 年上规模民营企业营业收入总额为 4054.5 亿元，比 2012 年提高 596.4 亿元，增长幅度为 17.2%，增长幅度较上年提高 9.24 个百分点。②在纳税方面。上规模民营企业共缴纳税收 165.3 亿元，比 2012 年增加 16.7 亿元，增长率为 11.4%；缴税总额占全省财政收入比重为 7.01%；从纳税规模来看，上规模民营企业缴税总额超 10 亿元的有两家，5 亿~10 亿元的有两家，1 亿~5 亿元的有 29 家。③在吸纳就业方面。2013 年上规模民营企业吸纳了 38.41 万人就业，占全省就业人数的 1.48%，比 2012 年增加 1.91 万人。④在用工规范性方面。上规模民营企业劳动用工方面不断规范，63.9% 的企业和员工 100% 签订了书面劳动合同，员工 100% 参加养老保险、医疗保险、失业保险的上规模民营企业分别有 27.1%、30.5%、19.9%；此外，上规模民营企业还积极组建党组织和工会。⑤在研发创新投入方面。2013 年有 197 家上规模民营企业的关键技术来源于自主研发与研制，占上规模民营企业总数的 52.25%；有 196 家上规模民营企业填报了 2013 年研发费用，合计 38.87 亿元，有 111 家上规模民营企业研发投入占营业收入的比重超过 1%，其中有 14 家超过 5%。

由江西省广播电视"今视网"网站、江西广播电视台经济生活频道、江西广播电视台民生频率、江西广播电视报社联合举办的 2013 年"首届江西十大公益领袖企业（人物）"主题宣传活动经过组织推荐、网上公示、社会公众评议和综合评审，活动组委会决定授予崇义章源钨业股份有限公司等 10 家企业为"首届江西十大公益领袖企业"荣誉称号，其中民营企业有 8 家；黄泽兰等 10 位人物（民营企业家）为"首届江西十大公益领袖人物"荣誉称号。这些企业和人物，用爱心和奉献诠释了公益慈善理念，并以其自身的社会威望和影响，汇聚、整合人道资源，带动社会其他人士、企业共同关心、支持公益事业，对江西省公

---

① 上规模民营企业特指营业收入 1 亿元以上企业，2013 年江西省有 377 家上规模民营企业。

益慈善事业发展作出了突出贡献，并用大爱和善举书写了江西省公益事业发展的显著篇章，表现出了强烈的社会责任感。

二、民营上市公司履行社会责任情况

江西民营上市公司积极履行社会责任，在经营管理过程中不断追求企业与员工、社会、自然环境的良性发展，以实际行动回馈社会，切实履行企业承担的社会责任。它们中的多数在 2013 年公司年度报告或社会责任报告或内部控制评价报告中对社会责任情况做出了书面说明。

（一）仁和药业

2013 年，公司继续不断提高公司法人治理水平，按照《公司法》、《证券法》、《上市公司治理准则》等法律法规以及其他规范性文件的要求，建立并完善了公司法人治理体系和内部控制体系，公司制度健全，执行有力，从根本上保证了公司股东的合法权益。公司注意加强投资者关系管理工作，公司证券部通过来公司实地调研投资者进行宣传、接听投资者电话咨询、回复互动易平台网络咨询 309 条。特别是 2013 年 9 月 6 日，公司参加了江西证监局与深圳证券信息有限公司联合举办的"江西辖区上市公司投资者网上集体接待活动"，就公司的财务状况、经营成果、公司治理、发展战略等投资者关心的问题，通过江西辖区上市公司投资者关系互动平台与投资者进行了"一对多"形式的沟通，与投资者保持良好的沟通，取得了非常好的效果。

2013 年，公司继续坚持"以人为本"的理念，切实履行企业对员工的责任。严格遵守《劳动法》、《劳动合同法》、《社会保险法》等相关法律法规，建立和完善了一整套符合法律要求的人力资源管理体系。公司建立了规范的员工社会保险管理体系。公司重视员工成长和发展，改善员工工作环境，提升员工职业技能，提高员工待遇，公司根据职业健康安全管理要求，采用集中培训、岗位辅导等方式并充分利用内部报刊、宣传栏、板报等多种内部媒体，有针对性地开展员工职业健康宣传、培训和交流，使各级管理人员和广大员工深刻认识到职业健康工作的重要性，树立职业健康意识，了解国家和企业对职业健康安全工作的要求，熟悉岗位职业健康安全职责和操作规程，从而不断增强企业职业健康管理能力和员工职业健康安全业务技能。

公司始终坚持走节能减排的发展之路，公司从加强管理入手，以管理促生产，全面提升生产系统的技术水平，管理促降耗，努力降低产品能源消耗水平。公司重视环保体系建设，不断加大环保建设投入。

饮水思源，回报社会，是仁和药业全体员工的共同信念。2013 年，公司一如既往地开展社会公益事业，向慈善机构和新农村建设捐款捐物，慰问福利院孤寡老人，安置下岗职工和贫困户就业，得到各级政府的高度肯定和社会各界的高度赞扬与好评。特别是 2013 年 5 月，由卫生部中国健康教育中心、仁和药业以及仁和优卡丹品牌联合开展的合理用药公益宣传项目"儿童合理用药传播活动"在北京启动。该活动包括设计并上线中国儿童合理用药宣传网站、在全国各地设立儿童合理用药宣传点、邀请国内权威专家开展儿童合理用药巡讲等多项内容。计划在未来 3 年内，举办 500 场以上医学活动，通过丰富多彩的形式，向公众传播儿童药品使用知识，提高家长合理用药意识和常识，从而确保广大儿童的用药安全。

（二）天音控股

公司重视履行社会责任，在生产经营和业务发展的过程中，为社会提供优质产品和服务，为股东创造价值的同时，顺应国家和社会的全面发展。公司努力做到经济效益与社会效益、短期利益与长期利益、自身发展与社会发展相互协调，实现公司与员工、公司与社会、公司与环境的健康和谐发展。

（三）正邦科技

公司一直以来本着维护中小股东利益，维护广大消费者利益的原则，积极稳健地发展公司业务，开拓市场。公司是以饲料起家的农牧企业，围绕农牧产业链一体化的发展战略，以饲料业务为原始积累并逐步向下游突破，已初步形成了"种猪育种→饲料→商品猪养殖→生猪屠宰及肉食品加工销售"的一体化产业链，公司多年来精益求精提高生产和饲养技术，坚持产品原料的安全洁净，坚持向广大客户提供可溯源的放心肉。

在内部治理方面，公司着力改善员工工作和生活环境，加强员工岗位职业防护和健康体检，采取有效措施关心帮扶困难员工，逐步提高员工收入。公司高度重视安全生产工作，报告期内无重大安全事故；严格制定猪场管理的各项内控制度，严抓防疫关，确保公司各地的猪场在报告期内无任何重大疫情；公司严格遵照深交所和证监会的有关规定，及时公开地披露公司重大信息。鉴于国内目前的市场舆论，以及广大消费者对食品安全问题的重视，公司对自身的饲料生产和生猪养殖进行了自查，严格要求各猪场工作人员严格按照操作规范文件上规定的掩埋和化尸池两种方式处理病死猪，绝不让一头问题猪流向市场。

2013 年 8 月，为切实加强安全生产工作，消除安全隐患，江西正邦科技股份有限公司在全公司范围内开展了安全生产大检查，彻底排查整治安全生产隐患，并注重抓好隐患的整改工作，不断提高安全生产保障水平，构建安全管理的长效机制，促进企业发展。

（四）江特电机

公司注重社会责任，不断完善公司治理，切实保障广大股东和社会的权益；公司致力于可持续发展，在电机产业方面，公司电机产品入围"节能产品惠民工程"高效电机推广目录，公司不断加大节能高效电机的研发和销售，加快电机产业向智能、节能方向发展，大力推广高效率节能电机的发展，为节约能源贡献力量；在锂电新能源方面，公司响应政策号召，大力发展锂电新能源产业，实现资源的综合开发利用，打造全产业链，发展绿色能源，为公司、为相关利益者创造价值，同时为社会创造价值。

1. 关于公司与投资者

公司依据《投资者关系管理制度》加强投资者关系管理，明确公司董事会秘书为投资者关系管理负责人，组织实施投资者关系的日常管理工作。报告期内，公司通过年度报告说明会、投资者关系互动平台、电话接听、接待投资者现场调研等方式，加强与投资者的沟通。

2. 关于相关利益者

公司充分尊重和维护相关利益者的合法权益，积极与相关利益者合作，加强与各方的沟通和交流，实现股东、员工、社会等各方利益的协调平衡，共同推动公司持续、健康地发展。

（五）章源钨业

公司具有较强的社会责任感，能够积极参与社会福利、环保等公益事业，主动承担社会责任，充分尊重和维护利益相关者的合法权益，实现公司、股东、员工、客户、社会等各方利益的均衡，共同推动公司长期可持续发展。

1. 利益相关者方面

（1）股东及债权人。作为一家上市公司，保障股东特别是中小股东的利益，维护债权人的合法权益，是公司最基本的社会责任。公司根据《公司法》、《证券法》、《上市公司治理准则》等法律法规，不断完善公司治理，建立了以公司《章程》为基础的内控体系，形成了以股东大会、董事会、监事会及管理层为主体结构的决策与经营体系，切实保障全体股东及债权人的权益；不断完善治理结构，规范公司运作，充分保障全体股东合法权益；强化信息披露管理，公平对待投资者；高度重视投资者关系管理；诚实守信、合法合规，确保资产资金的安全，保障债权人的合法权益，与各银行形成了双方相互信任、相互支持的良好稳定关系；保持稳健发展，持续回报股东。

（2）职工。公司持续坚持"利用资源、依靠科技、以人为本、诚信至上"的经营理念，将思维理念、工作理念和经营理念细化到各项工作中去，公司注重在竞争中选拔人才、使用人才，关心、爱护、信任人才。报告期内，公司建立健全合法规范的人力资源管理制度，加强定岗定员工作，强化职工培训，提高职工素质；加强工资分配的导向作用和激励作用，不断完善员工绩效考核体系，充分调动员工的积极性，不断将企业的发展成果惠及全体员工，实现员工与企业的共同成长，构建和谐稳定的劳资关系。

（3）供应商及客户。公司坚持"以人为本，诚信至上"原则，为客户提供优质的产品；建立完善的质量保证体系与售后服务体系，与客户维系良好的合作关系；完善采购流程与机制，加强与供应商的沟通合作，为供应商提供良好的竞争环境，实现互惠共赢。公司荣获了"国家工商行政管理总局守合同重信用企业公示单位"称号。

2. 社会公益事业方面

公司积极参与地方的各项公益事业，热心参加慈善事业。报告期内，公司累计对外捐赠1041.20万元，全资捐建的关田镇田心小学也落成开班，董事长荣获"首届江西十大公益领袖企业"（人物）称号。

3. 资源利用与环境保护方面

公司顺利通过 OHSAS18001：2007 职业健康安全管理体系认证，继续推行清洁生产和 ISO14001 环境管理体系的贯彻落实，完善了环境突发事件应急预案；进行了废水站改造、锅炉烟囱加固、危险废物暂存库设计，新增了煤渣场防雨设施、氨回收系统，确保了污染治理设施规范、有效运行；完成了环保部对公司的环保核查，成功入选全国首批"符合钨、锡、锑行业准入条件企业"。

4. 安全生产方面

认真开展了各类安全教育培训、安全月系列活动和应急演练，全面落实了安全生产主体责任，完善了安全监控设施，安全管理得到进一步强化，安全生产形势更趋稳定，各项安全指标都在控制范围内，2013 年荣获了"全省职业卫生先进单位"的称号。

（六）赣锋锂业

公司以"利用有限的锂资源，为人类的发展和进步创造绿色、清洁、健康的生活"为企业使命，认真秉承"为社会贡献财富、为客户创造价值、为员工谋取福祉、为股东带来收益"的经营宗旨，弘扬"诚信、责任、合作、高效、创新"的核心价值观，积极承担社会责任，合法合规运营，树立了良好的社会形象。公司重视对股东的合理回报，尊重利益相关者的合法权益，积极投身于社会公益事业，担当起必要的社会责任，并将履行社会责任作为企业实现可持续发展的有力保障。

公司积极开展公司治理工作，完善规范公司治理和内部管理控制机制，切实保护投资者权益，始终坚持将保护股东利益作为一切经营管理活动的前提，股东大会、董事会、监事会规范运作，没有出现越权审批的情形，保障公司所有股东尤其是中小股东和债权人拥有的各项合法权益；认真履行信息披露义务，确保信息披露的真实、准确、完整、及时、公平、公开，充分保障投资者的知情权，不存在选择性信息披露或提前透露非公开信息的情形；进一步加强投资者关系管理工作，通过网络、电话、邮件等多方位的沟通渠道，为投资者营造了一个良好的内外沟通运行环境，使其尽可能全面地了解公司的经营管理状况，保证公司与投资者及利益相关者的关系健康、融洽发展；完善公司利润分配的决策程序、分配原则、分配机制等，重视投资者回报。报告期内未进行风险投资、违规担保、内幕交易等损害广大投资者利益的情形。

公司始终坚持"以人为本、关爱环境、注重质量、顾客满意、规范管理、持续改进"的质量、健康、安全和环境方针，公司按照 ISO9001、ISO14001、GB/T28001 等管理标准要求，建立了质量、健康、安全和环境"三合一"体系，公司始终坚持为客户创造价值的理念，按照"卓越质量管理"和"全面质量管理"的指标要求，加强公司质量管理体系建设，全面推行以客户需求为导向，不断完善和进行产品升级，为客户提供良好的售后服务。公司严格遵守商业道德和社会公德，制定了相关内控制度，严格监控和防范各类商业贿赂行为，通过诚信经营、平等互利，主动与客户和供应商一起分享企业发展的红利，被很多国际知名企业评为"优秀供应商"、"可信赖供应商"等，被政府部门授予"江西省质量管理先进企业"、"江西省质量信用 AAA 级企业"荣誉称号。

公司坚持以人为本，认真履行员工发展的责任。公司自觉规范用工行为，积极维护员工权益，严格履行劳动合同规定，构建了和谐的劳动关系。公司引进岗位管理理念，建立了富有赣锋特色的人才结构框架，建立完善的薪酬考核制度，通过实施股权激励、大学生职业生涯规划、师带徒等措施，努力提高员工工作热情。通过赣锋商学院培训基地，加大员工安全生产和操作技能培训；通过技术中心及国家级研发平台，给员工提供技术技能和研发创新能力提升的平台，促进员工职业发展。公司创建学习型组织，通过内部培训和外送培训，全面提高了员工专业水平。

公司严格遵守国家与地方环境方针、政策、法律、法规，通过技术创新和精益管理，注重环境保护和节能降耗，环保设施正常运行，2013 年度各类污染物均能做到 100% 达标排放。公司加大员工培训和安全环保基础设施建设的资金投入，通过对重大危险源改造和自动化控制系统升级，努力实现生产本质安全化。在项目建设和技术改造过程中，积极开发清洁生产、节能降耗新工艺。公司加强内部管理，认真落实安全生产责任制，努力推行清洁生产审核和安全生产标准化建设工作，编写了《突发环境事件应急预案》、《污水处理应急预案》和《废气处理应急预案》、《氟化氢泄漏事故应急处理预案》并定期对各应急预案进行演练、总结、评审，在追求经济效益的同时，把建设资源节约型和环境友好型企业作为可持续发展战略的重要内容。

公司积极承担社会责任，积极参与扶贫助困、支持地方文化体育事业的发展。公司每年都积极参加新余市工商联和红十字会组织的爱心助学、社会捐赠活动和其他光彩事业活动，积极吸纳下岗职工到企业再培训安置就业，公司积极参加拥军优属活动，主动参与支持部队建设，公司工会经常组织员工积极给周边村民和居委会捐款捐物，开展慰问送温暖活动，支援"新农村"建设；公司先后被新余市红十字会授予"红十字勋章"、"江西省再就业先进单位"。

（七）恒大高新

公司遵循"以人为本、创造价值、服务社会、受益员工"的企业宗旨，积极倡导在实现企业价值的同时，努力创造社会价值。通过公司产品及服务，推动人类社会绿色制造、节能减排、循环经济的发展。一直以来本着平等、公允的原则，自觉维护债权人和供应商、客户等的合法权益。积极关心和支持社会文化公益事业。积极营造企业关爱员工，员工热爱企业，共同和谐发展的企业氛围。公司建立了职工书屋、"恒大学子"基金，举办了"恒大工商管理高级研修班"，开展"质量安全知识竞赛"以及"鹊桥会"和各类文体活动，增强团队意识和员工的归属感。组织部分中高级管理人员参观内幕交易警示教育展。公司始终高度重视安全生产工作，有针对性地对生产车间、施工现场、办公场所等进行安全排查，发现问题及时整改。定期举办各类安全知识培训，开展消防演习、培训等活动，提高大家的安全意识和自防自救能力，确保安全生产。

（八）煌上煌

1. 股东和债权人权益保护

股东是企业生存的根本，股东的认可和支持是促进企业良性发展的动力，保障股东权益、公平对待所有股东是公司的义务和职责。

公司一贯注重现代企业制度的建设，自上市以来，股东大会、董事会、监事会"三会"运作不断规范，各项制度不断健全完善，形成了一整套相互制衡、行之有效的内部管理和控制制度体系，切实保障全体股东和债权人的合法权益。

公司严格按照《上市公司股东大会规则》和《公司章程》的规定和要求，确保所有股东特别是中小股东享有平等地位，都能充分行使自己的权力。公司严格按照中国证监会的有关要求召集、召开股东大会，并请律师出席见证。确保了所有股东尤其是中小股东的合法权益不受到侵害。

公司注重与投资者沟通交流，开通了投资者电话专线，认真接受各种咨询。公司还通过网上说明会、接待投资者来访等方式，加强与投资者的沟通。公司董事会秘书负责信息披露工作、接待投资者来访和咨询。

公司制定了明确的利润分配政策，按《公司章程》有关规定，公司每年以现金形式分配的利润不少于当年实现的可供分配利润的25%。并且公司实际控制人同意公司首次公开发行股票并上市当年及其后两年的股利分配计划，确保每年以现金方式分配的利润为当年实现的可供分配利润的30%。

公司在注重对股东权益保护的同时，还高度重视对债权人合法权益的保护，严格按照与债权人签订的合同履行债务，及时通报与其相关的重大信息，保障债权人的合法权益。因公司信用程度良好，连续多年被金融系统评为"AAA"等级信用企业。

2. 员工权益保护

公司始终坚持以人为本的核心价值观，关心员工的工作、生活、健康、安全，切实保护员工的各项权益，提升企业的凝聚力，实现员工与企业的共同成长。

（1）规范用工制度。实行劳动合同制，按照《中华人民共和国劳动合同法》和有关劳动法律法规的规定，严格执行国家用工制度、劳动保护制度、社会保障制度和医疗保障制度，按照国家及当地主管部门的规定、要求，为企业员工缴纳医疗保险、养老保险、失业保险、工伤保险、生育保险和住房公积金。

（2）关注员工的个人成长和身心健康。公司订阅多种报纸杂志，不定期组织员工进行培训学习和自主学习，丰富了员工的生活，增强了公司的凝聚力和向心力。

（3）公司建立了较为全面的绩效考核评价办法，高级管理人员的聘任公开、透明且符合有关法律、法规和公司内部规章制度的规定。公司董事和高级管理人员的绩效评价采取自我评价和薪酬委员会按绩效评价标准进行评价相结合的绩效评价方式，对高级管理人员实行年薪制，年薪与年度经营指标完成情况挂钩，同时根据《公司章程》对高级管理人员履职行为、权限和职责的明确规定进行综合考评。2013 年对中高层管理及核心技术人员进行了股权激励。

3. 环境保护与可持续性发展

公司将环境保护作为企业可持续发展战略的重要环节，注重履行企业环境保护的职责，严格贯彻执行《中华人民共和国环境保护法》的有关规定。

公司自成立以来，历年均能严格执行国家有关环境保护的法律法规，制定了严格的环境作业规范，在生产绿色无污染食品的同时营造了花园式生产基地。公司积极推行节能减排，降低消耗，倡导全体员工节约每一度电、每一张纸、每一滴水，最大程度节约资源。

4. 依法纳税、积极参与公益事业

公司诚信经营，依法纳税，社会贡献值较高。公司已连续多年被评为"纳税先进企业"。

公司置身于社会，服务于社会；求生于社会，回报于社会。在"来源于社会、回报于社会"精神的指导下，创业 20 年来，公司为社会公益事业、献爱心等活动捐赠达 3000 余万元。

（九）三川股份

公司重视履行社会责任，切实做到经济效益与社会效益、短期利益与长远利益、自身发展与社会发展相协调，实现企业与员工、企业与社会、企业与环境的健康和谐发展。公司倡导绿色、健康、环保，积极研发推广环保水工产品，改善人民饮水健康与安全。公司积极履行社会公益方面的责任和义务，关心帮助社会弱势群体，多年来一直坚持助学捐款以及救灾捐赠，支持慈善事业。

（十）博雅生物

博雅生物认为，社会责任是对企业可持续发展的一份信心，更是对社会和谐发展的一份承诺。博雅生物发展 20 多年，也是履行社会责任取得显著成效的 20 多年。自 1993 年创立以来，公司恪守"责任、团队、规范、专业、进取、分享"的核心价值观，带动员工、伙伴，一同追求健康事业，一同成长。从爱心助学到定向扶贫，从支援新农村建设到抗震救灾捐款，博雅人始终以仁为怀，将大爱撒播人间，并以实际行动，不断推动着公司社会责任的实践进程。

未来，博雅生物将继续秉承"为人们提供更优质的医疗健康产品和服务"的理念，造福人类，不断创造社会价值。

（十一）方大特钢

公司在促进经济可持续发展方面的工作有：①公司经营业绩稳健；②不断深入开展内部控制体系建设；③现金分红积极回报投资者；④以对标攻关、科技攻关、管理攻关为抓手，推动企业管理和技术创新；⑤加强企业文化建设，增强企业凝聚力；⑥积极推进扩大与战略供应商建立战略联盟关系，建立在买卖双方对产品质量、运送、技术支持、信息沟通等多方面协商的基础上，实现"双赢"。

公司在促进社会可持续发展方面的工作有：①落实安全生产工作，提升安全生产管理绩效；②提升产品质量管理水平，满足用户需求；③公司认真贯彻落实《劳动法》、《劳动合同法》、《社会保险法》等法律法规，规范开展劳动关系管理，员工签署劳动合同，严格依法缴纳社会保险和住房公积金；④正视企业社会属性，履行社会责任。

公司在促进环境及生态可持续发展方面的工作有：长期以来，公司认真贯彻落实国家和地方环保法规，环保手续齐备，所有新建、扩建、技改项目严格执行"环境影响评价"和环境保护"三同时"制度，污染防治设施配套完善，工业废水、废气、废渣的处理率达到100%。配备有焦化干熄焦、高炉煤气全干法除尘、高炉煤气热电联产、高炉 TRT、烧结烟气脱硫、钢渣处理回收生产线、废水综合处理站以及各种高效除尘器等节能环保设备。

（十二）华伍股份

本报告期公司未披露社会责任情况。

（十三）泰豪科技

泰豪科技积极履行社会责任的工作情况，本报告期公司不披露社会责任报告。

（十四）联创光电

本报告期公司未披露社会责任情况。

三、江西十大公益领袖企业的民营企业

由江西省广播电视"今视网"网站、江西广播电视台经济生活频道、江西广播电视台民生频率、江西广播电视报联合举办的 2013 年"首届江西十大公益领袖企业"（人物）主题宣传活动经过组织推荐、网上公示、社会公众评议和综合评审，活动组委会决定授予崇义章源钨业股份有限公司等 10 家企业为"首届江西十大公益领袖企业"① 荣誉称号，其中民营企业有 8 家。

---

① 企业介绍取自江西广播电视网（http：//www.jxgdw.com/px/2013sdlx/）。

（一）崇义章源钨业股份有限公司

崇义章源钨业股份有限公司位于江西省赣州市崇义县县城，始创于 2000 年，是集钨的采选、冶炼、制粉、硬质合金与钨材生产和深加工、贸易为一体的集团公司，是目前为止全国钨行业唯一一家上市民营企业。2012 年全年实现营业收入 17.44 亿元、出口创汇 8723.09 万美元、利润总额 1.6 亿元、上缴税金 2.39 亿元。

近年来，该公司先后荣获"全国模范职工之家"、"全国和谐劳动关系优秀企业"、"全国文化建设先进企业"、"中国质量诚信企业"、"全国有色金属行业先进集体"、"江西省劳动保障诚信等级 AAA 级单位"、"江西省守合同重信用 AAA 单位"、"全市突出贡献奖"、"全市情系百姓、关注民生先进单位"等多项荣誉；"章源"商标系"江西省著名商标"，"章源"牌钨粉、碳化钨粉、硬质合金系"江西省名牌产品"，"章源"品牌为"2008～2010 年度江西省重点培育和发展的出口名牌"。2011 年公司党委被江西省委评为"全省先进基层党组织"，2012 年，被赣州市人民政府残疾人工作协调委员会评为"全市扶残助残爱心企业"。

章源钨业在加速现代企业发展的进程中，十分注重企业文化建设，加强企业慈善制度化发展，积极履行社会责任，投身公益事业，奉献爱心，大力支持地方经济建设。

1. 支持教育事业，实施爱心助学

支持教育事业发展是企业践行慈善的形式之一，章源钨业把其列为公司工作计划的主要内容。自公司成立以来，每年定向资助一批贫困大学生，每年利用"六一"、"教师节"等节日走访慰问县里有关乡镇中小学、幼儿园；定期选送公司业务骨干赴中南大学、江西理工大学等高等学校深造。2012 年，章源钨业捐赠 500 万元在中南大学设立了"章源钨业教育基金"，为贫困学生提供了保障的同时也促进了学校的发展。近年来，公司为慈善助学捐款投入 200 多万元，帮助 200 多人顺利完成大学学业，援建中小学校舍建设投入 900 万元，使家乡的孩子们享有良好的教学条件。同时捐资市青少年科技创新基金会、市科技院、赣南科学院。

为建立困难学生长效扶持机制，公司将成立助学专项基金，以便更加规范、更加有效地帮助贫困学生完成学业。

2. 心系灾区，为灾区送去章源的温暖

2008 年 5 月 12 日，四川地震发生后，公司快速作出反应，5 月 13 日（即地震发生的第二天），公司党委就向全体职工发出倡议，呼吁全体职工"向灾区人民伸出友爱之手，献出关爱之情"，举行了"心系地震灾区"大型捐款仪式，公司的各矿山、各部门的广大干部员工积极响应号召，纷纷慷慨解囊，仅用了一天的时间，就募集救灾款 34.2 万多元，并及时捐给了四川灾区。此外，在本地发生的自然灾害捐款捐物中，章源钨业从公司领导层到普通员工，总是在第一时间实施捐赠，款物数量总是位列全县企业之最。

3. 关爱职工，创造一个温暖的家

章源钨业如同一个大家庭，对待员工，给以亲人般的温暖。公司历年累计为职工生活用房投入 10142 万元以改善员工居住生活环境；还曾为解决淘锡坑钨矿职工子女的就学问题，公司接管了原矿部小学，负责教师的工资、福利发放，还投资捐款建起 5 间砖混结构的教室。随着公司现代化程度的不断提高，章源公司对员工的素质要求也相对较高，对此公司制定了"特招"政策：凡是下岗工人、贫困家庭子女，条件一律放宽，公司还出钱送他们去培训、学习。为创建一流团队，公司每年都要为员工举办思想、文化与技能培训，公司员工图书阅览室每年投资 7000 多元，征订 100 多种报刊。员工文化活动室添置了彩电、录音机、录像机、卡拉 OK 影碟机等。定期举办形式多样的主题思想教育活动，增强了员工思想素质，公司的凝聚力与日俱增。

4. 真情感恩回馈，支持地方公益事业发展

2002～2013 年，公司资助地方公益事业捐款累计达到 2000 多万元，为县公益事业建设做出了较大贡献，如关田大桥、麟潭钢丝桥、石罗村自来水工程、横水、聂都、杰坝、乐洞、关田、铅厂等乡镇的新农村建设公司都为其专项捐款。特别是在 2006 年，公司为赣州市新农村建设累计捐款达 412 万多元。2009 年，公司了解到县敬老院基层设施差，捐款 46 万元为其装上太阳能热水器，让老人们用上热水；2011 年，为解决县城空巢老人吃饭困难等问题，又捐款兴办了县城居家幸福服务中心；2012 年，公司捐赠了 120 多万元用于当地土坯房改造，帮助众多贫困村民建起了新家园。

公司始终秉承致富思源、扶危济困、乐于奉献、勇于承担社会责任的企业精神，积极支持教育事业和地方公益事业，关爱员工生活和发展，心系灾区、慷慨解囊。据不完全统计，2002～2013 年上半年，公司累计慈善捐款 4295.637 万元，大力支持和积极参与慈善事业，自愿捐款捐物，推动慈善事业发展。公司在发展中始终不忘回报社会，积极支持慈善事业，关注武警、消防、红十字会及体育事业等与民生息息相关的事情，为村民修路、修护河堤，做了大量造福一方的善事。尤其是连续 5 年在县委县政府召开的颁奖大会上把县委县政府奖励纳税大户的奖金近 600 万元，当场捐赠给县慈善会，在全县上下赢得了广泛的好评，为章源钨业树立了良好的公益形象。

章源钨业将在今后做大做强钨业产业进程中，利用企业慈善这一平台，以救助困难群体、支持公益事业为主线，调动公司员工倡导慈善、参与慈善的积极性，秉承"致富思源、义利兼顾、扶贫济困、乐善好施"的慈善理念，进一步建立健全企业慈善制度，促进慈善行为常态化、规范化，主动承担力所能及的社会责任，为建设崇义和谐美好社会做出新的更大贡献。

（二）江西煌上煌集团食品股份有限公司

"回报社会，共同富裕"是公司始终不渝坚持的宗旨。一直以来，公司积极投身扶贫事业中，积极投身光彩事业中，积极投身公益事业中，不断强化社会责任，主动履行社会职责，努力为社会多做好事，多做实事，多做善事，扶贫济困，回报社会，得到社会各界的广泛赞誉。

一是积极投入扶贫事业，情系三农，以先富带后富，为贫困村农户脱贫致富撑起一把遮风挡雨的"连心伞"，为建设社会主义新农村做出了积极的贡献。公司坚持以科学发展观为指导，立足农业，服务农民，大力发展"公司＋农民专业合作社＋农户"的养殖模式，积极推动农业产业化健康发展，推动农户和企业实现双赢。近年来，公司积极参加"千企带千村"和"百企带百村"活动，以实际行动投身到农村扶贫开发和社会主义新农村建设之中。以每公斤高出一般养殖小区 1 元的保护价，先后对南昌县塘南镇新光村、新图村以及吉安县永和镇尚书村等 20 多个贫困村，让利 1000 多万元，不断提升扶贫开发水平。目前，公司已经培育连接了 27 个农民养鸭专业合作社，连接合作社农户达到 6000 余户。养殖地发展到了全省 30 多个县，共带动全国养殖农民达 2.6 万户，累计帮助农户增

收超过 3 亿元，受到人民的赞誉，得到政府的表彰。"养皇禽鸭，走致富路"成为江西贫困村农民的共识。

二是积极投入光彩事业，关心农村教育，投资兴建希望学校，赞助贫困学子，为发展中国农村教育事业做出了积极的贡献。多年来，公司积极参加《信息日报》与江西省青少年基金会联合开展的"爱洒寒门，情暖童心——扶贫助学"活动和南昌市委宣传部主办的"希望之星"行动，帮助南昌市（县）贫困家庭的小孩完成小学学业；积极参加省、市总工会组织的"金秋助学"活动，先后资助了十几名农村贫困学子完成大学学业；积极参加省扶贫办举办的爱心包裹大型公益活动，通过一对一的捐赠模式，资助 500 名贫困山区的学子学习用品……至今，公司先后捐资 200 多万元兴办修建了万安县煌上煌枫林希望学校、修建了南昌县南新乡煌上煌新洲小学、兴建九江县煌上煌港口镇希望中心学校、新建县煌上煌下坊春蕾小学等学校和鄱阳县莲湖乡"煌上煌春蕾班"。

三是积极投入公益事业，关爱社会，心系弱势群体，伸出充满爱心、充满善心、充满真心的手，将企业的爱洒满人间，为构建和谐社会做出了积极的贡献。致富思源。公司积极履行社会责任，身体力行，在突如其来的灾害面前，发扬"一方有难，八方支援"的精神，积极投入到抗灾救灾的行列之中。

2008 年一入春，江西省就遭遇了严重的低温雨雪冰冻天气。公司第一时间向南昌市捐资 50 万元，向省光彩事业基金会捐款 70 万元，为抗历史罕见的冰雪灾害捐款捐物总额达到 230 多万元。公司积极参加南昌市政府组织的传递奥运圣火捐款仪式，捐款 100 万元。2008 年 5 月 12 日，四川汶川发生 8 级地震，在南昌市支援 5·12 地震灾区共建家园大型募捐活动中，公司再次捐款 50 万元。2010 年 6 月，江西省抚州等地遭受特大暴雨，发生严重洪涝灾害，得知灾情后，公司迅速行动起来，在通过省光彩事业促进会向江西灾区捐赠 10 万元现金的基础上，再次捐助价值 20 余万元的食品，缓解了灾区群众的燃眉之急，增强和鼓舞了广大灾民及时恢复正常生活、生产的信心和决心，得到了当地政府和灾民的一致认可；2012 年 10 月，在南昌市南昌慈善日暨"慈善一日捐"活动中，公司向南昌市慈善总会捐赠 50 万元，以实际行动大力支持慈善事业的发展，通过奉献爱心，促进社会和谐。

20 年来，在抗洪救灾、抗击非典、九江地震、四川地震、铺桥修路、资助失学儿童和其他困难弱势群体、兴办希望小学等活动中，公司共计捐款捐物 3500 多万元。并先后解决 5000 余名下岗职工再上岗、4000 余名农村富余劳动力就业，被江西省确定为"省劳动力转移培训基地"、"省女职工再就业基地"，省、市"一村一品示范基地"、"省妇女创业示范基地"，被南昌市确定为"下岗职工再就业基地"、"青年就业创业见习基地"。

（三）汇仁集团有限公司

汇仁集团有限公司创建于 1993 年，是一家集中药材规范种植（养殖）、中药饮片加工、中西药生产、医药商业、投资金融与房地产开发为一体的大型民营企业集团。公司自成立以来就确立了"仁者爱人"的经营理念，并持之以恒地践行。

公司董事长陈年代认为，自己的成功和企业的发展得力于党和国家的好政策以及家乡父老乡亲的关心帮助，因此他十分注重回报社会和惠及乡亲。为救助孤寡老人、修路架桥、兴建希望小学、新农村建设、帮助地方医疗事业发展、救助严重自然灾害、支持重大体育活动等社会公益事业积极捐资捐物。

在 2003 年抗击"非典"、2005 年九江地震、2008 年四川汶川地震、2011 年南昌市举办第七届全国城市运动会等重大灾害和社会活动时，董事长陈年代和他所领导的企业更是慷慨解囊、踊跃争先。2003 年"非典"突来，董事长陈年代带领员工日夜研制抗击"非典"的药品，功夫不负有心人，经过几日几夜的苦研，终于研制出一种可以征服"非典"的药品。为了广大人民群众的生命安全着想，董事长陈年代第一时间将价值 28 万元的抗击"非典"代煎药汤两万瓶捐赠给江西省卫生厅防治"非典"领导小组，同年 12 月又向江西省慈善总会捐赠现金 10 万元。2005 年，九江瑞昌等地发生强烈地震的当天，董事长陈年代立即作出决定向灾区捐赠一批急需的药品和款项，并派专人专车将价值 50 万元的药品和 10 万元送往灾区，成为九江灾区收到的第一批捐款捐物。2008 年四川汶川发生特大地震，牵动了所有人的心，董事长陈年代倡议，一方有难，八方支援，他本人带头先后捐赠现金 119.09432 万元及价值 410.732 万元的药品。2011 年，第七届全国城市运动会在南昌举办，为了"七城会"的顺利召开，为江西争光、为南昌添彩，董事长陈年代毫不犹豫地向南昌市政府捐赠"七城会"专用款 300 万元；同年还向广东中山大学教育发展基金捐赠现金 5 万元以及为南昌县岗上镇兴农村困难家庭闵慧芳家捐赠现金 1 万元。2012 年，董事长陈年代又决定向南昌市慈善总会定向捐赠 20 万元用于南昌县教育局助学活动，350 万元用于南昌县人民医院添置医疗设备。至今，董事长陈年代和他的企业共为救助灾害和公益事业捐款捐物 2000 余万元，其中 2004～2012 年就捐款捐物 1200 多万元。

（四）江西洪大（集团）股份有限公司

江西洪大集团是江西省大型非公有制商贸集团和全省商贸龙头企业，作为一家有高度社会责任感、有奉献精神的企业，多年来，洪大集团一直秉持着强烈的慈善意识，在发展经济的同时，企业始终不忘取水一瓢而还之以盆，以一个责任赣商的广阔胸襟，展示一个非公商贸龙头企业的担当，积极主动投身到捐资助学、扶助孤寡、抗震救灾、助残扶弱等各项社会公益活动中，在乐于奉献的大爱中，有我们温暖的关怀。尤其是在集团董事长刘如强、总经理余小玲的带领下，重视、关心并积极投身社会慈善公益事业，累计捐款捐物达千万余元，荣获"南昌慈善贡献奖"、"江西省年度优秀公益慈善单位"、"江西省爱心助残企业"和南昌市慈善总会副会长单位称号。

1. 认真履行企业社会责任，扩大就业、扶持创业

洪大集团积极主动为政府分忧，为社会减压，扩大就业渠道，为创业者搭建致富平台。多次举办帮扶农民工、百姓和大学生就业招聘活动，现场达成意向和录用 500 余人。主动参与江西高校大学生就业见面会，近年来共吸纳安排在就业的大学生共有 80 余人，储备人才达 50 余人，为大学生就业提供更多的机会和平台。同时，坚持以人为本，从商户最直接、最关心、最现实的问题入手，积极想办法与金融业联手，启动"一千万元推广基金、一亿元创业基金"，解决商户供应链和资金链告急及债权变现的困难，主动出台租金优惠 40% 让利于商户的扶持政策，将企业的发展成果惠及于百姓，做具有社会责任感的企业。目前，市场上"诚信和谐、良性竞争、互惠互利"的经营氛围日益浓厚，企业效益节节攀升，社会形象不断提升，品牌意识得到增强，促进了市场的稳定和谐。

2. 成立爱心基金会，积极开展爱心救助活动

多年来，动员公司员工和市场商户，开展以"党政共铺致富路、奉献社会我光荣"为内容的爱心活动，营造互帮互助、和谐创业的良好氛围。为提升党员和商户的精神境界，引导商户致富思源、富而思进，采取每月固定与自愿捐款相结合的办法，从公司高层到普通员

工每月自愿从工资中捐款，在公司和市场内成立了爱心基金会，架起爱心桥梁，为困难员工和商户送温暖、献爱心。每当公司员工、商户及其家人身体不适，生病住院及遭遇天灾人祸时，公司都会组织看望、慰问，近几年来为帮助困难员工、商户及其家属，公司就组织爱心捐助8万余元。

3. 积极参与各种捐赠活动，支持社会公益事业

洪大集团一直以来都秉承"富而思源、富而思进"的宗旨，以强国富民为己任，积极捐款捐物，以实际行动为国家分忧，为受灾群众解难，为抗震救灾、重建美好家园、构建和谐社会贡献自己的力量。儿童村、敬老院、大灾大难面前，到处都涌现着洪大积极踊跃、热火朝天投身社会公益慈善事业的身影。经常开展送温暖、帮扶和多次参加如对安义县青湖村帮扶等全市帮扶挂点活动；近年公司组织党员和商会前往抚州唱凯、罗针灾区进行送温暖、献爱心活动，送去10多万元款物情暖灾区群众。开展帮扶村镇农民活动，帮助共同富裕。集团公司联合市场商会前往南昌县蒋巷镇胜利村，捐资帮助该村进一步做好"五个之家"建设；帮扶西湖区桃花镇渔业村，开展"结对共建"活动；积极帮助建设包括捐助新建县樵舍镇、安义县乔乐乡、进贤县前坊镇等多所希望小学，2012年4月又捐助近200万元建设婺源洪大希望小学、婺源晓容小学及开展"一帮一"结对子，连续3年帮助靖安中学150名贫困学生完成学业；参加全省慈善公益接力，爱心助残捐赠，多次举行并参与慈善一日捐，去年捐助80万元，并从2012年起连续5年以每年50万元的爱心支持南昌慈善事业；还参与市政府慰问大连海军"南昌舰"，带去企业的爱心。同时，每年六一和春节等节假日期间，集团公司都组织慰问驻场公安、交警及消防官兵，前往南昌SOS儿童村看望儿童送去关怀。以实际行动回报社会，奉献爱心。

在近几年的抗雪、抗震救灾中，集团公司多次组织各种捐赠活动，共捐款、捐物、交纳特殊党费几百万元。尤其是2013年4月，四川省雅安市芦山县发生地震后，集团党委和商会采取有效措施，全力组织开展抗灾救灾工作，动员全体员工和市场经营户迅速行动起来，在市场内悬挂宣传条幅、印发倡议书，大造声势，形成人人参与氛围，掀起救灾抗灾捐赠活动的热潮，并在第一时间举办了"情系雅安、责任洪大"大型爱心募捐活动，全体员工和商户纷纷主动为灾区人民献爱心，向深处苦难中的雅安同胞奉献一份爱心，携手共渡难关，捐款捐物为灾区人民分忧，活动现场共收到爱心捐款近百万元。

4. 为商户开展各项贴心服务，帮助商户做强、做大

为提高服务群众、做群众工作的水平，争做商户群众的贴心人。洪大集团始终把为商户办实事、解难事、做好事作为工作的出发点，开展各项贴心服务，积极与银行联手在市场成立融资互助俱乐部，为商户解决小额融资难的问题，目前，通过融资互助俱乐部及搭建融资平台，为商户解决小额融资贷款达10多亿元；联合金融机构、市电视台、江西财经大学法学院为商户提供理财服务、法律服务和专业知识培训及业务推广，促进市场繁荣发展。举行义务接送高考学子活动，组织洪城大市场内的商户们组成了300多辆次高考爱心志愿者车队，连续两年高考期间在市区为考生们提供免费的接送服务，让学子们更加轻松地迎接高考。同时，为积极引导商户诚信、文明经商，集团开展了"一帮、二带、三服务"活动。"一帮"，就是帮助身边的人共同富裕起来；"二带"，就是带头诚信经营，带头创业致富；"三服务"，就是服务于市场经济建设，服务于商户维权，服务于百姓创业。集团采取党委带支部、支部带党员、党员带商户的三带机制，建立党员服务之家，面向流动党员就业、就训和子女就学等全方位的贴心服务；在市场中组建了一支党员志愿者队伍，主动服务于市

场，为商户和消费者提供良好的经营和购物环境。

5. 把公益事业融入企业发展中，不断促进企业和谐发展

洪大集团始终把慈善公益事业与企业经济建设结合起来，2010 年集团公司积极全面推进市场升级改造，根据政府"十二五"规划和市场发展要求，主动承担起江西商贸崛起的重任，承担南昌市旧城改造任务，全面实施公司"大改造、大提升、大发展"的二次转型战略目标，通过收购南昌的空壳市场——南昌小商品城及昌东等用地，树立了全力在南昌市洪城大市场原址、城南、城东建设以洪城大市场品牌为核心的——中央商务区（CBD）、城市商贸综合体、城市经济功能区三大板块的战略目标，力争打造中国最具影响力的百年品牌，成为中国最具竞争力的大型商贸集团。洪城大市场升级改造项目被列为"全省重点建设项目"。通过三大板块的三足鼎立、相互呼应、联动发展，形成涵盖高中低档不同档次的全程商务价值链，改造后的新洪城大市场预计年交易额将突破 1000 亿元，预计可实现年税收 20 亿元，带动就业 20 余万人，将加快推进旧城改造，为城市经济建设和品位提升树立标杆。同时，为实现打造"千亿元企业大跨越"的增长目标，更将丰富城市精神内涵和塑造城市新形象，给江西百姓和消费者带来更多的福祉，为江西商贸业的崛起再立新功。2012 年市场商品交易额突破 260 亿元，企业收入较上年增长 6.25%；利润较上年增长 25.42%；新增就业岗位 3200 余个。为拉动省市经济、培植税源、解决就业、促进产业发展、构建和谐社会、实现全面小康起到了积极的重要作用。

（五）九江信华集团

在现代社会中企业承担责任的表现，往往是通过公益事业来体现的。迄今为止，成立了 20 年的信华集团始终坚守"创造财富、回报社会"的理念，并积极投身公益事业。

1. 公益是回报

从毫不起眼到龙头老大，信华人的成功离不开社会和百姓的支持。信华人始终怀着一颗感恩的心，用自己的实际行动回报社会，回报人民。

一到夏天，普蓝色的信华游泳池就是孩子们消暑嬉闹的天堂，可谁能想到 9 年前这里还是一个臭气熏天的污水湖汊呢？当时因为屠宰场大量排放污水，动物的皮毛内脏使湖水受到严重污染，淤泥都有 3~4 米。市政府想利用民间资金将这里改造成游泳池，可公告发布后只有信华一家企业投标。"谁都知道开发水上游乐项目绝对亏本"，信华集团董事局主席王华林这样说，那么亏本的生意为什么还要做呢？"因为我们想把它（水上游乐中心）当成回报社会的公益事业来做。"

游泳池建成就花了 3000 万元，周边的绿化、亮化和道路建设又花了 1000 万元，再也看不到昔日的脏乱，占据视线的是亮丽的风景。这样大的投资，一年也只有 3 个月左右的经营，可是九江人高兴了，信华人也高兴了。

在信华人的心中，回报社会最简单的做法就是让"老吾老以及人之老，幼吾幼以及人之幼"。信华人有一个宏愿，就是在九江各个县区捐建爱心敬老院。"百善孝为先"，信华人喊出了"爱满人间·孝行天下"的口号，在 2007 年捐资 1100 万元设立了信华安老助孤慈善基金，同年又建起了浔阳区爱心敬老院。敬老院绿树成荫，建筑错落有致，池塘、休闲广场、果树点缀其中，布局合理、功能齐全、阳光充足、空气清新，是老人们休闲、娱乐、颐养天年的好去处。这是信华捐建的第一座敬老院，之后，信华集团又陆续在修水县、共青城捐建了爱心敬老院，2010 年又投资 100 万元捐建庐山区爱心敬老院。今年又捐资 100 万元

修建了修水县征村乡爱心敬老院。5年过去了，5所敬老院建起，"我们的脚步不会停止，爱心敬老院一定会遍布九江。"

孝敬老人是尊重我们的过去，爱护孩子则是建设我们的未来。信华每年都会拿出数百万元用于捐资助学，大病儿童救助，建希望小学，并坚持开展"金秋助学"活动，2011年捐资40万元帮助150名特困学子圆了大学梦。信华集团还在市一中设立了"信华教育奖励基金"，每年出资10万元，奖励优秀教师和学生，2012年捐资1000万元建设市一中信华综合楼……

不仅仅是为了赚钱而活着，企业也不仅仅是为了盈利而存在。创造财富，回报社会，是信华人不懈的追求。

2. 公益是温暖

这个世界上什么最有力量？爱和温暖。信华人相信做公益就是把爱和温暖送给每一个人。

2010年"五一"前夕，信华建设集团女职工赵国华被诊断出患有白血病，这对于一个普通家庭来说犹如晴天霹雳，白血病的治疗费不是一般家庭所能承受的，信华人纷纷伸出援助之手，从董事长到每一位员工，不管认识的还是不认识的都慷慨解囊，两天时间就募集捐款14.082万元。5月4日，单位和员工捐助的治疗款及时送到了赵国华手中。

同年10月，集团员工阮志成因为癌症在武汉同济医院治疗，每天医疗费用高达2000元，阮志成及家人陷入极端痛苦之中。信华人感同身受，很快20.21万元的捐款就送到了武汉。虽然阮志成终因治疗无效去世，但爱和温暖的种子早已在信华这片土地上生根。

朱西林是九江医药公司的一位老人，2009年公司改制后被聘为顾问。他60岁生日那天，集团特意为其组织了一场生日会。朱西林动情地说："这是我活了60年最有意义、最让我感动的生日。没想到我一个即将退休的人能得到公司如此的厚待，真是感激不尽啊。"2011年春节，集团领导还亲自走访了年满70岁的员工亲属，为他们送去了新春的祝福，并每人赠上了慰问金。

爱是没有界限的。2012年，媒体报道瑞昌市武蛟乡上湖村村民陈迪金收养的女孩陈升桂患先天性眼疾，左眼失明，右眼高度近视但无钱医治的消息。信华酒店的负责人和员工十分关注，多次赶到瑞昌看望陈升桂，在了解病情和生活情况后，信华酒店相关负责人带陈升桂到医院检查，根据医生建议配置眼镜。养父陈迪金为了抚养女儿，给女儿治病，一贫如洗，终身未娶。为了改善父女俩的住房条件，信华人捐资10万元，为他们盖起了一栋宽敞明亮的二层小楼。善举温暖了陈升桂的心，也让她今后的生活充满阳光！

3. 公益是责任

"创造财富、回报社会"是信华的人生态度，也是信华人时刻不忘的社会责任。哪里有困难，哪里有灾情，哪里有公益活动，哪里就有信华人的身影。

2008年汶川大地震，正在外地出差的王华林，看到电视新闻后，感到无比震惊和伤痛，他立即返回九江，刚进家门，就接到市工商联打来的电话，要求企业家捐款援助灾区，他问捐多少，工商联的同志说："十万、八万都行"。"当时我想，汶川灾情那么重，应力所能及地多捐一些，"于是，他一一打电话与企业家朋友沟通，建议他们也尽量多捐一些。信华集团第一时间为汶川灾区捐款50万元，先后共计捐款130万元。2005年九江"11·26"地震，九江县、瑞昌市大片房屋倒塌，许多灾民无家可归，学生无教室上课。信华集团捐款68万元，支援灾区，并委派集团下属施工队伍支援灾后重建，投资60.8万元帮助瑞昌地震灾区重建桂林小学。玉树地震，信华集团捐款 26.9 万元。

不断地付出、不断地承担，这才是一个有责任的企业。利润不过是企业存在的必要条件，但仅追求利润而不承担责任的企业是没有希望的！这是王华林的认知，更是全体信华人的理念。

2010 年 7 月，九江地区连续遭遇了几十年不遇的强降雨。邻近信华集团办公大楼的曙光针织厂宿舍区的山坡发生大面积泥土下滑，山体面临滑坡崩塌的危险。而山体边缘有针织厂用于生产的蓄水池，一旦垮塌，池水就会冲向职工宿舍，宿舍倾移冲向邻街店铺，后果不堪设想。曙光针织厂是一家破产企业，无力进行抢险施工，留守人员急得团团转，没有资金、人力，抢修只能是痴人说梦。信华集团总部是曙光针织厂的邻居，现在邻居有难，何况还是关系百姓安危的大事，信华人义不容辞：出钱抢修！信华集团立即组建抢修工作组，指定一位副总裁负责整个排险和山体护坡工程修建，耗资近 30 万元，解决了困难企业的后顾之忧。

（六）江西汇丰光电集团

江西汇丰光电集团是由朱丁茂创办的，其前身是一家专业从事烟花进出口贸易的小型企业。经过 13 年的奋力拼搏，企业迅速发展壮大，于 2010 年正式成立集生产、开发、贸易和服务于一体的多元化经营企业集团，有涉及房地产开发、照明电器、电子产品、信息咨询、实业投资、进出口贸易、烟花爆竹、塑料制品等多个行业，员工 2000 余人，2011 年总销售额达 5 亿元，创造税收 5000 万元，出口创汇 1600 万美元。下设万载县汇丰进出口有限公司、江西宜春丰华房地产开发有限公司、（香港）爱高投资有限公司、宜春汇丰光电科技有限公司、宜春汇丰环保科技有限公司、宜春汇丰投资发展有限公司、新疆鑫茂投资发展有限公司，进出口及投资型、生产型、房地产开发型等企业实体，总注册资本达 1 亿多元。在董事长朱丁茂的带领下，汇丰集团本着"诚实守信、开拓创新、共存共荣、持续改善、科学管理、争创一流"的企业宗旨，实行多元化经营与发展，计划三至五年内打造成汇丰企业航母。

朱丁茂领导下的汇丰光电集团在发展壮大的同时，不忘养育企业的一方水土和家乡人民，积极参与社会各类公益事业，多年来共向社会捐赠钱物总额超过 1000 余万元。

1. 应召唤报桑梓捐资 550 万元建造凤凰山公园

2006 年初春，万载县县长及常务副县长等领导找到朱丁茂，"朱董呀，你是万载出类拔萃的商界精英，这些年你在外面打拼，干出了一番事业，希望你回家乡多做贡献，做好凤凰公园的建设。"

2007 年 10 月 28 日，凤凰山公园破土动工。"凤凰公园是万载县第一个休闲公园，朱董你要多花一些心思，精心设计，要让公园具备集会、观演、健身等功能，要契合万载 1700 多年历史、民俗、文化等人文元素，还要兼顾万载人民物质生活的需求以及精神文明的追求。一句话，设计与建设要从长远考虑，使凤凰公园集知识性、文化性、功能性、休闲性于一体。"2007 年 9 月 26 日，县委书记参加完朱丁茂"万载汽车服务广场"项目开业剪彩仪式后，握住朱丁茂的手语重心长地说，"朱董，县委、县政府相信，你有这样的实力与能力搞好凤凰山公园的建设。"

2009 年底交付使用的凤凰山公园占地六十余亩，耳语园、四季广场、露天舞池据其三角，顾盼生姿。梅园、桂园、榴园、桃园错落有致。花架走廊、健身园地、千秋门穿插其间。园内花草掩映，枝叶扶疏，鸟啼林宓，蝶舞蝉鸣。夜赏凤凰，华灯璀璨，流光溢彩，灯月婵娟，天人合一。龙河水光激滟，凤凰山色空蒙，龙凤呈祥，相得益彰。

公园最大的亮点是灯光工程，共有山顶雕塑灯、凉亭灯、景观灯、庭院灯、停车场灯、路灯约 108 盏。其中最大的山顶灯结合万载县两大支柱性产业，由万载百合片组成 15 米直径的莲花座，托起一个直径 8 米，480 多个卤体灯构成的烟花球体，基座由 5 个大功率的激光灯（空中玫瑰）组成，寓意勤劳、开放的万载人民以海纳百川、团结务实的精神，真诚欢迎来自五湖四海的朋友到万载投资置业，共创美好万载新城。

2.“十年树木、百年树人”情系教育，出资 200 多万元兴办两所希望小学

2008～2009 年，朱丁茂捐资 200 多万元在万载县黄源村绍江村先后建造了万载汇丰希望小学和万载县丰华希望小学。朱丁茂在去办事的途中，看到陈旧的教学楼，心里不由自主地产生了一股寒意，自己小时候没有读好书，怎么也不能让现在的孩子也走自己当年的路。“百年大计，教育为本”，能为家乡的教育事业尽点微薄之力也是自己一生的愿望。于是，朱丁茂找到镇村干部商量，并做好设计方案，共捐资 200 多万元，于 2008 年 10 月开始动工建设。历时一年多，汇丰希望小学占地 7000 多平方米，建筑面积 1000 多平方米的教学楼和丰华希望小学占地 3000 多平方米，建筑面积 900 多平方米的教学楼均已建成。两所学校均拥有标准的体育活动场所、厨房、值班室、餐厅、停车棚等各种设施，各可容纳 400 多名学生。去年和今年的 9 月，数百名小学生已入读了两所新学校。

3. 关注民生、关注弱势群体献爱心回报社会

四川汶川、北川，强震猝然来袭，大地颤抖，山河位移，满目疮痍。朱丁茂在大灾面前奉献爱心、踊跃捐款，共克时艰的心愿，一次性捐款捐物 20 余万元。在扶助贫困户、孤寡老人、为家乡修桥铺路等方方面面都能看到江西汇丰光电集团以及下属各公司无私奉献的身影。

4. 出资 40 多万元兴办“农民活动中心”

2010 年，江西汇丰光电集团在出资 40 多万元的基础上，还发动广大村民捐款。将万载县绍江村已废弃的祠堂于 2011 年底前修缮一新变为绍江村的“农民活动中心”。让广大村民拥有一个好的活动、休闲、学习、集会、娱乐场所。

（七）江西济民可信集团有限公司

江西济民可信集团 1992 年起源于北京，2000 年正式成立，是一家以医药产业为核心、健康地产和医疗健康产业为两翼的大型健康产业集团。集团现有员工 6000 余人，总资产逾 100 亿元，在江西、北京、江苏、香港等地设有 9 家全资子公司，86 家销售分公司遍布全国各主要省市，产品远销东南亚及欧美市场。

在各级政府的关心支持下，集团始终秉承“济世惠民、信待天下”的理念，并长期保持快速稳健的发展势头。集团连续多年荣获“江西省先进私营企业”、“江西省优秀企业”、“中国优秀民营科技企业”、“江西省税利突出贡献企业”等荣誉称号，截至 2011 年，集团已连续六年名列江西省民营企业纳税前三甲，在江西已累计纳税 65.2 亿元；2012 年集团预计实现销售 60 亿元，纳税 11 亿元。

济民可信集团视产品质量与创新为企业生命，在宜春、无锡建有符合 GMP 认证的大型现代化生产基地，拥有着国际先进的制造设备及工艺、高精尖技术人才队伍；在北京、无锡建有两个国家级医药研究院，近年来在新药研发方面的投入累计达到集团销售额的 5%，相

继研发和储备了数个国家一类新药，为企业可持续发展奠定了扎实的品种基础。遍布全国各省市的营销分支机构及 3000 人的专业化营销团队，为企业客户与患者提供着高质高效的产品及服务。

长期以来，济民可信集团以实际行动践行着企业的社会责任，在汶川地震、甬温线铁路交通事故等天灾人祸面前，以及希望工程、少数民族穷困地区建设、江西省新农村建设等方面，都积极主动地慷慨捐资，其中 2008 年四川地震捐款达 1700 余万元，为江西企业捐款额之首、全国医药企业捐款额前列。2002 年至今，济民可信集团各类慈善捐款累计金额已达 3500 万元。

展望未来，济民可信集团将以产业报国、健康民生为己任，加快自身优势资源的整合，构筑以医药核心产业为龙头，健康地产和新型医疗康复产业为两翼的"一核两翼"大健康产业格局，努力打造"备受尊重的大健康产业集团"。

（八）江西三川集团有限公司

为国家排忧解难，为用户精打细算，是三川水表生存发展的核心价值。正是基于国家节水的号召和供水企业减少水损的呼声，三川在全国同行内第一个提出"滴水计量"营造节水型社会新概念，率先研制生产出滴水计量的节水型水表，获得国家建设部科技成果推广项目。三川生产出获得国家发明专利的"多路共管供水系统"，国内首创"一表计量双卫一厨用水功能"，实现了有关部门关于"一户一表、双卫一表、抄表出户"的要求。2001 年以来，公司紧跟发展趋势，把握市场潮流，依托强大的技术资源，开发研制出机电一体化水表——IC 水表、射频卡水表、无线远传、有线远传水表、可控阀式水表、水平螺旋式可拆（远传）水表、垂直螺旋可拆（远传）水表和智能代码式预付费水表等多种新型水表，为迅速抢占市场提供了强有力的支持。2006 年，三川牌水表被国家六部委授予"中国名牌"称号，2008 年被国家工商总局评为"中国驰名商标"，目前，智能、节水型水表均已规模化生产，较好地满足了国内市场的需求。

诚信经营实现企业发展长盛不衰。

多年来，三川水表始终坚持依法经营，诚信纳税，按时申报，及时入库，申报率、入库率均为 100%，2005 年荣获诚信纳税 A 级单位，从未发生过一次逾期还贷，从未欠过一分钱利息，2005～2007 年被江西省工商银行授予授信等级为 AA＋。2007 年被江西省经贸委、省地税、国税等部门授予一级诚信纳税企业称号。长期以来，三川水表以履行社会责任为天职。捐助九江、四川地震灾区，资助"春蕾"计划，近三年来建立三川助学基金，每年资助鹰潭一中 75 名贫困学子完成学业。2008 年春节前后我国南方遭受特大冰雪灾害，为确保受灾城镇的生产生活秩序，三川水表宁愿牺牲自身经济效益，全力生产利润微薄但灾区急需的机械水表及时送往灾区。为了帮助灾区人民解除正常供水之忧，坚持诚信经营不提价，不但做亏本生意，而且奉献了烈士的鲜血与生命。西南大区销售经理朱平因主动前往贵州救灾而牺牲，被中组部追授为"抗御雨雪冰冻灾害优秀共产党员"光荣称号，被国家民政部授予"革命烈士"，他的感人事迹在全社会得到了广泛的赞誉。

所谓俯不愧地，就是对合作客户和市场上的"上帝"做到问心无愧。为此，三川水表建立健全并严格履行客户诚信管理制度、应收账款管理制度、合同管理制度、法律顾问制度和信用风险控制制度。长期以来，坚守诚信原则，在与 1300 余个企业客户进行经济贸易的合作过程中，始终按规范要求签订合同，坚定不移地履行合同，兑现合同。不仅如此，与客户在进行经济合作中取得了对方的高度信任，建立了牢不可破的深厚情谊。2006年5月初，与浙江省玉环南方电子公司签订了一份200吨价值800多万元的黄铜棒供货合同。不久，原材料价格大幅上涨，3个月内履行合同必将贴进50多万元。为了守信用，公司坚决按合同供货，对方深受感动，从此建立了长期的良好合作关系。对于长期的供货客户，公司始终重友情、重信誉，为对方排忧解难。山东临沂两家水表配件公司是三川水表公司的铁表壳长期供货商，去年市场价格波动大，对方流动资金发生困难，三川水表应对方要求，提前汇款200万元，解决了客户的燃眉之急。诚信经营，最根本的是为消费者提供适销对路的合格产品，提供满足消费者的优质服务。视产品质量为企业生命和品牌灵魂，始终在质量要求上内控指标一直高于国家标准，国家每次抽查产品都全部合格，2004年三川水表被授予国家免检产品，连续9年国内市场占有率名列前茅，被评为用户满意产品。与此同时，牢固树立"顾客至上"的服务理念，坚持做到有求必应不误时，践行承诺不失信。凡是用户提出的建议，全部登记梳理，采纳改进；凡是接到客户投诉，及时反馈意见。只要是用户提出的问题不管与产品是否有关，三川水表售后服务人员都会千方百计为用户排忧解难。现在，三川水表在全国30多个省市、自治区（除港、澳、台和西藏外）均设立了售后服务网点，并配有专职的售后服务人员，针对问题实行跟踪服务。为此，多次被省工商部门授予"重合同、守信用"企业。

所谓内不愧心，就是对得起股东和员工。要把企业做大做强，必须调动公司广大科研人员和企业员工的积极性、创造性。为此，集团公司要求各子公司在制定并执行员工职业道德和行为规范的同时，建立健全企业对员工的信用评估考核制度，确保企业每年初对员工的工资增长、福利待遇、工作条件、生产环境等各方面的承诺兑现到位。2003年节水表研制成功，公司按时发放奖金20多万元。对销售有功的人员，按规定兑现承诺，绝不会因为他们收入高而食言。由于公司领导始终如一地坚持诚信原则，从不朝令夕改，积极维护广大员工的切身利益，保障他们的合法权益，是三川集团生存发展的根本出发点和落脚点。环境保护，防暑降温，关爱困难员工，照顾特殊群体（老弱病孕），凡经公司研究出台的补助制度，全部落实到位。为此，公司注重改善工作条件和环境，企业通过国家环境管理体系认证，每年都为广大员工办理工伤保险、医疗保险，从未发生过一次工资、奖金、福利、红利拖欠现象。2004年5月，三川水泵有限公司由于应收账款未及时到位，采购原材料占用资金较多，发放员工工资出现周转困难。集团公司得知情况后，马上转移支付40多万元，保证了三川水泵工资福利的及时足额兑现。因此，公司做出的决策，领导做出的决定，员工充满了信任和期待，乐于为企业的发展建言献策，乐于为企业加快发展使劲出力。

四、江西十大公益领袖人物

由江西省广播电视"今视网"网站、江西广播电视台经济生活频道、江西广播电视台民生频道、江西广播电视报联合举办的2013年"首届江西十大公益领袖企业"（人物）主题宣传活动经过组织推荐、网上公示、社会公众评议和综合评审，活动组委会决定授予黄泽兰、简小林、徐良喜、徐桂芬、王华林、胡连荣、胡九海、魏牛庚、沈泽民和林阿龙10位同志为"首届江西十大公益领袖人物"① 荣誉称号。

（一）黄泽兰（崇义县慈善会会长、崇义章源钨业股份有限公司董事长）

慈善体现责任、爱心反映精神。崇义县慈善会会长、崇义章源钨业股份有限公司董事长黄泽兰就是一个具有强烈的社会责任感的慈善企业家。他的事业是从泥瓦匠、贩销矿产品、采矿、办企业、开公司这样一步步走过来的。创业的艰辛，使黄泽兰更深地体会到在社会生存的不易，所以在他有了能力之后，就积极投身慈善事业，一直在用自己有限的能力回报社会，帮助困难弱势群体。

1. "和谐首善、百善孝为先"

黄泽兰不仅让自己的父母过上富裕的物质生活，更重要的是拥有了丰富的精神生活和健康的身体，从而安享晚年。他不仅是对自己的家人如此，同样以大爱孝亲敬老。

黄玉英老人是人民公社时期大队妇女主任，年老后没有了生活来源，体弱多病，生活过得十分清苦，黄泽兰知道后，十多年来一直给予经济支助，使老人安享晚年。邻居胡伟的母亲年老多病，几次住院，黄泽兰亲自到医院看望，并给予医疗费资助；林树有夫妻俩长期患病，家庭也因病致贫，得到了黄泽兰长期的关心照顾。在一次下基层矿山视察时，黄泽兰听说职工陈昌财的母亲患心脏病需要做心血管支架，医疗费还差3万元，他当场表态，抓紧去医院做手术，不够的钱我出，解决了陈昌财多日苦思冥想都无法解决的大问题。说起黄泽兰孝亲敬老的事例真是数不胜数。

2. 热心公益，躬身实践慈善宗旨

作为崇义慈善会会长的黄泽兰总会把县委县政府表彰纳税大户的几百万元巨额奖金全部捐给慈善会。无论是大型公益事业，还是扶贫助学、赈灾济困等慈善活动他都亲自策划、亲自到场、带头捐款。关田镇田心小学捐款700万元；文昌塔建设捐款300万元；四川赈灾捐款34.22万元；慈善助学活动捐款22万元；青苗关爱工程捐款20万元；资助本公司职工前往中南大学、江西理工大学深造投资200多万元。乡（镇）村的公路、桥梁、卫生院、学校等公益事业建设只要有所求，他就有所应。在他的带动下全县上下关心支持慈善事业的热情日益高涨，2006年、2007年的助学捐赠仪式上有60多个企业业主参加，现场捐款达到189.23万元，四川赈灾一次性现场捐款152.03万元（累计263.77万元），创造了全市慈善会一次性募捐之最。

3. 点滴义举，彰显平凡大爱

做慈善并不难，难的是几十年如一日地坚持做慈善。黄泽兰不仅大气魄、大手笔支持崇义慈善发展，而且还十分注重从小事做起、从点滴做起。每年的春节、端午、中秋等传统节日他再忙都要抽出时间亲自布置访贫问苦工作；每当高考入学期间，他都要亲自过问贫困大学生学费落实情况。平日里，只要哪里有灾情，他都是第一时间发起组织捐款活动；只要哪里有困难，他都伸出援手。在一次下乡途中遇到一困难户，他当即捐资2000元；在一次下矿区视察时听说一位职工的母亲患大病无钱医治，他急人之所急，当场为其解决了医疗费用；邻居老太太年老多病住院，他几次探望并给予经济资助……如此一件件义举让广大干部群众历历在目，感动不已。在一次助学金发放仪式上，一位高考学子手捧着沉甸甸的7000元助学金，热泪盈眶说道："是黄董事长圆了我的大学梦，我和我的家人终身感谢黄董事

① 人物介绍摘自江西广播电视网（http://www.jxgdw.com/px/2013sdlx/）。

长!"这样一句朴实而发自内心的感慨,道出了受助人员对黄董事长几十年从事慈善的最高评价。

黄泽兰始终把"致富思源、义利兼顾,扶贫济困、乐善好施"作为行为准则,2002 年至 2013 上半年,他共计慈善捐款 4295.637 万元,大力支持和积极参与慈善事业。近几年来为地方各项公益事业捐钱捐物 2000 多万元,光慈善敬老事业捐赠就 630 多万元,深受地方各界的好评,多次受到国家、省、市等各级政府的表彰。先后荣获"全国劳动模范"、"第五届全国乡镇企业家"、"中国优秀民营科技企业家"、"江西省优秀中国特色社会主义事业建设者"、"江西省优秀厂长(经理)"、"江西省光彩事业奖章"、"江西慈善突出贡献楷模"、"江西省优秀企业家"、"赣州市政府特殊津贴专家"、"赣州市赣商联合会杰出赣商"等多项荣誉称号。

(二) 简小林 (奉新华联集团公司董事长)

简小林是一位成功的、有社会责任感的企业家,1993 年 10 月,他创建了奉新华联集团公司,旗下拥有江西德福塞纳置业有限公司、奉新华联投资管理有限公司、奉新酒业酿造有限公司、月亮湾山庄、靖安宾馆、奉新泊园禅茶院、河南泰宇房地产开发有限公司、河南汉唐房地产开发有限公司、河南三门峡度假村等经济实体。

简小林在自己成功的同时,不忘记回报社会给予他的帮助和支持,2004 年以来,由简小林赞助,邀请军旅歌手小曾在奉新成功举办了演唱会。多年来,他一直坚持在每年"八一"建军节这天向驻地武警中队进行慰问,共送去慰问金和慰问品达数万元。

为进一步做好帮困助学工作,2005 年 4 月,华联集团还专门设立了希望工程爱心箱,先后资助失学儿童和困难学生 20 余人,扶助资金 5 万余元。

为使新生儿能快乐健康成长,2007 年初,简小林开展"宝宝健康行动",为贫困家庭幼儿送去 5 万多元。为使城乡老人能做到"老有所乐",多年来,他为县老年体协、乡镇敬老院捐助钱款和慰问品达 40 余万元。为支持县城乡公路建设,他捐资 10 万余元。

2009 年 1 月,为鼓励奉心学子努力学习,立志成才,简小林自筹 100 万元作为基金,在奉新一中设立永久性"简小林奖学金",该奖学金自 2009 年 1 月 18 日举行了启动仪式以来,共兑现奖金 9.3 万元,有 31 位同学荣获了该奖学金。为了扩大奖励范围,2011 年 1 月,他将奖学金基金增加到 200 万元,将奖励范围扩大到高一、高二年级。2011 年 8 月 6 日,举行了第三届奖学金颁奖大会,兑现奖金 6.25 万元,3 个年级获奖学生 46 人。2012 年 8 月 23 日,举行第四届奖学金颁奖大会,兑现奖金 6.55 万元,3 个年级获奖学生 47 人。四年来累计获奖学生 128 人,兑现奖金 20 余万元。

2009 年,简小林被奉新县委评为"优秀共产党员",被中国宜春市委评为"优秀共产党员"。2010 年 1 月,被文明办评为首届"感动奉新十佳人物"。2010 年 10 月,被中国民营企业家协会评为"优秀民营企业家"称号。2010 年 12 月,在中央文明办秘书组和中国文明网主办的"我推荐、我评议身边好人"活动中,他入选"中国好人榜"。2011 年 4 月,被中国管理科学研究院、商务部国际贸易经济合作研究院和中国信用建设促进会授予"2011 年中国行业十大诚信企业家"称号。2011 年 6 月,被中国公益事业发展联合会、《环球慈善》杂志社和张学良基金会授予"中国公益楷模奖",被中国民营企业财富论坛组委会评为"百位优秀民营企业家金舵手奖"。2011 年 7 月,被中国公益总会授予"十佳慈善名人"称号。2011 年 3 月,被宜春市委宣传部评为"十佳爱心"人物。

（三）徐良喜（湖北省江西商会会长、欧亚达家居集团有限公司董事长兼总裁）

徐良喜，现任武汉欧亚达家居集团有限公司董事长兼总裁、武汉市工商联副主席、武汉市政协委员，同时担任着中国光彩事业武汉促进会常务理事、中国家具协会副理事长、中国家具协会流通专业委员会副主任委员、湖北省江西商会会长。

1. 苦心创业铸辉煌

1992年，徐良喜以一个农民的身份从江西老家孤身来到武汉，创办了武汉欧亚达家私实业有限责任公司，凭借"诚信、务实、勤勉、创新"的精神，经过20年的发展，欧亚达已快速发展成为一家以家居商品流通业为主体，涉及家居制造、房地产、古玩、广告等十余项产业的多元化、跨行业的大型企业集团。旗下欧亚达家居连锁商场是全国家居流通行业领导者之一，分布于全国17个城市近30家中高端家居连锁商场，经营总面积超过200万平方米，2010年销售额超过100亿元，利税超亿元。目前集团固定资产达80亿元，位于全国家居流通行业前三甲，2011年列为省政府重点扶持的上市后备企业之一。

2. 与时俱进寻突破

从一个农民到一个成功的企业家，华丽转身的背后，付出的是数倍于他人的心血。为保证自己的管理水平与经营理念与时俱进，徐良喜先后参加了武汉大学工商管理EMBA、中欧商学院第三期CEO班和长江商学院五期CEO班的学习，并以优异的理论成绩和卓越的实践成效获得学位证书。为保证企业健康快速地发展，徐良喜敢于打破民营家族企业的限制，吸引了大批高素质的职业经理人担任集团的重要岗位，并为他们的发展提供了广阔的平台。为保证企业后续发展有力，欧亚达每年招收大批的应届大学毕业生，并对他们进行全方位的培养和大胆的使用。做企业如同做人一样，保持企业诚信、守法是徐良喜管理企业的最基本原则，也是欧亚达集团目前在社会形象上华丽而不奢侈、多彩而不艳丽的真实体现。

3. 赤心为民显忠实

在担任武汉市政协委员及东西湖区政协常委期间，徐良喜主动肩负起为民谋利、为民办事的重任，联系群众、走访社会，积极参政、务实议政，累计提交议案17份，被采纳7份，为武汉市社会环境的优化及经济环境的改善做出了较大的贡献。在担任武汉市工商业联合会常务理事等社会职务时，他不甘于挂虚职、图虚名，而是充分利用自身的资源优势及多年累积的创业经验，主动为需要帮助的中小企业的发展壮大出谋划策、牵针引线，先后帮助5家以上的企业扭亏为盈、走出困境。

4. 热心公益当己任

在徐良喜心中，深知自己和欧亚达的成功离不开社会的支持与关爱，因此，积极参与公益慈善事业。据不完全统计，仅近几年就向贫困农村、灾区用于建桥、修路、建学校等捐款达4000余万元，特别是2006年8月，欧亚达集团捐赠3000多万元用于江西省丰城市桥东镇更新村新建的"晓春学校"，这既是目前江西省软硬件设施第一流的乡村学校，也是国内社会主义新农村教育环境和品质教学的典范。目前，晓春学校师生人数已近2000人，欧亚达正在策划受益面更大、社会意义更深的慈善项目，以帮助更多需要帮助的人，更好地反哺社会。

在积极投身慈善事业的同时，欧亚达规定，集团内一般岗位原则上以录用下岗工人为主，五年来，已累计安排下岗职工再就业7400余人次，目前在岗就业人数3万余人次，间接影响就业人数5万余人次，并对他们进行必要的职业技能培训，既为政府分忧，也为社会的和谐稳定做出了积极的贡献。

5. 诚心发展从头开始

"一切从零开始"。多年来，徐良喜虽然获得了湖北省"优秀中国特色社会主义事业建设者"、"最具社会责任企业家"、市"五一劳动奖章"、市"第五届杰出青年企业家"等荣誉称号，欧亚达集团也步入健康发展的快车道，但在徐良喜的心中，企业的发展远没有达到应有的规模，企业的社会责任也没有得到最有效的体现。

（四）徐桂芬（江西煌上煌集团有限公司董事局主席）

"煌上煌"的成长、成功、成就，是一个普通下岗女工的创业传奇，是一部用心血和汗水浇铸的企业丰碑。这位普通下岗女工，就是第十一届全国人大代表、江西煌上煌集团董事局主席徐桂芬。

1973 年，徐桂芬从下放了 5 年的奉新县农村返回到了南昌城。25 岁那年，幸运之神开始眷顾这位灰姑娘。这一年，她幸运地找到了自己的至爱，不久，又有了固定工作，并先后担任营业员、门市部经理。然而，随着经济体制改革的不断深入，单位的"铁饭碗"即将打破，工资经常发不出。此时，来自樱花之国的电视剧《阿信》深深地吸引了她的眼球。假如我是阿信……她重新燃起了人生梦想的火炉，利用业余时间，卖起肉皮、饺子馅和灌香肠等。可就在她小打小闹地赚出"第一桶金"，一步步接近她的梦想时，单位安排她下岗了。

也许是经商的基因中注定了躁动，也许是多舛的命运中安排了坎坷。徐桂芬没有安分守己，享受难得的清闲。她希望改变自己，希望通过自己的努力，像阿信一样，在商海中试试身手。1993 年 2 月，她自筹资金 1.2 万元办了南昌"煌上煌烤禽社"，进军食品烤卤行业，选择了做大做强中国烤卤肉制品这条创业之路。在商海搏击中，不断迸发出新的创造力，活出了人生的精彩。她先后担任全国工商联执委、全国工商联女企业家商会副会长、全国工商联农业产业化商会副会长，江西省工商联、南昌市工商联副会长，江西省工商联女企业家商会会长等社会职务。先后当选为省第九届政协常委，省第十一届人大代表、第十一届全国人大代表。先后荣获全国巾帼建功标兵、全国巾帼创业带头人、中国优秀企业家、中国优秀民营科技企业家、中国百名杰出女企业家、全国杰出企业女性、江西省优秀中国特色社会主义事业建设者等光荣称号。多次获得全国、省、市"光彩事业奖章"、市"五一劳动奖章"、市"劳动模范"、省市"三八红旗手"等荣誉称号。

如今煌上煌已由创业初期的一个煤炉、一口铁锅、一辆三轮车、一家门店，壮大成为一个集科、工、贸为一体，以畜禽肉食品为主业、营销网络遍布全国、年产值销售额 13.33 亿元、年纳税 6063.43 万元的大型民营企业。旗下拥有 15 家子公司和遍布全国的 1000 多家连锁专卖店。占地 275 亩的中式烤卤食品工业园和占地 285 亩的大型家禽屠宰、深加工厂，被列为全国农产品深加工示范基地。集团被评为国家农业产业化开发项目示范企业、农业产业化国家优秀重点龙头企业。跻身全国肉类食品行业 50 强和中国民营企业 500 强。

"皇禽"品牌被授予"江西十大原创食品知名品牌"。"皇禽"商标被评为中国驰名商标、江西省著名商标，"皇禽"酱鸭被授予江西省名牌产品。自主研发的农副产品已形成五大系列 100 多个品种，先后通过了 ISO9001：2000 质量管理体系认证、QS 质量安全认证和HACCP 食品安全管理体系认证。北京、上海、广东、沈阳、福州等地的分公司搞得红红火火。根据徐桂芬的要求，集团销售管理规范化上了一个新台阶。所有的连锁专卖店经营按照标准化、专业化、形象化的要求，做到十统一：统一门店形象、统一进货、统一配送、统一价格、统一核算、统一监督管理、统一服务、统一培训、统一广告、统一信息。从而进一步提升了江西"皇禽"牌烤卤食品的知名度。

徐桂芬致富思源，富而思进，始终坚持"为农民致富搭桥铺路，为企业壮大造血补氧，为构建和谐社会出力"的"三为"方向，始终坚持"想农、为农、帮农、带农、富农"的"五农"方针。从创业开始，就与农民结下了不解之缘，她大力推行"公司＋小区＋农户"、"公司＋合作经济组织＋农户"的养殖模式，积极推进规模化、标准化养殖。通过完善订单内容、完善风险服务基金机制、完善培育新的连接载体、完善农业科技普及工作、完善疫病防治服务工作、完善小额贷款联系服务工作、完善表彰激励机制等一系列措施，煌上煌养殖地已经发展到了全省30多个县，在省内外建立了300多个村级订单基地。创业以来，共带动全国养殖农民达4.5万户，累计帮助农户增收超过4亿元。目前，"煌上煌"的养殖基地布局初步形成，联结农户模式初步形成，养殖生产链接初步形成，协会运作机制初步形成，养殖小区逐步建设成为农民长效增收点、脱贫致富示范点、"一村一品"样板点、绿色原料供应点，提高了基地规模化、规范化建设水平，农户与企业的连接度越来越紧，农户对企业的信任度越来越强，农户对企业的满意度越来越好，农户对企业的赞誉度越来越高，农业产业化的道路越走越宽广。

徐桂芬始终怀着一颗感恩的心，报效国家和社会。她不但情系"三农"，积极推进"一村一品"工程建设，推进扶贫工程建设。而且，自觉地把爱心奉献给社会，积极投身到光彩事业之中，积极推动再就业工程、希望工程和爱心工程。哪里有灾难，哪里就出现了徐桂芬的身影：1998年抗洪，她向蛟桥镇北山村灾民捐赠粮食3万公斤，向抗洪部队官兵及灾民捐赠慰问品20多万元；2003年，全国抗击"非典"，徐桂芬为南昌市西湖区、湾里区太平乡等地送去医疗器械、衣物及现金等抗击"非典"；2005年，九江发生地震，徐桂芬闻讯后，立即给九江县委、县政府送去30万元支持其灾后重建。哪里有困难，她就向哪里伸出援助之手。几乎每年的春节、元旦、中秋节，她总忘不了那些需要帮助的人，给下岗特困职工、敬老院的孤寡老人、SOS儿童村的孩子们送去温暖和关怀。她把爱更多地浇注在孩子们身上。为了让失学的孩子能重返校园，她慷慨捐款数百万元建了6所希望学校……创业以来，徐桂芬向希望工程、"春蕾"计划、送温暖工程、防洪救灾共捐款捐物达3000多万元，安排下岗职工4000余人，受到人民的赞誉，得到政府的表彰。

徐桂芬高度重视企业党的建设和文化建设，集团成立了党委、工会、团委、妇联、武装部等组织。集团党委多次荣获全市先进基层党组织光荣称号。集团工会荣获江西省厂务公开的先进单位。在党委的统一领导下，团结凝聚广大职工群众，为推进企业文化建设和企业健康发展发挥了积极的作用。她解放思想，开拓进取，求真务实，一步一个脚印，率领着她的团队勇攀新的高峰。"煌上煌"这艘精心打造的航母，已经驶出港湾，出海远洋。面对国际金融危机，徐桂芬郑重承诺做到不减员、不减薪、不欠薪。她号召全体员工，要紧紧围绕党中央国务院提出的"保增长、保民生、保稳定"工作大局，坚定信心，共克时艰，在困难中培育希望，在挑战中寻找机遇，在不断强化企业经营管理、质量管理的同时，加大市场拓展力度，抢占市场制高点，积极稳妥地推进市场规模化。集团投资1.5亿元实施3000万羽肉鸭屠宰加工项目。该项目9月投产后，预计年产值销售额在4.8亿元，创税3791万元，直接带动鸭农6000户，纯收入可达4500万元。集团投资1.6亿元，实施山茶油精深加工项目，计划用三年时间，完成12万亩低产油茶林改造，影响和辐射周边20万亩油茶林，建成一座年加工 8000 吨的精炼油茶加工厂，实现年产值 3.6 亿元，带动茶农 2 万户，年均增收 700 余万元。集团投资 1000 万元，实施直投式生物发酵泡菜项目，该项目投产后，预计年产泡菜 3000 吨，年产值销售额 3000 万元，带动菜农 1000 户，年均增收 600 万元。

（五）王华林（九江信华集团董事局主席）

王华林祖上三代都是浔阳城里普通的市民，父母也都是普通的企业职工，父辈没有给他留下什么物质积累，父母从小教给他的就是做一个有责任、能吃苦、有孝心的人，父母一辈子也给王华林做了这样的榜样。

1993 年，王华林将自己初创的九江信华装饰有限公司更名为九江信华房地产综合开发公司，从此开启了企业房地产行业的征程；1997 年，企业又更名为九江信华集团有限公司，开启了企业规模化扩张之路；2009 年，九江信华集团有限公司正式组建九江信华集团，开启了企业多元化经营、现代化管理的二次创业征程。

王华林对这一切却看得很透彻，他说，这一切都源于九江这块土地，是国家政策的机遇、政府和社会支持才使信华发展到今天这样的规模，这是因果关系，所以信华要勇于担当，要懂得回报。

王华林是这样想的，也是这样做的。2007 年，还不十分强大的信华就拿出 1100 万元，设立信华安老助孤慈善基金，从此每年都把捐资助老作为重要的公益事业。2007 年，建起了浔阳区爱心敬老院，敬老院绿树成荫，建筑错落有致，池塘、休闲广场、果树点缀其中，布局合理、功能齐全、阳光充足、空气清新，是老人们休闲、娱乐、颐养天年的好去处。这是信华捐建的第一座敬老院，之后，王华林又陆续在修水县、共青城、庐山区捐资修建了爱心敬老院，2013 年又捐资 100 万元修建了修水县征村乡爱心敬老院。

因为王华林的行动和影响，"爱满人间·孝行天下"成了信华集团响亮的公益和文化品牌。2011 年春节期间，信华集团和市慈善总会联合九江各大主流媒体，在浔阳区、庐山区、开发区、彭泽县寻访了 20 位特困孤寡老人，为每位老人送上 1000 元慰问金；并给浔阳区社会福利院 75 位老人每位送上 600 元慰问金，还为九江市福利院、共青信华敬老院、修水县信华院等 5 所敬老院送去慰问金。

"帮天下儿女尽孝，替天下父母排难，为党和政府分忧。"这是王华林对于助老公益事业更长远更"有为"的想法。助老公益事业虽然帮助很多孤寡老人、很多困难老人解决了晚年生活，但这覆盖面仍然很小，他希望更多的老年人能够安享晚年，享受优质的服务和舒适的生活。而随着老龄化社会的到来，独生子女政策的影响，越来越多的老年人将面临养老困难问题。

"我也只有一个孩子，我将来也会遇到养老问题。"头发已经有点灰白的王华林感慨地说，"我的孩子将来至少要承担四个老人的养老责任，他哪有那么多时间和精力承担得起？"为此，王华林又有一个新的考虑，结合信华"爱满人间·孝行天下"公益理念，将养老产业作为信华集团产业发展方向的之一，实行微利甚至是无利经营，修建优质养老院和医疗部门结合，提供优质、专业的服务，让更多的老年人享受更好的服务，让更多的老年人在夕阳时光仍然活得恣意、自在。

"养老是政府和社会共同的责任，作为企业，特别是作为有能力有责任的企业，不能把追求利润最大化作为企业唯一的方向，勇于承担社会责任、为党和政府分忧，也是企业的追求！"王华林坚定地说。

同时，王华林还在地震、捐资助学、大病儿童救助等方面做出一个企业家的担当和贡献。其中，汶川地震捐款 130 万元，玉树地震捐款 26.9 万元，九江瑞昌地震捐款 68 万元；连续多年开展"金秋助学"活动，仅 2011 年就捐资 40 万元帮助 150 名特困生圆了大学梦；王华林在母校——九江一中每年捐资 10 万元设立"信华教育奖励基金"，2012 年又捐资 1000 万元为母校建信华综合楼。王华林所做的这一切，影响着九江的企业和社会，使他成为九江企业家的公益先锋和榜样。

（六）胡连荣（福建荣誉酒店集团董事长、福建江西商会执行会长）

胡连荣，福建荣誉酒店集团董事长，现任泉州市政协常委、石狮市政协常委、福建江西商会执行会长、泉州江西商会会长等职。

由胡连荣一手创办的荣誉酒店集团，以每年新开酒店酒楼不少于 1 家的速度快速发展，旗下拥有各类高星级酒店、高档酒楼共 18 家，其中 10 家设在福建省内，位于泉州东海湾片区的荣誉总部，预计在三年内建成营业，荣誉集团倡导的"以客为尊、诚信经营，高星服务、大众消费"的经营理念，得到了社会各界的高度肯定和认可，使荣誉酒店集团成为福建省内酒店业界专业化的品牌企业。

作为第三产业，荣誉酒店集团对社会所做出的贡献是巨大的。首先，大力促进了旅游行业的发展，为社会各界提供了一个对外接待的高档场所，树立了一个文明形象的对外窗口，提升了城市的品位。其次，为当地政府的经济建设添砖加瓦，做出了应有的贡献，荣誉酒店不管开到哪里，都将周边的经济迅速带动起来。此外，荣誉酒店集团的发展，为当地政府解决了很大的就业问题，酒店是个劳动密集型产业，需要大量的劳动者参与，荣誉酒店每发展 1 家上规模的高星级酒店就可以为当地提供上千人的就业机会，荣誉酒店集团多年的发展，不但为社会提供了大量的就业机会，也为酒店餐饮业培养了大量的高级管理人才。

在取得成功的同时，胡连荣不忘做慈善，并且非常热心社会公益事业，总是怀着一颗感恩的心在做事业，总是在力所能及的范围内尽最大的能力感恩政府、回报社会。长期以来，荣誉酒店集团先后为慈善事业、驻地部队、团市委活动、抗击"非典"、捐资助学、包养贫困老人等社会公益事业捐资赞助累计超过千万元。

胡连荣思路新颖、大胆开拓的经营理念，为石狮、晋江、泉州乃至福建省的旅游业发展和经济建设做出了突出的贡献；仁爱宽厚、好善乐施的为人处世之道，为广大青年做出了表率。

（七）胡九海（江西华林投资集团有限公司董事长）

胡九海先后创办了江西华林投资集团有限公司、江西华翔置业有限公司、江西海航科教投资有限责任公司。集团企业主营房地产开发、市场及设施开发建设、室内外装饰、物业管理、投资咨询。公司在市场经济大潮中奋力拼搏，信守"诚信、和谐、开拓、进取"宗旨，矢志不渝，企业朝着健康的方向稳步发展，已开发建成多个项目。

公司在不断投资建设和发展的同时，有计划地抽取企业发展基金，捐助公益事业，回报社会：2004 年 8 月捐助吉安地区文科状元、贫困学生王子鹏就读北京大学四年的学费；先后对青云谱区、西湖区数十名贫困学生进行资助（包括大学生 10 名）；1998 年抗洪赈灾，数次捐款捐物，并组织员工赴防洪一线慰问抗洪部队；坚持经常看望慰问老红军、革命老前辈；捐资近 20 万元为南昌县泾口乡、进贤县三阳赵埠乡、高安市华林乡等地区修筑公路，使其能尽快脱贫致富奔小康；2004 年 6 月捐资 18 万元配合城市美化、亮化工程、修建绳金塔三角塘休闲广场；2006 年 7 月，为构建和谐社会，建设新农村，完善农村基础设施，捐助 100 余万元为南昌县小蓝工业园沥山村（桃源丰景小区内）建设一栋三层的村委会办公用房；2006 年 8 月，捐资 40 万元为南昌县广播电视事业增添活力，使其能更好地宣传新农村建设中的好事新风；2006 年 11 月捐资 96 万元帮助南昌县小蓝工业园处理土地纠纷善后，助工业园建设稳步发展；2006 年 12 月捐资 5 万元扶助残疾人事业；2007 年 10 月向南昌市政协捐贺 8 万元，为创刊《南昌政协》杂志；2008 年 1 月为南方雪灾捐资 5 万元；2008 年 5 月为四川汶川大地震捐资 20 万元；2009 年 3 月在江西省慈善总会以 500 万元设立"九海慈善基金"。用于资助贫困学子、社会弱势群体及儿童大病救助等慈善项目；2011 年 1 月向小蓝开发区沥山小学捐助 1 万元；2011 年 2 月捐资 40 万元兴建南昌县泾口乡东岗村文化科技中心；2011 年 3 月为"国光教育基金"捐资 20 万元；2011 年为中韩友好小记者交流活动捐资 5 万元；2011 年开始，公司规划捐资建设 2～3 所希望小学，目前正在进行调查、摸底和选址工作；2012 年 3 月向江西丰城市荷湖方杜家村捐资 10 万元、用于该村改善卫生条件；2012 年 2 月为莲塘一中优秀贫困学生捐款 4 万元；2012 年 8 月向南昌县蒋巷镇联圩村东房老年活动中心捐资 10 万元；2012 年 8 月向江西省老区建设促进会捐资 5 万元；2012 年 8 月向当年考入高校的优秀学生樊志鹏、吕迎迎、熊志伟等五名学子捐助学费 26500 元；2012 年 8 月向江西慈善提供宣传费 23500 元。

胡九海为区域经济发展和维护社会稳定，热心社会公益事业所做的贡献，亦得到政府的赞誉，先后担任中国光彩事业理事会理事、江西省光彩事业促进会理事、江西省慈善总会副会长、南昌市个私民营经济协会副会长。2004 年 2 月获南昌市"五一劳动奖章"，2005 年度被推选为南昌市"劳动模范"。2005 年 9 月被聘为南昌市纪检监察局特约监察员。2006 年 12 月被推选为南昌市第十二届政协委员，并获江西省首届"十大爱心大使"荣誉。2008 年 6 月被聘为南昌市中级人民法院特约执法监督员。2011 年被选为南昌市第十四届人大代表。

（八）魏牛庚（江西恒华投资有限公司董事长、南昌市青山湖区湖坊村党委书记）

魏牛庚一贯热心公益事业，他个人曾四年每年捐出 9000 元资助遂川边远山区的困难青年叶长水上大学，直至他完成大学学业。

1997 年，魏牛庚为帮助省内偏远落后地区的发展，采取知识扶贫的方式，出资 20 余万元，为全省百个贫困村赠送全年的《人民日报》、《江西日报》、《农村百事通》等报纸杂志，并把 100 名贫困村的支书接来南昌参观学习，食住行一包到底。同年，新建县猴子脑溃堤，魏牛庚心系灾民，先后两次捐赠药品价值 10 余万元。1998 年，江西省又遭遇百年一遇的洪灾，他又向灾区人民捐赠 20 余万元的药品和资金，魏牛庚本人捐献现金 1 万元。

2001 年，他资助全南县山区的八一垦殖场扶贫办学 10 万元。2006 年，当魏牛庚得知罗家镇霸桥村长期没有解决生活用水和行路难问题，他立即提议，拿出 18 万元帮助霸桥村实施了引水工程和修通了道路，使全村用上了清洁卫生的放心水、解决了行路难问题。湖坊村还与罗家镇秦坊村和新建县铁河乡结对帮扶，帮扶资金 20 万元，又与波阳县金源村结对帮扶，出资 30 万元帮助该村发展经济。

（九）沈泽民（江西赣基集团工程有限公司董事长）

1. 胸怀大志，脱颖而出闯新路

"涛声激越风催紧，潮起正是扬帆时"。改革开放 30 多年，风起云涌，纵观市场经济大潮，赶海的弄潮儿比比皆是，但成功者只属于那些胆识过人、不畏风险、劈波斩浪的勇者。江西赣基集团董事长兼总裁、江西省政协常委、高级工程师沈泽民无疑就是这样的勇者，他勇立潮头，中流击水，可谓沧海横流，方显英雄本色。

沈泽民出生在鄱阳湖之滨，浩瀚的鄱阳湖水养育了他，并成就了他的人生性格——诚实、执着、聪慧。20 世纪 80 年代初，他以优异成绩考入名牌大学——中国人民大学新闻系，毕业后到我国四大特区之一的珠海市从事新闻记者工作。在这之后的近十年时间里，对于沈泽民来说，仅是一个平凡的新闻记者，没有波澜，没有起伏，但他的创业激情始终没有被记者职业的安逸所泯灭。

1992 年，邓小平南方谈话，特区掀起了新一轮的改革开放热潮，沈泽民跳下商海，在市场大潮里开始搏击，扬起了他的人生风帆。1995 年，沈泽民先后创办过两家公司，但他毕竟是初次涉海，两次创业并不顺利。

2. 抢抓机遇，矢志不渝绘宏图

尽管前两次创业不是很顺畅，但沈泽民凭借他过人的胆识和敏锐洞察力，在国家基础设施建设这一领域发现了巨大的商机。

1996 年以后，沈泽民独立创办了江西赣基交通工程有限公司，现在的江西赣基集团就是在这家企业的基础上进一步做大做强的，集团已成为国家一级施工总承包企业，参与了高速公路、市政工程、水利工程、隧道、桥梁、基础设施工程等多项建设施工，年施工能力达到 15 亿元以上。

作为主营方向，江西赣基集团将拓宽路外市场列为"重中之重"，先后在广东、云南、浙江、福建、江苏等地设立了分公司，为企业做大做强打下了扎实基础。2002 年以来，他们先后承担了昌金高速、京福高速、319 国道、赣粤高速、南昌高校园区、深圳宝安大道、昆明经济开发区、丽水大桥以及九江两湖治理等多项国家、省、市重点工程建设。2011 年 9 月，江西赣基集团在 2010 年度全国 180 万家上规模民营企业调研排序中名列第 2074 位。2012 年公司实现产值 28 亿元，上缴国家税收 1.68 亿元。2012 年 12 月，公司与光大集团组成联合体，中标广东清远市政道路城市建设 BT 项目，总投资 24.7 亿元。

3. 重塑文化，铸就企业发展魂

沈泽民十分注重企业文化建设，进行了积极的探索和实践，积累了许多宝贵经验和成熟做法，他坚持用优秀文化促进企业发展、打造赣基品牌。在赣基企业文化创建过程中，他执着负责的人格魅力和睿智的思想理念，成为赣基文化的核心，也丰盈了赣基文化的深厚底蕴。赣基文化"秉持领先水平、倡导行业风范、追求卓越品质、推动科技创新"的企业宗旨，"心聚赣基、勇为人先"的企业精神，"每个赣基人都是一颗螺丝钉，只有坚韧不拔，才能筑成一道钢铁长城"的赣基人行为准则，都是出自他之口，也是他一贯的行为准则，在他的积极倡导和自觉践行下，赣基企业文化体系建设初见成效。

4. 关注民生，谱写发展新篇章

慈善是爱出于心的高尚之举。爱出于心，既是一种道德追求，也是一种精神境界。中国有句古语："富以施为德"。善行天下，感恩桑梓，以拳拳赤子之心回报父老乡亲，沈泽民

以自身的行动对慈善和爱心作了最好的诠释。作为全国全面建设小康社会作贡献"先进个人"获得者和江西省第二届优秀儒商，他时刻不忘弱势群体的生活困境，通过该市慈善总会、九江青年企业家协会和江西省光彩事业促进会等渠道，无偿向他们伸出援助之手。

捐助困难群众。2004 年，捐资 37 万元兴建鄱阳县湖滨有线电视台 1 座，使全乡 9 万多人及时收看上了有线电视；2005～2009 年，先后捐资 187 万元建设希望小学 3 所和接济失学儿童 37 人；2007～2011 年先后捐助 265 万元帮助 197 名寒门学子圆了读研究生及博士梦；2008 年，捐资 360 万元为鄱阳县湖滨东山村、九江市庐山区赛阳镇、九江市共青城甘露镇修建公路 35.41 公里和小桥 4 座，同年先后为共青城甘露镇双塘村捐资 26 万元修建绕村公路及户户通水泥路；2008 年为九江县城门镇捐赠落地风扇 750 台价值 12 万元及团市委组织的"春蕾"行动捐赠 15 万元；2009 年，先后为江西省光彩事业鄱阳县立体养殖绿色农业等惠农工程捐资 35 万元，使 207 户农户受益并脱贫致富；资助鄱阳县湖滨小学 60 名品学兼优的困难学生从小学到高中毕业全部学杂费用 148 万元；为星子县孤寡老人捐款 10 万元和九江市"百千万惠农工程"捐款 20 万元；2007 年在市政府举行的"百企挂百村"活动中捐资 15 万元帮助特困群众 30 人；2010 年为鄱阳县湖滨东山村新农村建设捐资 40 万元；2011 年为贵州省毕节市纳雍县每年捐资 10 万元扶助 20 名贫困大学生和为都昌徐埠镇小学 670 名学生捐献"爱心午餐"；2012 年 7 月为共青城甘露镇捐款 45 万元兴建农民文化中心；2012 年 8 月为九江市团委希望工程"圆梦"行动捐赠贫困大学生 50 名共计 10 万元；为共青城甘露镇捐资 20 万元修建出村公路；2012 年 9 月为德安县丰林镇黄桶村捐资 30 万元修建 1.5 公里水泥路；2013 年 4 月捐资 200 万元帮助 1000 名贫困学生圆春蕾梦。

支持灾区建设。为 1998 年抗洪捐款 60 万元、瑞昌地震捐款 30 万元；2008 年汶川大地震后，在个人捐款 35 万元的同时，又援建四川小金县、绵竹市和崇州市三大救灾项目，投入援建人工费、机械费、施工材料费共计 790 万元；2010 年 5 月为玉树地震捐款 15.7 万元，同年 7 月为江西抚州市特大洪灾捐赠 5 吨大米和 2 吨食用油价值 4.82 万元。

数字是枯燥的，但数字又是记录历史的最真实工具。在江西赣基集团的一份捐资财务表上，清楚地记录着每一笔捐赠款项。自 1994 年以来，沈泽民以不同形式捐款捐物累计 2390 万元，其中现金捐款 1490 余万元。这些都产生了良好的经济效益和社会效应。他本人也被誉为"慈善之星"。

有付出就有回报。沈泽民先后获得"全国全面建设小康社会作贡献先进个人"、"江西省第二届优秀儒商"、"民革全国社会服务先进个人"、"民革江西省社会服务先进个人"、"江西省中国特色社会主义事业优秀建设者"、"江西省优秀企业家"、"江西十大慈善突出贡献人物"、"九江市首届十大经济人物"、"九江最具影响力公益人物"、"九江市优秀政协委员"、"九江市十大杰出青年企业家"和 2009～2010 年度百千万惠农工程"先进个人"等多项光荣称号。他坦言：有了中国共产党和改革开放的好政策，才有我的今天；用心做强做大公司是我的天职，服务社会、帮助群众是我的使命。

（十）林阿龙（江西龙峰建设集团董事长）

2008 年 1 月 26 日，对江西省安远县车头镇车头村的老年人来说是个大喜的日子，这天是该村老年活动中心建成开放日。50 年一遇的冰雪丝毫没能阻挡他们把内心的激动与喜悦写上脸颊，站在宽敞明亮的活动中心，老人们乐得合不拢嘴，许多老人念念不忘的是江西龙峰建设集团董事长、赣州市福建商会会长林阿龙为自己送的福。原来，2007 年初，当时身为赣州市政协第二届委员的林阿龙在这里视察调研新农村建设时，发现车头村的年轻人几乎都外出打工了，留守的老人缺少关爱，无活动场所，他当即表示捐赠 10 万元钱帮助建立老年活动中心。类似的故事还有很多，因为把创业与奉献完美结合是林阿龙一生的不懈追求。

20 世纪 60 年代初，林阿龙出生在福建福清一个穷苦人家。7 个兄妹扯着父母的衣角，在那食不果腹，衣不蔽体的苦难岁月里度日如年。18 岁那年，林阿龙抱着为父母减轻生活负担的希冀外出打工。6 个月只挣了 87 元钱，后来，他又当过修路工，推过板车，贩过菜，捡过化肥袋，折腾了两三年，钱没挣到，脚底皮却一年比一年厚。

也许充满希望的人，会把每次失败看作是下次成功的起点。林阿龙坚信人生的路是闯出来的，他又辗转来到江西吉安武功山林场修路。由于他吃苦、肯干，老板便把一段路承包给他，这一次承包的工程他比别人完成得快完成得好，还赚了 1000 多块钱。从此，他也做起了小包工头。由于林阿龙做事认真、扎实，工程质量好，在方圆百里还小有名气。机遇随之也高频率地垂青于他，武功山林场大大小小的工程一般都找他做。那时吉安地区林业局领导看了林阿龙为武功山林场总部做的院部设施工程后大加赞赏，并把他介绍到井冈山林场承包了一个较大的工程。

月明日落，岁月悠悠，几度辛劳，几多汗水。林阿龙完成了人生第一次拼赢——完成了资本的原始积累。

不审天下事，无应天下物。林阿龙看到赣南火热的经济建设热潮，于 1993 年举家来到这块土地创业，并先后注册成立了上犹市政工程公司、赣州市龙峰建设工程有限公司及现在的江西龙峰建设集团，他凭着"质量重于泰山，安全创建精品"的企业精神和经营信条，业绩遍布赣南各地，由他主持承建的赣州市人大、政协办公楼均获江西省建设厅"省级优良结构工程"，赣州帝怡江景、赣南医学院 7# ~ 12# 楼、319 国道兴国段 A 标工程获"省优良工程"称号，他本人获"省优秀项目经理"称号，"赣州市五一劳动奖章"，"建设有中国特色社会主义赣州市十大建设者"，"江西省五一劳动奖章"，江西省新农村建设先进个人等。目前，江西龙峰建设集团日渐壮大，走上了工程建设、房地产开发，新型建材、酒店、机械设备租赁、贸易、农业产业化等综合发展的路子。集团多次被评为"诚信承诺先进单位"，"守信用、重合同企业"，"地方纳税大户"，进入赣州市个私经济百强行列，龙峰集团创利税达 1700 多万元。

家大业大，不如党和政府的恩情大。面对成功，林阿龙总是对时代感恩不尽，他对时代的感恩不仅表现在思路上，更落实在行动中，为社会奉献了一颗博大的爱心。早在 1994 年，林阿龙得知上犹县东山镇的黄群英由于丈夫英年早逝，扔下她和两个儿子艰难度日，他便安排黄群英到自己的建筑工地做事，并资助她的两个儿子读书至初中毕业。熟悉林阿龙的人都说他既是一个企业家，更是一个慈善家。2004 年，上犹县文物古建筑白塔濒临破败，林阿龙捐款 20 万元使之修葺一新，该塔已被列为省级重点保护文物。2006 年捐赠新农村建设 20 万元，2006 年 8 月捐赠贫困大学生 15 万元，2007 年捐赠"光彩事业"贫困生助学 5 万元，同年捐赠赣州市慈善机构帮助残疾儿童 5 万元，从 2007 年起向赣州慈善会总计捐献 100 万元慈善基金，每年按 5% 捐赠给慈善事业；向赣县吉埠镇村民捐款 35 万元用于修建路桥，向福建家乡捐款修路建桥及修建养老院达 200 万元；又响应市委市政府号召，捐款 60 万元用于修缮赣州文物古建筑马祖岩古庙。创业路上，奉献同行。多年来，林阿龙在扶贫济困、助学、救灾、新农村建设及诸多公益事业上捐款 600 余万元，得到了社会各界的认可。2007 年被评为"赣州慈善明星"，江西省"十大爱心使者"、全国"慈善突出贡献人物"等。

林阿龙说福建是生育自己的故乡，江西是培养他的家乡，对赣南这块土地有着特别深的感情。他的心里涌动着一股强烈的奉献愿望，总要为赣州的发展尽点力。

2003 年 12 月 20 日，是值得在赣州投资兴业的福建籍企业家永远纪念的日子。这一天赣州市福建民资企业联合会（赣州市福建商会前身）正式成立，林阿龙高票当选为会长，至今已连续蝉联三届会长。

点点滴滴集腋成裘，涓涓细流汇成江海。同时，作为在赣闽商，身为赣州市福建商会会长的他，积极倡导商会会员和企业家们热心扶弱助残，融入爱心事业，积极回报社会。近几年来，据不完全统计，赣州市福建商会向灾区、贫困学生和社会公益活动捐款捐物累计达1300 多万元。如果说林阿龙对同乡是慷慨相助，那么在推动闽、赣两地经贸往来，以商招商上更是赤心一片。正如他在赣州福建民资企业联合会成立一周年纪念大会上所讲的："我们一定要团结一致，与时俱进，在发展会员，搞好服务，开展公益活动，协助政府以商招商等各项工作上身体力行，为加快赣州经济社会发展，全面实现小康社会不断做出新的贡献。"

"慈善千秋业，乾坤日月长"。慈善是中华民族的传统美德，随着时代的发展，它已经成为社会保障体系的重要组成部分，在推动经济社会发展、构建社会主义和谐社会中起着积极的作用，并且成为社会文明进步的标志，也必将成为企业家精神的重要内容。

第九章　民营经济研究组织与成果

一、概述

2013 年，江西省民营经济研究组织主要有两个：分别是 2003 年成立的江西财经大学产业集群与企业发展研究中心（原称民营企业发展研究中心）和 2013 年新成立的江西省民营经济研究会。

2013 年，有关民营经济研究的课题主要来自国家自然科学基金项目、国家社会科学项目、国家软科学研究项目、江西省社会科学"十二五"规划项目、江西省科技厅第二批科技计划项目以及南昌市"十二五"社科规划项目。研究主题既涉及了民营金融机构和民营上市公司的发展，也引入了中小企业协同创新研究、中小企业信用体系评价研究，还针对江西的整体民营经济发展环境和特有的鄱阳湖生态经济区建设背景提出了一些解决政府规制问题和提高企业软实力等方面的建议。

江西省相关民营经济问题的研究成果，主要是学术论文类的成果。江西省民营经济相关研究的学术论文，主要来源于各类期刊和会议论文集等。本年鉴主要收集了江西省学者撰写，以及非江西省学者撰写但发表在江西省属期刊上的学术论文，共 43 篇，其中以江西民营经济为研究主题的有 22 篇，主要涉及江西民营经济体系中的融资问题、信用体系、社会责任、转型升级、技术创新以及集群发展等方面的内容；一般性研究民营经济问题的有 21 篇，主要研究主题包括民营企业文化建设、民营企业战略选择、民营企业内部控制和内部审计的优化等。

二、民营经济研究组织

江西省的民营经济研究组织数量较少，具代表性的是江西财经大学产业集群与企业发展研究中心（原称民营企业发展研究中心）和 2013 年新成立的江西省民营经济研究会。江西财经大学产业集群与企业发展研究中心（原称民营企业发展研究中心）成立于 1998 年 7 月，并于 2003 年 4 月被江西省教育厅批准为江西省高校人文社科重点研究基地。该研究中心自成立以来便专注于产业集群成长、工业园区发展以及企业经营与管理等方面的研究。此外，为提高研究中心的整体科研能力和学术水平，中心专门设立了专职研究人员和兼职研究人员，历任主任名单如表 9-1 所示。

表 9 - 1　江西财经大学产业集群与企业发展研究中心历任主任

姓名	职称	任职时间
曹元坤	教授	2013 年 5 月至今
张孝锋	教授	2010 年 12 月至 2013 年 5 月
刘彪文	教授	2009 年 7 月至 2010 年 12 月
胡宇辰	教授	2005 年 4 月至 2009 年 6 月

2013 年 11 月，由相关专家学者、经济领域工作者、民营企业家和有关部门领导组成的学术机构——江西省民营经济研究会成立。研究会成立初期，聘请省人大常委会原副主任蒋如铭、中央党校原副校长刘海藩为研究会总顾问；选举省工商联主席雷元江为研究会会长、省工商联副主席刘星平为常务副会长；龚培兴、温显来、王翔、林印孙、张华荣、王再兴、杨文龙、邱小林等 9 人当选为副会长。此外，经推荐和选举产生了首届常务理事和理事（具体名单见表 9 - 2）。为更好地抓住机遇，认清使命，实现江西省与全国同步全面建成小康社会的目标，江西省民营经济研究会成立伊始，便明确了其工作目标和组织职能。研究会将其工作目标定位为，围绕民营经济发展的丰富实践，开展对策性的、实践课题性的理论研究，为江西民营经济持续健康发展提供政策理论支持，为民营企业的健康发展和民营企业家的健康成长深培沃土。并将其组织职能具体定义为，针对江西民营经济发展中的重大问题进行深入系统的研究和宣传，不断推出符合江西省情、符合民营经济发展实情的、切实能对发展有推动作用的工作成果，做强研究会品牌，努力在江西发展中贡献应有的力量。

表 9 - 2　江西省民营经济研究会常务理事名单和理事名单

常务理事名单（共 40 名，按姓氏笔画排序）			
姓名	单位	姓名	单位
王翔	江西省工商联副主席、江西民生集团有限公司董事长	王再兴	江西省工商联副主席、豪德集团董事局主席
王定水	江西新厦建设集团董事局主席	刘星平	江西省工商联副主席
朱志强	江西省统计局国民经济核算处副处长	江仲俞	江西日报经济部副主任
余世华	江西省发改委财金处处长	余红梅	江西飞宇竹业集团有限公司总裁
吴康彪	江西康彪鞋业有限公司董事长	张华荣	省工商联副主席、赣州华坚国际鞋城有限公司董事长
李义海	江西济民可信集团有限公司董事长总裁	李良彬	江西赣锋锂业股份有限公司总裁
李春华	江西共青开平实业有限公司董事长	李晓园	江西师范大学商学院党委书记
杨文龙	宜春市工商联主席、江西仁和集团有限公司董事长	肖明	江西省中小企业局非公处处长
贡建平	江西明恒纺织集团有限公司董事长	邱小林	江西省工商联副主席南昌理工学院理事长
陈明	江西财经大学工商管理学院副院长	陈万洵	江西仁达企业发展有限公司董事长
陈华贵	江西杰克机床有限公司董事长	周界云	江西省科技厅政策法规处副处长
林印孙	江西省工商联副主席正邦集团有限公司董事长	林阿龙	江西龙峰建设集团有限公司董事长

续表

常务理事名单（共 40 名，按姓氏笔画排序）

姓名	单位	姓名	单位
林浩飞	景德镇市华达购物广场有限公司总经理	欧阳仉孙	江西省农业产业化龙头企业担保有限责任公司副总经理
柳习科	江西省证监局新业务监管处副处长	聂碧云	江西北美实业有限公司董事长
陶裕春	华东交通大学经济管理学院副院长	黄世贤	省委党校经济研究所所长
龚云斌	江西省国家税务局征管和科技发展处处长	龚培兴	省委原党校常务副校长
曾光	江西省发展和改革研究中心经济研究室助理研究员	温显来	江西省工商联副主席、江西博能实业集团有限公司董事长
谢奉军	南昌航空大学经管学院院长	谢朗明	龙南县恒泰实业有限公司董事长
詹慧珍	江西省总商会副会长、赣西科技职业学院董事长	赖长萍	江西萍乡市迪尔化工填料有限公司董事长
雷元江	江西省工商联主席	魏丹	江西省地税局所得税处副处长

理事名单（共 87 名，按姓氏笔画排序）

姓名	单位	姓名	单位
毛日清	江西省民营经济研究会创业天地负责人	王翔	省工商联副主席、江西民生集团有限公司董事长
王再兴	省工商联副主席、豪德集团董事局主席	王定水	江西新厦建设集团董事局主席
王建强	江西中川置业有限公司董事长	王振兴	高安市老板王家具有限公司总经理
王淑珍	江西省风雅事业有限公司董事长	甘京辉	江西东来大通电器有限公司董事长
任德清	江西省民营经济研究会调研部负责人	刘强	江西康强实业集团有限公司总经理
刘克明	江西财经大学工商管理学院系主任	刘芦萍	江西昌盛大药房有限公司董事长
刘其生	赣州启明星眼科医院执行董事名誉院长	刘星平	省工商联副主席
刘才辉	亚洲牙科医疗管理集团董事长	刘晓青	省委党校经济学教研部
向时辉	萍乡市博华实业有限公司董事长	朱志强	省统计局国民经济核算处副处长
朱嘉蔚	华东交通大学经管学院副主任	江仲俞	江西日报经济部副主任
余世华	省发改委经贸处副处长	余红梅	江西飞宇竹业集团有限公司总裁
吴水前	浮梁县浮瑶仙芝茶业有限公司董事长	吴志远	省委党校经济学教研部主任
吴康彪	江西康彪鞋业有限公司董事长	张华荣	省联副主席、赣州华坚国际鞋城有限公司董事长
李政	江西新源房地产开发有限公司董事长	李义海	济民可信集团董事长
李启明	江西大觉山旅游景区集团有限公司董事长	李甫华	江西省民营经济研究会内参负责人
李良彬	江西赣锋锂业股份有限公司总裁	李明俊	省地税局直属分局稽查队队长
李春华	江西共青开平实业有限公司董事长	李晓园	江西师范大学商学院党委书记
李敏	江西财经大学工商管理学院副教授	李雅民	赣州晨光稀土新材料股份有限公司事业部总经理
杨文龙	宜春工商联主席、江西仁和集团有限公司董事长	杨剑	赣县金鹰稀土实业有限公司总经理
杨海军	南昌航空大学区域中心副主任	肖明	省中小企业局非公处处长
肖军平	普正药业股份有限公司董事长	肖灵机	南昌航空大学国际教育管理研究中心主任
贡建平	江西明恒纺织集团有限公司董事长	邱小林	省工商联副主席、南昌理工学院理事长
陈万润	江西仁达企业发展有限公司董事长	陈华贵	江西杰克机床有限公司董事长

续表

三、立项课题与研究成果列表

（一）立项课题列表

2013 年关于江西民营经济发展的立项课题共 7 项，主要包括国家自然科学基金项目 1 项、国家社会科学项目 1 项、国家软科学研究项目 1 项、江西省社会科学"十二五"规划项目 2 项、南昌市"十二五"社科规划项目 1 项以及江西省科技厅第二批科技计划项目 1 项（见表 9 - 3）。2013 年，成功立项的 7 项课题主要涉及江西省民营企业的激励机制的设计、软实力的提升、信用评价体系的建立以及政府规制的方法等方面的内容。

表 9 – 3　江西省民营经济研究之立项课题列表

序号	课题名称	主持人	主持人单位	课题来源
1	民营上市公司外聘高管的代理成本与激励机制效果：基于经理人市场视角	袁春生	江西师范大学	国家自然基金（2013）项目
2	江西中小企业信用体系建设与信用评价研究	曹小秋	南昌大学经济与管理学院	江西省社会科学研究"十二五"（2013年）规划项目
3	公共体育场馆民营化的政府规制研究	谭刚	江西财经大学体育学院体育系	国家社会科学基金（2013年）项目
4	江西民营金融机构发展研究	刘旭辉	江西省社会科学界联合会	江西省社会科学"十二五"（2013年）规划项目
5	江西中小企业信用体系建设与信用评价研究	曹小秋	南昌大学经济与管理学院	江西省社会科学研究"十二五"（2013年）规划项目
6	鄱阳湖生态经济区建设背景下江西民营企业软实力提升对策研究	嵇国平	南昌工程学院工商管理学院	江西省科技厅第二批科技计划（2013年）项目
7	南昌民营经济发展环境研究	皮洁	江西南昌社会科学院	南昌市"十二五"（2013年）社科规划项目

（二）研究成果

2013 年，江西省相关民营经济问题的研究成果，主要是学术论文。本年鉴主要收集了江西省学者撰写，以及非江西省学者撰写但发表在江西省属期刊上的学术论文，共 43 篇，其中以江西民营经济为研究主题的有 22 篇，一般性研究民营经济问题的有 21 篇。以江西民营经济为研究主题的 22 篇学术论文主要涉及江西省传媒、金融服务、科技创新、医药等多类型的民营企业，并针对这些不同类型的民营企业的融资风险、人才回流、品牌管理、信用评价、社会责任、转型升级、技术创新以及集群发展等方面的内容分别做了具体的阐述。与以江西民营经济为研究主题的 22 篇学术论文相比，一般性研究民营经济问题的 21 篇学术论文则主要是基于民营企业整体发展状况，对民营企业的文化建设、战略选择、投资决策和内部管理进行了相关的研究（见表 9 – 4）。

表 9 – 4　江西省民营经济研究之学术论文列表

序号	成果名称	作者	作者单位	成果摘要	文献来源
				相关江西民营经济问题研究的学术论文	
1	江西省小型微型企业调研报告	江西省工商联	江西省工商联	江西省非公有制经济在省委、省政府正确领导和各有关部门大力支持下，紧紧围绕鄱阳湖生态经济区建设，坚持以科学发展观为统领，以转变发展方式为主线，以调整经济结构为重点，不断壮大规模总量，全面提升企业素质，取得了"十二五"开局之年新胜利	《小型微型企业保生存谋发展会议论文集》2013年1月

序号	成果名称	作者	作者单位	成果摘要	文献来源
			相关江西民营经济问题研究的学术论文		
2	江西中小企业融资难的原因与政策支持	巫文勇 姜三明	江西财经大学法学院	江西中小企业因金融体制惯性、金融市场非均衡发展、企业信用体系缺失、政策扶持不力以及中小企业自身的创新不足等原因，造成融资困境。要破解这一难题，必须积极推动中小企业融资制度的改革与创新，引导中小企业融资服务机构建立，加大财政税收支持力度，完善融资政策法规	《求实》2013 年第 2 期
3	江西民营电视产业的现代转型和可持续发展	刘远军 郭赫男 余江峰	长江大学文学院、四川外语学院新闻传播学院、交通部长江航运公安局九江分局	江西民营电视由于种种原因，处在发展的"农业时代"，有着粗放型经济的特点，亟待完成产业的现代转型。具体而言，要不断提高节目内容专业化水平，开拓多样化的营销方式，实行现代化经营管理，努力走上集约化生产的可持续发展道路	《新闻知识》2013 年第 2 期
4	政治关系、银行贷款与民营企业商业信用筹资	蔡吉甫	江西财经大学会计学院	研究结果证实，在制度缺失条件下，政治关系能够给民营企业带来一系列的融资便利，减少企业对其他成本较高的替代性资金来源的需求，但政治关系在金融资源的配置过程中常常伴有高昂的寻租成本，造成新的资源配置的扭曲	《江西财经大学学报》2013 年第 3 期
5	所有制性质对企业社会责任水平的影响分析——基于225个企业样本的实证	张胜荣	江西农业大学经济管理学院	所有制性质对企业社会责任水平到底有何影响？学界观点不一。因此，对企业进行实地调研，共收集225个企业样本数据。结果显示，所有制性质对企业社会责任水平无显著影响。进一步研究发现，不同规模的企业社会责任表现有显著差异	《江西农业大学学报（社会科学版）》2013 年第 3 期
6	国家集体林区森林认证试点初报——以花桥民营林场为例	熊国辉 黄金芽 熊小洪 熊力群	靖安县林业局、靖安县林业公司	以花桥民营林场森林认证为例，介绍森林认证试点单位概况、森林认证依据、森林认证试点流程图、森林认证管理体系的建立和森林认证审核过程，阐明抓好森林认证试点项目的方法与措施。为今后开展中国森林认证的单位提供参考	《江西林业科技》2013 年第 4 期
7	江西吸引外流人才回流的策略选择	钟贞 谌飞龙	江西财经大学工商管理学院	改革开放以来，江西大量的人才流失到长珠闽地区，随着江西本土经济的纵深发展，把他们吸引回家乡投资创业，或投身现有民营企业共同发展，显得尤为必要。实施"面向长珠闽"的人才策略，吸引外流人才回乡发展是一项系统工程，必须由政府和企业来共同努力完成，这也是江西民营企业人才策略的必然选择	《企业经济》2013 年第 4 期

续表

序号	成果名称	作者	作者单位	成果摘要	文献来源
			相关江西民营经济问题研究的学术论文		
8	江西中小茶企如何突破出口的贸易壁垒	黄爱华	江西省社会科学院	自中国加入 WTO，迈入全球市场化竞争的门槛以来，中国中小企业逐渐发展壮大，为国家的经济发展做出了巨大贡献。但面对 2008 年金融危机来袭以及出口贸易中的各种技术性贸易壁垒，中小茶企自身的缺陷和出口体制的缺陷立即暴露出来	《农业考古》2013 年第 5 期
9	浅议江西省民营养猪企业融资风险产生原因及防范措施	田翀	江西财经大学会计学院	结合江西省民营养猪企业的融资现状，通过分析其产生融资风险的主要原因，提出关于江西省民营养猪企业融资风险的控制及其防范措施	《企业导报》2013 年第 5 期
10	浅析江西省民营企业融资困境及其对策	缪思琪	江西财经大学会计学院	民营企业是带动江西省经济增长的重要力量，但是民营企业也普遍存在规模小、生存空间狭隘、融资难等问题。重点探讨江西省民营企业融资困境及其产生原因，并提出相应对策，旨在为广大江西省民营企业改善和解决融资困境献上绵薄之力	《时代金融》2013 年第 5 期中旬刊
11	促进江西省工业园区中小企业发展研究	何雄伟	江西省社会科学院	在研究江西工业园区促进中小企业发展的实效，以及对当前工业园区发展基本情况、存在问题和原因分析的基础上，提出了大力开展中小企业创业园建设、构建中小企业产业集群、提升工业园区政府服务效率和水平、完善园区基础设施和社区建设以及加强政策支持力度等政策建议	《企业经济》2013 年第 8 期
12	开发信用价值 抱团互助融资——奉新工业园中小企业信用互助融资模式初探	涂赞洁	江西省中小企业局	中小企业融资难有多重因素，在现有金融外部环境特定情况下，关键点在银行的风险和成本控制。为解决这一问题，在奉新工业园区进行"中小企业信用互助融资模式"试点	《当代江西》2013 年第 8 期
13	引入融通仓解决江西省中小企业"融资难"问题初探	唐艳 柯小霞	深圳技师学院国际商务系、江西科技学院管理学院	在调查研究了江西中小企业融资难的现状和原因后，初步研究了江西省中小企业通过融通仓解决融资难问题的可行性和具体操作流程，从而为早日在江西省开展融通仓服务提供一种新的融资方式的选择，以帮助江西省中小企业尽早走出资金链紧张的困难局面	《湖南农机》2013 年第 9 期
14	"金融二元主义"框架下民间金融的风险解构	李世财	江西师范大学财政金融学院	改革开放以来，中国对国有经济和民营经济实行差异化的信贷管理，这种"金融二元主义"导致的国有金融资金供给与民营企业信贷需求的制度错位，为民间金融发展提供了内在动力。随着社会经济体量的增大，民间金融风险日益凸显，其风险产生的根源在于民间金融的"关系化"与非市场化	《江西社会科学》2013 年第 11 期

序号	成果名称	作者	作者单位	成果摘要	文献来源
				相关江西民营经济问题研究的学术论文	
15	江西省民营企业转型升级发展模式研究	熊尚鹏 施永	宜春学院	针对当前江西省民营企业转型升级存在的主要问题，提出了产品创新升级、产业组织创新升级、管理创新升级、市场创新升级、贸易创新升级5种转型升级发展模式选择	《企业经济》2013年第11期
16	着力利用中小企业私募债解决江西中小企业融资难问题	钟爱贞 王显忠	江西师范大学财政金融学院、江西省证监局	中小企业私募债的发行，可有效拓宽中小企业融资渠道、引导民间资金支持实体经济、构建多层次的资本市场体系，私募债业务已从地区试点逐渐转向常态化发展	《金融与经济》2013年第12期
17	我国中小农产品出口企业的经营之道——江西林恩茶叶有限公司的成功经营案例	饶贵生 陈亮	江西外语外贸职业学院	中小外贸企业具有规模小、信息不对称、对市场波动敏感、承担风险能力差等特点，很容易成为市场中的弱势群体。以江西省重点农产品出口企业——江西林恩茶业有限公司成功经验为例，探讨中国中小外贸企业加快发展的正确途径	《对外经贸实务》2013年第12期
18	江西省中小企业融资问题探析	刘爱平	江西旅游商贸职业学院	基于中国四大银行为主导的金融体系，民间融资可以成为解决中小企业融资难问题的有效途径之一	《老区建设》2013年第12期
19	推动江西中小型科技企业技术创新的区域创新文化重塑	张琼 郑丽华	南昌工程学院工商管理学院	中小型科技企业发展的核心问题在于技术创新，而国内外众多研究者都将企业技术创新的成败主要归因于文化因素。江西作为中部欠发达地区，经济文化相对落后，鉴于新的经济形势与国内外的理论研究，重塑区域创新文化以推动江西中小型科技企业技术创新成为实现江西经济又好又快发展的必由之路	《求实》2013年第12期
20	国内外中小企业集群的演进对江西中小企业集群发展的启示	熊倬	江西科技学院	从观察意大利、英国等国外中小企业集群和广东、浙江等国内中小企业集群的演进入手，分析了江西中小企业集群的现状和地位，得出了如何促进江西中小企业集群发展的初步启示，并论述了江西省在中小企业发展中的部分实践对策	《中外企业家》2013年第14期
21	江西省中小型医药企业品牌营销现状研究	李沛然	江西中医药大学经济与管理学院	中小型医药企业在品牌营销上较为薄弱，很少能从战略角度协调增强企业的生存和发展。品牌是中小型医药企业可持续发展的有力保证，相对于大型知名医药企业，中小型医药企业实行品牌营销是提高其市场竞争力的有效路径	《现代经济信息》2013年第20期
22	鄱阳湖生态经济区建设对江西民营企业发展的影响	嵇国平 阚云艳	南昌工程学院工商管理学院	阐述了民营企业的内涵，介绍了江西民营企业的总体概况，阐述了鄱阳湖生态经济区建设对江西民营企业发展的影响	《内蒙古科技与经济》2013年第20期

续表

序号	成果名称	作者	作者单位	成果摘要	文献来源
			相关一般民营经济问题研究的学术论文		
1	文化自觉与民营企业的科学发展——以浙江温州为例	任映红	西安交通大学人文社会科学学院、温州大学马克思主义学院	文化自觉是科学发展观形成的内在动因,它促使人们对自身传统发展模式进行审视和调整,促使人们在吸收借鉴西方文明时保持审慎和理性。科学发展是民营企业文化自觉的理性选择:创新发展理念,破解发展难题,促进转型升级,推进品牌建设	《江西社会科学》2013 年第1 期
2	浅淡我国中小型民营企业财务管理问题和对策	赖琛	江西华伍制动器股份有限公司	中国中小型民营企业融资主要有股权投资、银行贷款和民间信贷三种基本形式。其中大部分中小型民营企业因为不具备深圳中小企业板、创业板上市的条件,也不具备发行企业债券的条件,无法通过资本证券市场向社会公众发行股票和债券来筹集资金	《中国总会计师》2013 年第1 期
3	浅析民营企业的创新途径	曹斌	江西省吉安市城管支队	员工由于对企业归属感的缺失,出现频繁跳槽离职的现象已成为民营企业发展的硬伤,传统控制离职的方式往往是从企业的利益角度出发而忽视员工物质及精神的需求	《现代营销(学苑版)》2013 年第2 期
4	民营医院优化临床药学服务模式考核实践	刘建明 颜秀娟 沈静琳 陈书敏 郑伟英	江西医学院上饶分院、上饶市第五人民医院	文章目的:优化药剂科量化考核的方法。方法:在优化岗位分工的基础上建立药剂科公共量化指标和岗位量化指标。结果:通过量化考核,能提高药师的工作积极性,增强药学服务能力。结论:通过量化考核的实施,能规范药学服务	《科技视界》2013 年第3 期
5	金融漏损、银行歧视与商业信用	蔡吉甫	江西财经大学会计学院	利用商业信用再分配的基本原理,从金融漏损和信贷歧视的视角系统研究了银行借款与商业信用之间的关系。研究结果显示,体制内的国有企业在正规金融市场上获得的银行贷款并未完全转化为产出,其中一部分则是以应收账款的形式发生了漏损	《财经论丛》2013 年第3 期
6	会计信息质量与公司投资效率——基于2006 年会计准则趋同前后深沪两市经验数据的比较研究	蔡吉甫	江西财经大学会计学院	基于中国转型经济的制度背景,并以会计准则变迁为契机,利用深沪证券交易所 2003～2010 年 7215 个上市公司的经验数据,实证考察了会计信息提高公司投资效率的微观机理及其演变趋势。研究结果显示,国有控股公司的投资扭曲程度显著高于民营控股公司	《管理评论》2013 年第4 期
7	破解中小企业融资难的新路径——刍议商业银行主导整合中小企业金融服务	朱孟楠 邓文轩	厦门大学经济学院	研究中国商业银行应如何整合传统商业银行业务与新兴投资银行业务,以更好地支持中小企业发展	《江西社会科学》2013 年第4 期

序号	成果名称	作者	作者单位	成果摘要	文献来源
相关一般民营经济问题研究的学术论文					
8	"国有市营"企业做好思想政治工作的实践与思考	邹永华	江西赣州南方万年青水泥有限公司	随着国有企业联合重组步伐的加快,大部分民营企业加盟到国有企业之列,许多联合重组企业采取国有体制、市场化经营的模式进行管理。做好"国有市营"企业的思想政治工作,是新形势下加强和改进党的建设的重要任务。在阐述"国有市营"企业加强和创新思想政治工作的基础上,就如何进一步加强新形势下企业思想政治工作进行了一些探讨和思考	《中国建材产业转型升级创新发展研究论文集》2013 年 6 月
9	中小企业集群融资与民间资本对接模式的适用性	潘煜双 祝倩倩	嘉兴学院商学院、江西理工大学经济管理学院	以浙江省中小企业集群融资为研究对象,对集群内民营银行、集群内融资租赁与集群基金会三种对接模式的适用性进行研究,分析了三种对接模式的特点、运作流程以及存在的问题,以期为中小企业集群拓展融资渠道提供理论支撑	《财会月刊》2013 年第 8 期
10	中小企业融资难的原因及对策	宋思嘉 何筠	南昌大学经济与管理学院	无论是在发达国家还是发展中国家,中小企业融资难都是一个普遍现象。在中国,中小企业融资存在融资渠道狭窄,内部融资比重大、外源融资低,融资规模过小,审批手续烦琐等问题	《江西社会科学》2013 年第 10 期
11	政府干预、大股东资产注入:支持抑或掏空	章卫东 张洪辉 邹斌	江西财经大学会计发展中心/会计学院	政府干预企业经营活动是普遍存在的现象。研究了国有控股上市公司资产注入中的"支持"、"掏空"现象。研究发现,政府控股股东比民营控股股东资产注入的动机更强烈	《中国对外经济贸易会计学会学术年会论文集》2013 年 10 月
12	我国民营资本发展战略性新兴产业的现状、困境与对策	程贵孙 涂颖清	华东师范大学商学院、复旦大学管理学院、中共江西省委党校经济学教研部	民营资本在战略性新兴产业中的地位越来越重要,已成为发展战略性新兴产业的一支重要的力量。充分掌握民营资本发展战略性新兴产业的现状,深刻理解民营资本发展战略性新兴产业所遇到的问题,提出对促进民营资本发展战略性新兴产业的政策建议,这些对民营资本发展战略性新兴产业都具有重要的指导意义	《求实》2013 年第 12 期
13	新生代民营企业家培育的路径选择	陈姝 陈芳	江西青年职业学院	随着改革开放的深入和中国经济社会的发展,民营企业正面临着企业转型期和领导更替期的挑战。从目前的实际情况看,"新生代民营企业家"这个群体由继承型的"民企二代"和自创型的青年企业家共同组成	《理论导报》2013 年第 12 期
14	浅析中小民营企业班组文化的建设	陈东 杨冰	江西电力职业技术学院	改革开放以来,中小民营企业经济发展迅速,中小企业贡献了中国 60% 以上的国内生产总值,50% 以上的税收,并提供了中国 80% 以上的就业机会,但是由于中小民营企业生命周期短、不注重企业的长期文化建设,导致中小民营企业在内部班组文化建设中存在着诸多问题	《企业导报》2013 年第 13 期

序号	成果名称	作者	作者单位	成果摘要	文献来源
			相关一般民营经济问题研究的学术论文		
15	民营教辅企业的三个方向性选择	陈东旭	江西金太阳教育集团	中国教辅行业出现了一种定律和现象，在这里陈东旭将其称之为"10亿码洋规模局限性"，即年度销量达到10亿码洋之后，即可成为全国行业内一流企业。而达到10亿码洋之后，往往便进入了发展的平台期，很难达到或突破20亿码洋	《出版参考》2013年第15期
16	加强我国民营企业内部审计对策的探讨	汤小芳	江西科技学院	民营企业的内部审计开展的时间短暂，尚未形成一套指导性的成果，难以满足现阶段民营企业迅速扩大的需求，导致民营企业的内部审计困难重重。在分析民营企业内部审计现阶段存在的各种问题和原因的基础上，提出了进一步改善的建议	《商》2013年第17期
17	民营企业对外投资决策内部控制存在的问题及对策分析	王燕	江西科技学院	随着中国经济的快速发展，民营企业对外投资日益频繁，通过对外投资迅速扩大企业规模成为很多公司的惯用做法，但是当前对外投资决策失误的例子亦是屡见不鲜。因此，探讨中国民营企业对外投资决策内部控制存在的问题及对策，对改善民营企业对外投资具有一定的现实意义	
18	"国进民退"是经济体制改革的倒退	方进进	江西省高级人民法院	从经济体制改革的历史回顾、民营经济发展的重要性等几个方面来探讨"国进民退"是经济体制改革的倒退，主张应鼓励、支持民营经济的进一步发展	《时代金融》2013年第18期
19	我国民营企业内部审计的现状	邹扬虎	江西工业工程职业技术学院	中国民营企业已经成为中国经济建设大潮中的重要力量，尤其是随着中国资本市场的发展，给民营企业的创新和做强都提供巨大的资金来源的同时，也对民营企业的公司治理提出了新的要求	《中外企业家》2013年第20期
20	对我国民营快递企业竞争策略探讨	彭明 涂淑丽	江西机电职业技术学院基础部	从中国民营快递的现状分析入手，重点针对中小民营快递企业的竞争模式、服务产品和销售渠道进行探讨，就其发展瓶颈提出以下策略：全面提高服务质量，创立自己的快递品牌；用市场细分的理念实现专业化；追求可持续发展的竞争优势	《企业研究》2013年第24期
21	华为金融对中国民营企业融资的启示	何风	江西财经大学	成立于1987年的华为，现已是全球第二大通信设备供应商；全球第三大智能手机厂商；全球领先的信息与通信解决方案供应商。华为能如此快速发展，从某方面归因于其灵活的金融手段。本文将分析华为发展过程中的融资手段，总结其成功经验，以期为中国企业融资提供借鉴	《中国商贸》2013年第24期

四、部分研究成果收录

（一）江西民营电视产业的现代转型和可持续发展

江西民营电视由于种种原因，处在发展的"农业时代"，有着粗放型经济的特点，亟待完成产业的现代转型，具体而言，要不断提高节目内容专业化水平，开拓多样化的营销方式，实行现代化经营管理，努力走上集约化生产的可持续发展道路。

江西民营电视公司，指江西范围内以电视节目、电视广告制作、发行、版权交易为主营业务的民营公司。江西民营电视公司主要诞生在 21 世纪，由于形成较晚，地区经济环境欠佳，电视产业基础薄弱，处在发展的"农业时代"，有着粗放型经济的特点。在艰难中跋涉的江西民营电视，是研究整个中西部民营电视的典型样本。

1. 江西民营电视产业的现状

（1）产业基础薄弱，规模偏小，缺乏竞争力。20 世纪 90 年代，当光线、唐龙等第一批民营电视公司崛起时，江西民营电视严格意义上来说还是一片空白。由北京刮起的民营电视之风在吹过广阔的中原地区，到江西已如强弩之末，难敌固有的传媒体制氛围。当时代迈进 21 世纪后，随着中办号等文件的颁布，电视产业初步突破了资本运作壁垒，放宽了市场准入。"这些文件的出台标志着媒体政策正式开放，从此民营资本得以名正言顺地进入传媒产业。"由此，江西顺势成立第一批民营电视公司，如 2000 年的江西巨星影业有限公司、2001年的江西和平影视传播有限公司、2002 年的江西非常影视艺术有限公司等。

江西民营电视公司诞生后，其产业发展数量和规模始终处在低位。从图 9-1 可以看出来，2007~2012 年，江西民营电视公司数量在 20~35 家，这个数量与周边地区民营电视公司数量都超过 100 家的湖南省、湖北省、江苏省等相比，无疑是民营电视产业的"短板"，在中部 6 个省中，似乎也有些捉襟见肘。

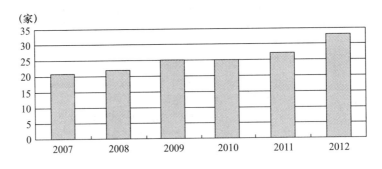

图 9-1 2007~2012 年江西民营电视公司数量增长情况

资料来源：江西广播电影电视局。

（2）产业结构不全，一强多弱，动漫独大。从总体看，由于发育较晚，江西民营电视产业与东部省份和周边地区的竞争处于弱势地位，在省内又遭到强势的国营媒体的发展威胁，生产经营的电视节目、电视剧、电视广告等收益甚微，只能维持自身的生存和一定的发展，没有形成品牌和规模，公司间也是各自为政，力量分散，产业发展整体低迷。

但江西动漫产业却在全国具有一定地位，发展势头强劲。目前，江西省登记在册且有一定规模的动漫企业 18 家，获得国家认定的有 6 家，其中江西泰豪动漫有限公司获得全国重点动漫企业认定。在人才上，从事动漫创造的专业技术人员 1100 多人，大专及以上学历员工占 93.1%。数据显示，2009 年，江西动画产量达 1.5 万分钟，各类媒体播出时长 8000 多分钟；2010 年达 2.8 万分钟，各类媒体播出的时长 1.7 万多分钟，仅动漫游戏及软件的服务外包产值就达 2800 万美元。2011 年江西省在国家广电总局注册登记的电视动画片共 5 部 208 集 2730 分钟，原创动画跃居全国前 15 位。出现了一大批优秀的动漫作品，如《阿香日记》、《老雁怪怪》、《安源小子》、《霸气》等。

江西动漫产业的一枝独秀，让江西民营电视节目、电视剧、电视广告相形见绌，也造成了江西民营电视产业结构的畸形。在江西 33 家民营电视公司里，资金实力雄厚、收益状况良好、经营管理俱佳的几大巨头公司，有一半从事动漫产业业务，如表 9-5 所示。

表 9-5　江西主要民营电视公司

公司名称	注册资金	主营业务
江西巴士在线移动电视传媒有限公司	1 亿元	移动电视
泰豪集团江西动漫产业有限公司	2000 万元	动漫
江西大江传媒网络有限责任公司	1200 万元	信息、广告
江西笛卡传媒动漫有限公司	1000 万元	动漫
江西泛美动画影视传媒有限公司	300 万元	动漫
江西省经典文化影视制作	300 万元	影视制作

（3）经营模式粗放，资本运行困难，生态位重叠过多。当前，江西民营电视产业的发展总体上仍然是粗放型发展的道路，具体体现在：在生产资本和设备投资上较大，但电视节目经济效益却极低，节目内容较为单一，资本运行存在诸多困难，经营管理不顺畅。

首先，江西民营电视公司制作的节目同质化严重，扎堆于老套的电视节目，互相模仿的多，有创意的节目非常匮乏，严重依赖动画片、电视剧等老牌形式内容，同类型节目的过度竞争，造成价格严重下滑，节目制作生产商利润微薄，导致许多公司在时间、金钱上的浪费。

其次，由于无法获得银行大笔贷款，民营电视行业准入难，大部分公司严重依赖国营媒体，如江西电视台、江西日报社等，与之进行合资经营，一旦离开这些国营媒体，一些公司自产自销，私人资本如封闭的池塘，其增长只有靠着原始积累，十分薄弱。

最后，大部分公司经营管理存在重大问题，尤其突出地体现在生态位的重叠上。大部分公司经营业务大面积撒网，兼营影视、广告、婚庆、典礼、会议活动策划等，力量分散，没有一套整体的发展规划，结果很难捕到大鱼，有种"今朝有酒今朝醉"的状态，公司只能低水平运行。在人才管理上，由于民营电视公司自身业务不稳定，员工福利待遇不够完善，造成员工流动性较强，从普通员工到公司部门总监，基本上是"流水的兵"，新来的员工熟悉公司情况，又需要一定的时间，这无形当中给公司发展造成障碍。

（4）市场竞争激烈，竞争环境欠佳，公司风险较大。江西民营电视产业市场竞争非常激烈，但是竞争的规则却极不公平。总体看，江西民营电视公司绝大部分设立在省会南昌，九江、德兴、景德镇、新余等次之，主要集中在江西北部，环鄱阳湖地区，而在江西广阔的南部地区市场却少有开发。这些公司拥挤在这狭长地带，争夺着贫乏的市场资源而艰难地求生存谋发展。

由于缺乏播出平台，在与电视台的议价过程中，江西民营电视公司始终处在不利地位，以"分羹"的方式"苟活"，合法权益极易被侵害，从江西红星影视制作中心与甘肃电视台的一场官司就可见一斑。由于竞争的激烈，从事影视工作的劳动者收入水平低，江西许多民营电视公司因此出现"晚产早死"的现象。例如江西诞生的第一批民营电视公司巨星影业有限公司、和平影视传播有限公司、非常影视艺术有限公司，三家民营电视公司注册资金都达到100万元以上，但随后几年里，非常影视艺术有限公司便消失，巨星影业有限公司生存断断续续，只有和平影视传播有限公司一直艰难地"活"了下来。总体看，江西民营电视公司数量从2007年的21家发展到2012年的33家，6年间增加了12家，年平均增加2家，新生数和死亡数基本成正比，即新生多，死亡的也多，新生的快，死亡的也快。可见，江西民营电视公司生存环境险恶，民营电视市场发展状况不容乐观（见表9-6）。

表9-6 江西民营电视公司发展状况　　　　　　　单位：家

年份	总数	新生数	死亡数	净增量
2007	21	—	—	—
2008	22	4	2	2
2009	25	5	2	3
2010	25	9	9	0
2011	27	4	2	2
2012	33	11	5	6

2. 江西民营电视产业发展的机遇

（1）文化软实力的提高是民营电视产业发展的核心竞争力。文化是经济发展的软实力。江西民营电视产业发展的优势在文化方面。江西是全国文化资源大省，红色文化、绿色文化、古色文化享誉国内外。江西拥有历史文化名山——庐山，道教圣山——三清山，陶瓷古都——景德镇，在这块红土地上更是分布着大量的革命圣迹、旧址和纪念物，拥有革命摇篮——井冈山，共和国的摇篮——瑞金，军旗升起的地方——南昌。得天独厚的文化资源为江西电视产业品牌的打造、影视内涵的提升、电视公司的特色发展提供了十分优越的条件。如何深刻挖掘利用江西文化资源，打造电视节目品牌，形成产业发展特色，将文化优势转变为经济优势，是江西民营电视公司应着重思考的问题。

（2）江西省政府的扶持和政策鼓励是民营电视发展的助力。江西省政府非常重视并且大力扶持江西文化产业的发展，尤其是动漫产业的发展，出台了动漫产业扶持政策，如江西省鼓励企事业单位及个体创意人员，利用一切符合动漫产业生产规律的经营方式和组织形式发展动漫产业。在各类经营主体上，凡符合国家法律法规的均鼓励其发展，平等享受国家和地方政府的扶持政策；鼓励国内外企业以合资、独资等方式设立动漫产品研发、生产机构在人才、技术上；积极支持国内外大型企业与本地企业、研究机构进行战略性的技术合作，真正把产品创意、设计和核心技术引进来；通过人才、技术的本地化，使之成为江西省动漫产业核心竞争力的重要组成部分。在产品输出上，增加对原创产品的出版、刊载和播出比例，并在出版、刊载、播出和演出的价格上给予优惠，以降低原创动漫作品推广的成本。在生产投资上，江西省将建设动漫产业基地，着力构建大中心：一是构建研究创作中心，建立省内动漫研发、生产单位的协作机制，集聚各方面的资源和要素进行联合开发，同时吸引国内外著名大学、科研机构以及企业加盟，建立"产学研"一体化的开发机制；二是构建产业孵化中心，建立开放性公共服务平台，面向中小企业开放，实现资源共享，在产品开发、制作、资金、技术、人才、市场开拓等方面，加强对中小动漫企业和创作室的支持；三是构建产品展示和交易中心，集中各个方面的资源和力量，在省会南昌着力打造动漫会展品牌，搭建动漫产品及其知识产权展示、交易平台，促进动漫企业之间的交流和合作。同时，引导动漫产品的消费和应用，促进动漫产品的消费升级。在中部地区，动漫产业在全国处于优势地位，而江西动漫产业本身也有较好基础，这对江西省的民营电视公司，尤其是江西泰豪、笛卡动漫之类的公司来说，无疑是好消息。

（3）新兴媒体的开发带来民营电视市场的巨大商机。"中国电视节目的缺口大，重播率高，供需极不平衡。国内很多电视频道依靠重播节目来维持正常的运行。在电视台播放的各类电视节目中，80%需要依靠市场提供，非新闻节目所占的份额可能更大。2003年，国家广电总局发出通告公布，我国计划推出的数字电视付费频道将扩大到80个，并在2015年关闭模拟电视，届时数字电视的节目容量将增加到500套左右。然而到目前为止，数字电视不但内容少，而且同质化非常严重，满足不了个性化的服务要求。数字电视内容的匮乏成为制约我国数字电视发展的重要原因之一。巨大的节目缺口，无疑是民营电视制作公司的发展机会和空间。"2011年江西省广播电视光缆干线网达到7.6万公里，全省有线广播电视用户487万户。2012年江西省九江、新余、萍乡、宜春、抚州、鹰潭6个设区（市）已基本完成有线电视数字化整体转换工作，将正式启动数字电视收费政策。数字电视大大刺激了公众的影视需求，然而平台与内容并未同步前行，新开辟的数字电视市场由于内容少，而且同质化严重，满足不了个性化服务的需求，数字电视带来的巨大节目缺口，无疑是民营电视公司发展的好时机。

3. 江西民营电视产业完成现代转型，实现可持续发展的策略

（1）节目内容专业化。江西民营电视公司要想进一步发展，必须大力提高电视节目内容质量。首先，从生产流程来看，由于电视频道的日益专业化，民营电视粗放式生产方式已经不能适应现代传媒生态环境的发展要求。市场呼唤专业的节目制作公司、节目发行公司以及广告销售公司。高质量意味着高成本，江西民营电视公司资金匮乏，应想尽办法降低成本，集中力量到一点，即把钱花在刀刃上。此类做法不少，如江西省景德镇市竟成影视剧制作中心成功做到节目既有特色，而成本又不高。其老板周元强介绍说，"我们一部电视剧的成本也就三四千元。我们用了很多土办法，譬如演员全是镇里的农民、干部和文化站的工作人员。道具和服装都是自己动手制作的"，在竟成镇的26000多人中有10000多人都参与过电视剧的拍摄，其中经常参与拍摄的在册演员就有1400多人。文化站的拍摄组每到一个地方，种田的、种菜的、烧瓷器的农民排着队来当演员。不仅如此，上至镇党委书记、镇长，下自嗷嗷待哺的幼儿，也都是农民电视剧里的常客。

（2）营销方式多样化。大部分江西民营电视公司的利润都只是通过卖给电视台电视节目、电视广告、动画片等来实现的，其营销方式单一，各家民营电视争抢电视媒体市场这一块"蛋糕"，结果只能是各自都不多。而除电视媒体外，还有音像媒体、宽带媒体、网络媒体、交通媒体航空、机场、公交车等，这些新兴媒体并不在国营电视垄断资源内，民营电视

公司完全可以在这里大显身手。例如，江西巴士在线传媒有限公司自 2003 年以来，通过承担建设国家发改委批准的"城市智能公交综合信息化平台"项目，以创新的第三方信息化服务模式在全国主要中心城市开展智能公交系统建设，已完成直接投资超过 7 亿元，逐步成长为中国最大的公交移动电视网络。除了移动电视业务，巴士在线还积极打造网络电视和智能公交业务平台，依托 CCTV 移动传媒、新华社以及多个合作方的视频资源为网民提供最新、最快、最全的新闻视频资讯。并利用最新的手机 3G 技术让每个网民能够方便快捷地通过互联网直播身边发生的每一件事。此外，江西泰豪动漫有限公司 2011 年与欧洲最大的动漫公司——法国达高动漫集团战略合作，打造集全球影视、手机动漫基地，形成了动漫产业、动漫教育培训、动漫衍生品加工、动漫文化体验于一体的综合动漫产业公司。2010 年 6 月，该公司取得增值电信业务经营许可证（全网 SP 资质），成为中国移动及中国电信手机动漫基地内容提供商。2011 年 4 月，公司投资组建江西泰豪游戏软件公司开发手机游戏产品，并于 9 月在苹果商城营运。

（3）经营管理现代化。在管理上，江西民营电视产业当务之急是要告别家族式管理方式，建立现代企业制度，明晰产权关系，实行董事、监事和股东大会监督机制。对于现存的民营电视公司，也存在"大洗牌"的问题，有些发展是比较好的，如泰豪动漫，明显应该采取增长型的发展战略，即 SO 战略。一些江西民营电视公司有内部优势，但需回避威胁，此时应当采取多元化战略，即 ST 战略。一些公司存在明显弱点，但经过资金的投入，发展战略的调整，有发展的机会，此时应当采取扭转性战略，即 WO 战略。当然，也有一批公司，如前所述，一些弱势电视公司应缩小业务或者尽早退出市场，此时应当采取防御性战略，即 WT 战略。

另外，江西民营电视产业的发展亟须大量高素质创新型人才，民营电视公司人才流动性大，高素质专业人才数量缺口大，如何培养人才，吸引人才，留住人才是民营电视公司需要考虑的问题。2007 年，江西泛美动画影视传媒有限公司与南昌大学合作创建了南昌大学动漫教学与研发基地，每年培训三维动画专业人才 200 人左右。泰豪集团有限公司则独立投资，创办了江西泰豪动漫职业学院，曾为江西省动漫与数字娱乐产业人才培训基地、数字媒体艺术（技术）产业化人才培训基地。

刘远军、郭赫男、余江峰：《江西民营电视产业的现代转型和可持续发展》，《新闻知识》，2013 年第 2 期，第 7 - 9 页。

（二）江西吸引外流人才回流的策略选择

改革开放以来，江西大量的人才流失到"长珠闽"地区，随着江西本土经济的纵深发展，把他们吸引回乡投资创业，或投身现有民营企业共同发展，显得尤为必要。实施"面向长珠闽"的人才策略，吸引外流人才回乡发展是一项系统工程，必须由政府和企业来共同努力完成，这也是江西民营企业人才策略的必然选择。

江西与"长珠闽"地区（包括上海、江苏、浙江、广东、福建 5 省市）地理相邻、习俗相近，相互之间有着悠久的历史、文化、经济联系。改革开放以后，"长珠闽"作为我国最早开放的沿海地区，大量外资企业在此投资办厂，吸引了大量的江西人才。这些江西籍人才分布在"长珠闽"地区各个领域、行业及部门，其中以在企业单位居多。他们身处改革开放的前沿，经过多年努力，如今积累了丰富的财力资源和智力资源，具备了回乡创业和发展的基础和实力。有调查发现，"长珠闽"地区95%以上的企业，部门主管以上人员大都具有大学以上文化程度，而大部分江西民营企业的管理人员、技术人员一般没有接受过系统的高等教育，偶尔有些早期分配回来的大学生，由于长期不面对全国市场竞争，知识结构已经老化，难以承担推动企业的可持续发展的重任。人才是企业的根本，人力资源的差距是最终导致江西省企业在市场竞争中处于劣势的根本原因。

1. 江西企业吸引人才存在的问题分析

为什么江西的企业特别是民营企业招不到、留不住高水平的人才呢？主要是因为企业在满足人的需求上存在着下面的问题：

（1）待遇问题。人是"经济人"，有着对经济利益最大化的追求。然而，江西企业提供的薪酬，在同一行业的企业，且职务相当的人员当中，与"长珠闽"地区相比，还不及人家的1/2，甚至更少。例如，有一位在江西从事二次电池技术研发工作的研究人员，名牌大学毕业5年后，在南昌每个月还只拿1200元，而在深圳工作的同学，这时月薪已达8000元了，经济收入低迫使他最终选择了离开。可以说，待遇的巨大差距，是造成江西省民营企业"招不到、留不住"人才的最直接原因。

（2）前途问题。发展前途分为两种：一是职务升迁和工资增长机会；二是知识水平和能力提升机会。由于江西民营企业老板管理思维局限，任人唯亲现象大量存在，管理岗位、关键岗位都是"自己人"，企业各部门都由亲戚、朋友把持，外来的人才难以往上升迁，发展受阻，才华施展不开，从而导致没有机会担当更大责任，能力得不到提升，工资得不到增长。另外，由于江西省民营企业囿于内地，市场人员、技术人员、管理人员视野不开阔、信息不灵通，导致江西省企业人员与"长珠闽"地区人才相比，在知识水平和能力上都难以得到提升。

（3）内部管理问题。人是"社会人"。人们除了有经济利益的需求外，还有一系列社会的、心理的需求，如健康的人际关系等。江西省民营企业许多内部管理混乱，缺乏基本的管理制度，没有明确的工作标准，导致员工无所适从；企业成员不凭能力，只凭与老板关系的远近吃饭，企业内部不是能力的竞争，而是不健康关系的竞争。这样"不正规的企业"，员工找不到安全感，自然会弃企业而去。

江西民营企业地处内陆地区，在吸引人才上存在劣势，然而，自从江西省委、省政府提出为"实现江西在中部崛起"这一战略目标而实施的"对接长珠闽、融入全球化"战略后，江西对外开放形象在更高层面上得到了改善。作为经济建设的直接组织者——政府和经济发展的载体企业，特别是民营企业，应该充分利用这一大好时机，挖掘各种有利因素，从满足人才的基本需求出发，创造条件，把流向"长珠闽"的人才吸引回江西发展。

2. 政府在实施"吸引外流人才回乡发展"策略中的作为

目前，江西省实施"吸引外流人才回乡发展"策略，是符合人才流动规律的。人才流向与社会经济发展水平相关。在一个国家经济发展初期，人力资源通常由农村流向城市，由贫困地区流向发达地区；随着经济进一步发展和对外交往机会增加，部分人才就会转向较为发达的国外地区；随着经济更加发展，人才会出现回归趋向；到了经济繁荣阶段，他国人才也会向本国转移。近年来，江西经济取得了快速发展，路政基础设施建设、城市亮化工程、大型招商引资项目，都令世人瞩目。经济发展速度连续多年在中部地区名列前茅，GDP总量在全国的名次明显前移。这些都为外流人才回归创造了条件。江西省各级政府应审时度势，积极应对，制定对策，加速这一回归进程。

（1）要发挥省市驻"长珠闽"办事处、"流动党支部"等党政组织的外联作用，建立与高层次人才的联络机制。驻外党政组织作为省市党委、政府的分支机构或派出单位，由于能够代表家乡政府，在与外流人才交往中，有着良好的信誉度。这些驻外组织要尽可能对事业有成的外流人才进行登记造册，通过登门拜访、举办联谊会或座谈会等多种形式，加强外流人才与家乡的感情联系，还可以帮助高层次外流人才与省内民营企业牵线搭桥，促成两方合作。

（2）利用"校友会"、"老乡会"等民间组织的关系网络，建立外流人才库。校友会、老乡会等民间组织是一个巨大的人才资源库，网络着大量的外流人才，组织中的任何一个成员都具有"以一带十"的作用。江西省地方政府应了解这些民间组织活动的基本情况，利用他们聚会或开展活动的机会，派人带去家乡政府和乡亲对他们的关心和问候，鼓励大家回到家乡创业发展。

有些人才在外长期的工作生活中，与当地老板建立了深厚的个人感情，也可以通过他们说服这些老板到自己家乡投资办厂。

（3）抓住春节等节假日外流人才回乡度假的黄金时期，开展一系列的政策宣传和项目推介活动。春节等节假日是外流人才回乡度假最为集中的时期，通过广播电视等新闻媒体以及横幅标语等手段，宣传家乡的巨大变化、投资经营环境的根本性改善和各项优惠政策，表达家乡吸引人才的诚心。可以通过举办项目推介会、土地拍卖会、企业转让会和人才专场招聘会等，吸引人才回乡。

3. 民营企业在实施"吸引外流人才回乡发展"策略中的对策选择

政府是实施"吸引外流人才回乡发展"策略的政策制定者，而民营企业则是吸引和使用外流人才的主体。吸引外流人才必须有政府和企业的共同行动，才能产生成效。虽然各级政府为吸引外流人才回乡需要采取多项措施，但民营企业要想真正用上企业需要的人才，关键靠自身的吸引力，因而必须从满足人才的基本需求出发，做好各项基础性工作。

（1）江西省民营企业应积极开拓全国市场，重点是"长珠闽"市场，有实力的可开拓国际市场。笔者之所以把吸引人才和市场开拓两者联系起来并重点突出，主要是基于江西省民营企业的效益状况和外流人才存在某些共同特点来考虑的。

首先，开拓省外市场，可以增加企业产品销量，增强盈利水平，是解决企业提薪缺资金的必要途径之一。

其次，参与发达地区的市场竞争，给员工学习现代企业管理经验和制造技术提供了一个全新平台，可以解除人才对自己在内地工作与沿海地区知识和能力之间的差距会拉大的担忧，提高企业人员的荣誉感和安全感。

再次，"长珠闽"地区是我国经济最活跃、发展态势最强劲的区域之一，该地区市场竞争激烈，对产品的要求高，为满足市场的需求，必然促使江西省民营企业提高产品的质量水平，提高企业竞争能力。

最后，江西是"长珠闽"的共同腹地，绝大部分江西外流的人才集中在这些地区的企业。开拓"长珠闽"市场，有利于提高企业在外流人才中的知名度，增强企业在"招人"方面的吸引力。

由此可见，开拓"长珠闽"市场，并在"长珠闽"市场竞争中取得成功，是解决企业招到并留住人才的根本措施，是解决企业提薪缺资金、员工工作缺激情以及担心自己在内地工作与沿海地区知识和能力之间的差距会越来越大这三个问题最有效的办法和必要条件。与此同时，江西作为长珠闽的共同腹地，具有独特的区位优势。江西还是个资源丰富、劳动力成本低廉的省份，这些优势为民企成功开拓"长珠闽"市场奠定了基础。

（2）实施与"长珠闽"对接的薪酬制度。薪酬，包括工资和福利两个方面，是组织必须付出的人力成本，也是吸引和留住优秀人才的手段。得到合理且相对高的薪酬是人才工作的最初动机。实施与"长珠闽"对接的薪酬制度是指江西省与长珠闽地区的员工获得工资及其他收入总和扣除生活、社交活动等开支后所节余的部分，即净收入相当的薪酬制度。

江西企业陷入不给相应薪酬—招不到高水平的人才—企业发展不快—给不出相应薪酬的恶性循环。因此，只有实施与"长珠闽"对接的薪酬制度，才能增强江西企业在薪酬待遇方面的吸引力，把外流人才吸引回乡开创事业。如今，珠三角出现"民工荒"，其中最重要的一个原因就是民工在珠三角地区，获得净收入水平与内地相当，甚至不如内地。"民工荒"现象充分说明，实施与"长珠闽"对接的薪酬制度，再给游子们施以家乡情结，是能够吸引回外流人才的。

（3）建立面向"长珠闽"的人才培训和人力资源开发体系。工作经验与知识水平是衡量企业员工身价的主要标准。实施人才培训，提高人才的知识和能力水平，是解决人才对前途问题担忧、留住人才的必要条件之一。据调研，各类人才是否愿意长期在某一民营企业工作，极为重要的一个因素就是，这个民营企业是否是一个"学习型企业"，即是否有着良好的学习氛围并具有较强的学习能力，是否让学习成为员工工作的重要组成部分。

培训人才最常见的方式是对员工进行知识培训和能力锻炼。江西省民营企业要对企业内具有一定实践经验、有培养价值的人才以及外流回乡人才加强知识培训，寻求条件把他们送到有关院校进行专门的理论学习，通过强化对市场经济理论、工商管理知识、专业知识、业务知识等知识的教育，让他们熟悉市场竞争、熟悉行业特点和行业发展动向。

赫茨伯格的激励—保健双因素理论认为，工作富有挑战性并且有意义、有发展机会和使他们的技能得到最大限度运用的机会、让他们介入对自己的运作和工作目标有影响的决策等方面，对人才资源的挖掘和人才智慧的发挥有着极大的激励作用。江西省民营企业家应选用企业内具有一定培养前途的员工，让其担当一定的重任，进行职务锻炼，培养他们独当一面的能力；实施岗位交流和轮岗锻炼，使经营管理人员的管理经验不断丰富；要敢于把他们送到"长珠闽"市场风浪中进行锻炼，提高其在市场中的应变能力和对市场的敏感度，以提供挑战性工作与学习机会的方式留住人才。

（4）积极倡导民营企业用人新观念。江西省民营企业要突破传统的人力"成本概念"，实现从"人才成本论"到"人才资源论"、"人才资本论"的观念变革，要从把人作为"成本"来进行控制变为把人作为"资源"进行开发；要尽快建立一个"事业留人、感情留人、待遇留人"的人才机制，民企老板要打破"武大郎开店"似的陈规陋习，解放思想，大胆招聘家族以外具有现代管理知识和经验的人才；要以主动的姿态和开明的观念，通过高薪聘请、赠送股份和股票期权等方式，主动邀请家乡外流至长珠闽地区并在那里担任高层次的企业管理人才回乡承担企业主要管理岗位的职责，邀请有一技之长的技术研发人才和具有较强市场开拓能力并熟悉"长珠闽"市场的营销人员担当重任，改变主要家庭成员或家族成员的经营管理者队伍构成；要大胆借用外脑，聘请管理顾问为公司的发展出谋划策。这些都是切实克服家族经营决策思维惯性和行为惯性的有效办法。

总而言之，江西省民营企业要想真正步入发展的快车道，首先，必须改造企业用人软环境；其次，要从企业老板开始，树立正确的现代人力资源管理理念和用人观念，大量吸收并重用那些经过市场锻炼且有管理经验的外流人才；最后，要能给这些回归人才提供与"长珠闽"地区相当的工资报酬，并为其提供学习和锻炼的机会，从生理上和心理上满足他们的基本需求。只有这样，才能实现人才回归并让他们积极投身于江西省经济建设和企业发展中。

钟贞、谌飞龙：《江西吸引外流人才回流的策略选择》，《企业经济》2013年第4期，第170－172页。

（三）浅析江西省民营企业融资困境及其对策

民营企业是带动江西省经济增长的重要力量，但是民营企业也普遍存在规模小、生存空间狭隘、融资难等问题。探寻江西省民营企业融资困难产生的原因，提出解决或改善江西省民营企业的融资问题相关对策，一方面有利于促进企业的发展壮大，另一方面也有助于江西省经济的合理健康发展。故本文将重点探讨江西省民营企业融资困境及其产生原因，并提出相应对策，旨在为广大江西省民营企业改善和解决融资困境献上绵薄之力。

江西省地处我国中部地区，近年来经济发展迅猛。在中共中央"中部崛起"的战略指导下，江西省经济也有望实现更好更快发展。民营企业作为带动经济增长、活跃市场、吸收就业的重要力量，其对江西省经济社会发展的作用不容小觑。然而就目前来看，融资困难是制约江西省民营企业发展壮大的重要因素，探寻江西省民营企业融资困难及其对策具有一定的现实意义。

1. 江西省民营企业融资困境

江西省民营企业规模普遍较小，在融资问题上严重依赖内源融资，融资渠道单一；银行等金融机构在考虑对民营企业贷款时也设置了较高的门槛，银行的"惜贷"、"拒贷"也加剧了江西省民营企业的融资困难；此外，江西省民营企业外部融资成本较高，高额的融资费用进一步造成了江西省民营企业难以获得外部融资的困境。

2. 江西省民营企业融资困难产生原因

（1）政府扶持力度不够。改革开放以来，我国以公有制为主体，多种所有制经济并存的格局未曾改变。虽然非公有制经济已是江西经济发展的主力军，但国有企业主体地位短期内仍然无法动摇。国有企业能够长期占据支柱产业，在准入与审批等问题上，国有企业也更具便利。虽然国家及江西省政府也制定了不少旨在改善民营企业融资问题的政策和文件，但是各级部门执行政策缺乏热情，相关政策文件往往难以具体落实到各民营企业。目前江西省也并没有建立一个独立的部门对民营企业进行专门化管理，缺乏对江西省民营企业长远的、整体意义上的规划。

（2）缺乏金融体系的支持。由于民营企业往往规模较小、所融通资金少而散、贷款次数也较频繁，而对于较为大型的银行取得一次贷款需要，经过繁杂的审批程序，银行方面也需要付出更多时间和精力调查民营企业的资信和担保情况。就风险方面考虑，由于民营企业往往具有一定经营风险，且鉴于信息不对称的存在，银行为了保障资金安全会向民营企业要求更高的贷款利息和更严格的担保条件，但是江西担保机构实力薄弱、担保体系尚不完善，并不能给民营企业融资提供足够的支持。虽然江西省各级县（市）也有南昌银行、九江银行等城市银行和农村信用合作社、小额贷款公司等机构，但此类组织规模较小，资金实力较为薄弱，也难以满足广大民营企业的融资需求。

（3）资本市场发展不够成熟。江西省民营企业多未上市，严重依赖企业内部融资渠道。而江西省公司债券发行主要是面向国有企业或大型企业，江西省广大中小民营企业难以进入债券市场。而要获取上市资格，证监会要求企业注册资本超过 3000 万元并有健全的财务制度，而企业想获取上市资格也需付出高额的中介费用。目前虽然在主板市场之下也有中小板和创业板市场，但是中小板和创业板市场发展尚不成熟，对促进江西民营企业融资的作用还很有限。

（4）民营企业自身信用差，管理混乱。江西省民营企业大多数没有上市，因此没有对外公布的经过注册会计师审计的财务报表，且许多民营企业设置多套账簿，企业真实的财务数据只有企业内部人员才能够获得。许多民营企业信用较差，在对银行贷款时出具虚假数据，获得贷款后肆意更改贷款资金用途导致银行较难跟踪资金使用情况。江西省许多民营企业管理混乱，管理者融资意识不强，管理方式落后，未有财务管理概念，甚至未设置会计岗位，落后的管理也为民营企业融资增加了难度。

3. 改善江西民营企业融资情况对策

（1）政府应加大扶持力度。首先，江西省政府应该立法确定民营企业在国民经济中的地位。其次，江西省政府应该加大对民营企业融资的扶持力度，对国有企业和民营企业应该一视同仁。在行政审批环节上为国有企业和民营企业营造平等的环境，同时深化国有企业改革，逐步引导民营企业进入国有企业垄断行业，活跃市场的同时也将拓宽民营企业的发展空间。政府在颁布相应便利江西民营企业融资政策的同时也应该注意政策的落实。最后，政府也应该设立专门面向民营企业服务的政府部门，从而能够为民营企业的融资和成长做出更加长远的规划。

（2）完善金融支持体系。银行体系应该加强对江西民营企业融资的支持，如可设立专门针对民营企业贷款的部门，而各金融机构、信用合作社也应开发专门针对民营企业融资的部门或产品。大银行在对向民营企业贷款时审批耗时长、程序多，对民营企业贷款平均成本也较高，而中小金融机构更能满足民营企业周期短、数额小的融资特点，故江西省可以借鉴西方发达国家的金融体系，将民营企业融资贷款业务分流给中小金融机构，使大银行、中小金融机构各司其职，从而形成健全的金融支持体系。

（3）发展区域资本市场。我国现行的资本市场体系，还处于改革开放初期为国有经济配置的格局，目前民营经济跃升为促进国民经济发展不可忽视的力量，也应建立相应配合广大民营企业发展的资本市场体系。笔者构想在江西建立多层次、全方位、多品种的资本市场，包括主板市场、中小板市场、创业板市场以及更适合区域民营企业融资的区域融资市场。从目前来看，江西省更需要发展区域型民营企业融资市场，为民营企业融资提供一个更具实践意义的平台。

（4）企业自身应该科学管理、提高信用。就江西省民营企业自身来说，应该加强科学管理水平，唯有增强自身实力和信用水平，才能从根本上解决融资难的问题。企业应该加强对融资管理的重视，合理规划资金，提前预算需要从外部筹集的资金，并及时寻求金融机构提出贷款申请。在条件允许的情况下也应该考虑丰富融资渠道。在信用方面，江西省民营企业也应该加强信用管理，对银行等金融机构申请贷款时出具真实的财务数据，严格按照贷款条款使用资金，并及时还清贷款及利息。企业良好的信用是其能够与金融机构长期保持合作关系的基础。

4. 结语

江西省民营企业对江西省的发展具有重要意义，但是融资困难是许多民营企业面临的严峻问题。政府扶持力度不够、缺乏金融体系的支持、资本市场尚不成熟、民营企业自身经营混乱、信用水平低是导致江西省民营企业融资困难的主要原因，而江西省政府需加大扶持力度，完善金融支持体系，发展区域资本市场能够在一定程度上缓和江西省民营企业的融资困境，同时企业自身也应该科学管理、提高自身信用和条件，方能从根本上解决企业融资难的问题。

缪思琪：《浅析江西省民营企业融资困境及其对策》，《时代金融》2013 年第 5 期，第 88 页、第 92 页。

（四） 江西省民营企业转型升级发展模式研究

面对世界金融危机的冲击和市场环境的变化，江西省民营企业越来越意识到了转型升级对企业发展的重要性，但由于在转型升级的过程中受企业家创新精神缺失、质量管理松散、创新能力与投入不足等问题的制约，企业转型升级面临重重困难。本文针对当前江西省民营企业转型升级存在的主要问题，提出了产品创新升级、产业组织创新升级、管理创新升级、市场创新升级、贸易创新升级五种转型升级发展模式选择。

1. 企业转型升级的概念界定

目前对微观层次转型升级的研究主要从企业转型升级类型、路径选择、转型升级的影响因素等方面来展开。虽然国内外学者从不同角度对于企业转型的研究给予了广泛的关注，但至今对企业转型还没有一个统一的定义。代表性的研究有：Levey 和 Merry（1986）认为企业转型升级是企业对其组织的核心流程、企业精神以及创新能力等问题进行革新和改造的过程。Bibeault（1982）认为企业的转型升级应该从管理过程转型、竞争环境转型、商业发展转型、产品创新转型、政策关联转型 5 方面来进行。Humphrey 和 Schmitz（2000）认为企业升级是指企业通过提升技术创新能力和完善市场管理能力来提高附加值的活动，企业升级方式主要有过程升级、产品升级、产品功能升级、跨行业升级 4 种不同类型。王吉发（2006）将企业转型分为以管理模式转型、产品与市场转型、业务过程转型为特征的企业内生型转型和以行业转型为特征的企业外生型转型。李烨（2009）认为民营企业的转型升级主要是通过对企业治理模式、管理模式的革新和产业转型来实现。程慧芳（2009）认为企业转型可以定义为企业通过管理创新和企业制度创新，使企业从初级管理运行状态向比较完善的管理运行体系转变的过程，具体包括企业管理模式转型、市场营销模式转型、企业治理结构转型、企业发展模式转型、企业发展层次转型。程惠芳（2009）认为企业升级是指企业的产品、技术、品牌等从比较低的等级升到比较高的等级，企业升级的主要支撑力量是企业的技术创新和产品创新能力，企业升级的过程就是企业技术创新和技术水平提升的过程。

纵观这些理论研究成果，本文认为企业转型升级涉及制度创新、管理创新和技术创新等诸多因素。企业转型升级的过程是制度创新、管理创新和技术创新互动的过程。这种互动包括三个层次：一是企业内部的技术创新与管理创新的互动是企业转型升级的基础。二是政府层次上的制度创新与技术创新的互动，不仅为企业转型升级提供技术创新的环境和政策支持，而且为企业转型升级创造良好的制度环境和制度框架，是企业升级的环境条件。三是政府与企业在转型升级中的良性互动是转型升级顺利推进的重要保障条件。企业转型升级其实是一个非常复杂的创新系统，企业转型升级的过程是政府的创新推动力、市场竞争的拉动力和企业谋求持续发展的原动力形成合力的过程。企业转型升级能否顺利推进、能否取得显著成效不仅取决于三个层次互动是否形成，还取决于三个合力的大小及合力形成的速度。企业转型升级是企业和政府的创新互动过程，是通过不断的技术创新和管理创新提高市场竞争能力和增强可持续发展能力的动态变化过程。企业转型升级动态变化的成效不仅与企业转型升级的内在创新能力有关，还与国内外市场竞争环境、区域经济发展阶段、技术创新工程体系建设、政府对企业转型升级的政策支持力度等转型升级的环境条件有关。

2. 江西省民营企业发展现状

（1）江西民营企业的数量及地位。一份来自江西省中小企业局的统计数据表明：截止到 2012 年底，江西省私营企业的数量规模已达 22.58 万家，注册资本总额达到 6029.8 亿元，注册资本在 1000 万元至 1 亿元的民营企业数为 8347 家，注册资本超过 1 亿元的企业为 260 家，其中 2012 年新增民营企业注册资本高达 1036.82 亿元。尽管江西私营企业的发展步伐明显加快，但据全国工商联发布的"2012 年中国民营企业 500 强"的排名，江西省仅有 5 家企业入选，而同处中部地区的湖北省有 17 家、河南省 12 家、湖南省 8 家、山西省 7 家、安徽省 4 家。由此可见，在中部地区的 6 省市中江西入围企业数排名第五，仅略高于安徽省，相对于中部其他省份及东南沿海省份的企业而言，江西省民营企业的实力还存在较大的差距。另外，江西省民营企业地域分布发展不平衡，南昌市、赣州市以及九江市是江西民间投资的主要集聚地，其中南昌市的私营企业近 6 万户，注册资金总额超过 1500 亿元，无论是企业数和注册规模上其占全省的比重都超过 1/4。

（2）江西省民营企业对江西经济增长的贡献。江西省统计局公布的统计数据显示：截止到 2010 年底，江西省规模以上中小工业企业的数量达 7938 家，从业人员达 785 万人，其工业增加值占全省规模以上工业增加值总量的 77.4%，这些民营企业上缴的税收占江西税收总额的 36%。此外，据江西省商务厅的统计数据显示，2013 年第一季度江西省民营企业进出口总额为 59 亿美元，同比增长 1.5 倍，占据了同期全省进出口总额的 65.6%，其中出口总额为 55.7 亿美元，对全省出口增长的贡献率高达 99.9%，进口对全省进口增长的贡献率则高达 134.1%，民营企业已经成为江西进出口增长的主力军。

上述数据表明，民营企业是江西省经济发展的主要贡献者，也是企业转型升级的主力军，其发展能力决定了江西能否成功实现经济发展方式的转变和产业结构的升级。因此，民营企业的成功转型升级将关系到江西省在中部地区崛起的追赶战略的实施。

3. 江西省民营企业转型升级现状调查

为了能够深入研究江西省民营企业转型升级的意愿、动力以及存在的主要问题，课题组以调查问卷和企业实地调研的方式，重点对各地市经济开发区的民营企业进行调查和走访，并就目前江西省民营企业转型升级的影响因素、模式、转型类型等方面进行了总结。课题组在课题研究过程中共发放企业转型升级调查表 1000 份，实际回收 456 份，回收率达 45.6%。另外，课题组实地走访企业 150 家，涉及的企业涵盖了采矿、农业、食品、医药与化工、纺织与服装、机械、电子与电器设备、燃气、教育培训服务以及商业服务等行业。因此，调研获得的信息和主要的成果能较好地代表江西民营企业转型升级的现状和能力水平。

（1）江西省民营企业转型升级的主要推动因素调研。表 9 - 7 的调研结果表明：大多数民营企业出现了流动资金紧张的现象，世界金融危机的影响、能源与原材料价格上涨以及新的劳动法实施对民营企业转型升级的影响较大，成为江西民营企业进行转型升级的主要推动因素，而且这些因素的变化使得企业感受到了不进行转型升级就没有出路的巨大压力。此外，政府节能减排政策的出台与实施也在较大程度上推动企业转型升级。

表 9 - 7　企业转型升级的主要影响因素　　　　　　　　单位：%

企业转型升级的主要影响因素	程度很低──程度很高（企业比重）				
	1	2	3	4	5
流动资金紧张	10	15	25	20	30
缺乏中长期投资资金与规划	20	15	15	25	25
世界经济危机的影响	10	15	20	20	35
政府对节能减排的要求	20	15	20	20	25
出口退税政策调整	40	15	20	15	10
新《劳动合同法》的实施	15	15	15	20	35
能源与原材料价格上涨	10	15	15	25	35
没有建立自己的销售网络	15	25	20	15	25
企业治理结构不完善	15	25	20	20	20

（2）江西民营企业转型升级的主要内容调研。从江西民营企业转型升级的内容来看，民营企业更热衷于商业模式与产品的升级，对提高产品的技术含量、改变售后服务以及品牌建设方面的认识比较关注，而对风险相对较大的管理模式转型和产业转型持比较谨慎的态度，对企业的人才战略、精细化管理、现代化的企业信息管理等方面的重视程度与投入均不足（见表 9 - 8）。

表 9 - 8　企业转型升级的内容以及企业比重　　　　　　单位：%

企业转型升级的内容	企业比重
（一）产业转型	18
（1）主业不变，进入新行业	10
（2）主业转向新行业，保留原行业	10
（3）退出原行业，进入新行业	15
（4）在本行业中向上游产业延伸	25
（5）在本行业中向下游产业延伸	25
（6）由制造业转向服务业	15
（二）产品升级	25
（1）开发新产品	25
（2）提高产品技术含量	35
（3）打造名牌产品	25

续表

企业转型升级的内容	企业比重
（4）实现企业经营重点从生产向研发战略转移	15
（三）企业类型转型	15
（1）从个体工商户转为公司制企业	10
（2）从合伙企业、独资企业转为有限责任公司	25
（3）从有限责任公司改造为股份有限公司	15
（4）上市融资成为公众公司	5
（四）商业模式转型	25
（1）采用新的营销模式	10
（2）改善售后服务	20
（3）实现企业经营重点从生产向营销战略转移	10
（4）进入新的市场	15
（5）开拓新的国际市场	10
（6）从国际市场转向国内市场	25
（7）从低端市场转向高端市场	10
（五）管理转型	17
（1）实现新的人才战略	5
（2）建立新的人才激励制度（如股权激励）	5
（3）实行精细化管理	5
（4）实现专业化生产	20
（5）战略重点从生产转向资本运作	10
（6）创业者自身的转型	20
（7）所有权和经营权分离，引进职业经理人	15
（8）提升自身的战略决策水平	15

4. 制约江西省民营企业转型升级的主要因素

（1）企业家创新精神缺失，对企业文化建设认识不足。以中小企业为主的民营企业经营管理模式以"家族式"管理为主，企业主更加关注维持当前赚钱的局面，对见效慢的基础研究和生产研发往往不舍得投资，开拓进取的意识不强。因而，江西民营企业家创新精神的缺失以及对企业文化建设认识的不足，使得他们在企业转型升级方面的态度不明朗，或没有信心进行转型升级，这一表现已经成为制约江西民营企业转型升级的重要因素。

（2）质量管理理念和品牌建设缺失。江西省民营企业虽然实现了数量上的快速发展，但企业主要依赖于外延式的扩张模式，生产技术、装备水平以及质量管理体系都还比较落后，在市场销售过程中强调追求价格的竞争优势，对品牌建设的投资力度不够，因而缺乏专门对生态环境和生产条件不合格引发的质量问题的管理。为了应对激烈的市场竞争环境，这些民营企业在不具备技术竞争优势的前提下，通常只有使用相对廉价的生产原料、劳动力以及不断压低生产成本来获得价格优势，这就往往会导致产品质量和产品功能的更新换代落后，使得企业在产品升级和功能升级方面很难有所突破。

（3）企业创新能力和创新投入不足。江西省大多数民营企业在人才、技术、资金、工艺设备、信息化水平等方面还处于相对落后的地位，且大多数民营企业没有能力或设立技术研发机构意愿不强，因而大多数民营企业科研设施投资与建设进程缓慢，加之管理机制的不畅通以及不重视，使得企业很难吸引到高水平的技术人才；另外，企业科技人才的短缺又导致了技术创新能力和成果开发转化能力很难得到提升。

（4）民营企业转型升级的金融支持渠道不畅通。江西省中小企业局 2010 年的中小企业调研数据表明，企业存在融资困难的比重已达七成左右，而准备着手进行转型升级的企业中有近八成存在不同程度的资金短缺问题。企业转型升级是一个痛苦的决策与漫长的过程，因而大部分民营企业认为资金投入过大而企业自身的融资能力不足已是企业进行转型升级的重要制约因素。中小企业资金短缺问题是多种因素造成的，其中银行融资渠道不畅通是一个重要原因。

（5）对推动企业转型升级的政府政策落实缺失。政府宏观政策的实施有利于推动企业转型升级，但一些地方政府在出台企业转型升级政策上往往只重视文件的发放，而对政策的落实管理不到位，缺乏对政策效果的跟踪评估。例如，一些部门往往只重视企业转型升级项目的申报与审批，而对企业转型升级的事中检查与事后的评估工作不够重视。近些年来，虽然各级地方政府都热衷于建立如中小企业技术服务平台、研发中心、检测中心、信息网络平台、培训教育平台、创业辅导中心、小企业创业基地等公共服务平台，但管理制度不健全，时常出现套用专项资金的现象，其中不少平台只是流于表面形式。

5. 江西省民营企业转型升级的发展模式选择

（1）产品创新升级发展模式。这种转型升级模式需要企业保持原有的传统行业优势，主要通过技术创新来开发出高新产品，使产品与服务的附加值得以提升，从而使企业实现由产业链低端向产业链高端升级，并通过开拓新市场提高企业效益，对原有的产品进行功能升级或产品换代升级，属于产业内产品功能创新升级。另外，江西省一些骨干中小企业纷纷向新材料、新能源、生物医药、电子信息等高新技术和战略性新兴产业"转型"，这些进军新兴行业的民营企业通过产业间转型，获取新的发展空间，从而实现了产业间产品创新升级。

（2）产业组织创新升级发展模式。通过各地市产业集群建设与规划，整合集群内企业的价值链，实现基于产业集群的企业转型升级。近年来，江西省通过大力建设和规划一批经济技术开发区，使得各地市在承接东部沿海地区产业转移上形成了具有一定特色和规模的产业集群。为了应对国际金融危机的冲击，江西很多民营企业依托园区优势，通过由龙头企业牵头组建行业集团、新技术联合开发、上下游产品供应和市场信息的共享等合作方式实现发展，降低了集群内企业的生产成本和交易费用，从而探索出通过组织创新实现江西民营企业转型升级的一条新路。

（3）管理创新升级发展模式。精细化管理模式是中小企业实现转型升级必然的选择，在企业的精细化管理中，现代信息技术能使企业优化业务流程、提升管理水平、提高经营绩效。中小企业应加快企业信息化水平的建设步伐，注重利用现代信息技术来实现从粗放经营到精细管理的升级。同时，要加强企业引进职业经理人的管理，逐步实现经营权和所有权的分离，摆脱家族式的传统经营与管理模式。

（4）市场创新升级发展模式。江西省大多数民营企业通常都是采用代工生产模式来进行出口加工制造，且主要依赖于低劳动力成本优势向单一的客户生产，企业没有任何的定价话语权，是一种典型的"打工经济"，且容易被锁定在产业链的加工制造低端环节。因此，需要通过市场创新的品牌建设来实现企业向价值链高端的攀升，从而实现企业由"打工经济"向"老板经济"的转型升级。

（5）易与投资创新升级发展模式。据江西省商务厅的统计数据显示：江西在 2011 年共核准境外企业 70 家，其中民营企业对外直接投资额占全省对外直接投资总额的近五成，设立境外企业及实施对外投资项目数超过全省总数的 60%，民营企业"走出去"不仅实现了从数量到水平的快速提升，而且境外投资领域由点到面，向设立境外生产加工型企业、资源开发、营销网络、房地产开发、设立研发机构等多领域发展。有实力的江西民营企业应坚持"走出去"战略，通过到境外投资设厂或者以参股、并购等形式拥有境外企业的先进技术、知名品牌和营销网络，有利于带动江西出口贸易的增加、培育江西的国际名牌、促进江西民营跨国公司的培育与发展，从而实现江西中小企业向国际化的转型升级。

熊尚鹏、施永：《江西省民营企业转型升级发展模式研究》，《企业经济》2013 年第 11 期，第 82 - 85 页。

第十章 民营企业排行榜

一、2013 年中国民营企业 500 强

表 10-1　2013 年中国民营企业 500 强　　　　单位：万元

序号	企业名称	省市、区	所属行业	营业收入总额
1	苏宁控股集团	江苏省	零售业	27981265
2	联想控股有限公司	北京市	计算机、通信和其他电子设备制造业	24403077
3	山东魏桥创业集团有限公司	山东省	纺织业	24138650
4	华为投资控股有限公司	广东省	计算机、通信和其他电子设备制造业	23902500
5	正威国际集团有限公司	广东省	有色金属冶炼和压延加工业	23382562
6	江苏沙钢集团有限公司	江苏省	黑色金属冶炼和压延加工业	22803606
7	中国华信能源有限公司	上海市	批发业	20998533
8	大连万达集团股份有限公司	辽宁省	房地产业	18664000
9	浙江吉利控股集团有限公司	浙江省	汽车制造业	15842925
10	万科企业股份有限公司	广东省	房地产业	13541879
11	恒力集团有限公司	江苏省	化学原料和化学制品制造业	13534917
12	雨润控股集团有限公司	江苏省	食品制造业	12997856
13	美的集团股份有限公司	广东省	电气机械和器材制造业	12126518
14	新疆广汇实业投资（集团）有限责任公司	新疆维吾尔自治区	零售业	10923638
15	中天钢铁集团有限公司	江苏省	黑色金属冶炼和压延加工业	10509107
16	海亮集团有限公司	浙江省	有色金属冶炼和压延加工业	10043837
17	广厦控股集团有限公司	浙江省	房屋建筑业	9078628
18	杭州娃哈哈集团有限公司	浙江省	酒、饮料和精制茶制造业	7827855
19	浙江恒逸集团有限公司	浙江省	化学原料和化学制品制造业	7806579
20	新希望集团有限公司	四川省	农、林、牧、渔服务业	7789271
21	西安迈科金属国际集团有限公司	陕西省	批发业	7726111
22	山东晨曦集团有限公司	山东省	批发业	7512471
23	北京建龙重工集团有限公司	北京市	黑色金属冶炼和压延加工业	7300434

序号	企业名称	省市、区	所属行业	营业收入总额
24	三一集团有限公司	湖南省	专用设备制造业	7224984
25	河北新华联合冶金投资有限公司	河北省	黑色金属冶炼和压延加工业	6628908
26	苏宁环球集团有限公司	江苏省	房地产业	6615000
27	三胞集团有限公司	江苏省	零售业	6546007
28	浙江荣盛控股集团有限公司	浙江省	化学纤维制造业	6503560
29	庞大汽贸集团股份有限公司	河北省	零售业	6398528
30	山东东明石化集团有限公司	山东省	石油加工、炼焦和核燃料加工业	6206184
31	陕西东岭工贸集团股份有限公司	陕西省	批发业	6084083
32	天能集团	浙江省	电气机械和器材制造业	5666097
33	超威集团	浙江省	电气机械和器材制造业	5573237
34	雅戈尔集团股份有限公司	浙江省	纺织服装、服饰业	5325026
35	江苏西城三联控股集团有限公司	江苏省	黑色金属冶炼和压延加工业	5308871
36	比亚迪股份有限公司	广东省	汽车制造业	5286328
37	上海复星高科技（集团）有限公司	上海市	综合	5204104
38	山东新希望六和集团有限公司	山东省	畜牧业	5203602
39	盛虹控股集团有限公司	江苏省	化学纤维制造业	5134714
40	青山控股集团有限公司	浙江省	黑色金属冶炼和压延加工业	5081412
41	河北津西钢铁集团股份有限公司	河北省	黑色金属冶炼和压延加工业	5079253
42	天津荣程联合钢铁集团有限公司	天津市	黑色金属冶炼和压延加工业	5030457
43	中天发展控股集团有限公司	浙江省	房屋建筑业	5016315
44	江苏南通三建集团有限公司	江苏省	房地产业	4956966
45	华盛江泉集团有限公司	山东省	黑色金属冶炼和压延加工业	4856057
46	新奥集团股份有限公司	河北省	燃气生产和供应业	4828009
47	玖龙纸业（控股）有限公司	广东省	造纸和纸制品业	4823712
48	奥克斯集团有限公司	浙江省	电气机械和器材制造业	4806871
49	四川省川威集团有限公司	四川省	黑色金属冶炼和压延加工业	4749288
50	江苏新长江实业集团有限公司	江苏省	黑色金属冶炼和压延加工业	4720593
51	通威集团有限公司	四川省	农副食品加工业	4611678
52	新华联集团有限公司	湖南省	石油加工、炼焦和核燃料加工业	4525846
53	科创控股集团有限公司	四川省	医药制造业	4520000
54	远大物产集团有限公司	浙江省	商务服务业	4519400
55	日照钢铁控股集团有限公司	山东省	黑色金属冶炼和压延加工业	4380513
56	盾安控股集团有限公司	浙江省	专用设备制造业	4363204
57	红豆集团有限公司	江苏省	纺织服装、服饰业	4351833
58	华泰集团有限公司	山东省	造纸和纸制品业	4310219
59	海澜集团有限公司	江苏省	纺织服装、服饰业	4300569
60	银亿集团有限公司	浙江省	批发业	4210593

序号	企业名称	省市、区	所属行业	营业收入总额
61	内蒙古鄂尔多斯投资控股集团有限公司	内蒙古自治区	综合	4206200
62	山东如意科技集团有限公司	山东省	纺织业	4110528
63	临沂新程金锣肉制品集团有限公司	山东省	农副食品加工业	4084626
64	江阴澄星实业集团有限公司	江苏省	化学原料和化学制品制造业	4084185
65	浙江桐昆控股集团有限公司	浙江省	化学纤维制造业	4064012
66	深圳市爱施德股份有限公司	广东省	批发业	4039918
67	四川宏达（集团）有限公司	四川省	有色金属矿采选业	4035897
68	中太建设集团股份有限公司	河北省	房屋建筑业	4012872
69	修正药业集团	吉林省	医药制造业	4001780
70	亿利资源集团有限公司	内蒙古自治区	综合	3923827
71	重庆龙湖企业拓展有限公司	重庆市	房地产业	3914310
72	江苏南通二建集团有限公司	江苏省	房屋建筑业	3852631
73	双胞胎（集团）股份有限公司	江西省	农副食品加工业	3733080
74	东方希望集团有限公司	上海市	有色金属冶炼和压延加工业	3720000
75	山东泰山钢铁集团有限公司	山东省	黑色金属冶炼和压延加工业	3700495
76	江苏申特钢铁有限公司	江苏省	黑色金属冶炼和压延加工业	3656785
77	内蒙古伊泰集团有限公司	内蒙古自治区	煤炭开采和洗选业	3646355
78	江苏金浦集团有限公司	江苏省	化学原料和化学制品制造业	3642983
79	正邦集团有限公司	江西省	农业	3604589
80	山东大海集团有限公司	山东省	电气机械和器材制造业	3600523
81	云南中豪置业有限责任公司	云南省	房地产业	3561248
82	江苏永钢集团有限公司	江苏省	黑色金属冶炼和压延加工业	3553556
83	山东京博控股股份有限公司	山东省	石油加工、炼焦和核燃料加工业	3540123
84	新疆特变电工集团有限公司	新疆维吾尔自治区	专用设备制造业	3533083
85	山东太阳纸业股份有限公司	山东省	造纸和纸制品业	3515118
86	四川科伦实业集团有限总司	四川省	医药制造业	3507582
87	新世纪控股集团有限公司	浙江省	商务服务业	3500000
88	宁波金田投资控股有限公司	浙江省	有色金属冶炼和压延加工业	3482392
89	浙江前程投资股份有限公司	浙江省	批发业	3441091
90	腾邦投资控股有限公司	广东省	软件和信息技术服务业	3393608
91	江苏阳光集团有限公司	江苏省	纺织业	3372436
92	九州通医药集团股份有限公司	湖北省	批发业	3343805
93	华勤橡胶工业集团有限公司	山东省	橡胶和塑料制品业	3327163

续表

序号	企业名称	省市、区	所属行业	营业收入总额
94	正泰集团股份有限公司	浙江省	电气机械和器材制造业	3322428
95	江西萍钢实业股份有限公司	江西省	黑色金属冶炼和压延加工业	3321783
96	德力西集团有限公司	浙江省	电气机械和器材制造业	3315360
97	万达控股集团有限公司	山东省	有色金属冶炼和压延加工业	3280802
98	浙江中成控股集团有限公司	浙江省	房屋建筑业	3280045
99	金龙精密铜管集团股份有限公司	河南省	有色金属冶炼和压延加工业	3258333
100	物美控股集团有限公司	北京市	零售业	3253710
101	亚邦投资控股集团有限公司	江苏省	化学原料和化学制品制造业	3205036
102	百度在线网络技术（北京）有限公司	北京市	互联网和相关服务	3194392
103	亨通集团有限公司	江苏省	电气机械和器材制造业	3121035
104	嘉晨集团有限公司	辽宁省	黑色金属冶炼和压延加工业	3116567
105	四川德胜集团钒钛有限公司	四川省	黑色金属冶炼和压延加工业	3103549
106	利华益集团股份有限公司	山东省	石油加工、炼焦和核燃料加工业	3100653
107	上海人民企业（集团）有限公司	上海市	金属制品业	3093624
108	天津宝迪农业科技股份有限公司	天津市	食品制造业	3061847
109	天狮集团有限公司	天津市	医药制造业	3048834
110	和润集团有限公司	浙江省	农副食品加工业	3037857
111	山东金诚石化集团有限公司	山东省	石油加工、炼焦和核燃料加工业	3032125
112	天瑞集团股份有限公司	河南省	非金属矿物制品业	3031635
113	重庆市金科投资控股（集团）有限责任公司	重庆市	房地产业	3027247
114	宁夏宝塔石化集团有限公司	宁夏回族自治区	石油加工、炼焦和核燃料加工业	3018131
115	江苏扬子江船业集团公司	江苏省	铁路、船舶、航空航天和其他运输设备制造业	3009256
116	人民电器集团有限公司	浙江省	电气机械和器材制造业	2978871
117	大汉控股集团有限公司	湖南省	综合	2915493
118	江苏省苏中建设集团股份有限公司	江苏省	房屋建筑业	2910523
119	晟通科技集团有限公司	湖南省	有色金属冶炼和压延加工业	2897897
120	双良集团有限公司	江苏省	化学原料和化学制品制造业	2877518
121	浙江昆仑控股集团有限公司	浙江省	综合	2861083
122	山东金岭集团有限公司	山东省	化学原料和化学制品制造业	2856039
123	东方集团实业股份有限公司	黑龙江省	综合	2836391
124	福佳集团有限公司	辽宁省	化学原料和化学制品制造业	2827561
125	波司登股份有限公司	江苏省	纺织服装、服饰业	2807323
126	江苏金辉铜业集团有限公司	江苏省	有色金属冶炼和压延加工业	2782507
127	丰立集团有限公司	江苏省	废弃资源综合利用业	2760240
128	中基宁波集团股份有限公司	浙江省	商务服务业	2759217

序号	企业名称	省市、区	所属行业	营业收入总额
129	河北普阳钢铁有限公司	河北省	黑色金属冶炼和压延加工业	2743957
130	宁夏天元锰业有限公司	宁夏回族自治区	有色金属冶炼和压延加工业	2742963
131	南京丰盛产业控股集团有限公司	江苏省	土木工程建筑业	2735398
132	杭州锦江集团有限公司	浙江省	有色金属冶炼和压延加工业	2729972
133	西王集团有限公司	山东省	农副食品加工业	2712007
134	亿达集团有限公司	辽宁省	房地产业	2704884
135	四川蓝光实业集团有限公司	四川省	房地产业	2703943
136	郑州宇通集团有限公司	河南省	汽车制造业	2698448
137	天正集团有限公司	浙江省	电气机械和器材制造业	2686149
138	百兴集团有限公司	江苏省	商务服务业	2683581
139	山东玉皇化工有限公司	山东省	化学原料和化学制品制造业	2681915
140	东营方圆有色金属有限公司	山东省	有色金属冶炼和压延加工业	2679225
141	山东科达集团有限公司	山东省	综合	2651912
142	维维集团股份有限公司	江苏省	食品制造业	2618069
143	华芳集团有限公司	江苏省	纺织业	2604977
144	重庆力帆控股有限公司	重庆市	汽车制造业	2601570
145	唐山国丰钢铁有限公司	河北省	黑色金属冶炼和压延加工业	2575331
146	山河建设集团有限公司	湖北省	房屋建筑业	2562964
147	武安市裕华钢铁有限公司	河北省	黑色金属冶炼和压延加工业	2560125
148	河北新武安钢铁集团明芳钢铁有限公司	河北省	黑色金属冶炼和压延加工业	2550818
149	浙江宝业建设集团有限公司	浙江省	房屋建筑业	2536892
150	安徽国购投资集团	安徽省	综合	2524297
151	中球冠集团有限公司	浙江省	批发业	2513618
152	浙江龙盛控股有限公司	浙江省	化学原料和化学制品制造业	2510021
153	宁波富邦控股集团有限公司	浙江省	综合	2496565
154	江苏法尔胜泓昇集团有限公司	江苏省	金属制品业	2496089
155	上海华冶钢铁集团有限公司	上海市	黑色金属冶炼和压延加工业	2491360
156	稻花香集团	湖北省	酒、饮料和精制茶制造业	2486100
157	河北文丰钢铁有限公司	河北省	黑色金属冶炼和压延加工业	2471542
158	传化集团有限公司	浙江省	化学原料和化学制品制造业	2439341
159	河北新金钢铁有限公司	河北省	黑色金属冶炼和压延加工业	2432613
160	金鼎重工股份有限公司	河北省	有色金属冶炼和压延加工业	2430000
161	天津友发钢管集团股份有限公司	天津市	金属制品业	2408312
162	远东控股集团有限公司	江苏省	电气机械和器材制造业	2404890
163	隆鑫控股有限公司	重庆市	通用设备制造业	2398180
164	卓尔控股有限公司	湖北省	综合	2393000

续表

序号	企业名称	省市、区	所属行业	营业收入总额
165	江苏新华发集团有限公司	江苏省	通用设备制造业	2386861
166	天津领先控股集团有限公司	天津市	批发业	2378236
167	江苏华厦融创置地集团有限公司	江苏省	房地产业	2358390
168	浙江新湖集团股份有限公司	浙江省	综合	2343468
169	山东汇丰石化集团有限公司	山东省	石油加工、炼焦和核燃料加工业	2308565
170	西林钢铁集团有限公司	黑龙江省	黑色金属冶炼和压延加工业	2300966
171	四川金广实业（集团）股份有限公司	四川省	黑色金属冶炼和压延加工业	2296626
172	山东九羊集团有限公司	山东省	黑色金属冶炼和压延加工业	2263536
173	上海龙昂国际贸易有限公司	上海市	批发业	2240719
174	江苏文峰集团有限公司	江苏省	零售业	2240347
175	江苏高力集团有限公司	江苏省	房地产业	2225150
176	澳洋集团有限公司	江苏省	纺织业	2221545
177	东岳集团有限公司	山东省	化学原料和化学制品制造业	2215911
178	西子联合控股有限公司	浙江省	专用设备制造业	2210849
179	精功集团有限公司	浙江省	金属制品业	2209287
180	四川省达州钢铁集团有限责任公司	四川省	黑色金属冶炼和压延加工业	2207619
181	江苏三房巷集团有限公司	江苏省	化学纤维制造业	2159372
182	步步高投资集团股份有限公司	湖南省	零售业	2119148
183	河北新武安钢铁集团文安钢铁有限公司	河北省	黑色金属冶炼和压延加工业	2108552
184	晶龙实业集团有限公司	河北省	计算机、通信和其他电子设备制造业	2108352
185	天地龙控股集团有限公司	江苏省	金属制品业	2104856
186	通鼎集团有限公司	江苏省	电气机械和器材制造业	2101530
187	荣盛控股股份有限公司	河北省	房地产业	2100398
188	天津塑力线缆集团有限公司	天津市	电气机械和器材制造业	2097285
189	浙江元立金属制品集团有限公司	浙江省	金属制品业	2088428
190	香江集团有限公司	广东省	综合	2082239
191	银海万向控股集团有限公司	北京市	批发业	2078736
192	山东昌华实业发展有限公司	山东省	农副食品加工业	2078096
193	新城控股集团有限公司	江苏省	房地产业	2077126
194	辽宁忠旺集团有限公司	辽宁省	有色金属冶炼和压延加工业	2049444
195	融信（福建）投资集团有限公司	福建省	房地产业	2048570
196	天士力控股集团有限公司	天津市	医药制造业	2046300
197	君华集团有限公司	广东省	房地产业	2029276
198	江苏新海石化有限公司	江苏省	石油加工、炼焦和核燃料加工业	2027708
199	威高集团有限公司	山东省	医药制造业	2020593
200	内蒙古伊东资源集团股份有限公司	内蒙古自治区	煤炭开采和洗选业	2019417

续表

序号	企业名称	省市、区	所属行业	营业收入总额
201	南通化工轻工股份有限公司	江苏省	批发业	2017587
202	国能商业有限公司	上海市	批发业	2015616
203	上海均和集团有限公司	上海市	批发业	2000807
204	广东圣丰集团有限公司	广东省	橡胶和塑料制品业	1981376
205	东兆长泰投资集团有限公司	北京市	土木工程建筑业	1953944
206	富海集团有限公司	山东省	石油加工、炼焦和核燃料加工业	1945510
207	卧龙控股集团有限公司	浙江省	电气机械和器材制造业	1916811
208	湖南博长控股集团有限公司	湖南省	黑色金属冶炼和压延加工业	1902388
209	河南龙成集团有限公司	河南省	黑色金属冶炼和压延加工业	1901343
210	银泰商业（集团）有限公司	浙江省	零售业	1898071
211	苏州金螳螂企业（集团）有限公司	江苏省	建筑装饰和其他建筑业	1893939
212	龙信建设集团有限公司	江苏省	房屋建筑业	1886876
213	深圳海王集团股份有限公司	广东省	医药制造业	1884858
214	红狮控股集团有限公司	浙江省	非金属矿物制品业	1874900
215	江苏三木集团有限公司	江苏省	化学原料和化学制品制造业	1874635
216	攀华集团有限公司	江苏省	金属制品业	1856663
217	浙江富冶集团有限公司	浙江省	有色金属冶炼和压延加工业	1840959
218	中国庆华能源集团有限公司	北京市	煤炭开采和洗选业	1838209
219	福星集团控股有限公司	湖北省	综合	1806066
220	河北新武安钢铁集团烘熔钢铁有限公司	河北省	黑色金属冶炼和压延加工业	1805421
221	福晟集团有限公司	福建省	土木工程建筑业	1802213
222	金澳科技（湖北）化工有限公司	湖北省	石油加工、炼焦和核燃料加工业	1786000
223	江苏省镔鑫特钢材料有限公司	江苏省	黑色金属冶炼和压延加工业	1778988
224	上海圆迈贸易有限公司	上海市	零售业	1772390
225	攀枝花钢城集团有限公司	四川省	黑色金属冶炼和压延加工业	1763852
226	宁波神化学品经营有限责任公司	浙江省	有色金属矿采选业	1756331
227	广州立白企业集团有限公司	广东省	化学原料和化学制品制造业	1749933
228	宜华企业（集团）有限公司	广东省	家具制造业	1745810
229	金花投资控股集团有限公司	陕西省	零售业	1745285
230	南通四建集团有限公司	江苏省	房屋建筑业	1740188
231	河北新武安钢铁集团鑫汇冶金有限公司	河北省	黑色金属冶炼和压延加工业	1725667
232	山东昊龙集团有限公司	山东省	综合	1724928
233	浙江大东南集团有限公司	浙江省	橡胶和塑料制品业	1709949
234	江苏南通六建建设集团有限公司	江苏省	房屋建筑业	1706190
235	上海绿地建设（集团）有限公司	上海市	房屋建筑业	1701899
236	福建恒安集团有限公司	福建省	综合	1690460
237	富通集团有限公司	浙江省	计算机、通信和其他电子设备制造业	1675861

续表

序号	企业名称	省市、区	所属行业	营业收入总额
238	奥康集团有限公司	浙江省	皮革、毛皮、羽毛及其制品和制鞋业	1668811
239	云南惠嘉进出口有限公司	云南省	批发业	1667834
240	大华（集团）有限公司	上海市	房地产业	1657828
241	升华集团控股有限公司	浙江省	化学原料和化学制品制造业	1655603
242	大自然钢业集团有限公司	浙江省	黑色金属冶炼和压延加工业	1654312
243	常州东方特钢有限公司	江苏省	黑色金属冶炼和压延加工业	1653316
244	海汇集团有限公司	山东省	专用设备制造业	1650866
245	华南物资集团有限公司	重庆市	批发业	1648714
246	成都蛟龙港	四川省	综合	1645960
247	江苏天工集团有限公司	江苏省	黑色金属冶炼和压延加工业	1642828
248	广西盛隆冶金有限公司	广西壮族自治区	有色金属冶炼和压延加工业	1628429
249	新华锦集团	山东省	批发业	1628378
250	大全集团有限公司	江苏省	电气机械和器材制造业	1621221
251	东辰控股集团有限公司	山东省	化学原料和化学制品制造业	1606892
252	山东五征集团	山东省	汽车制造业	1600321
253	天津华北集团有限公司	天津市	有色金属冶炼和压延加工业	1591527
254	贵阳宏益房地产开发有限公司	贵州省	房地产业	1587536
255	香驰控股有限公司	山东省	农副食品加工业	1582570
256	河南联合煤炭化工集团有限公司	河南省	批发业	1566876
257	浙江海天建设集团有限公司	浙江省	房屋建筑业	1562790
258	新八建设集团有限公司	湖北省	房屋建筑业	1562651
259	大生（福建）农业有限公司	福建省	批发业	1557082
260	上海均瑶（集团）有限公司	上海市	综合	1552399
261	永鼎集团有限公司	江苏省	电气机械和器材制造业	1548170
262	河南济源钢铁（集团）有限公司	河南省	黑色金属冶炼和压延加工业	1547363
263	大亚科技集团有限公司	江苏省	木材加工和木、竹、藤、棕、草制品业	1535589
264	研祥高科控股集团有限公司	广东省	计算机、通信和其他电子设备制造业	1534967
265	震雄铜业集团有限公司	江苏省	有色金属冶炼和压延加工业	1529199
266	山西潞宝集团	山西省	石油加工、炼焦和核燃料加工业	1525799
267	日照兴业集团有限公司	山东省	批发业	1524381
268	通州建总集团有限公司	江苏省	房屋建筑业	1517726
269	江苏大明金属制品有限公司	江苏省	金属制品业	1515000
270	欧美投资集团有限公司	山东省	批发业	1513594
271	上海胜华电缆（集团）有限公司	上海市	电气机械和器材制造业	1511500
272	天津聚龙嘉华投资集团有限公司	天津市	农副食品加工业	1510242
273	浙江金田阳光投资有限公司	浙江省	商务服务业	1490400

序号	企业名称	省市、区	所属行业	营业收入总额
274	海外海集团有限公司	浙江省	商务服务业	1487226
275	山东万通石油化工集团有限公司	山东省	石油加工、炼焦和核燃料加工业	1474687
276	江苏集群信息产业集团	江苏省	软件和信息技术服务业	1473116
277	江苏天裕能源化工集团有限公司	江苏省	石油加工、炼焦和核燃料加工业	1466006
278	山东远通汽车贸易集团有限公司	山东省	零售业	1466000
279	泰地控股集团有限公司	浙江省	综合	1459921
280	江苏邗建集团有限公司	江苏省	房屋建筑业	1455182
281	中天科技集团有限公司	江苏省	电气机械和器材制造业	1452771
282	华峰集团有限公司	浙江省	化学原料和化学制品制造业	1451348
283	金发科技股份有限公司	广东省	化学原料和化学制品制造业	1442598
284	万马联合控股集团有限公司	浙江省	零售业	1437214
285	山西安泰控股集团有限公司	山西省	黑色金属冶炼和压延加工业	1434773
286	常熟市龙腾特种钢有限公司	江苏省	黑色金属冶炼和压延加工业	1431830
287	河南黄河实业集团股份有限公司	河南省	非金属矿物制品业	1426832
288	包商银行股份有限公司	内蒙古自治区	货币金融服务	1423297
289	中利科技集团股份有限公司	江苏省	电气机械和器材制造业	1410885
290	福中集团有限公司	江苏省	综合	1408500
291	浙江翔盛集团有限公司	浙江省	化学纤维制造业	1393928
292	中经汇通有限责任公司	广东省	互联网和相关服务	1393369
293	江苏飞达控股集团有限公司	江苏省	黑色金属冶炼和压延加工业	1390877
294	江苏华宏实业集团有限公司	江苏省	化学纤维制造业	1383209
295	常州天合光能有限公司	江苏省	电气机械和器材制造业	1379063
296	龙元建设集团股份有限公司	浙江省	房屋建筑业	1373954
297	新凤鸣集团股份有限公司	浙江省	化学纤维制造业	1369098
298	山东胜通集团股份有限公司	山东省	金属制品业	1367556
299	诸城外贸有限责任公司	山东省	食品制造业	1365337
300	华立集团股份有限公司	浙江省	综合	1363509
301	沈阳远大企业集团	辽宁省	建筑装饰和其他建筑业	1362617
302	山东创新金属科技股份有限公司	山东省	有色金属冶炼和压延加工业	1362300
303	杭州滨江房产集团股份有限公司	浙江省	房地产业	1359288
304	森马集团有限公司	浙江省	纺织服装、服饰业	1359206
305	江苏沃得机电集团有限公司	江苏省	通用设备制造业	1356525
306	浙江中南建设集团有限公司	浙江省	房屋建筑业	1354908
307	宗申产业集团有限公司	重庆市	铁路、船舶、航空航天和其他运输设备制造业	1352189
308	江苏金峰水泥集团有限公司	江苏省	非金属矿物制品业	1352145

续表

序号	企业名称	省市、区	所属行业	营业收入总额
309	中浪环保股份有限公司	浙江省	批发业	1350441
310	宁波建工股份有限公司	浙江省	房屋建筑业	1349933
311	山西通达（集团）有限公司	山西省	汽车制造业	1343542
312	浙江明日控股集团股份有限公司	浙江省	零售业	1340762
313	晶科能源有限公司	江西省	电气机械和器材制造业	1340091
314	重庆市博赛矿业（集团）有限公司	重庆市	有色金属冶炼和压延加工业	1338434
315	康美药业股份有限公司	广东省	医药制造业	1335873
316	重庆市中科控股有限公司	重庆市	房屋建筑业	1335274
317	蓝思科技股份有限公司	湖南省	计算机、通信和其他电子设备制造业	1335165
318	曙光控股集团有限公司	浙江省	房屋建筑业	1334610
319	武汉市金马凯旋家具投资有限公司	湖北省	综合	1334238
320	河南省淅川铝业（集团）有限公司	河南省	有色金属冶炼和压延加工业	1330507
321	红太阳集团有限公司	江苏省	化学原料和化学制品制造业	1327563
322	东方建设集团有限公司	浙江省	房屋建筑业	1325805
323	三花控股集团有限公司	浙江省	电气机械和器材制造业	1324082
324	方大特钢科技股份有限公司	江西省	黑色金属冶炼和压延加工业	1321466
325	河南众品食业股份有限公司	河南省	农副食品加工业	1312070
326	山东寿光鲁清石化有限公司	山东省	石油加工、炼焦和核燃料加工业	1311769
327	中厦建设集团有限公司	浙江省	房屋建筑业	1310667
328	万丰奥特控股集团有限公司	浙江省	汽车制造业	1305567
329	河南森源集团有限公司	河南省	电气机械和器材制造业	1303359
330	中设建工集团有限公司	浙江省	房屋建筑业	1295782
331	天津市通源钢铁集团有限公司	天津市	综合	1289435
332	华太建设集团有限公司	浙江省	房屋建筑业	1287247
333	浙江东南网架集团有限公司	浙江省	土木工程建筑业	1282531
334	中兴建设有限公司	江苏省	房屋建筑业	1276408
335	五洋建设集团股份有限公司	浙江省	房屋建筑业	1276197
336	绿都控股集团有限公司	浙江省	房地产业	1273632
337	群升集团有限公司	浙江省	综合	1272763
338	江西济民可信集团有限公司	江西省	医药制造业	1266486
339	浙江长业控股集团有限公司	浙江省	房屋建筑业	1266000
340	福建永荣控股集团有限公司	福建省	化学纤维制造业	1262320
341	江苏新时代控股集团有限公司	江苏省	有色金属冶炼和压延加工业	1260442
342	华仪电器集团有限公司	浙江省	电气机械和器材制造业	1259436
343	沂州集团有限公司	山东省	非金属矿物制品业	1258013
344	浙江勤业建工集团有限公司	浙江省	房屋建筑业	1250655
345	广州海印实业集团有限公司	广东省	租赁业	1244975

续表

序号	企业名称	省市、区	所属行业	营业收入总额
346	内蒙古黄河能源科技集团有限责任公司	内蒙古自治区	石油加工、炼焦和核燃料加工业	1241409
347	云南力帆骏马车辆有限公司	云南省	汽车制造业	1239344
348	鄂尔多斯市乌兰煤炭（集团）有限责任公司	内蒙古自治区	煤炭开采和洗选业	1238648
349	内蒙古源通煤化集团有限责任公司	内蒙古自治区	煤炭开采和洗选业	1234602
350	重庆小康控股有限公司	重庆市	汽车制造业	1233782
351	广西洋浦南华糖业集团股份有限公司	广西壮族自治区	食品制造业	1228262
352	利时集团股份有限公司	浙江省	橡胶和塑料制品业	1228197
353	江苏中信建设集团有限公司	江苏省	房屋建筑业	1225987
354	广州美涂士投资控股有限公司	广东省	综合	1224315
355	青岛世纪瑞丰集团有限公司	山东省	批发业	1220000
356	中发实业（集团）有限公司	黑龙江省	保险业	1215759
357	浙江亚厦装饰股份有限公司	浙江省	建筑装饰和其他建筑业	1214295
358	中博建设集团有限公司	浙江省	房屋建筑业	1211685
359	方远建设集团股份有限公司	浙江省	房屋建筑业	1203869
360	天洁集团有限公司	浙江省	专用设备制造业	1199865
361	金正大生态工程集团股份有限公司	山东省	化学原料和化学制品制造业	1199216
362	人本集团有限公司	浙江省	通用设备制造业	1196303
363	兴乐集团有限公司	浙江省	电气机械和器材制造业	1196184
364	浙江航民实业集团有限公司	浙江省	纺织业	1192954
365	江河创建集团股份有限公司	北京市	建筑装饰和其他建筑业	1190205
366	唐人神集团股份有限公司	湖南省	畜牧业	1183713
367	华升建设集团有限公司	浙江省	房屋建筑业	1182720
368	华泽集团有限公司	湖南省	酒、饮料和精制茶制造业	1182300
369	内蒙古明华能源集团有限公司	内蒙古自治区	批发业	1180497
370	月星集团有限公司	江苏省	零售业	1180395
371	江苏常发实业集团有限公司	江苏省	通用设备制造业	1180000
372	浙江栋梁新材股份有限公司	浙江省	有色金属冶炼和压延加工业	1178634
373	浙江天宇交通建设集团有限公司	浙江省	综合	1178524
374	冠壹实业集团有限公司	福建省	综合	1167936
375	金猴集团有限公司	山东省	皮革、毛皮、羽毛及其制品和制鞋业	1162349
376	天颂建设集团有限公司	浙江省	房屋建筑业	1162327
377	深圳市怡亚通供应链股份有限公司	广东省	装卸搬运和运输代理业	1162294

续表

序号	企业名称	省市、区	所属行业	营业收入总额
378	江苏华地国际控股集团有限公司	江苏省	零售业	1161532
379	润东汽车集团有限公司	江苏省	零售业	1157339
380	连云港兴鑫钢铁有限公司	江苏省	黑色金属冶炼和压延加工业	1156318
381	浙江康桥汽车工贸集团股份有限公司	浙江省	零售业	1155626
382	山东尧王控股集团	山东省	综合	1154506
383	云南奥宸房地产开发有限公司	云南省	房地产业	1154000
384	中昂地产（集团）有限公司	北京市	房地产业	1153914
385	山东荣信煤化有限责任公司	山东省	石油加工、炼焦和核燃料加工业	1153609
386	花园集团有限公司	浙江省	综合	1151499
387	红楼集团有限公司	浙江省	商务服务业	1150749
388	福耀玻璃工业集团股份有限公司	福建省	非金属矿物制品业	1150121
389	浙江协和集团有限公司	浙江省	黑色金属冶炼和压延加工业	1142835
390	三鼎控股集团有限公司	浙江省	纺织业	1136471
391	春和集团有限公司	浙江省	铁路、船舶、航空航天和其他运输设备制造业	1133306
392	重庆新鸥鹏地产（集团）有限公司	重庆市	房地产业	1131003
393	四川省乐山市福华农科投资集团	四川省	化学原料和化学制品制造业	1127516
394	浙江中富建筑集团股份有限公司	浙江省	房屋建筑业	1126526
395	盘锦北方沥青燃料有限公司	辽宁省	石油加工、炼焦和核燃料加工业	1125517
396	骆驼集团股份有限公司	湖北省	汽车制造业	1118280
397	博发控股集团	黑龙江省	专用设备制造业	1118247
398	广州东凌实业集团有限公司	广东省	农副食品加工业	1118242
399	新七建设集团有限公司	湖北省	房屋建筑业	1115278
400	浙江富春江通信集团有限公司	浙江省	计算机、通信和其他电子设备制造业	1108155
401	高深（集团）有限公司	云南省	橡胶和塑料制品业	1106253
402	河北立中有色金属集团	河北省	有色金属冶炼和压延加工业	1106246
403	湖北三宁化工股份有限公司	湖北省	化学原料和化学制品制造业	1100800
404	天津亿联投资控股集团有限公司	天津市	房地产业	1097600
405	祐康食品集团有限公司	浙江省	食品制造业	1097465
406	上海春秋国际旅行社（集团）有限公司	上海市	商务服务业	1096365
407	湖南九龙经贸集团有限公司	湖南省	批发业	1094727
408	南通建工集团股份有限公司	江苏省	房屋建筑业	1086687
409	胜达集团有限公司	浙江省	造纸和纸制品业	1085409
410	江苏吴中集团有限公司	江苏省	综合	1083019
411	湖北枝江酒业集团	湖北省	酒、饮料和精制茶制造业	1082917
412	杭州华三通信技术有限公司	浙江省	计算机、通信和其他电子设备制造业	1081810
413	洛阳颐和今世福珠宝集团有限公司	河南省	批发业	1081713

序号	企业名称	省市、区	所属行业	营业收入总额
414	江苏上上电缆集团有限公司	江苏省	电气机械和器材制造业	1070581
415	杭州诺贝尔集团有限公司	浙江省	非金属矿物制品业	1068563
416	歌山建设集团有限公司	浙江省	房屋建筑业	1067781
417	浙江国泰建设集团有限公司	浙江省	房屋建筑业	1064711
418	江苏中南建筑产业集团有限责任公司	江苏省	房屋建筑业	1063567
419	华翔集团股份有限公司	浙江省	汽车制造业	1063515
420	杭州宏胜饮料集团有限公司	浙江省	酒、饮料和精制茶制造业	1063302
421	南通华新建工集团有限公司	江苏省	房屋建筑业	1061430
422	河南金汇不锈钢产业集团	河南省	黑色金属冶炼和压延加工业	1061130
423	华丰建设股份有限公司	浙江省	房屋建筑业	1058042
424	太平鸟集团有限公司	浙江省	零售业	1057219
425	振石控股集团有限公司	浙江省	黑色金属冶炼和压延加工业	1055597
426	深圳市兖峰能源投资控股有限公司	广东省	综合	1055110
427	陕西黄河矿业（集团）有限责任公司	陕西省	煤炭开采和洗选业	1054612
428	内蒙古双欣能源化工有限公司	内蒙古自治区	煤炭开采和洗选业	1054559
429	上海奥盛投资控股（集团）有限公司	上海市	金属制品业	1052932
430	永兴特种不锈钢股份有限公司	浙江省	黑色金属冶炼和压延加工业	1052345
431	武汉康顺集团有限公司	湖北省	批发业	1050956
432	江苏国强镀锌实业有限公司	江苏省	金属制品业	1050000
433	中亿丰建设集团股份有限公司	江苏省	房屋建筑业	1046553
434	金海重工股份有限公司	浙江省	铁路、船舶、航空航天和其他运输设备制造业	1045130
435	邯郸市正大制管有限公司	河北省	黑色金属冶炼和压延加工业	1044701
436	苏州市相城区江南化纤集团有限公司	江苏省	纺织业	1036153
437	南通五建建设工程有限公司	江苏省	房屋建筑业	1036073
438	内蒙古恒东能源集团有限责任公司	内蒙古自治区	煤炭开采和洗选业	1035024
439	杭叉集团股份有限公司	浙江省	通用设备制造业	1033539
440	辽宁曙光汽车集团股份有限公司	辽宁省	汽车制造业	1030000
441	河南金利金铅有限公司	河南省	有色金属冶炼和压延加工业	1026882
442	得力集团有限公司	浙江省	文教、工美、体育和娱乐用品制造业	1025786
443	海马汽车集团股份有限公司	海南省	汽车制造业	1023523
444	宁夏宝丰集团有限公司	宁夏回族自治区	综合	1022198
445	浙江建华集团有限公司	浙江省	批发业	1020611
446	农夫山泉股份有限公司	浙江省	酒、饮料和精制茶制造业	1019561

序号	企业名称	省市、区	所属行业	营业收入总额
447	浙江暨阳建设集团有限公司	浙江省	房屋建筑业	1018810
448	浙江展诚建设集团有限公司	浙江省	房屋建筑业	1018365
449	海天塑机集团有限公司	浙江省	专用设备制造业	1016717
450	天津立业钢铁集团有限公司	天津市	批发业	1016411
451	港龙控股集团有限公司	江苏省	房地产业	1015089
452	建业住宅集团（中国）有限公司	河南省	房地产业	1005324
453	歌尔声学股份有限公司	山东省	计算机、通信和其他电子设备制造业	1004881
454	宁波申洲针织有限公司	浙江省	纺织服装、服饰业	1004722
455	南通新华建筑集团有限公司	江苏省	房屋建筑业	1002878
456	陕西荣民集团	陕西省	综合	1000532
457	星星集团有限公司	浙江省	电气机械和器材制造业	994546
458	湖北东圣化工集团有限公司	湖北省	化学原料和化学制品制造业	994304
459	柳桥集团有限公司	浙江省	皮革、毛皮、羽毛及其制品和制鞋业	994002
460	山东中海化工集团有限公司	山东省	石油加工、炼焦和核燃料加工业	993029
461	正太集团有限公司	江苏省	房屋建筑业	989359
462	德华集团控股股份有限公司	浙江省	木材加工和木、竹、藤、棕、草制品业	987679
463	万事利集团有限公司	浙江省	纺织服装、服饰业	987180
464	汇宇控股集团	浙江省	房地产业	986582
465	天津现代集团有限公司	天津市	房地产业	986212
466	永泰能源股份有限公司	山西省	煤炭开采和洗选业	984326
467	法派集团有限公司	浙江省	纺织服装、服饰业	983100
468	致远控股集团有限公司	浙江省	有色金属冶炼和压延加工业	982568
469	齐鲁特钢有限公司	山东省	黑色金属冶炼和压延加工业	981144
470	九鼎建设股份有限公司	浙江省	酒、饮料和精制茶制造业	979380
471	深圳市朗华供应链服务有限公司	广东省	商务服务业	975235
472	无锡兴达泡塑新材料股份有限公司	江苏省	化学原料和化学制品制造业	973413
473	新龙药业集团	湖北省	批发业	972077
474	兴惠化纤集团有限公司	浙江省	纺织业	965566
475	徐龙食品集团有限公司	浙江省	农副食品加工业	964857
476	浙江东杭控股集团有限公司	浙江省	批发业	963990
477	浙江兴日钢控股集团有限公司	浙江省	黑色金属冶炼和压延加工业	963977
478	山东传洋集团有限公司	山东省	黑色金属冶炼和压延加工业	963381
479	日照中瑞物产有限公司	山东省	零售业	960693
480	伟星集团有限公司	浙江省	综合	958039
481	天津市恒兴钢业有限公司	天津市	有色金属冶炼和压延加工业	955113
482	铜陵精达铜材（集团）有限责任公司	安徽省	金属制品业	954973

续表

序号	企业名称	省市、区	所属行业	营业收入总额
483	内蒙古满世投资集团有限公司	内蒙古自治区	煤炭开采和洗选业	952731
484	腾达建设集团股份有限公司	浙江省	土木工程建筑业	952129
485	富丽达集团控股有限公司	浙江省	化学纤维制造业	946188
486	无锡市凌峰铜业有限公司	江苏省	有色金属冶炼和压延加工业	945286
487	天津开发区四达石化产品经销有限公司	天津市	批发业	943900
488	杭州东恒石油有限公司	浙江省	批发业	942026
489	浙江鸿翔控股集团有限公司	浙江省	房屋建筑业	937925
490	兴源轮胎集团有限公司	山东省	橡胶和塑料制品业	937159
491	广博集团	浙江省	印刷和记录媒介复制业	934116
492	开元旅业集团有限公司	浙江省	综合	926120
493	湖南金龙国际集团	湖南省	有色金属冶炼和压延加工业	921437
494	江苏江中集团有限公司	江苏省	房屋建筑业	920665
495	锦联控股集团有限公司	辽宁省	水上运输业	920182
496	云南玉溪玉昆钢铁有限公司	云南省	黑色金属冶炼和压延加工业	918875
497	公元塑业集团有限公司	浙江省	橡胶和塑料制品业	918114
498	江苏弘盛建设工程集团有限公司	江苏省	房屋建筑业	914301
499	福建省金纶高纤股份有限公司	福建省	化学纤维制造业	913000
500	北京明天投资有限公司	北京市	房地产业	912226

资料来源：http：//www. acfic. org. cn/web/zt/2014my500/index. html.

二、2013 年江西民营企业 100 强

表 10 - 2　2013 年江西民营企业 100 强名单　　　　　单位：万元

排名	企业名称	设区市	所属行业	营业收入
1	双胞胎（集团）股份有限公司	南昌市	农副食品加工业	3733080
2	正邦集团有限公司	南昌市	农业	3604589
3	江西萍钢实业股份有限公司	南昌市	黑色金属冶炼和压延加工业	3321783
4	晶科能源有限公司	上饶市	非金属矿物制品业	1340091
5	方大特钢科技股份有限公司	南昌市	黑色金属冶炼和压延加工业	1321466
6	江西济民可信集团有限公司	南昌市	医药制造业	1266486
7	江西民生集团有限公司	九江市	房地产业	910056
8	江西博能实业集团有限公司	上饶市	金属制品业	651020
9	泰豪集团有限公司	南昌市	专用设备制造业	611327

续表

排名	企业名称	设区市	所属行业	营业收入
10	鸭鸭股份公司	九江市	皮革、毛皮、羽毛及其制品和制鞋业	498026
11	毅德置业（赣州）有限公司	赣州市	房地产业	475646
12	江西永盛矿冶股份有限公司	新余市	有色金属冶炼和压延加工业	452240
13	九江信华集团有限公司	九江市	房地产业	431062
14	汇仁集团有限公司	南昌市	医药制造业	385569
15	江西耀升钨业股份有限公司	赣州市	有色金属冶炼和压延加工业	380284
16	仁和（集团）发展有限公司	宜春市	医药制造业	377253
17	江西利达装饰工程有限公司	南昌市	建筑装饰和其他建筑业	361147
18	江西新金叶实业有限公司	上饶市	有色金属冶炼和压延加工业	357003
19	江西省美华建筑装饰工程有限责任公司	南昌市	建筑装饰和其他建筑业	350910
20	上饶和丰铜业有限公司	上饶市	有色金属冶炼和压延加工业	344331
21	江西青峰药业有限公司	赣州市	医药制造业	334465
22	中阳建设集团有限公司	抚州市	房屋建筑业	320690
23	江西金弘实业有限公司	抚州市	有色金属冶炼和压延加工业	320657
24	发达控股集团有限公司	南昌市	房屋建筑业	316894
25	江西赛维LDK太阳能高科技有限公司	新余市	非金属矿物制品业	311000
26	四特酒有限责任公司	宜春市	酒、饮料和精制茶制造业	309565
27	江西自立环保科技有限公司	抚州市	有色金属冶炼和压延加工业	302989
28	江西省丰和营造集团有限公司	南昌市	房屋建筑业	293492
29	红旗集团江西铜业有限公司	鹰潭市	电气机械和器材制造业	284423
30	江西城开建设集团有限公司	南昌市	房屋建筑业	263395
31	江西瑞晶太阳能科技有限公司	新余市	非金属矿物制品业	251413
32	横峰县中旺铜业有限公司	上饶市	有色金属冶炼和压延加工业	248600
33	九江联盛实业有限公司	九江市	零售业	226536
34	全南晶环科技有限责任公司	赣州市	有色金属冶炼和压延加工业	217597
35	华林特钢集团有限公司	九江市	其他制造业	205000
36	赣州晨光稀土新材料股份有限公司	赣州市	有色金属冶炼和压延加工业	203358
37	江西交建工程集团有限公司	南昌市	土木工程建筑业	195800
38	崇义章源钨业股份有限公司	赣州市	有色金属冶炼和压延加工业	195247
39	江西汇能电器科技有限公司	宜春市	其他制造业	194001
40	九江市嘉盛粮油工业有限公司	九江市	食品制造业	187813
41	江西省第五建设集团有限公司	南昌市	房屋建筑业	184221
42	南昌矿山机械有限公司	南昌市	专用设备制造业	173713
43	江西太阳陶瓷有限公司	宜春市	非金属矿物制品业	173592
44	江西广裕投资集团	吉安市	房地产业	153231
45	江西洪达医疗器械集团有限公司	南昌市	医药制造业	150367
46	江西联达冶金有限公司	萍乡市	其他制造业	149484

排名	企业名称	设区市	所属行业	营业收入
47	江西百神药业股份有限公司	宜春市	医药制造业	145189
48	江西际洲建设工程集团有限公司	上饶市	土木工程建筑业	142315
49	江西金土地粮油股份有限公司	新余市	农副食品加工业	135190
50	江西中远现代农业投资开发有限公司	景德镇市	农业	135120
51	江西保太有色金属集团有限公司	鹰潭市	有色金属冶炼和压延加工业	134580
52	江西高能投资集团有限公司	南昌市	房地产业	132927
53	江西省万事发粮油有限公司	南昌市	农副食品加工业	129278
54	江西九州通药业有限公司	南昌市	批发业	125533
55	江西新厦建设集团有限公司	上饶市	房屋建筑业	123567
56	九江诺贝尔陶瓷有限公司	九江市	其他制造业	123512
57	江西美庐乳业集团有限公司	九江市	农副食品加工业	120016
58	江西锦溪水泥有限公司	景德镇市	非金属矿物制品业	119110
59	江西旭阳雷迪高科技股份有限公司	九江市	电气机械和器材制造业	118358
60	江西合力泰科技股份有限公司	吉安市	计算机、通信和其他电子设备制造业	116824
61	江西凯安铜业有限公司	鹰潭市	有色金属冶炼和压延加工业	115671
62	江西九州医药有限公司	宜春市	批发业	114601
63	丰城市华丰金属制品有限责任公司	宜春市	有色金属冶炼和压延加工业	114171
64	江西益康医疗器械集团有限公司	南昌市	医药制造业	112993
65	果喜实业集团有限公司	鹰潭市	其他采矿业	110375
66	江西省金三角陶瓷有限公司	宜春市	非金属矿物制品业	109769
67	高安红狮水泥有限公司	宜春市	非金属矿物制品业	108000
68	江西世龙实业股份有限公司	景德镇市	化学原料和化学制品制造业	107979
69	江西省绿滋肴实业有限公司	南昌市	零售业	107958
70	上饶光电高科技有限公司	上饶市	非金属矿物制品业	107735
71	江西省人之初科技集团有限公司	南昌市	食品制造业	105259
72	九江博莱肉类食品有限公司	九江市	农业	104500
73	江西三川集团有限公司	鹰潭市	仪器仪表制造业	104276
74	思创数码科技股份有限公司	南昌市	软件和信息技术服务业	102224
75	江西新威动力能源科技有限公司	宜春市	有色金属冶炼和压延加工业	101937
76	煌上煌集团有限公司	南昌市	食品制造业	98816
77	江西永峰工贸有限公司	新余市	金属制品业	94000
78	贵溪大三元实业（集团）股份有限公司	鹰潭市	有色金属冶炼和压延加工业	93000
79	江西金龙化工有限公司	景德镇市	化学原料和化学制品制造业	92432
80	鑫业集团有限公司	赣州市	房屋建筑业	91638
81	九江齐鑫化工有限公司	九江市	石油加工、炼焦和核燃料加工业	91560
82	江西众一矿业集团有限公司	南昌市	煤炭开采和洗选业	91538
83	九江恒生化纤股份有限公司	九江市	化学纤维制造业	90892

续表

排名	企业名称	设区市	所属行业	营业收入
84	江西康华企业发展有限公司	南昌市	批发业	90727
85	南氏实业投资集团有限公司	宜春市	房地产业	88202
86	江西天新药业有限公司	景德镇市	医药制造业	87345
87	江西特种电机股份有限公司	宜春市	电气机械和器材制造业	85538
88	南康市开源矿业有限公司	赣州市	有色金属冶炼和压延加工业	85303
89	江西德源欣茂铜业有限公司	上饶市	有色金属冶炼和压延加工业	84501
90	江西龙事达集团公司	赣州市	有色金属冶炼和压延加工业	83469
91	红板（江西）有限公司	吉安市	计算机、通信和其他电子设备制造业	80972
92	江西青龙集团有限公司	宜春市	房地产业	80835
93	广昌县众发铜业有限公司	抚州市	有色金属冶炼和压延加工业	80394
94	江西青春康源集团有限公司	新余市	医药制造业	80300
95	江西仁翔药业有限公司	宜春市	批发业	79268
96	江西罗纳尔陶瓷集团有限公司	宜春市	非金属矿物制品业	77304
97	南康市众鑫矿业有限公司	赣州市	有色金属冶炼和压延加工业	77197
98	江西吉源生物医药科技有限公司	南昌市	医药制造业	75643
99	江西正博实业有限公司	上饶市	皮革、毛皮、羽毛及其制品和制鞋业	73702
100	江西金利达钾业有限责任公司	宜春市	化学原料和化学制品制造业	73570

资料来源：http://www.jxfic.gov.cn/sjzl/bqpx/201603/t20160329_433490.htm.

三、2013 年江西民营企业制造业 100 强

表 10 - 3　2013 年江西民营企业制造业 100 强名单　　　　　单位：万元

排名	企业名称	设区市	所属行业	营业收入
1	双胞胎（集团）股份有限公司	南昌市	农副食品加工业	3733080
2	江西萍钢实业股份有限公司	南昌市	黑色金属冶炼和压延加工业	3321783
3	晶科能源有限公司	上饶市	非金属矿物制品业	1340091
4	方大特钢科技股份有限公司	南昌市	黑色金属冶炼和压延加工业	1321466
5	江西济民可信集团有限公司	南昌市	医药制造业	1266486
6	江西博能实业集团有限公司	上饶市	金属制品业	651020
7	泰豪集团有限公司	南昌市	专用设备制造业	611327
8	鸭鸭股份公司	九江市	皮革、毛皮、羽毛及其制品和制鞋业	498026
9	江西永盛矿冶股份有限公司	新余市	有色金属冶炼和压延加工业	452240
10	汇仁集团有限公司	南昌市	医药制造业	385569
11	江西耀升钨业股份有限公司	赣州市	有色金属冶炼和压延加工业	380284

续表

排名	企业名称	设区市	所属行业	营业收入
12	仁和（集团）发展有限公司	宜春市	医药制造业	377253
13	江西新金叶实业有限公司	上饶市	有色金属冶炼和压延加工业	357003
14	上饶和丰铜业有限公司	上饶市	有色金属冶炼和压延加工业	344331
15	江西青峰药业有限公司	赣州市	医药制造业	334465
16	江西金弘实业有限公司	抚州市	有色金属冶炼和压延加工业	320657
17	江西赛维 LDK 太阳能高科技有限公司	新余市	非金属矿物制品业	311000
18	四特酒有限责任公司	宜春市	酒、饮料和精制茶制造业	309565
19	江西自立环保科技有限公司	抚州市	有色金属冶炼和压延加工业	302989
20	红旗集团江西铜业有限公司	鹰潭市	电气机械和器材制造业	284423
21	江西瑞晶太阳能科技有限公司	新余市	非金属矿物制品业	251413
22	横峰县中旺铜业有限公司	上饶市	有色金属冶炼和压延加工业	248600
23	全南晶环科技有限责任公司	赣州市	有色金属冶炼和压延加工业	217597
24	华林特钢集团有限公司	九江市	其他制造业	205000
25	赣州晨光稀土新材料股份有限公司	赣州市	有色金属冶炼和压延加工业	203358
26	崇义章源钨业股份有限公司	赣州市	有色金属冶炼和压延加工业	195247
27	江西汇能电器科技有限公司	宜春市	其他制造业	194001
28	九江市嘉盛粮油工业有限公司	九江市	食品制造业	187813
29	南昌矿山机械有限公司	南昌市	专用设备制造业	173713
30	江西太阳陶瓷有限公司	宜春市	非金属矿物制品业	173592
31	江西洪达医疗器械集团有限公司	南昌市	医药制造业	150367
32	江西联达冶金有限公司	萍乡市	其他制造业	149484
33	江西百神药业股份有限公司	宜春市	医药制造业	145189
34	江西金土地粮油股份有限公司	新余市	农副食品加工业	135190
35	江西保太有色金属集团有限公司	鹰潭市	有色金属冶炼和压延加工业	134580
36	江西省万事发粮油有限公司	南昌市	农副食品加工业	129278
37	九江诺贝尔陶瓷有限公司	九江市	其他制造业	123512
38	江西美庐乳业集团有限公司	九江市	农副食品加工业	120016
39	江西锦溪水泥有限公司	景德镇市	非金属矿物制品业	119110
40	江西旭阳雷迪高科技股份有限公司	九江市	电气机械和器材制造业	118358
41	江西合力泰科技股份有限公司	吉安市	计算机、通信和其他电子设备制造业	116824
42	江西凯安铜业有限公司	鹰潭市	有色金属冶炼和压延加工业	115671
43	丰城市华丰金属制品有限责任公司	宜春市	有色金属冶炼和压延加工业	114171
44	江西益康医疗器械集团有限公司	南昌市	医药制造业	112993
45	江西省金三角陶瓷有限公司	宜春市	非金属矿物制品业	109769
46	高安红狮水泥有限公司	宜春市	非金属矿物制品业	108000
47	江西世龙实业股份有限公司	景德镇市	化学原料和化学制品制造业	107979
48	上饶光电高科技有限公司	上饶市	非金属矿物制品业	107735

续表

排名	企业名称	设区市	所属行业	营业收入
49	江西省人之初科技集团有限公司	南昌市	食品制造业	105259
50	江西三川集团有限公司	鹰潭市	仪器仪表制造业	104276
51	江西新威动力能源科技有限公司	宜春市	有色金属冶炼和压延加工业	101937
52	煌上煌集团有限公司	南昌市	食品制造业	98816
53	江西永峰工贸有限公司	新余市	金属制品业	94000
54	贵溪大三元实业（集团）股份有限公司	鹰潭市	有色金属冶炼和压延加工业	93000
55	江西金龙化工有限公司	景德镇市	化学原料和化学制品制造业	92432
56	九江齐鑫化工有限公司	九江市	石油加工、炼焦和核燃料加工业	91560
57	九江恒生化纤股份有限公司	九江市	化学纤维制造业	90892
58	江西天新药业有限公司	景德镇市	医药制造业	87345
59	江西特种电机股份有限公司	宜春市	电气机械和器材制造业	85538
60	南康市开源矿业有限公司	赣州市	有色金属冶炼和压延加工业	85303
61	江西德源欣茂铜业有限公司	上饶市	有色金属冶炼和压延加工业	84501
62	江西龙事达集团公司	赣州市	有色金属冶炼和压延加工业	83469
63	红板（江西）有限公司	吉安市	计算机、通信和其他电子设备制造业	80972
64	广昌县众发铜业有限公司	抚州市	有色金属冶炼和压延加工业	80394
65	江西青春康源集团有限公司	新余市	医药制造业	80300
66	江西罗纳尔陶瓷集团有限公司	宜春市	非金属矿物制品业	77304
67	南康市众鑫矿业有限公司	赣州市	有色金属冶炼和压延加工业	77197
68	江西吉源生物医药科技有限公司	南昌市	医药制造业	75643
69	江西正博实业有限公司	上饶市	皮革、毛皮、羽毛及其制品和制鞋业	73702
70	江西金利达钾业有限责任公司	宜春市	化学原料和化学制品制造业	73570
71	江西雄宇（集团）有限公司	南昌市	金属制品业	73136
72	南康市南山锡业有限公司	赣州市	有色金属冶炼和压延加工业	72978
73	广昌县华能铜业有限公司	抚州市	有色金属冶炼和压延加工业	71059
74	博硕科技（江西）有限公司	吉安市	计算机、通信和其他电子设备制造业	70505
75	江西赣锋锂业股份有限公司	新余市	有色金属冶炼和压延加工业	68780
76	江西精能电源科技有限公司	宜春市	其他制造业	66798
77	协讯电子（吉安）有限公司	吉安市	计算机、通信和其他电子设备制造业	60331
78	赣州市好莱克纺织实业有限公司	赣州市	纺织业	58909
79	江西康达竹制品集团有限公司	宜春市	木材加工和木、竹、藤、棕、草制品业	58900
80	江西和美陶瓷有限公司	宜春市	非金属矿物制品业	58632
81	江西康替龙竹业有限公司	宜春市	木材加工和木、竹、藤、棕、草制品业	58600
82	江西联达金砂湾冶金有限公司	九江市	黑色金属冶炼和压延加工业	58384
83	江西横峰葛佬葛产业开发有限公司	上饶市	酒、饮料和精制茶制造业	58254
84	江西腾达实业集团	宜春市	化学原料和化学制品制造业	57832
85	赣州腾远钴业有限公司	赣州市	金属制品业	57133

排名	企业名称	设区市	所属行业	营业收入
86	九江宝利粮油有限公司	九江市	农副食品加工业	56770
87	九江广通电缆有限公司	九江市	电气机械和器材制造业	56370
88	江西省康舒陶瓷有限公司	抚州市	非金属矿物制品业	56308
89	江西斯米克陶瓷有限公司	宜春市	非金属矿物制品业	56269
90	江西德上科技药业有限公司	宜春市	食品制造业	56000
91	江西志超电源有限公司	宜春市	其他制造业	56000
92	景德镇宏柏化学科技有限公司	景德镇市	化学原料和化学制品制造业	55627
93	江西远大保险设备实业集团有限公司	宜春市	家具制造业	55425
94	江西春源绿色食品有限公司	上饶市	农副食品加工业	55022
95	江西宝华山实业集团有限公司	赣州市	非金属矿物制品业	54995
96	江西远成汽车技术股份有限公司	南昌市	汽车制造业	54527
97	江西恩达麻世纪科技股份有限公司	新余市	纺织业	53195
98	江西创欣制革有限公司	吉安市	皮革、毛皮、羽毛及其制品和制鞋业	52758
99	江西起重机械总厂	宜春市	通用设备制造业	52659
100	江西日超电器有限公司	宜春市	其他制造业	52000

资料来源：http：//www.jxfic.gov.cn/sjzl/bqpx/201603/t20160329_433490.htm。

四、2013 年江西民营企业服务业 20 强

表 10 - 4　2013 年江西民营企业服务业 20 强名单　　　　　单位：万元

排名	企业名称	设区市	所属行业	营业收入
1	江西民生集团有限公司	九江市	房地产业	910056
2	毅德置业（赣州）有限公司	赣州市	房地产业	475646
3	九江信华集团有限公司	九江市	房地产业	431062
4	九江联盛实业有限公司	九江市	零售业	226536
5	江西广裕投资集团	吉安市	房地产业	153231
6	江西高能投资集团有限公司	南昌市	房地产业	132927
7	江西九州通药业有限公司	南昌市	批发业	125533
8	江西九州医药有限公司	宜春市	批发业	114601
9	江西省绿滋肴实业有限公司	南昌市	零售业	107958
10	思创数码科技股份有限公司	南昌市	软件和信息技术服务业	102224
11	江西康华企业发展有限公司	南昌市	批发业	90727
12	南氏实业投资集团有限公司	宜春市	房地产业	88202
13	江西青龙集团有限公司	宜春市	房地产业	80835

续表

排名	企业名称	设区市	所属行业	营业收入
14	江西仁翔药业有限公司	宜春市	批发业	79268
15	江西金太阳教育研究有限公司	南昌市	新闻和出版业	69471
16	江西鑫裕置业投资集团有限公司	南昌市	房地产业	65960
17	九江市浔城粮油贸易有限公司	九江市	批发业	61151
18	江西恒信集团	南昌市	房地产业	55150
19	江西统百利彩印包装股份有限公司	九江市	批发业	50325
20	江西凯诚医药有限公司	上饶市	批发业	37805

资料来源：http：//www.jxfic.gov.cn/sjzl/bqpx/201603/t20160329_433490.htm.

第十一章 大事记

序号	时间 （年/月/日）	内容
1	2013/01/05	省工商联出台《江西省工商联基层组织建设五年（2013～2017）发展规划》和《江西省工商联关于加强基层组织建设的意见》，并召开全省工商联工作联席会议，就基层组织建设工作作出全面部署
2	2013/01/05	省家居建材业商会年会暨理事会议在南昌凯莱大酒店举行。省工商联主席雷元江、副主席谭文英、省民政厅民管局负责人与300多位省家居建材业商会会员参加。会议还增补了一批理事、常务理事和副会长。会议决定增设常务副会长，拟推举江西远大建材有限公司董事长龚著钢担任
3	2013/01/09	抚州市江苏商会成立大会在荣誉国际酒店举行。抚州市委常委、统战部部长朱章明，抚州市政协副主席、市工商联主席蔡青，市委统战部副部长、市工商联党组书记吴茶香，江西省江苏商会会长沈亚群等出席
4	2013/01/12	昆明市抚州商会年会在昆明市召开。云南省政府原常务副省长牛绍尧，云南省纪委常委王薇薇，云南省粮食局副局长官悠房出席会议。抚州市政协副主席、市工商联主席蔡青在会上讲话
5	2013/02/05	省工商联召开原工商业者新春座谈会。省委统战部副部长、省工商联党组书记刘金炎、省工商联副主席谭文英、秘书长叶元斌以及会员处全体同志与参加座谈会的十余位原工商业者老会员欢聚一堂，共迎新春佳节
6	2013/02/06	省工商联召开机关全体干部大会，集中学习习近平总书记在新进中央委员会的委员、候补委员学习贯彻党的十八大精神研讨班上和在中共十八届中央纪委二次全会上的重要讲话精神
7	2013/02/21	省工商联第三次工作联席会在滨江宾馆召开。省工商联主席雷元江出席会议并作总结讲话，省委统战部副部长、省工商联党组书记、省非公经济组织党工委书记刘金炎主持会议。省工商联副主席洪跃平、刘星平，巡视员于世明，各设区（市）工商联主席、书记以及省工商联机关各处室负责人参加了会议。 会上还宣布了《江西省工商联关于表彰2012年度先进工商联的决定》，表彰了全省工商联系统一批综合先进单位和单项先进单位，对《江西省总商会基础设施建设十年（2012～2021）规划》、《江西省工商联促进非公有制经济发展工作五年（2013～2017）规划》、《江西省工商联关于加强金融服务工作的意见》进行了说明，充分征求了大家对起草推动非公有制经济跨越发展的意见和建议
8	2013/03/04	省工商联召开主席办公会，研究部署"综治宣传月"活动。省工商联主席雷元江作重要讲话。省委统战部副部长、省工商联党组书记刘金炎就今年综治工作做出部署。机关各处室负责人参加了会议

续表

序号	时间 （年/月/日）	内容
9	2013/03/05	省委统战部副部长、省工商联党组书记、省非公经济组织党工委记刘金炎率调研组到宜春就大力推动非公有制经济跨越发展进行调研。省人大常委会副主任、宜春市委书记谢亦森会见了刘金炎一行。宜春市委常委、市委统战部部长钱薇出席调研座谈会。宜春市委统战部副部长、市工商联党组书记刘锋，丰城市委书记杨玉平，宜春市非公党工委副书记、市委组织部组织科科长蔡秋林等陪同调研
10	2013/03/05	省工商联副主席洪跃平率调研组到吉安市就大力推动非公有制经济跨越发展和基层组织建设、基础设施建设情况进行调研。吉安市委常委、市委统战部部长喻志勇，市工商联主席王健利，市委统战部副部长、市工商联党组书记金江平等陪同调研。调研组在吉安市工商联召开了《关于以改革创新精神推动非公有制经济跨越发展的意见》起草征求意见座谈会
11	2013/03/27	省工商联主席雷元江到上饶市万年县就民营经济发展、基础设施建设和基层组织建设进行调研。上饶市工商联主席余忠效，上饶市委统战部副部长、市工商联党组书记徐伟，万年县委书记郑高清、万年县政府副县长邱冬春等陪同调研
12	2013/03/27	广州市九江商会成立庆典暨产业招商推介会在广州香格里拉酒店举行。九江市委副书记、市长殷美根出席会议并致辞，副市长、九江经济技术开发区党工委书记陈和民出席会议。这次招商推介会共签约项目10个，签约资金88.2亿元
13	2013/03/29	省委副书记、省长鹿心社听取了省工商联关于代省委省政府起草《关于大力推动非公有制经济跨越发展的意见》工作进展情况和下一步工作安排后，做了重要指示：民营经济发展至关重要，改革开放最重要的成果就是民营经济的大发展，没有民营经济的发展就没有江西经济的发展，省工商联在推动民营经济发展中作用至关重要，要切实重视支持工商联工作，充分发挥工商联在管理和服务非公经济发展方面的职能作用
14	2013/04/09	省工商联召开2013年度直属商会会长、秘书长联席会议。省工商联副主席谭文英，党组成员、副主席洪跃平，省工商联各直属商会会长、秘书长和会员处、宣调处负责同志参加了会议。会议主要是就《大力推动非公有制经济跨越发展的意见（草案）》向各直属商会征求意见建议，通报2012年度全省工商联系统商会组织考评情况，交流商会建设工作经验
15	2013/04/10	全国工商联和人社部联合调研组一行六人在江西省调研非公有制企业劳动争议预防调解工作。分别在南昌、赣州召开座谈会，走访商会（协会）以及非公企业。省工商联巡视员于也明、省人社厅副厅长陈利克以及赣州市人大常委会副主任、市工商联主席唐玉英分别陪同调研
16	2013/04/16	省委常委、省委统战部部长蔡晓明先后到九江、宜春、萍乡等地，就如何以改革创新精神推动江西省非公有制经济加快转型升级、跨越发展进行专题调研。省政协副主席、民建省委会主委孙菊生随同调研。蔡晓明先后深入旭阳雷迪股份有限公司、济民可信药业有限公司、银河杜仲开发有限公司等15家非公有制企业调研企业发展情况
17	2013/04/18	上海崇仁商会成立大会在上海宝隆花园酒店国宾厅隆重举行。省工商联副主席谭文英致贺词；省民政厅副厅长饶剑明，抚州市委统战部副部长、市工商联党组书记吴茶香到会致贺
18	2013/05/10	由南昌市人民政府、中国机电产品流通协会、中国国际装备制造业协会主办、江西国际装备制造业博览网、华美会展服务有限公司承办的《中国中部先进制造业（南昌）博览会》在南昌国展中心隆重举行

续表

序号	时间 （年/月/日）	内容
19	2013/05/13	江西赣商联合总会、云南省江西商会主办的"赣商西部论坛第三次会议"在昆明召开
20	2013/05/13	省委常委、统战部部长蔡晓明一行在南昌市就促进非公有制经济加速发展进行调研，省政协副主席孙菊生，省工商联主席雷元江，省委统战部副部长、省工商联党组书记刘金炎，南昌市委常委、统战部部长高鹰群，南昌市政协副主席、工商联主席陈斌陪同。蔡晓明一行先后来到江西先锋软件股份有限公司、江西思创数码科技股份有限公司、双胞胎集团有限公司、江西方大特钢科技股份有限公司，与企业人员一起座谈，详细了解企业经营状况
21	2013/05/14	省委常委、统战部部长蔡晓明莅临中国质量检验协会团体会员单位江西煌上煌集团有限公司，就加快非公有制经济发展工作进行调研。省工商联主席雷元江，省委统战部副部长、省工商联党组书记刘金炎，南昌市市委常委、统战部部长高鹰群，市政协副主席、市工商联主席陈斌，市委统战部副部长、市工商联党组书记杨启棠、南昌县委书记郭毅，县委副书记王小文等随同调研
22	2013/05/16	景德镇丰城商会成立大会在景德镇举行。景德镇市政协副主席、市委统战部部长周建新莅会祝贺并讲话，景德镇市工商联主席史晓莲等与会领导应邀参加，丰城市委书记杨玉平等党政领导专程前来祝贺
23	2013/05/17	省委在南昌分别召开省属国有企业负责人和民营企业家座谈会，就做大做强国有企业、大力发展非公经济，加快推进全省经济社会发展听取企业负责人意见。省委书记强卫主持座谈会并讲话，省领导赵智勇、蔡晓明、李贻煌参加座谈会
24	2013/05/18	南京市工商联赣商商会二届一次会员大会在南京隆重举行，省工商联副主席谭文英出席会议并作重要讲话，南京市委市政府相关部门领导、在宁江西籍知名人士和商会会员300余人参加会议
25	2013/05/21	省工商联十届二次执委会议暨全省非公经济人士理想信念教育实践活动动员大会在南昌召开。省委常委、统战部部长蔡晓明出席会议并作重要讲话，省工商联主席雷元江作省工商联工作报告，省委统战部副部长、省工商联党组书记刘金炎主持会议
26	2013/05/21	省人力资源和社会保障厅、省教育厅、省总工会、省工商业联合会联合举办的江西省2013年民营企业招聘周活动正式开始，活动主题为"帮人才就业、促民营发展"
27	2013/05/28	省赣州市委召开会议，宣布赣州市非公经济组织党工委成立，这标志着赣州市7275家非公经济组织的党建工作基本理顺了领导体制，将有力促进非公党建的进一步发展
28	2013/06/04	省委统战部、省工商联联合下发《关于开展非公有制经济人士理想信念教育实践活动的实施意见》，集中部署开展非公有制经济人士理想信念教育实践活动
29	2013/06/18	南昌南安商会党支部暨江西闽发实业有限公司成立大会在南安商会会议室隆重召开。南昌市政协副主席、市工商联主席陈斌，市委统战部副部长、市工商联党组书记、市非公党工委负责人杨启棠，市工商联副主席余登伟，南昌南安商会会长杨福茂及200多名会员参加了会议。陈斌主席、杨启棠书记分别为江西闽发实业有限公司和南昌南安商会党支部揭牌。通过民主选举，南昌南安商会名誉会长李绪典当选为南昌南安商会党支部书记
30	2013/06/22	厦门市抚州商会三届一次会议暨理事会就职典礼在厦门杏林明珠海湾大酒店举行。江西省人大财经委副主任、省商务厅原厅长、江西赣商联合总会名誉会长伍声谦，抚州市委常委、统战部部长朱章明，厦门市民政局长刘平出席会议并讲话。抚州市委统战部副部长、工商联党组书记吴荼香等各界嘉宾、商会会员共300余人出席会议

续表

序号	时间 （年/月/日）	内容
31	2013/06/24	省工商联召开全体机关干部大会，认真传达学习了全国工商联十一届一次常委会议精神，对深入落实开展全省非公经济人士理想信念教育实践活动作了进一步部署。省工商联主席雷元江，省委统战部副部长、省工商联党组书记刘金炎出席会议并讲话
32	2013/06/26	省工商联基层组织建设现场推进会在萍乡市召开，省人大财经委副主任委员、省工商联副主席谭文英出席会议并讲话，萍乡市人大常委会副主任、市工商联主席王开贵到会并致辞
33	2013/06/28	省非公党工委一届二次全体（扩大）会议暨非公有制经济人士理想信念教育实践活动推进会在正邦集团召开，省非公党工委书记、省委统战部副部长、省工商联党组书记刘金炎出席会议并作重要讲话。省非公党工委委员、省财政厅巡视员管荣升，省非公党工委委员、省信委党组成员、纪检组长章志锋，省非公党工委委员、省科技厅党组成员、副厅长罗莹等参加会议。江西省非公党工委副书记、省工商联副主席洪跃平主持会议
34	2013/07/04	省工商联领导干部培训班在南昌举行，省工商联主席雷元江作"中国特色社会主义和非公有制经济"主题讲课，省委讲师团团长李江源、江西财大教授朱丽萌围绕中共十八大报告精神解读、江西经济在中部地区地位及省情介绍等主题进行授课。江西省委统战部副部长、省工商联党组书记刘金炎作开班动员讲话
35	2013/07/08	省工商联传达学习全省党的群众路线教育实践活动动员大会精神大会召开。省工商联主席雷元江对机关开展党的群众路线教育实践活动提出要求，省委统战部副部长、省工商联党组书记刘金炎主持会议并对开展党的群众路线教育实践活动进行了部署
36	2013/07/09	省工商联（总商会）工作联系会议在吉安召开。省工商联主席雷元江主持会议并作总结讲话，省委统战部副部长、省工商联党组书记、省非公经组织党工委书记刘金炎作重要讲话，省工商联副主席谭文英、洪跃平、刘星平，巡视员于也明，各设区市工商联主席、书记以及省工商联机关各处室负责人参加会议
37	2013/07/12	省民营企业诚信合规经营研讨会在南昌召开。德国中小企业联合总会首席代表托马斯出席会议并作专题讲座，省工商联副主席谭文英出席会议并讲话
38	2013/07/16	省工商联召开党的群众路线教育实践活动动员大会，对省工商联深入开展党的群众路线教育实践活动进行安排部署。省委统战部副部长、省工商联党组书记刘金炎、省委第一督导组组长胡宪作重要讲话，省工商联主席雷元江出席会议，省工商联副主席洪跃平主持会议
39	2013/07/17	省工商联主席、总商会会长雷元江一行亲临九江开展党的群众路线教育实践活动专题调研，召开了党的群众路线教育实践活动征求意见座谈会和坚定理想信念、推动非公有制经济更好更快发展报告会。九江市委副书记冯静看望了雷元江一行，市政协副主席、市委统战部长黄大明出席了征求意见座谈会并讲话。市委统战部副部长、市工商联党组书记、市非公党工委书记吴杨柳主持座谈会和报告会
40	2013/07/18	以省委统战部副部长、省工商联党组书记、省非公党工委书记刘金炎为组长的省工商联党的群众路线教育实践活动调研组在南昌调研，并在南昌市工商联组织座谈。南昌市政协副主席、市工商联主席陈斌陪同调研。南昌市委统战部副部长，南昌市工商联党组书记杨启棠主持会议

续表

序号	时间 （年/月/日）	内容
41	2013/07/19	省工商联主席雷元江一行3人到景德镇市开展党的群众路线教育实践活动专题调研。景德镇市委常委、常务副市长于秀明，市政协副主席、市委统战部部长周建新，市工商联主席史晓莲，市委统战部副部长、市工商联党组书记吕际平陪同调研
42	2013/07/26	昆明市江西铜鼓商会成立大会暨第一届会员大会在云安会都隆重召开。全国政协常委、原江西省政协副主席陈清华，省工商联副主席谭文英，宜春市委常委、组织部长肖洪波，宜春市委常委、统战部部长钱薇，宜春市工商联副主席吴凯萍，铜鼓县委书记胡国瑞等领导，以及原云南省人大常委会副主任吴光范，云南省统战部副部长童凤华等参加成立大会
43	2013/07/27	九江中院与九江市工商联召开座谈会，讨论通过了九江市中院、九江市工商联关于建立工作联系制度的意见，旨在深入贯彻落实九江市强工兴城、沿江开放开发、打造长江中下游特大城市等重大战略，依法保护和促进该市非公有制经济的健康发展
44	2013/07/29	省工商联召开专题党组（扩大）会，传达学习贯彻省委十三届七次全体（扩大）会议精神。省工商联主席雷元江作重要讲话，省委统战部副部长、工商联党组书记刘金炎主持会议并传达省委全委会会议精神，与会机关处以上干部作学习交流发言
45	2013/07/31	省工商联和赣州市人民政府主办的2013中国光彩事业"赣州行"重点产业推介会分别在福建省福州市和广东省深圳市举行。两地共160余名民营企业家参加推介会。省工商联巡视员于也明，赣州市委副书记王少玄，市人大副主任、工商联主席唐玉英，市政协副主席、市委统战部部长李蔚出席了推介会
46	2013/08/05	省委统战部副部长、省工商联党组书记刘金炎一行到上饶市就开展党的群众路线教育实践活动、非公有制经济人士理想信念教育实践活动和推进"三项重点工作"进行调研。上饶市委书记陈俊卿，市委副书记、市长潘东军，市委副书记张跃岭会见了调研组成员。市委统战部常务副部长卢书生，市工商联主席、总商会会长余忠效，市委统战部副部长、市工商联党组书记徐伟等陪同调研
47	2013/08/10	省工商联党组成员、副主席洪跃平，省工商联党组成员副主席刘星平率考察组一行40余人到广昌县开展党的群众路线教育和非公经济是理想信念教育实践活动，考察学习"同心·振兴赣南等原中央苏区广昌示范区"建设成果。广昌县政协副主席、统战部部长刘世昌，县政协副主席、工商联主席黄琛陪同考察
48	2013/08/16	南昌市委、市政府出台《关于加快民营经济发展的政策措施》（以下简称"40条"），为非公经济的崛起"降门槛、拆篱笆、搭平台、强服务"
49	2013/08/20	省工商联直属会员商会、省民营企业投资商会第一次会员大会暨成立大会在南昌隆重举行。省工商联主席雷元江出席会议并讲话，省委统战部、省民政厅等相关部门领导出席会议。省工商联副主席谭文英主持会议。各省市工商联直属会员商会代表、省行业商会、异地商会、外埠商会代表以及商会会员等近200人参加会议
50	2013/08/28	省民营企业家协会第一次会员大会暨成立大会在南昌举行。省工商联主席雷元江出席会议并讲话，省工商联党组成员、副主席刘星平到会祝贺。江西省民营企业家协会230余名会员参加会议。大会选举产生了协会第一届理事会及领导班子，民营企业家熊衍贵当选为第一届江西省民营企业家协会会长

序号	时间 （年/月/日）	内容
51	2013/08/30	省工商联在南昌召开非公有制经济法律服务工作座谈会，省政法委、法院、检察院、公安厅、行政投诉中心、质监局相关处（室）负责人应邀出席会议，泰豪集团、汇仁集团、博能集团、方大特钢、正邦集团等15家非公有制企业代表人士和省女企业家商会、民营企业投资商会、零售服务业商会等5家行业商会和协会负责人参会。江西省工商联巡视员于也明主持会议
52	2013/09/02	省长鹿心社主持召开第11次省政府常务会议。会议原则通过了关于深入推动全民创业、大力促进非公有制经济更好更快发展的意见。会议指出，促进非公有制经济更好更快发展，是江西省经济社会发展的重大战略，也是深化改革、促进发展、富民兴赣的重大举措
53	2013/09/03	赣州市非公经济党工委组织部分非公经济代表人士、工商联机关干部等，来到位于广东韶关的北伐战争纪念馆、中共广东省委粤北省委旧址参观，接受革命传统教育和理想信念教育。赣州市人大常委会副主任、市工商联主席唐玉英，市委统战部副部长、市工商联党组书记、市非公党工委书记谢来福等参加
54	2013/09/04	省委统战部副部长、省工商联党组书记、省非公党工委书记刘金炎在赣州调研考察工作，省委统战部五处处长朱浔参加。赣州市人大常委会副主任、市工商联主席唐玉英，市政协副主席、市委统战部部长李蔚，市委统战部副部长、市工商联党组书记、市非公党工委书记谢来福等陪同
55	2013/09/09	省工商联召开非公有制经济法律服务工作座谈会，邀请江西省委政法委、省高级人民法院、省人民检察院、省公安厅、省行政投诉中心、省质监局相关负责人，就政法机关如何更好地为非公企业发展营造良好法治环境、提供司法服务献计献策。这是江西省工商联谋求建立法律服务长效机制的又一举措
56	2013/09/11	胡润研究院发布"2013中国富豪榜"，17名赣商闯入胡润千人富豪榜
57	2013/09/16	省工商联直属商会会长、秘书长联席会议在南昌召开。省工商联副主席、省女企业家商会会长徐桂芬代表女企业家商会致欢迎词，省工商联副主席谭文英主持并讲话
58	2013/09/27	全国工商联副主席庄聪生一行来赣就非公有制经济人士理想信念教育实践活动进行调研。省委常委、省纪委书记周泽民，省委常委、统战部部长蔡晓明亲切会见调研组一行。省委统战部副部长、省工商联党组书记刘金炎，省工商联党组成员、副主席洪跃平陪同调研
59	2013/09/28	省委书记强卫、省长鹿心社在南昌会见了江西赣商联合总会会长及常务副会长。省委常委、省委秘书长赵智勇参加会见
60	2013/09/29	江苏省镇江市江西商会成立大会在镇江市隆重举行，省工商联副主席谭文英出席会议并讲话，江西省驻江苏办事处主任温浙兴、镇江市政协副主席宦祥宝、镇江市工商联主席卢道富等领导及企业家代表、嘉宾约200人参加成立大会，江苏新越沥青有限公司董事长吴水辉当选为镇江市江西商会会长
61	2013/10/11	由大江网、中国江西网、中华赣商网联合主办的"寻找赣商新标杆——首届中国十大新锐赣商"评选活动已全面启动。经过江西省青联、各地工商联、赣商组织及广大网友的推荐、活动组委会审核，已确定了吴世伟、陈晓康等26人为"寻找赣商新标杆——首届中国十大新锐赣商"候选人，公开接受广大网友献勋章评议

序号	时间 （年/月/日）	内容
62	2013/10/11	省非公经济人士理想信念教育实践活动总结交流大会在上饶市万年县召开。省委统战部副部长、省工商联党组书记刘金炎出席会议并作重要讲话，上饶市委副书记张跃岭致欢迎词，省工商联主席雷元江主持会议。省工商联巡视员于也明，省工商联副主席谭文英、洪跃平、刘星平、王华林，上饶市政协副主席、市委统战部部长姜松阳等150余人参加会议
63	2013/10/13	省工商联副主席谭文英，党组成员、副主席洪跃平率省工商联直属会员商会（省民营企业投资商会）和江西省民营企业家协会部分企业家赴乐安县考察调研扶贫工作。抚州市政协副主席、抚州市工商联主席蔡青，乐安县县委副书记黄泽清、县政协主席李以庚等陪同考察
64	2013/10/15	省眼镜商会（2013）年会暨眼镜产业发展论坛在九江举行。鹰潭市政协副主席、市工商联主席吴泉水和省工商联会员处领导出席会议并讲话
65	2013/10/21	以"弘扬光彩精神、凝聚民企力量、助推赣南苏区振兴发展"为主题的"中国光彩事业赣州行"活动在赣州开幕。省委书记强卫宣布活动开幕。中央统战部副部长、全国工商联党组书记、常务副主席、中国光彩事业促进会副会长全哲洙，省长鹿心社出席并讲话。省委常委、省委秘书长赵智勇出席，省委常委、赣州市委书记史文清致辞，省委常委、省委统战部部长蔡晓明主持开幕式。省领导谢亦森、李贻煌、孙菊生和全国工商联副主席、中国光彩事业促进会副会长谢经荣等出席开幕式
66	2013/10/21	省委书记强卫赴上犹县、南康市考察。省委书记强卫强调，特色产业是区域经济核心竞争力所在，要以产业链为体，以科技创新为翼，培育壮大特色产业，助推苏区振兴。省委常委、省委秘书长赵智勇陪同考察
67	2013/10/24	省工商联女企业家商会今天在南昌成立。省人大常委会副主任蒋如铭，副省长孙刚为商会成立揭牌，省政协副主席、省委统战部部长王林森讲话，省政协副主席金异，全国工商联直属商会会长瞿怀明，全国工商联女企业家商会会长翟美卿，市长胡宪等出席成立大会。会上，省工商联女企业家商会选举产生了57名理事，江西煌上煌集团董事会主席徐桂芬当选首任会长，另有11名女企业家当选副会长。商会还向全省女企业家和女员工发出了"争当创新女性，共建和谐江西"的倡议
68	2013/10/24	省工商联党组召开了党的群众路线教育实践活动专题民主生活会。省委第一督导组组长胡宪一行全程进行督导。省委统战部副部长、省工商联党组书记刘金炎，党组成员洪跃平、刘星平、叶元斌、朱瑀，巡视员于也明参加会议，会议还邀请了省工商联主席雷元江、副主席谭文英两位党外领导干部和江西北美实业有限公司董事长聂碧云、江西省发达建筑集团有限公司总经理徐丰贤、江西百德润福投资有限公司董事长施玉清三位非公有制经济人士列席。刘金炎同志主持会议
69	2013/10/28	由新疆江西商会主办，新疆东西部经济研究院协办的"2013西部赣商论坛"在乌鲁木齐市召开
70	2013/10/30	江西省组织收听收看全国非公有制经济人士理想信念报告会电视电话会议，省委常委、省纪委书记周泽民出席江西分会场会议
71	2013/11/08	省民营经济研究会成立大会暨一届一次理事会议在南昌召开。苏州市江西商会省委常委、省委统战部部长蔡晓明出席会议并讲话，研究会总顾问蒋如铭出席。会议通过了《江西省民营经济研究会章程》，选举产生了江西省民营经济研究会第一届领导班子
72	2013/11/11	省委统战部副部长、省工商联党组书记刘金炎率调研组来鹰潭，就鹰潭市"同心·民族地区发展示范区"建设、非公企业及其党建工作进行调研。鹰潭市委书记陈兴超，鹰潭市政协副主席、市工商联主席吴泉水等陪同调研

序号	时间 （年/月/日）	内容
73	2013/11/16	苏州市江西商会理论学习中心组举行党的十八届三中全会精神学习会，在苏州的全体副会长以上领导及秘书处全体工作人员参加学习。苏州市江西商会会长邓卫东主持学习会，执行会长吕仕铭简要解读党的十八届三中全会公报精神
74	2013/11/16	2013·博鳌首届全球赣商论坛暨赣商国际贸易投资博览会在海南博鳌亚洲论坛国际会议中心隆重举行，全球赣商精英600余人会集博鳌，传达贯彻党的十八届三中全会精神，研讨赣商文化，共商赣商发展大计
75	2013/11/23	广东省江西抚州商会成立大会在广州举行。抚州市委书记龚建华出席会议并讲话；市人大常委会主任王晓媛，市政协主席谢发明，市委常委、统战部部长朱章明，市委常委、常务副市长陈日武，市政协副主席、市工商联主席蔡青，市长助理、抚州高新区党工委书记柏林，市委秘书长李建林出席大会
76	2013/11/25	省工商联召开全省非公经济代表人士学习贯彻党的十八届三中全会精神座谈会。省工商联主席雷元江传达了省委书记强卫在全省领导干部会议上的讲话精神，省工商联党组成员、工商联副主席洪跃平宣读了《中共中央关于全面深化改革若干重大问题的决定》，省委统战部部长、省工商联党组书记刘金炎主持会议
77	2013/11/28	香港理工大学主办、中华全国工商业联合会等协办的2013紫荆花杯杰出企业家奖在香港揭晓，江西正邦集团总裁林印孙获"杰出企业家"殊荣
78	2013/11/29	省委常委会召开会议，研究部署加快非公有制经济发展等工作。省委书记强卫主持会议。会议审议并通过了《关于大力促进非公有制经济更好更快发展的意见》、《关于支持赣西经济转型加快发展的若干意见》、《关于进一步加快县域经济发展的若干意见》
79	2013/11/29	国家发改委、北京航空航天大学、中国民航干部管理学院等地的国内知名专家会集一堂，为南昌临空经济区发展出谋划策，南昌发展临空经济被评价为有利于促进经济从平面走向立体，符合国家经济提质增效的大方向
80	2013/12/06	省工商联第四次工作联系会议暨全省服务型商会建设务虚研讨会在景德镇召开，会议就在全面深化改革中推进中国特色服务型工商联（商会）建设进行了专题讨论和研究。省工商联主席雷元江、省工商联党组书记刘金炎发表讲话。景德镇市市长颜赣辉，市委常委、常务副市长于秀明分别看望与会代表。市政协副主席、市委统战部部长周建新到会并致辞。省工商联驻会班子成员及机关各处室负责人，各设区市工商联主席、党组书记共40余人参加此次会议
81	2013/12/09	省委统战部副部长、工商联党组书记刘金炎，省工商联巡视员于也明走访了省人民检察院。省人民检察院党组书记、检察长刘铁流，副检察长张国轩对刘金炎书记、于也明巡视员一行表示欢迎。省人民检察院办公室、法律政策研究室负责人参加会见
82	2013/12/09	江西省庆典行业协会第一次会员大会暨成立大会在南昌市隆重举行，省工商联主席雷元江出席会议，副主席谭文英作重要讲话。全国庆典行业协会、各省市庆典行业协会代表、省内兄弟行业商会及会员企业代表近300人参加会议

序号	时间 （年/月/日）	内容
83	2013/12/10	省工商联主办的"2013江西民营企业100强"发布会在南昌市召开。会议发布了2013江西民营企业100强名单和2013江西省上规模民营企业分析报告。出席会议的领导有江西省政协副主席、民建江西省委主委孙菊生，省工商联主席雷元江，省委统战部副部长、省工商联党组书记刘金炎，省工商联巡视员于也明，省发改委副巡视员杨毅，省中小企业局副巡视员李文美，省工商联副主席谭文英、刘星平。省政协副主席、民建江西省委主委孙菊生，省工商联主席雷元江，省工商联党组书记刘金炎，省发改委副巡视员杨毅等领导为江西萍钢实业股份有限公司、江西民生集团有限公司、泰豪集团有限公司等20家企业代表颁发了奖牌
84	2013/12/14	江西省广东商会理想信念教育井冈行暨年度总结大会在井冈山隆重举行。省工商联副主席谭文英出席。江西、广东两地有关部门领导及企业家代表约160人参加
85	2013/12/15	龙岩市江西商会成立，江西省政协副主席刘礼祖，龙岩市政协主席饶作勋，省工商联副主席谭文英，江西省宜春市委常委、统战部部长钱薇，龙岩市人大常委会副主任吕庆昌、黄伍金，龙岩市政协副主席、市工商联主席郑玉琳，江西、龙岩两地有关部门领导及兄弟商会负责人出席成立大会
86	2013/12/15	南昌市审议通过了《南昌市2013~2020年商业网点规划》，对全市商业网点、商业街、电子商务综合区等进行了规划
87	2013/12/20	省委、省政府出台了《关于大力促进非公有制经济更好更快发展的意见》（以下简称《意见》），这是江西省贯彻落实党的十八届三中全会精神出台的"1+N"个文件的首批文件，是江西省首次出台促进非公有制经济发展的意见，更是江西省深入开展党的群众路线教育实践活动取得的务实成果
88	2013/12/22	江西省五金机电商会党支部书记刘和平带队的省五金机电商会赴赣州市经贸考察团一行40余人对"赣州市五金机电行业市场"、"中国南方金属产业商贸物流城市场"进行为期三天的经贸考察
89	2013/12/23	江西全省法院促进非公有制经济发展座谈会在江西省高级人民法院召开，省委常委、省委统战部部长蔡晓明出席会议并作重要讲话。省高级人民法院院长张忠厚出席座谈会并讲话。高院副院长夏克勤主持会议，省工商联主席雷元江，省委统战部副部长、工商联党组书记刘金炎，省南昌市中级人民法院院长刘邦琇以及11位民营企业代表参加了座谈会
90	2013/12/27	南昌市青山湖区纺织服装行业商会成立大会在南昌市举行。省工商联副主席谭文英，南昌市政协副主席、工商联主席陈斌，南昌市委统战部副部长、工商联党组书记杨启棠，青山湖区委副书记孙毅和省工信委、青山湖区委、区政协、区委统战等部门相关工作负责人出席会议